新版 一冊でわかるイラストでわかる

図解 日本史

成美堂出版

新版

一冊でわかる　イラストでわかる

図解 日本史

第1章 日本文明の誕生の時代

縄文土器

第1章の10大ニュース

稲作

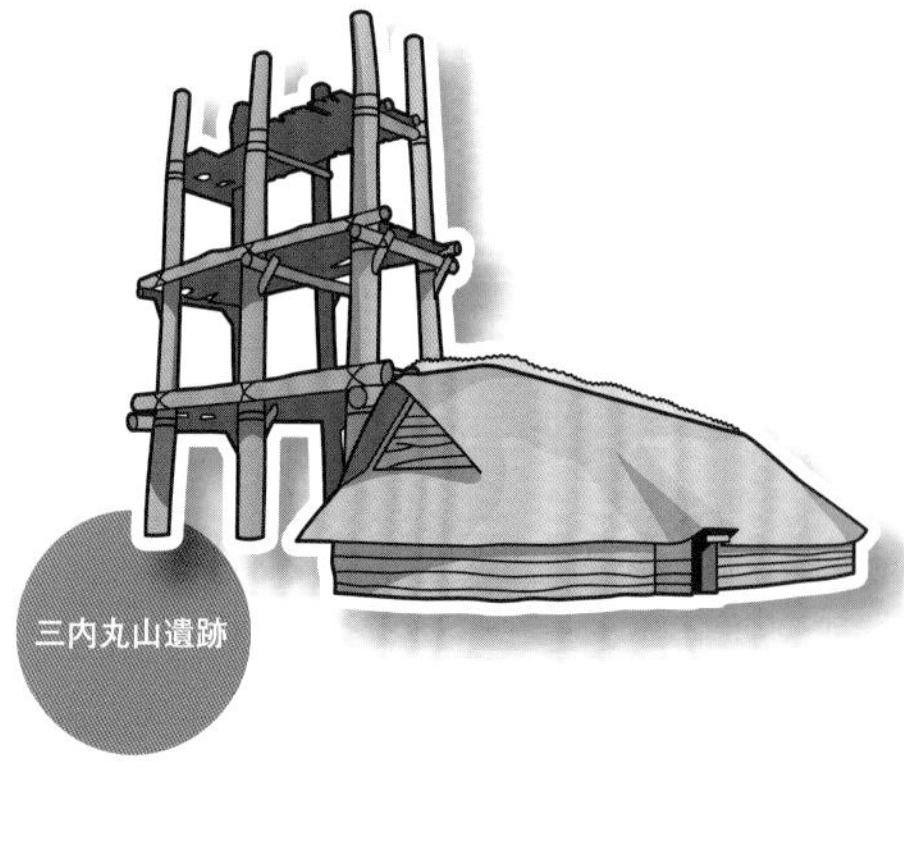

三内丸山遺跡

ビジュアル　このマークがついている項目は、
図版を大きく用いて見開き2ページで解説しています。

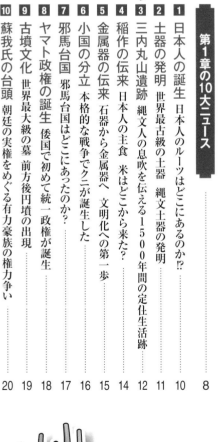

第2章 古代天皇と貴族の時代

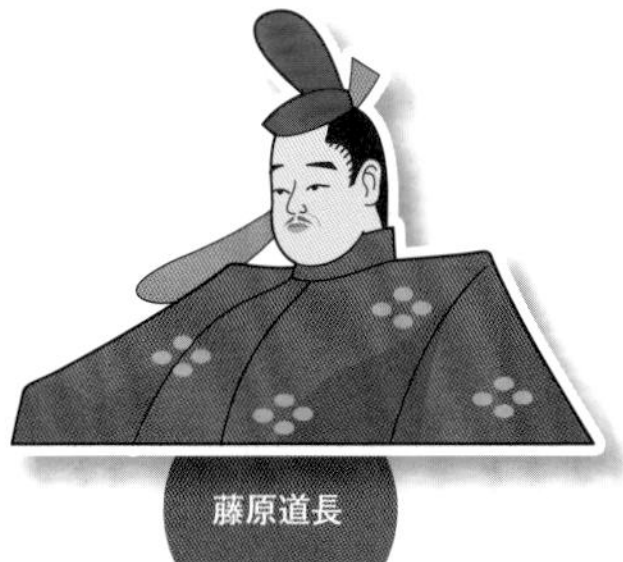
藤原道長

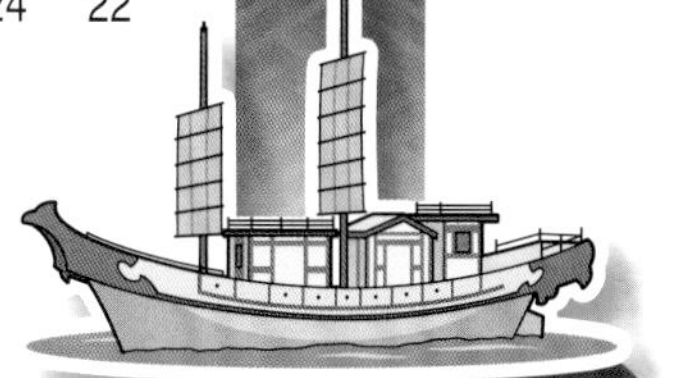
遣唐使船

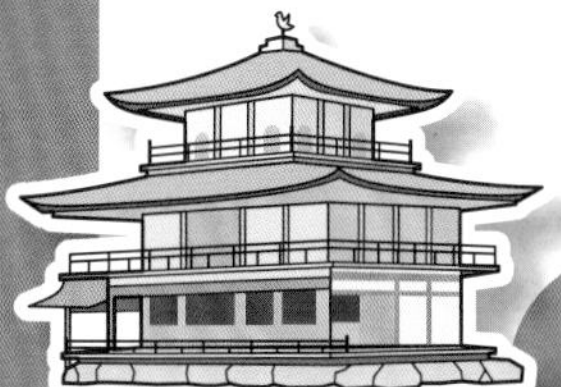
金閣寺

第3章 武士と庶民の成長の時代

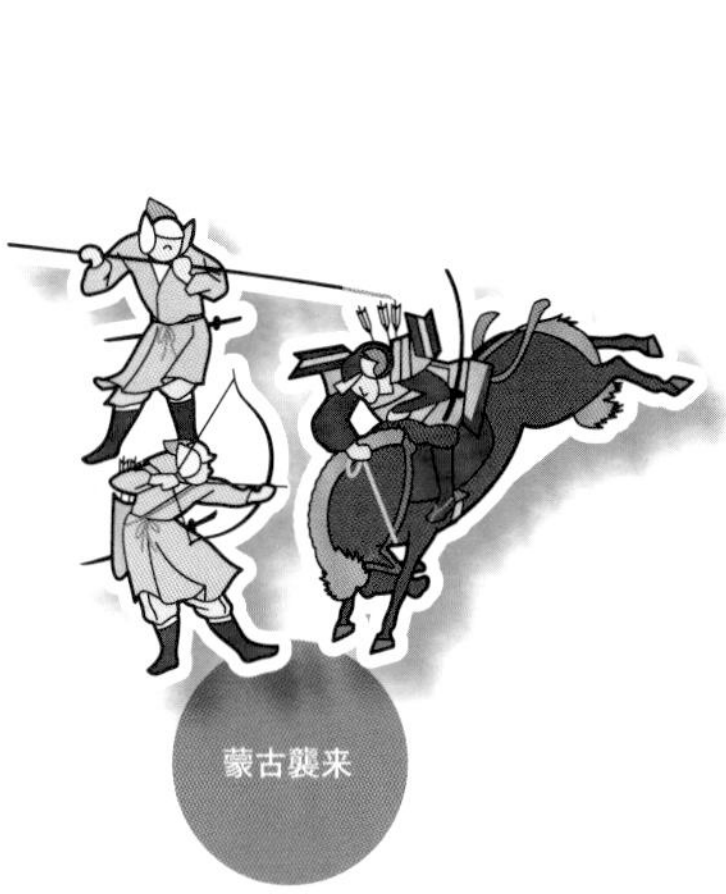
蒙古襲来

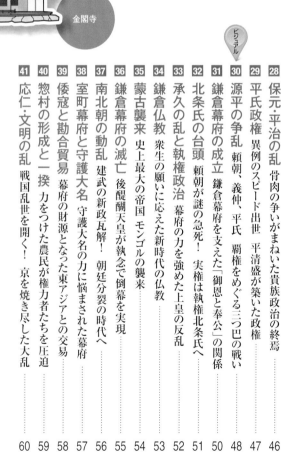

第4章 群雄割拠の戦乱の時代

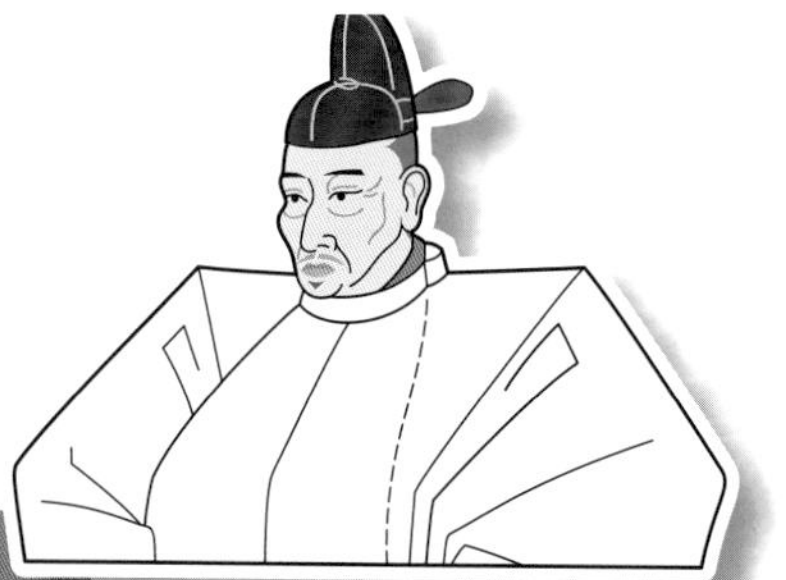
豊臣秀吉

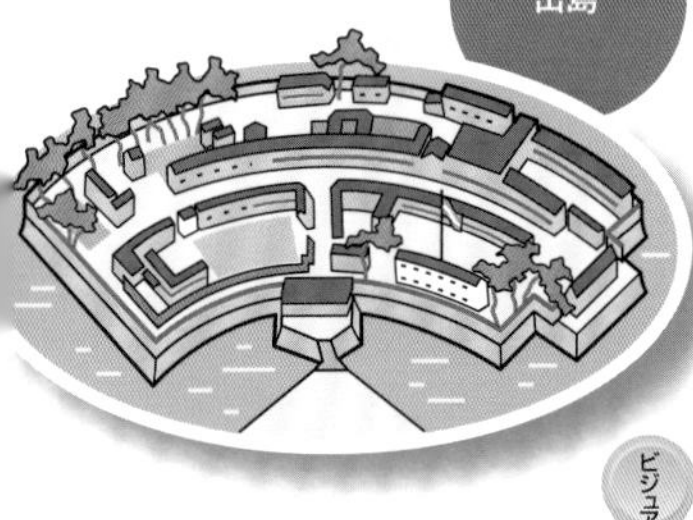
出島

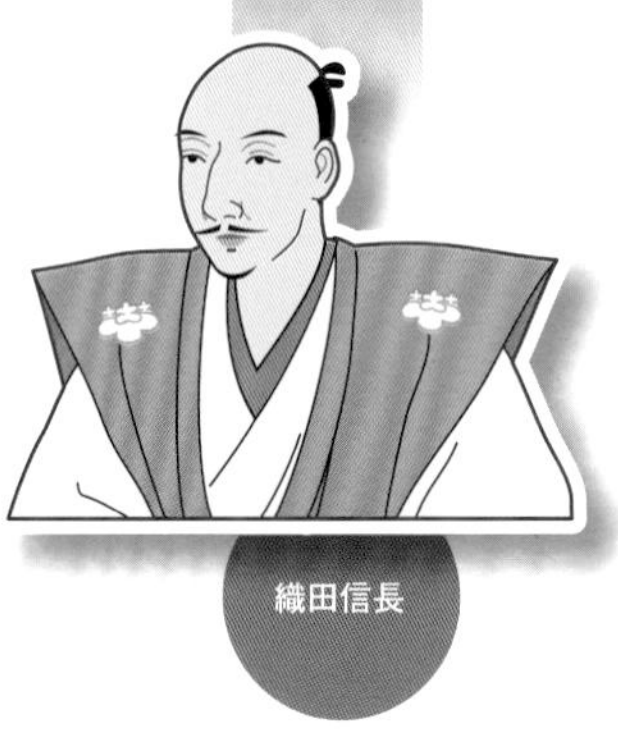
織田信長

第5章 江戸幕府による太平の時代

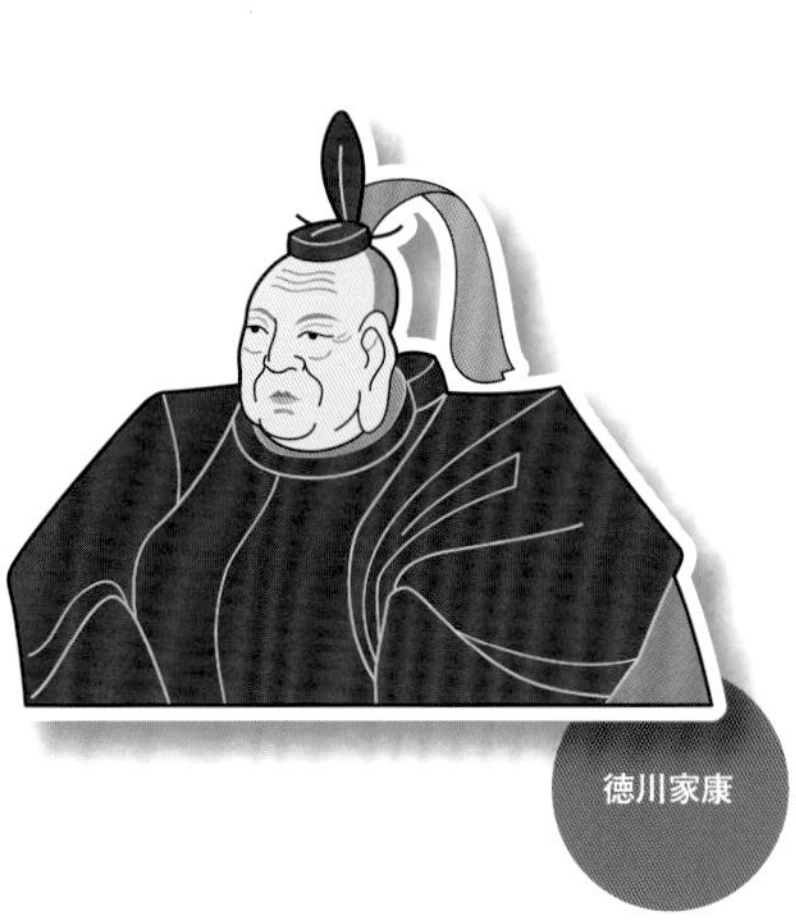
徳川家康

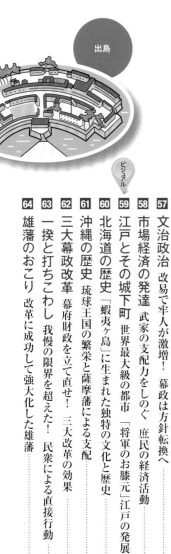

第6章 幕末維新の革命の時代

西郷隆盛

関東大震災

ペリー

第7章 近代日本の発展の時代

伊藤博文

日露戦争

第8章 内外の危機と戦争の時代

原爆投下

戦艦大和

二・二六事件

第9章 経済大国化する戦後日本

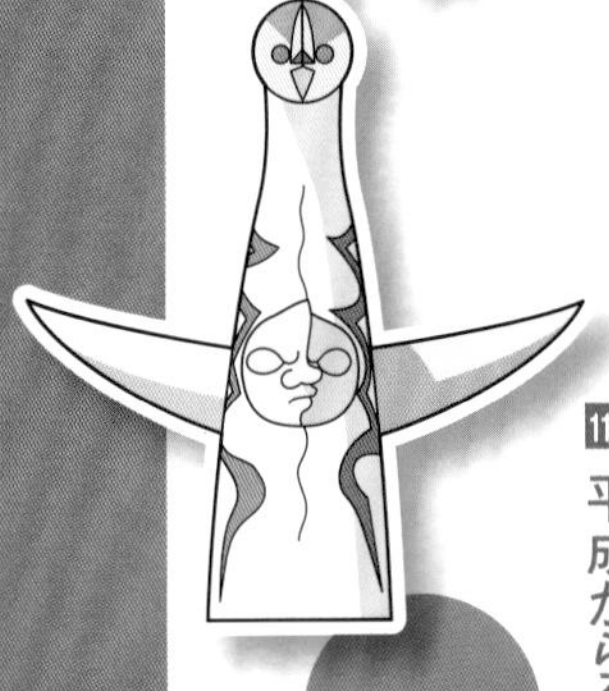
大阪万博

田中角栄

東京オリンピック

第1章 日本文明の誕生の時代

第1章で紹介する各時代の特徴

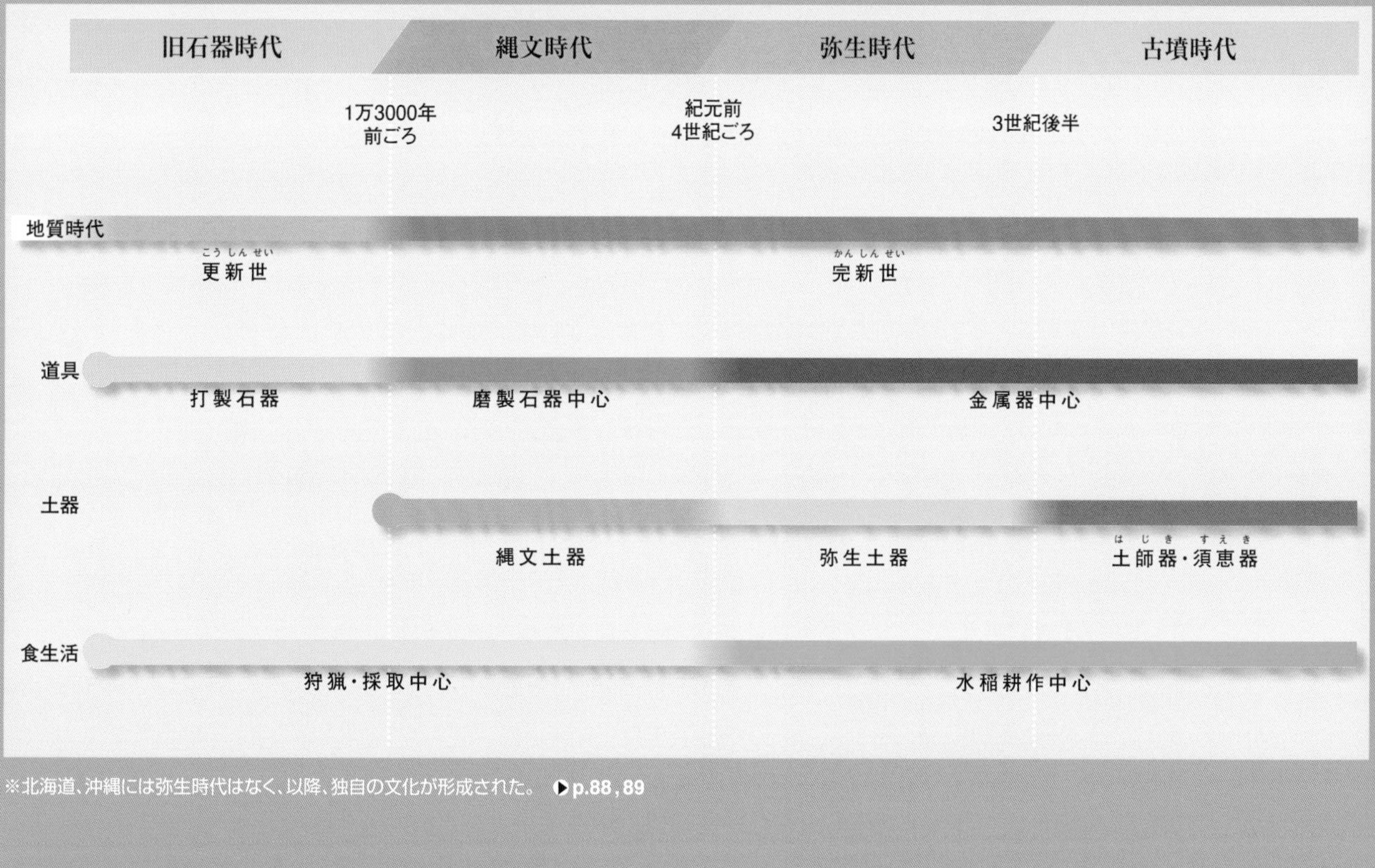
旧石器時代
縄文時代
弥生時代
古墳時代
1万3000年前ごろ
紀元前4世紀ごろ
3世紀後半
地質時代
更新世《こうしんせい》
完新世《かんしんせい》
道具
打製石器
磨製石器中心
金属器中心
土器
縄文土器
弥生土器
土師器《はじき》・須恵器《すえき》
食生活
狩猟・採取中心
水稲耕作中心

※北海道、沖縄には弥生時代はなく、以降、独自の文化が形成された。 ▶p.88，89

10大ニュース

1万3000年前ごろ ▼ 紀元前5世紀ごろ ▼

旧石器時代　**縄文時代**

- 1万8000年前ごろ　港川《みなとがわ》人が出現
- 1万4000年前ごろ　浜北《はまきた》人が出現
- 1万3000年前ごろ　❶ **縄文文化が始まる** p.11
- 5900年前ごろ　三内丸山《さんないまるやま》に集落が成立
- 紀元前5～前4世紀ごろ　❷ **稲作が日本に伝来** p.14
- 紀元前5～前4世紀ごろ　❸ **鉄器が日本に伝来** p.15
- 紀元前1世紀ごろ　日本に100以上の小国ができる

旧石器～古墳時代の遺跡分布

アフリカで誕生した人類は多数の種に分かれたが、そのなかから20万年ほど前に新人《しんじん》（ホモ＝サピエンス）が現れ、世界中に広がっていった。この過程で、日本にもヒトが住むようになった。石を打ち欠いてつくった打製石器《だせいせっき》を使っており、旧石器時代とよばれる。

約1万年前までには、海面が上昇して日本列島が形成され、土器と弓矢の使用を特徴とする縄文《じょうもん》時代が成立。以後、稲作と金属器に代表される弥生《やよい》時代を経て、巨大古墳《こふん》の築造を特徴とするヤマト政権が形成された。

旧石器
しらたき
白滝遺跡（遠軽町）
黒曜石（こくようせき）の原産地。石器の製作所跡が残っており、製作された石器は北海道全域で見つかる。
縄文
かめがおか
亀ヶ岡遺跡（つがる市） p.11
江戸時代前期、築城工事の際に発見された遺跡。この遺跡から出土した精巧な「亀ヶ岡式土器」は、縄文晩期を代表する土器である。
縄文
さんないまるやま
三内丸山遺跡（青森市） p.12
弥生 砂沢《すなざわ》遺跡 p.14
（弘前市）
弥生 垂柳《たれやなぎ》遺跡
（田舎館村）
縄文 大湯《おおゆ》遺跡
（鹿角市）
旧石器
いわじゅく
岩宿遺跡（みどり市） p.10
岩宿遺跡の発見が、日本に旧石器時代が存在することを明らかにした。1946年、相沢忠洋（あいざわただひろ）による黒曜石発見がきっかけとなった。
旧石器 荒屋《あらや》遺跡（長岡市）
旧石器 花泉《はないずみ》遺跡（一関市）
古墳
さきたま
埼玉古墳群（行田市） p.19
115文字の銘文をもつ鉄剣出土の稲荷山（いなりやま）古墳、日本最大の円墳・丸墓山（まるはかやま）古墳など。
古墳 太田天神山《おおたてんじんやま》古墳 p.19
（太田市）
古墳 吉見百穴《よしみひゃくあな》（吉見町）
弥生
やよいちょう
弥生町遺跡（文京区）
1884年、縄文土器とは異なる土器を発見。出土地の地名から「弥生土器」と名づけられた。
縄文
かそり
加曽利貝塚（千葉市）
直径130mの北貝塚（縄文中期）と直径170mの南貝塚（縄文後期）からなる。住居跡や人骨も発掘。
縄文
おおもり
大森貝塚 p.11
（品川区・大田区）

- 旧石器時代の遺跡
- 縄文時代の遺跡
- 弥生時代の遺跡
- 古墳時代の遺跡

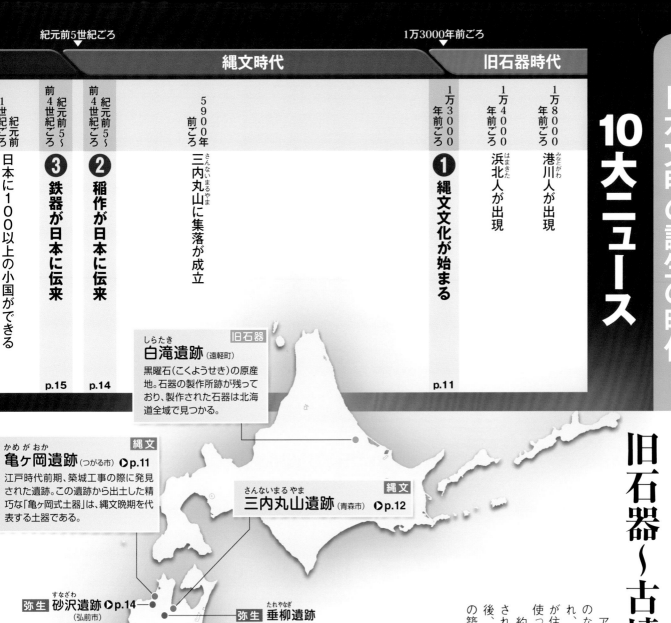

10大ニュース

592年 ▼ 3世紀中ごろ ▼

飛鳥時代 ／ 古墳時代 ／ 弥生時代

年代	出来事	参照
57年	❹ 倭《わ》の奴国王《なこくおう》が後漢《ごかん》に遣使	p.16
107年	倭国王帥升《すいしょう》らが後漢に奴隷を献上	
2世紀後半	小国どうしの戦争が激化	
2世紀末ごろ	卑弥呼《ひみこ》《（ひめこ）》が邪馬台国《やまたいこく》《（やまとこく）》の女王になる	
239年	❺ 卑弥呼が魏《ぎ》に遣使	p.17
3世紀中ごろ	❻ 前方後円墳《ぜんぽうこうえんふん》が出現	p.19
3世紀後半	❼ ヤマト政権が成立	p.18
391年	倭軍が朝鮮半島に遠征	
421～462年	倭王讃《さん》、珍《ちん》、済《せい》、興《こう》が宋《そう》（南朝）に遣使	
478年	❽ 倭王武《ぶ》が宋（南朝）に遣使	p.18
512年	大伴金村《おおとものかなむら》が加耶《かや》（加羅《から》）諸国を百済《くだら》《（ひゃくさい）》に割譲	
527年	磐井《いわい》の乱	
538年（552年）	❾ 仏教が日本に公式に伝来	p.20
6世紀後半	蘇我《そが》氏と物部《もののべ》氏の崇仏《すうぶつ》論争	
587年	❿ 蘇我馬子《そがのうまこ》が物部守屋《もののべのもりや》を滅ぼす	p.20

縄文
板付《いたづけ》遺跡（福岡市） ▶p.14
縄文晩期～弥生の水田跡、水路跡が発掘されたほか、炭化した米や木製農具なども出土。縄文時代に稲作が行われていたという証拠に。

旧石器
早水台《そうずだい》遺跡（日出町）
前期旧石器時代とされる石器が出土。大陸の北京原人が使用した石器とも類似している。

古墳
百舌鳥《もず》古墳群（堺市） ▶p.19
大仙陵（だいせんりょう）古墳、ミサンザイ古墳など、日本有数の巨大前方後円墳が密集。すでに消滅したものも含めると、90基以上の古墳が確認されている。世界遺産に登録。

古墳
古市《ふるいち》古墳群
（羽曳野市、藤井寺市）
墳丘長400mを超える誉田御廟山（こんだごびょうやま）古墳など123基の古墳群。世界遺産に登録。

旧石器
港川《みなとがわ》遺跡（八重瀬町） ▶p.10
石灰岩採掘場から数体分の化石人骨が発見され、分析の結果、1万8000年前ごろの人類と判明。「港川人」と命名された。

弥生
荒神谷《こうじんだに》遺跡（出雲市） ▶p.15
1984年、それまでに日本で発見されていた銅剣の総数を上回る、358本もの銅剣が発掘された。

旧石器
野尻湖《のじりこ》遺跡（信濃町）
湖底からナウマンゾウの臼歯など動物の化石骨や石器も発見されている。

古墳
造山《つくりやま》古墳（岡山市） ▶p.19
日本で有数の大きさを誇る古墳。周辺には、作山（つくりやま）古墳も現存する。

弥生
登呂《とろ》遺跡 ▶p.14
（静岡市）
弥生後期の農耕集落跡。住居跡や高床倉庫跡、水田や畔（あぜ）の跡、農具などが発見されている。

弥生
吉野ヶ里《よしのがり》遺跡 ▶p.16
（吉野ヶ里町・神埼市）
日本最大の環濠（かんごう）集落跡。墳丘墓や物見櫓跡が発見されており、「魏志倭人伝（ぎしわじんでん）」に書かれている邪馬台国の状況に類似する。

縄文 菜畑《なばたけ》遺跡（唐津市） ▶p.14
弥生 原の辻《はるのつじ》遺跡（壱岐市） ▶p.17
縄文 泉福寺《せんぷくじ》洞穴（佐世保市） ▶p.11
古墳 岩戸山《いわとやま》古墳（八女市）
古墳 江田船山《えたふなやま》古墳（和水町）
古墳 西都原《さいとばる》古墳群（西都市）
縄文 上野原《うえのはら》遺跡（霧島市）
弥生 加茂岩倉《かもいわくら》遺跡（雲南市）
弥生 紫雲出山《しうでやま》遺跡（三豊市）
弥生 百間川《ひゃっけんがわ》遺跡（岡山市） ▶p.14
古墳 岩橋千塚《いわせせんづか》古墳群（和歌山市）
弥生 纒向《まきむく》遺跡（桜井市） ▶p.17
古墳 箸墓《はしはか》古墳（桜井市）
縄文 鳥浜《とりはま》貝塚（若狭町）
弥生 唐古《からこ》・鍵《かぎ》遺跡（田原本町）
古墳 森将軍塚《もりしょうぐんづか》古墳（千曲市）
縄文 尖石《とがりいし》遺跡（茅野市）
旧石器 浜北《はまきた》人出土地 ▶p.10（浜松市）

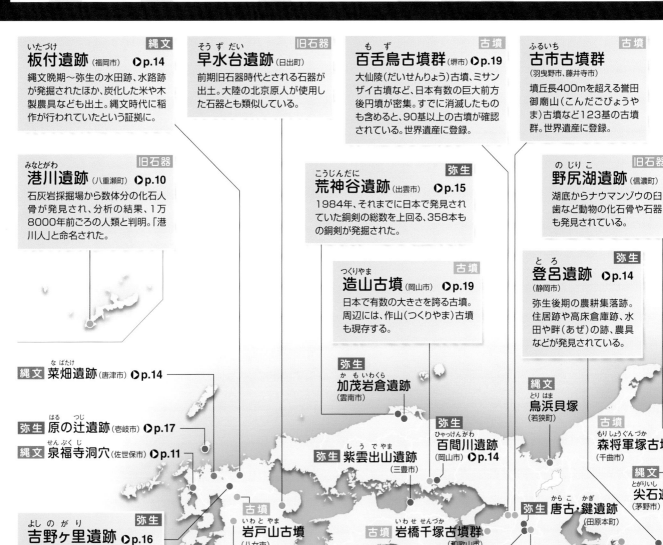

1 日本人の誕生

日本人のルーツはどこにあるのか!?

私たち日本人はどこから来たのか?
旧石器時代にさかのぼる日本史最初のミステリー

日本の考古学を変えた独学の青年考古学者

かつては、縄文時代より前の日本列島には人類がいなかったと考えられてきた。これを覆したのが、行商をしながら独学で考古学を研究していた相沢忠洋《あいざわただひろ》だ。太平洋戦争後まもなく、相沢は現在の群馬県みどり市岩宿《いわじゅく》にある関東ローム層の地中から黒曜石《こくようせき》のかけらを発見した。1949年にはこれらが約3万年前の**打製石器**《だせい》であることが確認され、日本にも旧石器時代があったことが明らかになったのである。

この発見以降、日本各地で**旧石器時代**の遺跡の発見が相次いだ。そして、1960~70年にかけては、現・静岡県浜松市から約1万4000年前の化石人骨「浜北人《はまきたじん》」が、沖縄県八重瀬《やえせ》町からは約1万8000年前の化石人骨「港川人《みなとがわじん》」が発掘された。

旧石器時代人と縄文人の関係解明を阻むもの

これら旧石器時代人がどうやって日本列島にたどり着いたのかは、定かではない。ただし、**氷河時代(更新世《こうしんせい》)**の日本列島はアジア大陸北東部と陸続きであり、マンモスやナウマンゾウ、オオツノジカがやって来ていたことが、化石の発掘によって判明している。旧石器時代人はこうした大型動物を追って、日本列島まで渡来したのではないかと考えられている。

さらには、南西諸島を伝って海を越えて来たという説もある。港川人が二重まぶたで顔の彫《ほ》りが深く、体毛が濃くて手足が長いといった、「南方アジア人」の特徴を備えているからだ。そして、彼らは同じ特徴をもつ縄文人の祖先と考えられてきた。

ところが、近年のDNA分析によると、縄文人は現在の日本人とは近い関係にあるものの、東南アジア人など南方アジア人とはあまり関係ないという結果が出ている。旧石器時代人と縄文人の間にどんな関係があるのか。酸性土壌が多い日本本土では人骨が残りにくく、化石人骨の出土例が少ない。このことが謎の解明を阻んでいるのだ。

その後、紀元前5~前4世紀以降には「北方アジア人」がやって来た。シベリアなどの寒冷地に適応するため、一重まぶたで胴が長く、体毛が薄いなどの特徴をもつ北方アジア人は、日本に定着する一方、彼らのもたらした農耕生活で縄文人の形態も変容。さらにはその両者が混血を重ねながら全国に広がり、現在の日本人になったのだ。

日本列島への人類の移動

約1万年前に終わる氷河時代(更新世)には人類は日本に来ていた。しかし、その移動ルートや年代については諸説あり、現在も研究が進められている。

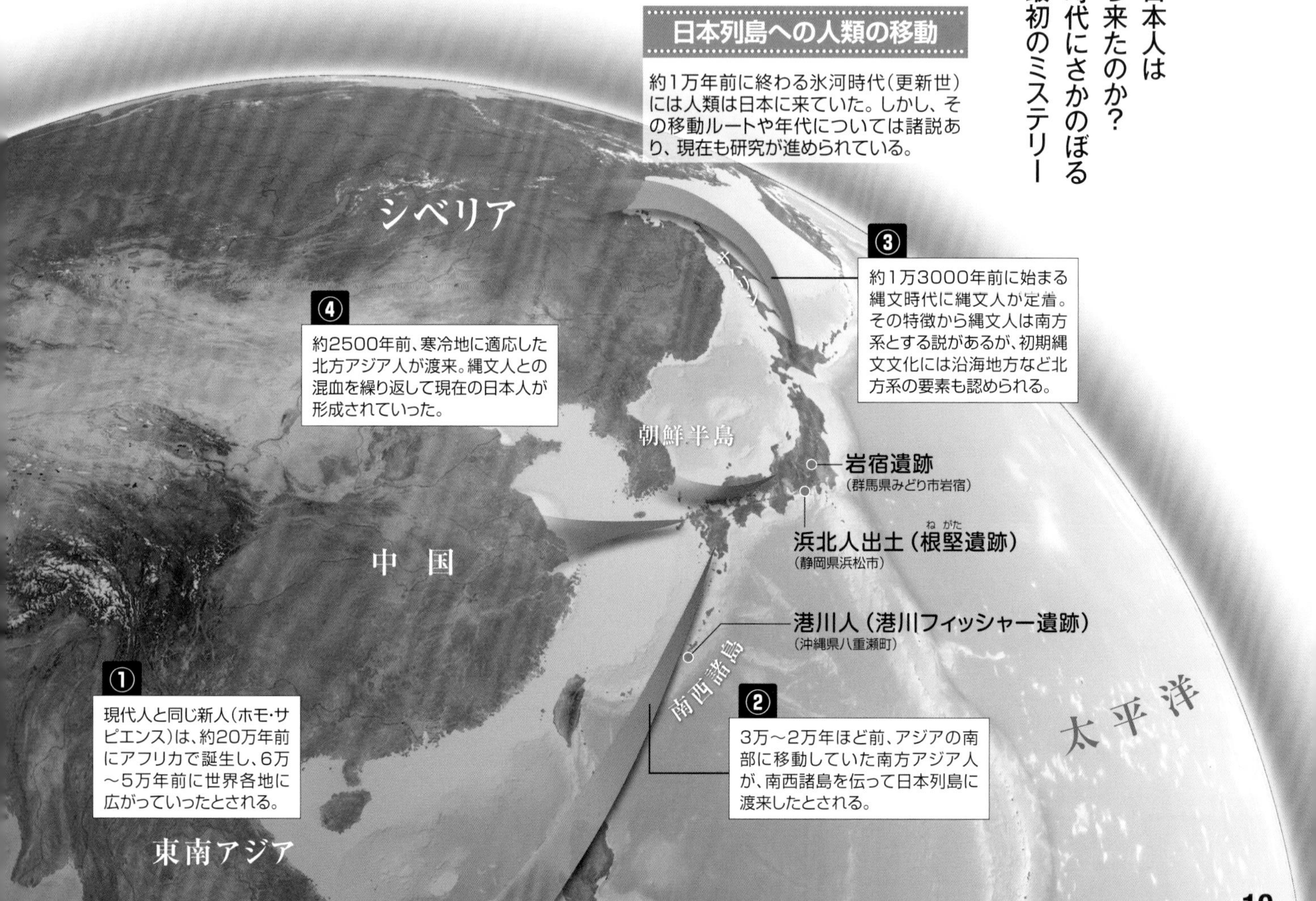
シベリア
③
約1万3000年前に始まる縄文時代に縄文人が定着。その特徴から縄文人は南方系とする説があるが、初期縄文文化には沿海地方など北方系の要素も認められる。
④
約2500年前、寒冷地に適応した北方アジア人が渡来。縄文人との混血を繰り返して現在の日本人が形成されていった。
朝鮮半島
岩宿遺跡
(群馬県みどり市岩宿)
浜北人出土(根堅《ねがた》遺跡)
(静岡県浜松市)
中国
港川人(港川フィッシャー遺跡)
(沖縄県八重瀬町)
南西諸島
①
現代人と同じ新人(ホモ・サピエンス)は、約20万年前にアフリカで誕生し、6万~5万年前に世界各地に広がっていったとされる。
②
3万~2万年ほど前、アジアの南部に移動していた南方アジア人が、南西諸島を伝って日本列島に渡来したとされる。
太平洋
東南アジア
NASA's Earth Observatory

1万3000年前ごろ

平成　昭和　大正　明治　江戸　安土桃山　室町　鎌倉　平安　奈良　古墳・飛鳥　弥生　縄文

2 土器の発明

世界最古級の土器 縄文土器の発明

独特の縄目文様から名づけられた「縄文土器」は、世界でも最古の部類に入る土器である。この発明で食べられるものが大幅に増えた。

縄文土器のおもな発掘遺跡

縄文土器は、北海道から沖縄まで、日本全国で発掘されている。形や模様は多種多様で、縄目文様のついていない土器もある。

縄文時代時期区分

年代（始期）	区分	土器の形態
約1万3000年前	草創期	円形丸底など
約1万～9000年前	早期	尖底深鉢など
約6000年前	前期	平底など
約5000年前	中期	厚手式、火焔型土器など
約4500年前	後期	薄手式、注口土器など
約3000年前	晩期	亀ヶ岡式土器など

笹山遺跡出土の火焔型土器（国宝）。

画像：十日町博物館

亀ヶ岡《かめがおか》遺跡（青森県つがる市）
縄文晩期の集落遺跡。赤色塗料が塗布された、複雑怪奇な文様の土器（亀ヶ岡式土器）が出土。
大平山元Ⅰ《おおだいやまもといち》遺跡（青森県外ヶ浜町）
約1万6500年前の遺跡で、文様のない、親指大の土器片が出土。日本最古の土器とする説もある。
笹山《ささやま》遺跡（新潟県十日町市）
縄文中期の集落跡。縄文文化を代表する、造形美に溢れた火焔（かえん）土器を複数出土。
大森《おおもり》貝塚（東京都品川区・大田区）
アメリカの動物学者モースが1877年に発見。土器や貝殻をはじめ、土偶、石斧（せきふ）などを出土。
智頭枕田《ちずまくらだ》遺跡（鳥取県智頭町）
縄文早期から平安時代に及ぶ集落遺跡。大量の土器や石器が発見された。
泉福寺《せんぷくじ》洞穴（長崎県佐世保市）
表面に豆粒の文様をつけた約1万2000年前の土器片を出土。世界最古級の土器の一つとされる。

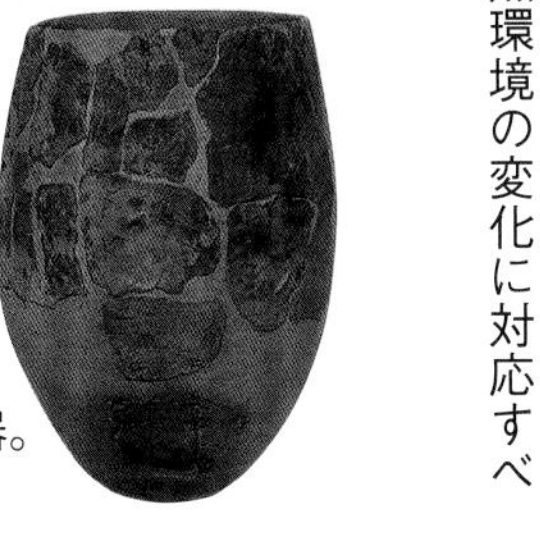

泉福寺洞穴から出土した豆粒文（とうりゅうもん）土器。

画像：佐世保市教育委員会

人びとの生活を変えた先史時代の気候変動

日本が大陸から離れて完全に島国になったのは、気候の温暖化で海面が上昇した約1万年前のこととされる。この気候変動にともなって動物相も変化。ナウマンゾウなどの大型動物が絶滅したかわりにシカやイノシシが増えた。植物相では、針葉樹林にかわって東日本にはブナやナラなどの落葉広葉樹林が、西日本にはカシ、シイなどの照葉樹林が広がった。

こうした自然環境の変化に対応すべく、人びとの生活も大きく変わっていった。1万年以上続く**縄文《じょうもん》時代**の幕開きだ。

縄文人の食生活を豊かにした縄文土器

生活の変化のなかでも、特に重要なのは**縄文土器**の発明と使用だ。土器で煮炊きすることによって、生では食べにくかったものが食べられるようになった。このほか、ナラやカシなどの実であるドングリのアク抜きも可能になり、クリやクルミとともに主食となるなど、食料が格段に増えたのだ。

縄文土器には口が広くて底が深い深《ふか》鉢形《ばちがた》のものが多いが、底の形は縄文草創期の丸底から早期の尖底《せんてい》、前期の平《ひら》底《ぞこ》へと移り変わっていった。中期には取っ手や口縁部《こうえんぶ》に大胆な装飾を施した「**火焔型《かえんがた》土器**」が登場。後期には注ぎ口をつけた「**注口《ちゅうこう》土器**」、晩期には黒漆《くろうるし》の地に赤漆《あかうるし》を塗《ぬ》った「**亀ヶ岡式《かめがおかしき》土器**」など、多様な土器が登場する。

このほか、大型動物を狩るための槍にかわり、動きの素早いシカやイノシシを狩る弓矢が登場したことも縄文時代の特徴の一つだ。さらに約6000年前をピークとする海面上昇「縄文海《じょうもんかい》進《しん》」によって海岸線が入り江に恵まれたことで漁労も発達。ハマグリなどの貝類のほか、**骨角器**《こっかくき》の釣針や銛《もり》でタイやマグロなどを捕えていた。

こうした縄文人の食生活は、貝殻などを捨てた**貝塚**《かいづか》の調査で明らかになったもので、このほか石臼《いしうす》や石皿で木の実を粉にし、皮をはぐ石匙《いしさじ》で鳥獣を調理していたことなどもわかっている。

3 三内丸山遺跡

縄文人の息吹を伝える1500年間の定住生活跡

江戸時代から遺跡として知られていた三内丸山遺跡だが、本格的な発掘調査が始まったのは1992年だった。調査結果から、縄文人はそれまでの想像よりはるかに進んだ文明をもっていたことがわかってきている。

縄文人のイメージを覆した大規模集落跡

1992年、青森市にある総合運動公園の拡張工事に先立つ事前調査が行われた。すると、次つぎに土器や遺構《いこう》が見つかり、三内丸山《さんないまるやま》遺跡が35万㎡に及ぶ大規模集落跡であることが明らかになったのだ。また、縄文《じょうもん》時代前期から中期まで、約1500年間も続いた定住集落であることも判明。「縄文人は移動しながら狩猟・採集生活を送っていた」という従来の説が覆された。

大量の出土品から、三内丸山での暮らしぶりもわかってきている。クリが重要な食べ物で、マメやエゴマ、ヒョウタンなどとともに栽培されていたほか、ニワトコなどの植物で果実酒もつくられていた。さらに、数百km離れた場所で産出する黒曜石《こくようせき》やヒスイ(硬玉)も見つかっており、遠隔地と広く交易を行っていたことがわかっている。

建物遺構としては竪穴《たてあな》住居や高床式《たかゆかしき》建物などのほか、6つ並んだ直径1mの柱跡も見つかった。これは、高さ10〜20mもの建物だったと推測され、神殿《しんでん》や物見櫓《ものみやぐら》だったとする説があるが、はっきりしたことはわかっていない。

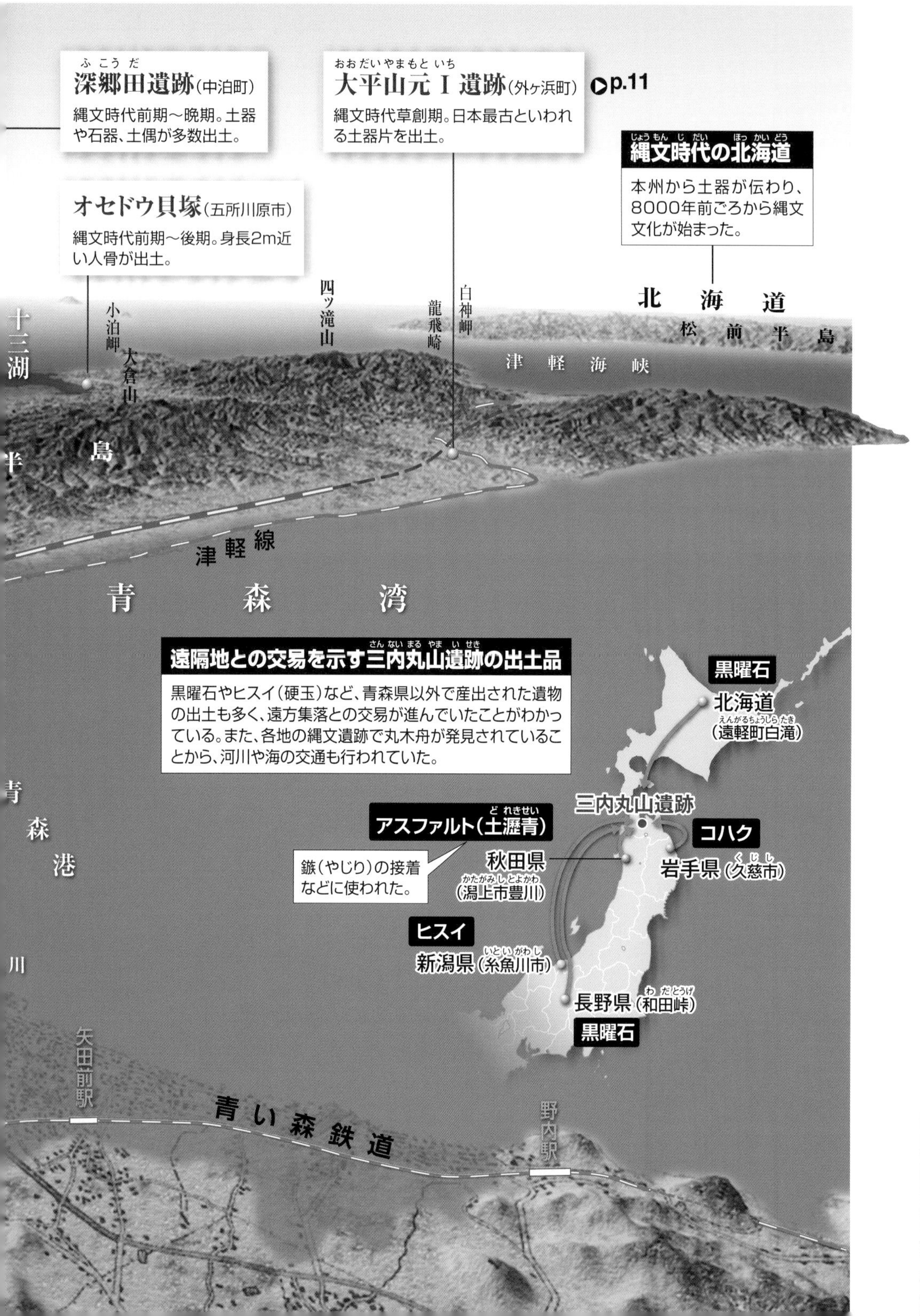
深郷田《ふこうだ》遺跡(中泊町)
縄文時代前期〜晩期。土器や石器、土偶が多数出土。
大平山元Ⅰ遺跡《おおだいやまもといち》(外ヶ浜町)
▶p.11
縄文時代草創期。日本最古といわれる土器片を出土。
縄文時代《じょうもんじだい》の北海道《ほっかいどう》
本州から土器が伝わり、8000年前ごろから縄文文化が始まった。
オセドウ貝塚(五所川原市)
縄文時代前期〜後期。身長2m近い人骨が出土。
十三湖
小泊岬
大倉山
四ツ滝山
龍飛崎
白神岬
北海道
松前半島
津軽海峡
半島
津軽線
青森湾
遠隔地との交易を示す三内丸山遺跡《さんないまるやまいせき》の出土品
黒曜石やヒスイ(硬玉)など、青森県以外で産出された遺物の出土も多く、遠方集落との交易が進んでいたことがわかっている。また、各地の縄文遺跡で丸木舟が発見されていることから、河川や海の交通も行われていた。
黒曜石
北海道
(遠軽町白滝《えんがるちょうしらたき》)
三内丸山遺跡
アスファルト(土瀝青《どれきせい》)
鏃(やじり)の接着などに使われた。
コハク
秋田県
(潟上市豊川《かたがみしとよかわ》)
岩手県(久慈市《くじし》)
ヒスイ
新潟県(糸魚川市《いといがわし》)
長野県(和田峠《わだとうげ》)
黒曜石
青森港
川
矢田前駅
青い森鉄道
野内駅

大型板状土偶《どぐう》

三内丸山遺跡出土の板状土偶。高さは約32cmで日本最大級だ。自然物や自然現象に霊が存在すると考えた縄文人は、呪術で災いの回避を願い、豊穣を祈った。その祭祀に用いられた土偶は各地でさまざまな形状のものが出土しており、縄文人の精神性を示す遺物となっている(重要文化財)。

画像:三内丸山遺跡センター

縄文ポシェット

針葉樹の樹皮で編まれた「縄文ポシェット」。中にはクルミが入っていた。

画像:三内丸山遺跡センター

大型掘立柱(ほったてばしら)建物(左、復元)と、竪穴住居(右、復元)。

三《さん》内《ない》丸《まる》山《やま》遺跡(青森市)

上記の写真は、三内丸山遺跡から発掘された道具や復元された建物。

亀ヶ岡《かめがおか》遺跡(つがる市) p.11

縄文時代晩期。遮光器(しゃこうき)土偶を出土。

大森勝山《おおもりかつやま》遺跡(弘前市)

旧石器時代と縄文時代晩期の遺跡。ナイフ型石器を出土。

十腰内《とこしない》遺跡(弘前市)

縄文時代後期。イノシシの形をした土器を出土。

田小屋野《たごやの》貝塚(つがる市)

岩木山
大戸瀬崎
日本海
七里長浜
屏風山
岩木川
津軽鉄道
津軽中里駅
五所川原駅
梵珠山
陸奥鶴田駅
鶴泊駅
板柳駅
五能線
津軽平野
津軽
大釈迦駅
鶴ケ坂駅
浪岡駅
奥羽本線
東北自動車道
津軽新城駅
新青森駅
青森IC
北海道新幹線
新田川
沖館川
青森駅
縄文時代の海岸線(推定)
青森平野
現在の海岸線
堤川
東青森駅
駒込川
青森自動車道
小柳駅
東北新幹線
北海道
青森市
青森
秋田
岩手
新青森駅
青森駅
奥羽本線
沖館川
青森IC
東北自動車道
縄文時代の海岸線(推定)
三内丸山遺跡

縄文時代《じょうもんじだい》の海岸線

約6000年前の縄文時代前期は、現在よりも気温が2〜3℃高かった。そのため、北半球の氷床が溶けて海水面が上がり、現在の海抜5m前後が当時の海岸線だったと考えられている。この現象を、海岸線が陸側へ前進するという意味から「縄文海進」とよぶ。

小牧野《こまきの》遺跡(青森市)

縄文時代後期。ストーンサークルが発見された。

4 稲作の伝来

日本人の主食 米はどこから来た？

縄文時代晩期、大陸から稲作が伝わり、狩猟・採取中心の不安定な生活から、稲などの作物の生産を中心とした安定した生活へと変化した。

さかのぼる稲作伝来の時期

弥生《やよい》文化を特徴づけるものの一つが**稲作**（水稲《すいとう》農耕）だ。これにより、縄文《じょうもん》時代の採取経済から生産経済への移行という社会変革が起きた。

そんな稲作は、福岡県の**板付《いたづけ》遺跡**や佐賀県の**菜畑《なばたけ》遺跡**で縄文《じょうもん》土器とともに水田跡が発見されたことから、縄文晩期の紀元前5世紀前後に伝わったと考えられてきた。しかし、近年では紀元前10世紀に伝わったとする国立歴史民俗博物館の説も注目されている。

この説は土器の科学的年代測定の結果から導き出されたものだ。北九州出土の弥生土器に付着していた試料の炭素14（**放射性炭素**）を使って年代を測定したところ、紀元前900～前800年のものとする結果が出たのである。この土器には米を炊いた噴きこぼれの跡が残っており、同時期にはすでに稲作が行われていたと推測できるのだ。

また、岡山県の彦崎《ひこざき》貝塚や朝寝鼻《あさねばな》遺跡では、6000年前の地層から稲の成分であるプラント・オパールが発見されており、陸稲《りくとう》などの栽培が始まっていた可能性が指摘されている。

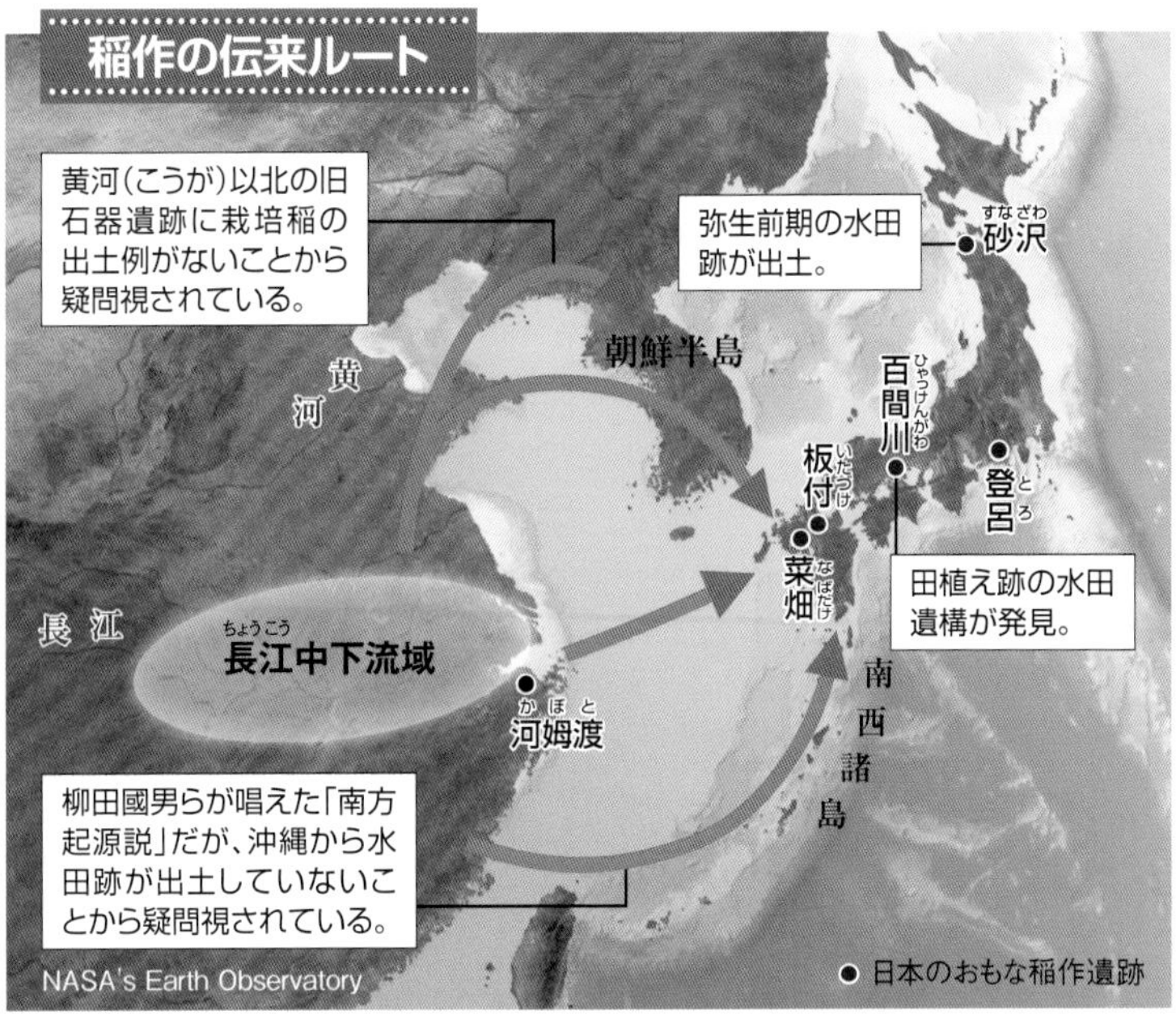
稲作の伝来ルート
黄河(こうが)以北の旧石器遺跡に栽培稲の出土例がないことから疑問視されている。
弥生前期の水田跡が出土。
砂沢《すなざわ》
朝鮮半島
黄河
百間川《ひゃっけんがわ》
板付《いたづけ》
登呂《とろ》
菜畑《なばたけ》
田植え跡の水田遺構が発見。
長江
長江《ちょうこう》中下流域
河姆渡《かぼと》
南西諸島
柳田國男らが唱えた「南方起源説」だが、沖縄から水田跡が出土していないことから疑問視されている。
NASA's Earth Observatory
● 日本のおもな稲作遺跡

直接ルートも有力になった稲作伝来の道

そんな稲作は、中国浙江《せっこう》省の**河姆渡《かぼと》遺跡**で紀元前5000年の稲作農耕跡が発見されたことから、**長江《ちょうこう》中下流域**が起源地とされている。当初は陸稲栽培だったが、水田で栽培する水稲農耕も同地が起源だと考えられている。

そこから日本への稲作伝来ルートについては諸説あるが、山東《さんとう》半島から朝鮮半島南部を経て九州北部に伝わったとする説が最有力視されてきた。しかし、近年のDNAを用いた研究によると、日本の稲の主要2種類のうち、1つは朝鮮半島には存在しないことが明らかになった。こうしたことから、長江中下流域から直接日本に伝わったとする説も有力視され始めている。

伝来後の稲作の普及は早く、弥生《やよい》前期には東北地方北部まで水稲《すいとう》農耕が広まっていた。また、原始的な直播《じかまき》だけではなく早くから田植えを行っていたこともわかっている。農具では木製の鍬《くわ》や鋤《すき》、稲の穂を摘み取る石包丁《いしぼうちょう》が使われていたが、中期末から後期には**鉄製農具**も普及。それにともない、自然の低湿地を利用した湿田《しつでん》だけではなく灌漑《かんがい》を要する乾田《かんでん》も開発され、より生産性が高まった。

弥生時代の稲作の様子

竪穴住居《たてあなじゅうきょ》
縄文・弥生時代の一般的な住居。
高床《たかゆか》倉庫
収穫物を貯蔵する。ネズミや湿気を避けるため床が高い。
荒《あら》起《お》こし
鋤(すき)で田を掘り起こす。
田植《たう》え
苗代で育てた稲を田に植える。
代掻《しろか》き
田植えに備え、田を平らにならす。
畔《あぜ》づくり
水が逃げないよう境界を設けた。

紀元前5〜前4世紀ごろ

平成 昭和 大正 明治 江戸 安土桃山 室町 鎌倉 平安 奈良 古墳・飛鳥 弥生 縄文

5 金属器の伝来

石器から金属器へ文明化への第一歩

弥生土器、稲作と並ぶ弥生文化の特徴は、金属器の使用が始まったことだ。鉄製の農具と武器の普及によって、急速に文明化が進んだ。

石器時代を終わらせた大陸伝来の鉄器

弥生《やよい》時代は、**石器**の時代から**金属器**の時代への過渡期にあたる。弥生前期には石包丁《いしぼうちょう》などの**磨製《ませい》石器**が使われていたが、中期になると大陸や朝鮮半島から鉄がもたらされ、**鉄器**の生産が始まった。後期には鉄器が全国的に普及し、石器はほとんど姿を消す。

鉄器はおもに**農具**として利用され、農業の飛躍的な発展を支えた一方、**武器**としても用いられた。鉄製武器は戦争の主役となり、稲作による富の蓄積や階級の発生と並んで、クニの成立に大きな役割を果たすことになる。

青銅器の出土分布

地域によって出土する青銅器の種類に違いがあることから、各地に異なる文化圏が形成されていたと推測されている。

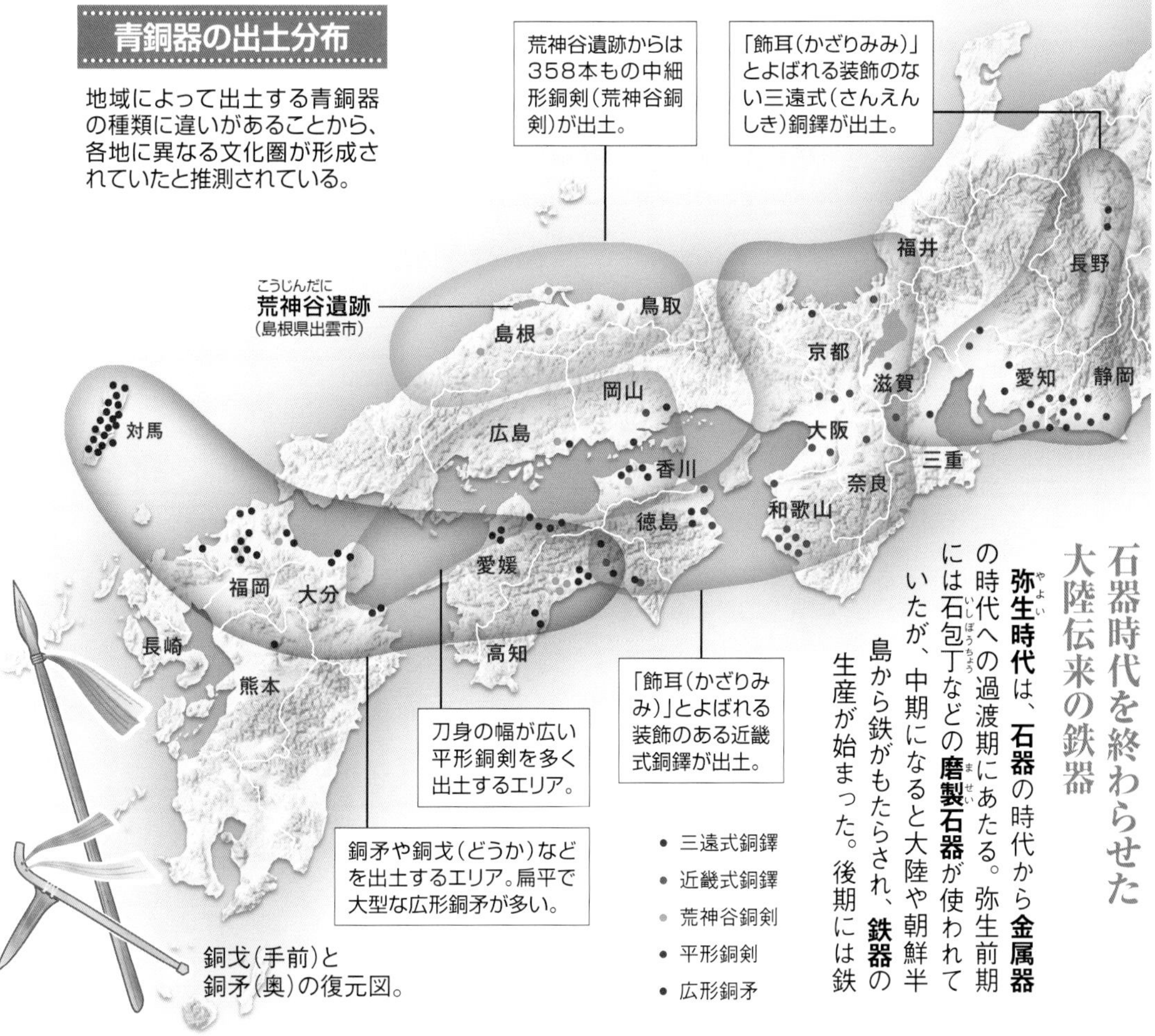
荒神谷遺跡からは358本もの中細形銅剣(荒神谷銅剣)が出土。
「飾耳(かざりみみ)」とよばれる装飾のない三遠式(さんえんしき)銅鐸が出土。
荒神谷遺跡《こうじんだにいせき》
(島根県出雲市)
対馬
島根
鳥取
岡山
広島
香川
徳島
愛媛
高知
福岡
大分
長崎
熊本
福井
長野
京都
滋賀
愛知
静岡
大阪
三重
奈良
和歌山
「飾耳(かざりみみ)」とよばれる装飾のある近畿式銅鐸が出土。
刀身の幅が広い平形銅剣を多く出土するエリア。
銅矛や銅戈(どうか)などを出土するエリア。扁平で大型な広形銅矛が多い。
三遠式銅鐸
近畿式銅鐸
荒神谷銅剣
平形銅剣
広形銅矛

銅戈(手前)と銅矛(奥)の復元図。

祭祀の道具として普及した青銅器

世界では、銅と錫《すず》の合金である**青銅《せいどう》器《き》**から、より融点が高く堅強な鉄器の利用に進むという文化的変遷が見られた。しかし、日本では両者の伝来がほぼ同時期だったため、青銅器はまもなく実用から離れていく。かわって、金色に輝くその美しさから、青銅器は豊穣《ほうじょう》などを願う祭の祭器や権力の象徴として発達。平たく大きくなった**銅剣《どうけん》**や**銅矛《どうほこ》**、巨大化した**銅鐸《どうたく》**などの祭器がつくられるようになった。

このうち、銅鐸は近畿地方や東海地方、平形銅剣は瀬戸内海中部、銅矛は九州北部を中心に出土しており、出雲《いずも》地方特有の「荒神谷銅剣《こうじんだにどうけん》」も存在する。これらは、当時の西日本に共通の青銅製祭器を使う文化圏が形成されていたことを示すものと考えられている。

甕《かめ》 米などの煮炊きに使われた。

壺《つぼ》 米や雑穀の貯蔵用土器。

高杯《たかつき》 盛りつけ用の土器。

鉢《はち》 盛りつけ用の土器。

縄文土器と弥生土器の違い

縄文《じょうもん》土器は、口が広くて深い「深鉢《ふかばち》形《がた》」が基本形。一方の弥生土器は、壺《つぼ》、甕《かめ》、鉢《はち》、高坏《たかつき》など、用途によって形に違いがある。また、縄文土器のつくり方は焚《た》き火《び》のように焼く「野焼《のや》き」だが、弥生土器は上に泥などをかぶせて焼く「覆《おお》い焼き」で、それにより均質に硬く焼き上げることができた。

縄文土器は厚く、弥生土器は薄いという特徴もある。縄文土器は熱が伝わりにくいが冷めにくく、煮物に向いており、弥生土器は熱が早く伝わるので、米を炊くのに向いていたとされる。

6 小国の分立

本格的な戦争でクニが誕生した

農耕社会の成立でもたらされたのは、農作物という「財産」と、その財産をめぐる「戦争」だった。戦争によって、日本にクニが形成されていく。

農耕文化の発達が階級社会と戦争を生んだ

稲作が始まり、**金属器**を使うようになった**弥生《やよい》時代**は、本格的な戦争が始まった時代でもあった。

農耕の発達で余剰生産物という財産の蓄積が可能になると、集落では**貧富の差**が生じ、灌漑《かんがい》整備などの共同労働を指導する首長が現れた。集落の人口が増えると、首長の指揮のもとで農地拡大の動きが出てくる。広い土地や水利権を獲得しようとして、また、**高床《たかゆか》倉庫**に蓄えられた余剰作物をめぐって集落間の争いが頻発した。そして、強力な集落は戦争を通して周辺の集落を統合していき、各地に「クニ」とよばれる小国が分立していったのである。

こうして戦争の時代に入った日本では、縄文時代にはなかった石製や金属製の武器が誕生。また、九州北部や近畿地方では、外敵に備えた濠《ほり》や土塁で囲まれた**環濠《かんごう》集落**がみられるようになった。その代表的なものが、約40万㎡に及ぶ佐賀県の吉野《よしの》ヶ里《がり》遺跡だ。

弥生時代のクニと戦争の歴史

弥生前期	稲作が東日本まで普及。	
弥生中期	高床倉庫に米が貯蔵され、武力による集落統合が進む。	
紀元前1世紀ごろ	100以上のクニ（小国）が分立。	『漢書』地理志より
57年	倭《わ》の奴国王《なのこくおう》が後漢《ごかん》に遣使し、光武帝《こうぶてい》から金印《きんいん》の印綬《いんじゅ》を受ける。	『後漢書』東夷伝より
107年	倭国王帥升《わこくおうすいしょう》らが後漢に遣使し、安帝《あんてい》に生口《せいこう》（奴隷）160人を贈る。	『後漢書』東夷伝より
147～189年ごろ	倭国大乱《わこくたいらん》	『後漢書』東夷伝より
▼	邪馬台国《やまたいこく》の卑弥呼《ひみこ》のもとで小国連合が形成され、大乱が収束。	『三国志』「魏志」倭人伝より
239年	卑弥呼が魏《ぎ》に遣使して「親魏倭王《しんぎわおう》」の称号と金印を贈られる。	『三国志』「魏志」倭人伝より

防御的施設を備えた環濠集落と高地性集落

吉野ヶ里の丘陵《きゅうりょう》地帯に集落ができ始めたのは弥生前期とされる。中期になると丘陵を取り囲む大規模な外環濠が形成され、やがて内環濠もつくられた。集落の発展とともに軍事的な緊張が高まってきたことがうかがえる。

弥生後期の吉野ヶ里の人口は、墳墓の数から1200人程度と推測されている。当時の一般的な集落はせいぜい70～80人程度だったとされるため、吉野ヶ里はクニとよべる規模だった。

環濠集落のほかにも、弥生中期から後期になると大阪湾から瀬戸内海沿岸にかけての地域には山頂や高台に築かれた**高地性集落**が出現している。これも、狼煙《のろし》台《だい》や逃げ城といった軍事的要請から築かれたと考えられている。

中国の歴史書に書かれた小国分立と「倭国大乱」

こうした小国分立の状況は中国の歴史書にも記されている。日本に関する記述が初めて登場する**『漢書《かんじょ》』**地理《ちり》志《し》には、紀元前100年ごろの「倭《わ》」が百余国に分かれていたことや、漢王朝の**楽《らく》浪《ろう》郡**に定期的に使者を送っていたことが記されていた。

また、**『後漢書《ごかんじょ》』**東夷伝《とういでん》には、倭の奴《な》国《こく》王《おう》が後漢《ごかん》の洛陽《らくよう》に使者を送って光武《こうぶ》帝から金印《きんいん》を受けたことや、倭国王帥升《すいしょう》が安《あん》帝に生口《せいこう》（奴隷）160人を贈ったことが記されている。さらには、2世紀後半の日本が「倭国大いに乱れ、更相攻《こもごもあいこう》伐《ばっ》して歴年主《れきねんぬし》なし」という「倭《わ》国大乱《こくたいらん》」状況にあったことも描かれているのだ。

実在した奴国王の金印

『後漢書』東夷伝に記された「金印」は、1784年、博多湾の志賀島《しかのしま》で農民によって偶然発見された。同じように、『三国志』に記されている卑弥呼に授けられた「金印」が見つかれば、邪馬台国《やまたいこく》の位置がわかるのでは、と期待されている。

「漢委奴國王（かんのわのなのこくおう）」と刻まれている。

つまみの部分には蛇がかたどられている。

画像：福岡市博物館

人物 帥升《すいしょう》 [?～?年]

中国の歴史書『後漢書』東夷伝に登場する、名前の残る最古の日本人。しかし、『後漢書』の記述は「安帝の永初元年、倭の国王帥升等、生口（せいこう）百六十人を献じ、請見を願う」の一節だけで、名前の読み方すらはっきりとわかっていない。『三国志』に邪馬台国連合の一国として登場する、伊都（いと）国や末盧（まつら）国の王とする解釈もある。

7 邪馬台国

邪馬台国はどこにあったのか？

『三国志』「魏志」倭人伝のあいまいさから、邪馬台国の所在地はいまだにわかっていない。ヤマト政権誕生の謎をも解き明かす日本最大の歴史の空白。

平成 昭和 大正 明治 江戸 安土桃山 室町 鎌倉 平安 奈良 古墳・飛鳥 弥生（3世紀） 縄文

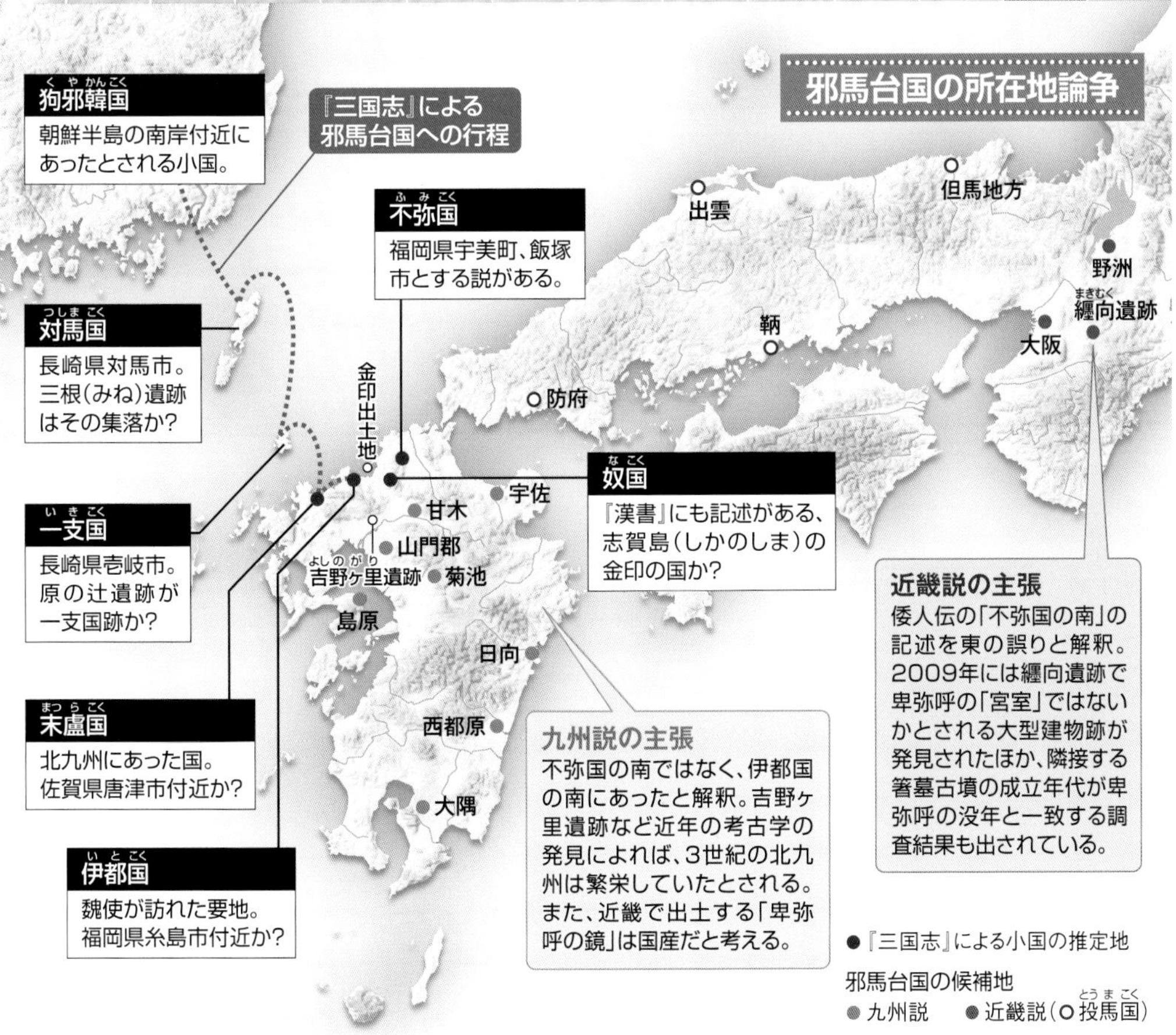
邪馬台国の所在地論争
『三国志』による邪馬台国への行程
狗邪韓国《くやかんこく》
朝鮮半島の南岸付近にあったとされる小国。
不弥国《ふみこく》
福岡県宇美町、飯塚市とする説がある。
対馬国《つしまこく》
長崎県対馬市。三根（みね）遺跡はその集落か？
一支国《いきこく》
長崎県壱岐市。原の辻遺跡が一支国跡か？
末盧国《まつらこく》
北九州にあった国。佐賀県唐津市付近か？
伊都国《いとこく》
魏使が訪れた要地。福岡県糸島市付近か？
奴国《なこく》
『漢書』にも記述がある、志賀島（しかのしま）の金印の国か？
金印出土地
甘木
宇佐
山門郡
吉野ヶ里遺跡《よしのがりいせき》
菊池
島原
日向
西都原
大隅
防府
鞆
出雲
但馬地方
野洲
纒向遺跡《まきむくいせき》
大阪
九州説の主張
不弥国の南ではなく、伊都国の南にあったと解釈。吉野ヶ里遺跡など近年の考古学の発見によれば、3世紀の北九州は繁栄していたとされる。また、近畿で出土する「卑弥呼の鏡」は国産だと考える。
近畿説の主張
倭人伝の「不弥国の南」の記述を東の誤りと解釈。2009年には纒向遺跡で卑弥呼の「宮室」ではないかとされる大型建物跡が発見されたほか、隣接する箸墓古墳の成立年代が卑弥呼の没年と一致する調査結果も出されている。
●『三国志』による小国の推定地
邪馬台国の候補地
● 九州説 ● 近畿説（○投馬国《とうまこく》）

※投馬国とは、『三国志』のなかで不弥国と邪馬台国の中間にあったとされる国。

『三国志』に描かれた卑弥呼と邪馬台国の姿

『三国志』の**「魏志《ぎし》」倭人伝《わじんでん》**には、2世紀末から「倭国大乱《わこくたいらん》」の状況にあった日本が、**邪馬台《やまたい》《(やまと)》国**の**卑弥呼《ひみこ》《(ひめみこ)》**を女王として擁立《ようりつ》したことでおさまったと記されている。こうして邪馬台国を中心とする約30の小国連合が成立した。

卑弥呼は「鬼道《きどう》」を行う一種のシャーマンとして、宗教的権威を背景に政治を行っていたとされる。また、239年には卑弥呼から魏へ使者が派遣され、「親魏倭王《しんぎわおう》」の称号と金印《きんいん》、銅鏡100枚が贈られたと記録されている。

倭人伝には、当時の日本人の暮らしの記述もあり、男性は髪を結ってしばり、布を体に巻きつけて服とし、みな刺青《いれずみ》をしていた。女性は髪を伸ばして髷《まげ》とし、中央に穴をあけた布を頭から被る「貫頭衣《かんとうい》」を着ていたという。気候は温暖で、夏でも冬でも生の野菜を高《たか》杯《つき》に盛って、あるいは手づかみで食べ、「酒好き」とも書かれていた。

また、稲やからむし（麻の一種）を栽培したほか、養蚕《ようさん》や真綿などの生産も行っていた。牛などの家畜はおらず、米で税を納め、それを保存する倉庫があった。「大倭《だいわ》」とよばれる監督者が管理する交易市があり、はっきりとした身分制度もあったようだ。

空白の150年間を埋める邪馬台国の所在地論争

その後、卑弥呼の後継者と思われる倭の女王が、266年に晋《しん》に遣使したという記述が**『晋書《しんじょ》』**などにあるが、これを最後に、約150年間、中国の歴史書から日本に関する記述が姿を消す。邪馬台国から**ヤマト政権**成立に至る歴史が空白になっているのだ。

この空白の謎を深めたのが、倭人伝に書かれた大陸から邪馬台国に至る行程の説明のあいまいさだ。記述どおりの距離と方角を進むと、日本列島を突き抜けて太平洋上に出てしまう。

邪馬台国の所在地は、卑弥呼を神功《じんぐう》皇后とみなし、「邪馬台国＝ヤマト政権」とする**近畿説**が鎌倉時代に出されたが、江戸時代の国学者本居宣長《もとおりのりなが》らは**九州説**を主張。この2説の論争が現在まで引き継がれてきた。近畿説に立てば、ヤマト政権は邪馬台国から連続した政治権力となり、九州説では空白の150年間に邪馬台国が東遷《とうせん》した、あるいは邪馬台国とヤマト政権は無関係だったという結論になる。

2009年には、奈良県の纒向《まきむく》遺跡で3世紀前半ごろの整然と配置された大型建物跡が発見され、卑弥呼の「宮室」ではないかとされた。また、古墳出現期最大規模の箸墓《はしはか》古墳の成立年代を、卑弥呼の没年と一致する3世紀中ごろ～後半とする調査結果も出されている。こうしたことからやや近畿説が優勢になってきたが、決定的な証拠は出ておらず、論争は決着していない。

人物 卑弥呼《ひみこ》 [?～247?年]

弥生時代後期における倭国（邪馬台国）の女王。2世紀後半に国内の戦争が激しくなり、卑弥呼が小国連合の王になると、戦争が収まったという。シャーマン的な王として統治し、結婚せず、人前に姿を見せることは少なかった。239年には中国の魏王朝に遣使し、「親魏倭王」の称号を授かる。死後、直径百余歩（約150m）もある墓がつくられたという。

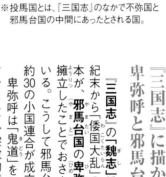

8 ヤマト政権の誕生

倭国で初めて統一政権が誕生

豪族の連合政権として誕生した
ヤマト政権は、揺れ動く
東アジアの国際情勢に対応して、
その支配権を強化していった。

ヤマト政権の誕生と東アジアの国際情勢

3世紀中ごろから後半にかけて、西日本を中心に大規模な**古墳**が築かれるようになった。その形状は**前方後円墳《ぜんぽうこうえんふん》**か**前方後方墳《ぜんぽうこうほうふん》**がほとんどで、埋葬方式や副葬品にも共通点が多い。

この出現期の古墳は奈良県の大和《やまと》地方に集中していることから、当時、広範囲に支配力を及ぼす政治勢力が近畿地方に成立していたと考えられる。この勢力を**ヤマト政権**とよぶ。ヤマト政権は、盟主である**大王《おおきみ》**と有力豪族による連合政権で、4世紀中ごろまでには東北地方中部まで勢力を拡大した。

同時期、中国では265年に晋《しん》が国内を統一したが、4世紀初めの北方民族の侵入で南北朝時代を迎える。中国の支配力低下は周辺地域の国家形成を促し、中国東北部で**高句麗《こうくり》**が成立。4世紀後半には南下策を進めた。これに対し、鉄資源確保などのため朝鮮半島南部に影響力をもっていたヤマト政権は高句麗と対立。**好太王碑《こうたいおうひ》**には倭国と高句麗が交戦したとの記述もある。

5世紀に入ると、ヤマト政権は中国南朝の宋《そう》と国交を結び、『**宋書《そうじょ》**』倭国伝《わこくでん》には**讃《さん》**、**珍《ちん》**、**済《せい》**、**興《こう》**、**武《ぶ》**の「**倭《わ》の五王《ごおう》**」が、約1世紀にわたって使者を派遣したと記されている。これは、高句麗に対して朝鮮半島南部での政治的立場を有利にするためだったが、同時に、中国皇帝から倭国王を頂点とする称号を受けることで、国内の秩序形成にも利用されたと考えられる。

倭国王武が進めたヤマト政権の支配強化

さらに5世紀後半、倭国王の武とされる**雄略《ゆうりゃく》天皇**のころから、ヤマト政権は豪族支配を強化していく。その中核が氏姓《しせい》制度で、「**氏《うじ》**」とよばれる同族組織に、臣《おみ》、連《むらじ》、君《きみ》など「**姓《かばね》**」という地位が与えられた。臣と連の豪族からは大臣《おおおみ》と大連《おおむらじ》が任じられ、その下の伴造《とものみやつこ》が職務を分担して中央政治を担当。一方、直《あたえ》などの姓を与えられた地方豪族は国造《くにのみやつこ》として地方支配を担った。

また、4世紀以降、**百済《くだら(ひゃくさい)》**や**加耶諸国《かやしょこく》**などから多くの渡来人《とらいじん》が訪れ、機織《はたお》りや製陶《せいとう》、土木といった技術や漢字などを伝えた。彼らは、専門職集団「**品部《しなべ(ともべ)》**」としてヤマト政権の発展を支えた。

こうした王権の強化には反発もあり、527年には**新羅《しらぎ(しんら)》**と結んだ筑紫国《つくしのくにの》造《みやつこ》磐井《いわい》が反乱を起こす。この**磐井の乱**を2年がかりで鎮圧したヤマト政権は、以後、内政の充実に力を注いでいった。

倭の五王は誰か?

『宋書』による「倭の五王」の記述は不完全で、『日本書紀』などをもとに、さまざまな説が考えられている。

『日本書紀』による天皇の系図

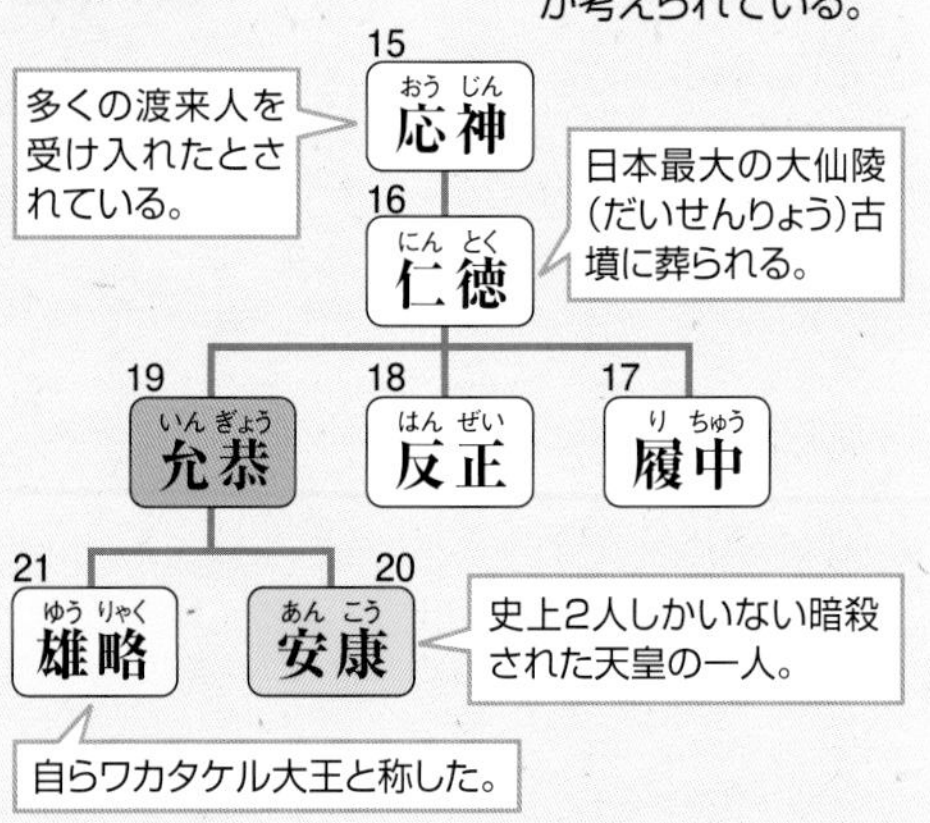
15
応神《おうじん》
多くの渡来人を受け入れたとされている。
16
仁徳《にんとく》
日本最大の大仙陵(だいせんりょう)古墳に葬られる。
19
允恭《いんぎょう》
18
反正《はんぜい》
17
履中《りちゅう》
21
雄略《ゆうりゃく》
20
安康《あんこう》
史上2人しかいない暗殺された天皇の一人。
自らワカタケル大王と称した。

『宋書』による倭の五王の系図

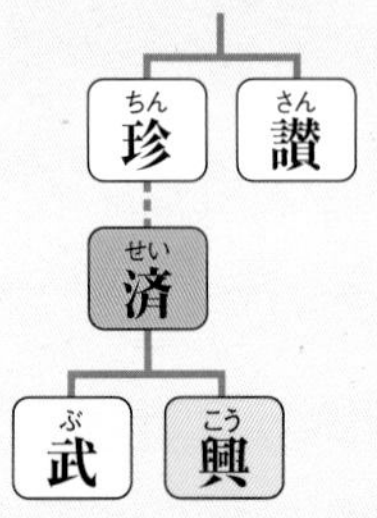
珍《ちん》
讃《さん》
済《せい》
武《ぶ》
興《こう》

倭の五王と天皇の対比

倭王讃…応神or仁徳or履中天皇
倭王珍…仁徳or反正天皇
倭王済…允恭天皇
倭王興…安康天皇
倭王武…雄略天皇

好太王碑
高句麗《こうくり》
平城
北魏《ほくぎ》[北朝]
(386〜534年)
黄河
洛陽
百済《くだら》
(ひゃくさい)
新羅《しらぎ》
(しんら)
大和
倭《わ》
加耶《かや》諸国
(加羅《から》、任那《みまな》)
建康
長江
会稽
宋《そう》[南朝]
(420〜479年)
倭の五王の遣使の推定経路

謎に包まれている初代天皇

ヤマト政権の大王が天皇家の祖先であることは『宋書』の倭の五王の記述などから明らかだが、その初代については諸説ある。『古事記《こじき》』や『日本書紀《にほんしょき》』(記紀)では、天照大神《あまてらすおおみかみ》の5代目子孫で、紀元前660年に即位した神武《じんむ》天皇が初代とされている。しかし、記紀は神話や伝説を多く含むうえ、2代綏靖《すいぜい》から9代開化《かいか》までの天皇は事跡が記されておらず、実在が疑われているのだ。

また、記紀のなかで10代崇神《すじん》天皇が「御肇国天皇《はつくにしらすすめらみこと》」とされていることから、実際の初代は崇神天皇だという説もある。なお、古墳の副葬品など考古学的に実在が証明されているのは、雄略天皇が最も古い。

人物 雄略天皇《ゆうりゃくてんのう》 [?〜?年]

第21代天皇。『宋書』に出てくる倭の五王の一人「武」とされる。連合的に結びついていた地域国家をヤマト政権に臣従させ、軍事力で王権を強化。対外関係では、464年に新羅に攻め込んだが、将軍の死で退却している。稲荷山(いなりやま)古墳出土の鉄剣などに刻まれた「獲加多支鹵大王」は「ワカタケル大王」と読み、雄略天皇＝倭王武にあたるとされている。

9 古墳文化

世界最大級の墓 前方後円墳の出現

ヤマト政権の誕生を示唆する古墳は、その後、約400年にわたって築造された。その間の古墳文化からは、ヤマト政権の変容をみることができる。

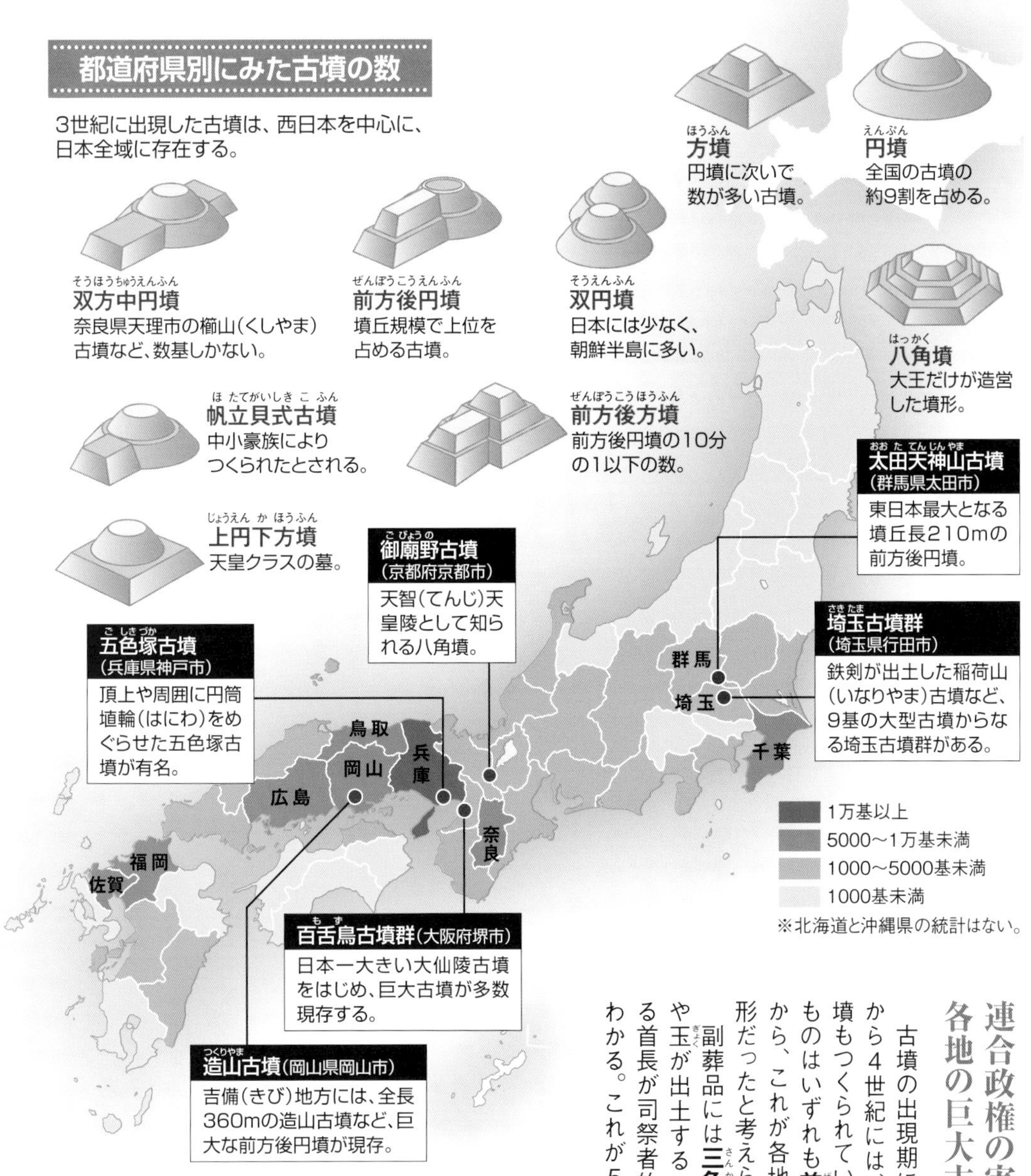
都道府県別にみた古墳の数
3世紀に出現した古墳は、西日本を中心に、日本全域に存在する。
方墳《ほうふん》
円墳に次いで数が多い古墳。
円墳《えんぷん》
全国の古墳の約9割を占める。
双方中円墳《そうほうちゅうえんふん》
奈良県天理市の櫛山（くしやま）古墳など、数基しかない。
前方後円墳《ぜんぽうこうえんふん》
墳丘規模で上位を占める古墳。
双円墳《そうえんふん》
日本には少なく、朝鮮半島に多い。
八角墳《はっかく》
大王だけが造営した墳形。
帆立貝式古墳《ほたてがいしきこふん》
中小豪族によりつくられたとされる。
前方後方墳《ぜんぽうこうほうふん》
前方後円墳の10分の1以下の数。
上円下方墳《じょうえんかほうふん》
天皇クラスの墓。
太田天神山古墳《おおたてんじんやま》（群馬県太田市）
東日本最大となる墳丘長210mの前方後円墳。
御廟野古墳《ごびょうの》（京都府京都市）
天智（てんじ）天皇陵として知られる八角墳。
埼玉古墳群《さきたま》（埼玉県行田市）
鉄剣が出土した稲荷山（いなりやま）古墳など、9基の大型古墳からなる埼玉古墳群がある。
五色塚古墳《ごしきづか》（兵庫県神戸市）
頂上や周囲に円筒埴輪（はにわ）をめぐらせた五色塚古墳が有名。
群馬
埼玉
千葉
鳥取
岡山
兵庫
広島
奈良
福岡
佐賀
1万基以上
5000〜1万基未満
1000〜5000基未満
1000基未満
※北海道と沖縄県の統計はない。
百舌鳥《もず》古墳群（大阪府堺市）
日本一大きい大仙陵古墳をはじめ、巨大古墳が多数現存する。
造山古墳《つくりやま》（岡山県岡山市）
吉備（きび）地方には、全長360mの造山古墳など、巨大な前方後円墳が現存。

連合政権の実態を表す各地の巨大古墳

古墳の出現期にあたる3世紀中ごろから4世紀には、**円墳**《えんぷん》や**方墳**《ほうふん》などの古墳もつくられていた。しかし、大規模なものはいずれも**前方後円墳**《ぜんぽうこうえんふん》だったことから、これが各地の有力者に共通の墳形だったと考えられる。

副葬品には**三角縁神獣鏡**《さんかくぶちしんじゅうきょう》などの銅鏡や玉《ぎょく》が出土することから、被葬者である首長が司祭者的な性格だったことがわかる。これが5世紀に入ると武器や武具、馬具の割合が高くなり、被葬者の武人的性格が強まっていく。

このころには古墳も巨大化し、墳丘《ふんきゅう》の長さが486mにも及ぶ**大仙陵古墳**《だいせんりょうこふん》（**仁徳天皇陵**《にんとく》）などが近畿地方中央部に出現する。これらはヤマト政権の**大王**《おおきみ》の墓と考えられるが、巨大古墳は岡山県や群馬県などでも築かれており、これらの地域の豪族がヤマト政権で重要な地位にあったことを示している。

古墳の変化にみる王権の強化と変容

しかし、5世紀後半から6世紀になると、近畿地方中央部を除いて巨大古墳は姿を消す。豪族の連合政権だったヤマト政権の王権強化を示す変化だ。各地の有力農民が**群集墳**《ぐんしゅうふん》など小規模な古墳をつくり始めたのもこのころだ。

7世紀に入ると前方後円墳が築造されなくなり、7世紀中ごろには大王の墓だけが**八角墳**《はっかくふん》になる。これは大王がほかの豪族を超越した存在であることを示すためと考えられ、律令制による中央集権国家形成に対応した変化とみられる。しかし、同世紀末までには顕著な古墳がつくられなくなり、古墳時代は終わりを告げるのであった。

宮内庁が第16代仁徳天皇の陵墓と治定している大仙陵古墳。百舌鳥古墳群の一つとして世界遺産に登録されている。

10 蘇我氏の台頭

朝廷の実権をめぐる有力豪族の権力争い

豪族の連合政権から、朝廷とよべる中央集権体制を築いたヤマト政権。その中央政府では、有力豪族による激しい権力闘争が繰り広げられた。

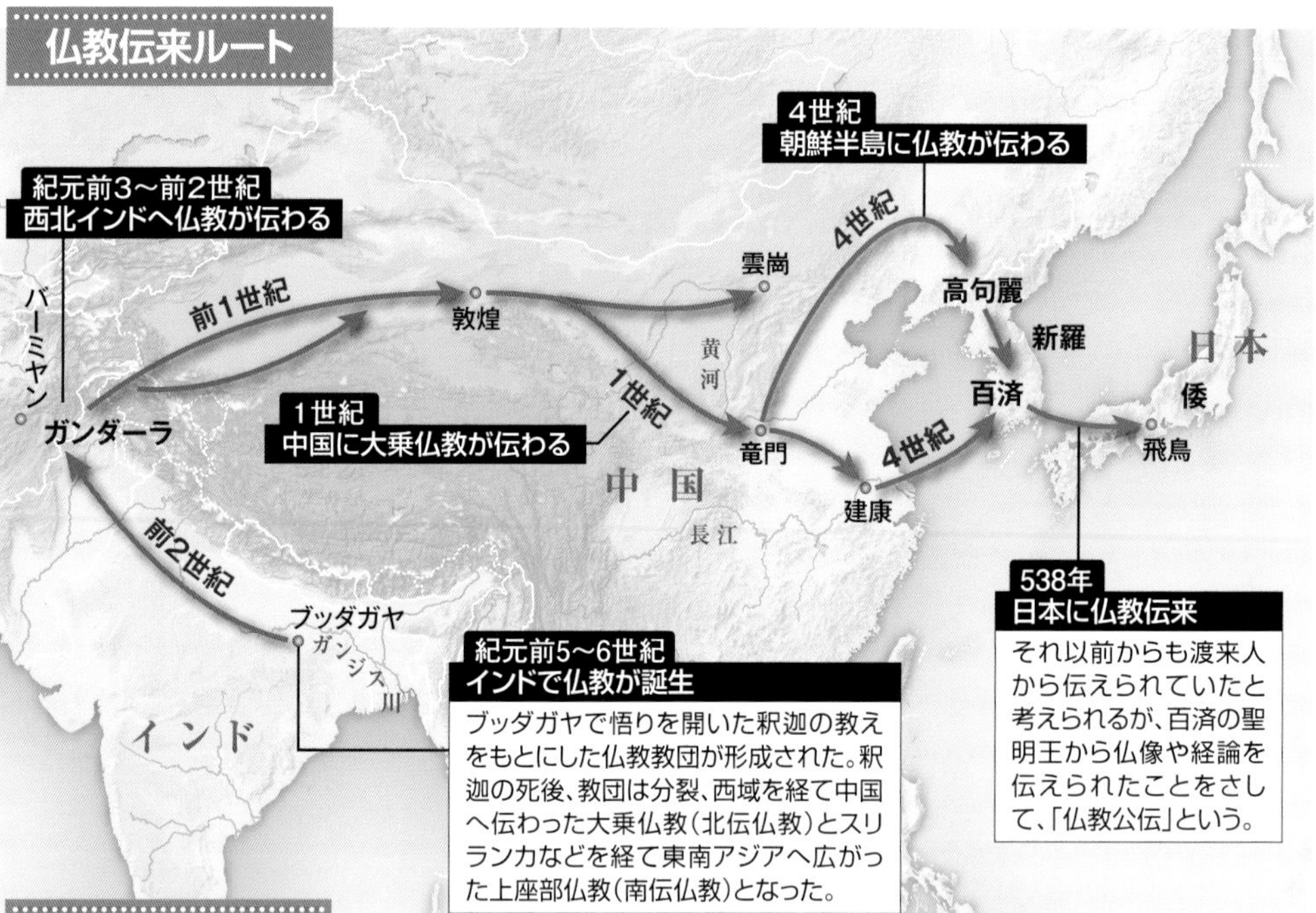
仏教伝来ルート
4世紀
朝鮮半島に仏教が伝わる
紀元前3〜前2世紀
西北インドへ仏教が伝わる
バーミヤン
ガンダーラ
前1世紀
敦煌
雲崗
黄河
1世紀
中国に大乗仏教が伝わる
1世紀
竜門
4世紀
高句麗
新羅
百済
日本
倭
飛鳥
4世紀
建康
中国
長江
前2世紀
ブッダガヤ
ガンジス川
インド
538年
日本に仏教伝来
それ以前からも渡来人から伝えられていたと考えられるが、百済の聖明王から仏像や経論を伝えられたことをさして、「仏教公伝」という。
紀元前5〜6世紀
インドで仏教が誕生
ブッダガヤで悟りを開いた釈迦の教えをもとにした仏教教団が形成された。釈迦の死後、教団は分裂、西域を経て中国へ伝わった大乗仏教（北伝仏教）とスリランカなどを経て東南アジアへ広がった上座部仏教（南伝仏教）となった。

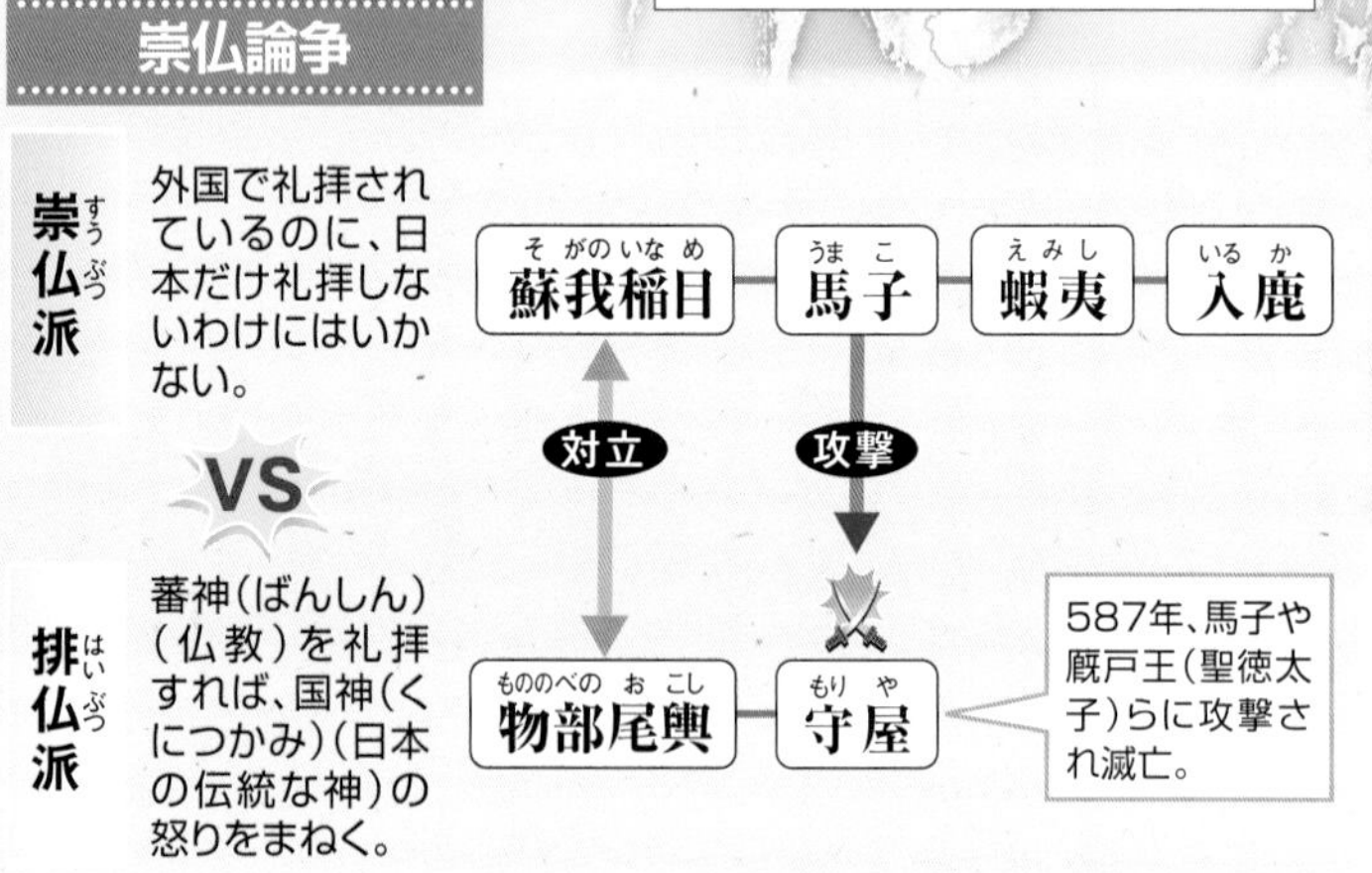
崇仏論争
崇仏派《すうぶつは》
外国で礼拝されているのに、日本だけ礼拝しないわけにはいかない。
VS
排仏派《はいぶつは》
蕃神（ばんしん）（仏教）を礼拝すれば、国神（くにつかみ）（日本の伝統な神）の怒りをまねく。
蘇我稲目《そがのいなめ》
馬子《うまこ》
蝦夷《えみし》
入鹿《いるか》
対立
攻撃
物部尾輿《もののべのおこし》
守屋《もりや》
587年、馬子や厩戸王（聖徳太子）らに攻撃され滅亡。

古来の豪族・物部氏と新興豪族・蘇我氏

雄略《ゆうりゃく》天皇の王権強化で朝廷とよぶにふさわしい中央集権体制を整えつつあった日本では、雄略朝で大臣《おおおみ》となった平群《へぐり》氏が興隆した。しかし、5世紀末に武烈《ぶれつ》天皇と対立すると、天皇の命を受けた大伴金村《おおとものかなむら》に討たれて衰退。かわって大伴《おおとも》氏が朝廷政治を主導した。

しかし、6世紀に入ると、日本が影響力をもっていた朝鮮半島南部の**加耶諸国《かやしょこく》**が、**高句麗《こうくり》**に圧迫された**百済《くだら》**(ひゃくさい)や**新羅《しらぎ》**(しんら)に次つぎと併合されていく。これを失政と糾弾された金村が失脚すると、次に台頭してきたのが**物部《もののべ》氏**と**蘇我《そが》氏**だった。

物部氏は磐井《いわい》の乱を平定するなどヤマト政権の軍事面を受け持つ古来の豪族だ。対する蘇我氏は**渡来人《とらいじん》**と結んで財政面などを担当した新興豪族である。

対立の火に油を注いだ「崇仏論争」と皇位継承問題

朝廷政治の改革を目ざす蘇我氏と守旧派である物部氏の対立は、仏教の受容をめぐって激化する。

インドに興《おこ》った**仏教**が日本にもたらされたのは、538年（552年説もある）のこと。百済の聖明《せいめい》王から仏像や経論が贈られてきたことをもって公式の伝来（**仏教公伝《ぶっきょうこうでん》**）とされるが、それ以前から、渡来人の間では私的に仏教が崇拝されていたと考えられている。

仏教公伝に際して、渡来人と関係が深かった**蘇我稲目《そがのいなめ》**は仏教の受容を主張したが、**物部尾輿《もののべのおこし》**らは強く反対した。『日本書紀《にほんしょき》』によると、欽明《きんめい》天皇が仏教受容の是非を群臣に問うたとき、稲目が仏教に帰依《きえ》すべきと主張したため、天皇は試みに稲目に仏像を授けた。稲目は私邸を寺に改め仏像を祭ったが、その後に疫病《えきびょう》が流行ったため、尾輿らは「国神《くにつかみ》（日本古来の伝統的な神）の怒りに触れた」として寺を焼き、仏像を難波《なにわ》の川に投げ捨てたという。

両者の対立は、それぞれの子である大臣の**蘇我馬子《そがのうまこ》**、大連《おおむらじ》の**物部守屋《もののべのもりや》**に持ち越された。そして587年、用命《ようめい》天皇が崩御すると、皇位継承をめぐって武力闘争に発展。馬子は**厩戸王《うまやとおう》（聖徳太子《しょうとくたいし》）**らとともに守屋を攻め滅ぼした。

さらに592年、馬子は自らが擁立《ようりつ》した崇峻《すしゅん》天皇と対立すると、渡来系氏族である東漢直駒《やまとのあやのあたいこま》を使ってこれを暗殺し、政治の実権を掌握したのである。

人物 大伴金村《おおとものかなむら》 [?〜?年]
5世紀末〜6世紀前半の政治家。仁賢（にんけん）天皇の死後、内紛を治めて武烈（ぶれつ）天皇を即位させた。506年、武烈天皇の死で皇統が途絶えると、応神（おうじん）天皇の5世の孫を越前から迎えて継体（けいたい）天皇として擁立している。512年、百済から加耶西部の割譲（かつじょう）要求があり、金村は承認したが、のちに失政と指摘され隠居。以後、大伴氏は衰退していった。

第2章 古代天皇と貴族の時代

第2章に登場する主な人物の生没年

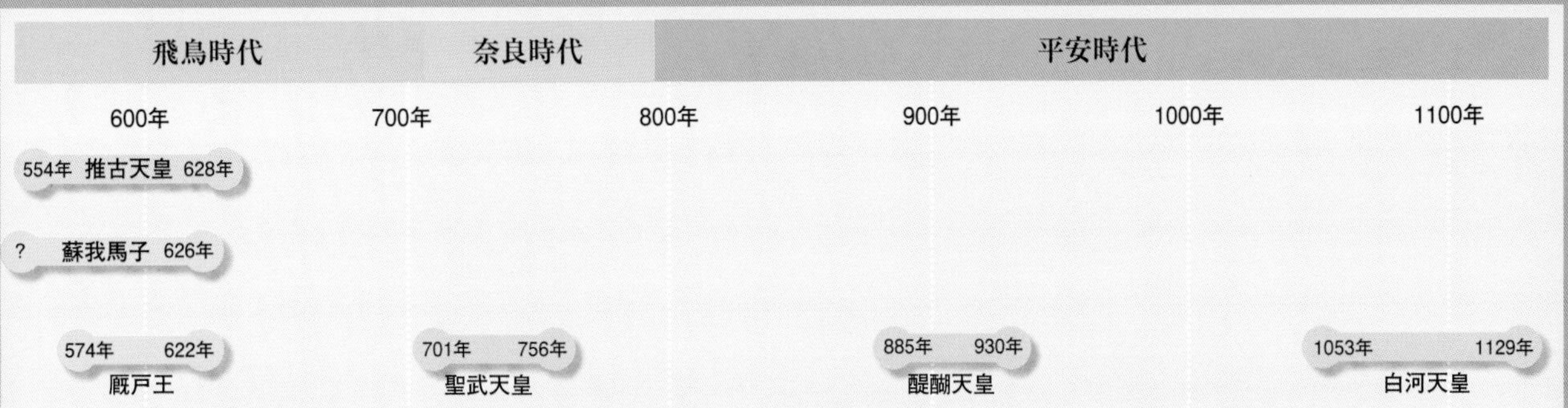
飛鳥時代
奈良時代
平安時代
600年
700年
800年
900年
1000年
1100年
554年 推古天皇 628年
? 蘇我馬子 626年
574年 622年 厩戸王
626年 671年 天智天皇
631年? 686年 天武天皇
614年 669年 藤原鎌足
701年 756年 聖武天皇
737年 806年 桓武天皇
758年 811年 坂上田村麻呂
688年? 763年 鑑真
774年 835年 空海
766／767年 822年 最澄
885年 930年 醍醐天皇
845年 903年 菅原道真
? 940年 平将門
966年 1027年 藤原道長
992年 1074年 藤原頼通
1053年 1129年 白河天皇
1039年 1106年 源義家
天皇
皇族・貴族
武将・武士
その他

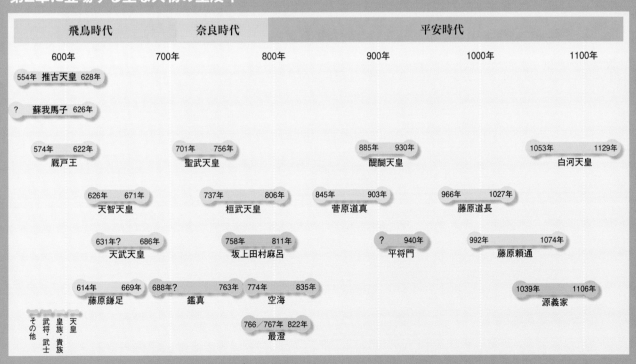

古代天皇と貴族の時代

10大ニュース

奈良時代	飛鳥時代
710年〜794年	592年〜710年

- 592年 ❶推古《すいこ》天皇が即位 p.24
- 603年 冠位十二階《かんいじゅうにかい》制定
- 604年 憲法十七条《けんぽうじゅうしちじょう》制定
- 607年 小野妹子《おののいもこ》を隋《ずい》に派遣
- 630年 第1回遣唐使《けんとうし》
- 645年 ❷大化改新《たいかのかいしん》が始まる p.26
- 663年 白村江《はくそんこう》（はくすきのえ）の戦い
- 672年 ❸壬申《じんしん》の乱 p.28
- 689年 飛鳥浄御原令《あすかきよみはらりょう》施行
- 694年 藤原京《ふじわらきょう》に遷都
- 701年 ❹大宝律令《たいほうりつりょう》完成 p.29
- 710年 ❺平城京《へいじょうきょう》に遷都 p.30
- 729年 藤原光明子《ふじわらのこうみょうし》が皇后になる
- 743年 ❻墾田永年私財法《こんでんえいねんしざいほう》施行 p.33
- 752年 東大寺大仏開眼供養
- 757年 養老《ようろう》律令施行
- 784年 長岡京《ながおかきょう》に遷都
- 794年 ❼平安京《へいあんきょう》に遷都 p.34

律令による地方行政区分

７０１年に完成した本格的な法典「大宝律令《たいほうりつりょう》」により、地方行政区分が整備された。

近畿地方の５カ国を「畿内《きない》」とし、ほかの地域は７つの「道《どう》」に区分され、都を起点とする官道でつながれた。この区分は一般に「五畿七道《ごきしちどう》」とよばれる。

行政区画として、国《こく》、郡《ぐん》、里《り》（のち郷《ごう》）の３段階に分けられ、それぞれ国司《こくし》、郡司《ぐんじ》、里長《りちょう》（さとおさ）（のちの郷長《ごうちょう》）が任じられた。また、要所である京、難波《なにわ》、北九州の地には、特別に京職《きょうしき》、摂津職《せっつしき》、大宰府《だざいふ》（西海道諸国を統括）の役所が設置された。

多賀城《たがじょう》（宮城県多賀城市） ▶p.36
724年に築かれたと伝えられる、古代東北地方の政治・軍事拠点。陸奥（むつ）国府や鎮守府（軍政府のこと）が設置された。
能登客院《のときゃくいん》（石川県志賀町）
7世紀に建国された、中国東北部の「渤海（ぼっかい）」の使節を接待するための施設。
770年
道鏡左遷《どうきょうさせん》
称徳天皇に重用された道鏡▶p.32は失脚後に下野（しもつけ）国薬師寺に左遷され、この地で没した。
935〜40年
平将門《たいらのまさかど》の乱
▶p.39
708年
武蔵《むさし》国から銅を献上
708年、武蔵国から銅が献上されたのを機に、政府は「和銅」と改元し、「和同開珎（わどうかいちん）」とよばれる通貨を鋳造した。
1028〜31年
平忠常《たいらのただつね》の乱
在地の武士平忠常が上総（かずさ）国府を襲撃し反乱を起こすが、源頼信の追討を受け降伏。
○ 国府《こくふ》
（地名は現在の市町村名。推定地を含む。）
● 畿内以外の地域で起こったおもな出来事
北
陸
道
山
道
東
海
道
出羽
陸奥
酒田？
多賀城
佐渡
能登
七尾
越後
加賀
高岡
上越
小松
越中
越前
高山
飛騨
上田
松本
上野
美濃
前橋
下野
垂井
信濃
栃木
（栃木県下野市）
（埼玉県秩父市）
稲沢
尾張
甲斐
常陸
石岡
武蔵
三河
笛吹
豊川
府中
市川
遠江
駿河
相模
下総
磐田
静岡
大磯
三島
市原
伊豆
上総
南房総
安房

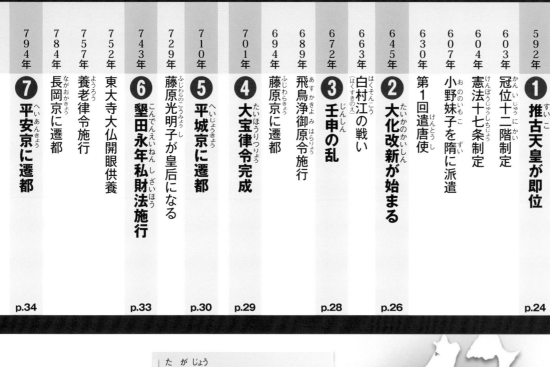

平安時代

- 810年 藤原冬嗣《ふゆつぐ》が蔵人頭《くろうどのとう》になる
- 842年 承和《じょうわ》の変（伴健岑《とものこわみね》、橘 逸勢《たちばなのはやなり》らが流罪）
- 858年 藤原良房《よしふさ》が事実上の摂政《せっしょう》になる
- 866年 応天門《おうてんもん》の変（伴善男《よしお》、紀豊城《きのとよき》らが流罪）
- 884年 藤原基経《もとつね》が事実上の関白《かんぱく》になる
- 888年 阿衡《あこう》の紛議（橘広相《ひろみ》が失脚）
- 894年 遣唐使停止
- 897年 醍醐《だいご》天皇が即位（「延喜《えんぎ》の治《ち》」が始まる）
- 901年 昌泰《しょうたい》の変（菅原道真《すがわらのみちざね》が左遷）
- 935〜941年 **❽ 天慶《てんぎょう》の乱** p.39
- 946年 村上《むらかみ》天皇が即位（「天暦《てんりゃく》の治」が始まる）
- 969年 安和《あんな》の変（源 高明《みなもとのたかあきら》が左遷）
- 995年 藤原道長《みちなが》が内覧《ないらん》の宣旨《せんじ》を受ける
- 1018年 **❾ 摂関《せっかん》政治が全盛期を迎える** p.40
- 1019年 沿海《えんかい》地方の女真族《じょしんぞく》「刀伊《とい》」が来襲
- 1028〜31年 平 忠常《たいらのただつね》の乱（源頼信《よりのぶ》が鎮圧）
- 1051〜62年 前九年《ぜんくねん》合戦
- 1068年 後三条《ごさんじょう》天皇が即位
- 1083〜87年 後三年《ごさんねん》合戦
- 1086年 **❿ 白河上皇《しらかわじょうこう》が院政《いんせい》を開始** p.42
- 1095年 「北面《ほくめん》の武士」設置
- 1108年 平正盛《まさもり》が反乱を起こした源義親《よしちか》を討つ
- 1129年 鳥羽《とば》上皇が院政を開始

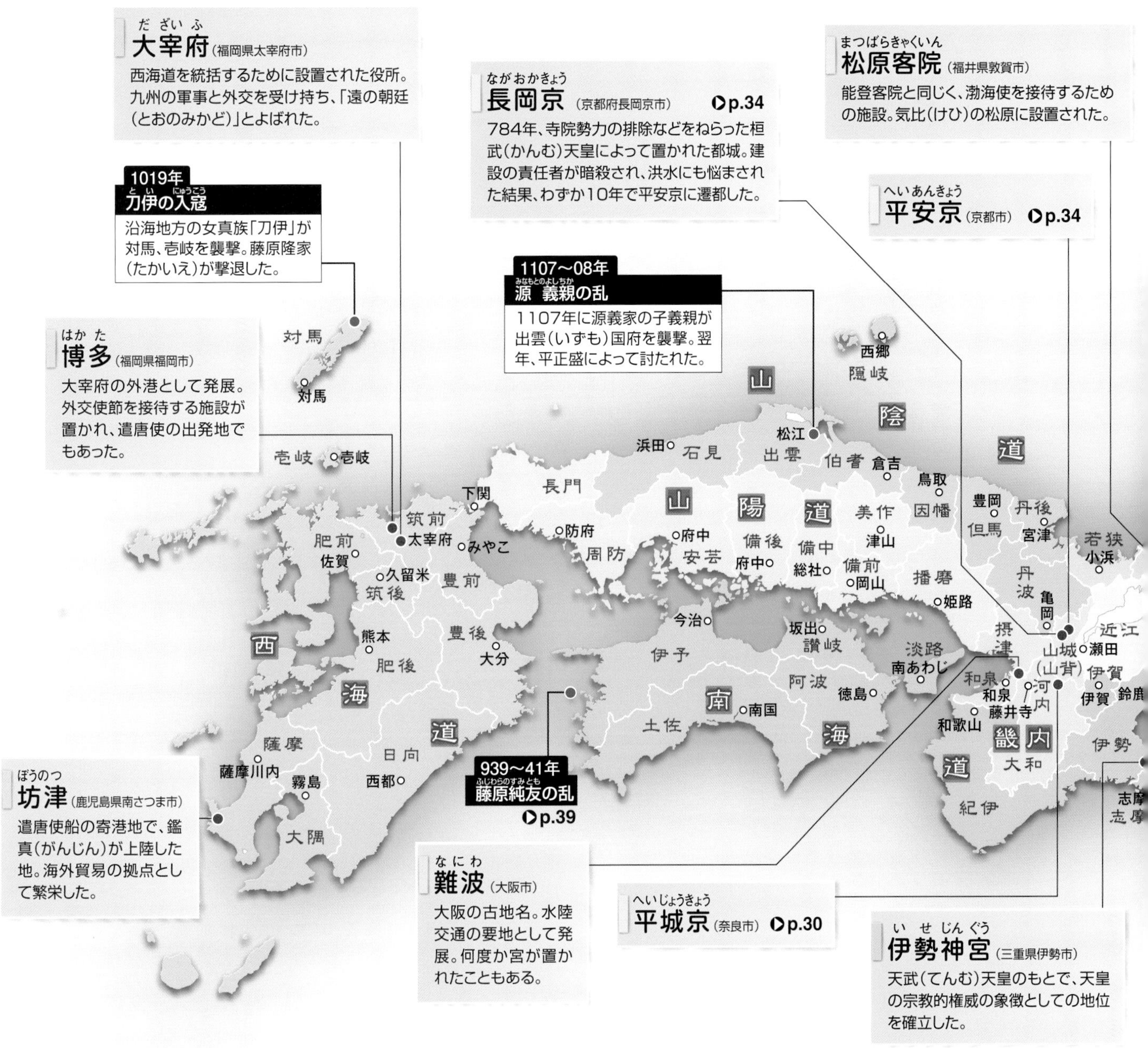

大宰府《だざいふ》（福岡県太宰府市）
西海道を統括するために設置された役所。九州の軍事と外交を受け持ち、「遠の朝廷（とおのみかど）」とよばれた。

長岡京《ながおかきょう》（京都府長岡京市） p.34
784年、寺院勢力の排除などをねらった桓武（かんむ）天皇によって置かれた都城。建設の責任者が暗殺され、洪水にも悩まされた結果、わずか10年で平安京に遷都した。

松原客院《まつばらきゃくいん》（福井県敦賀市）
能登客院と同じく、渤海使を接待するための施設。気比（けひ）の松原に設置された。

平安京《へいあんきょう》（京都市） p.34

1019年 刀伊《とい》の入寇《にゅうこう》
沿海地方の女真族「刀伊」が対馬、壱岐を襲撃。藤原隆家（たかいえ）が撃退した。

1107〜08年 源 義親《みなもとのよしちか》の乱
1107年に源義家の子義親が出雲（いずも）国府を襲撃。翌年、平正盛によって討たれた。

博多《はかた》（福岡県福岡市）
大宰府の外港として発展。外交使節を接待する施設が置かれ、遣唐使の出発地でもあった。

939〜41年 藤原純友《ふじわらのすみとも》の乱 p.39

坊津《ぼうのつ》（鹿児島県南さつま市）
遣唐使船の寄港地で、鑑真（がんじん）が上陸した地。海外貿易の拠点として繁栄した。

難波《なにわ》（大阪市）
大阪の古地名。水陸交通の要地として発展。何度か宮が置かれたこともある。

平城京《へいじょうきょう》（奈良市） p.30

伊勢神宮《いせじんぐう》（三重県伊勢市）
天武（てんむ）天皇のもとで、天皇の宗教的権威の象徴としての地位を確立した。

11 推古朝の政治

初の女性天皇を支えた大臣と若き皇子

国の内外で激動期を迎えた6世紀末初の女帝・推古天皇が即位した。以後、当時20歳の皇太子・厩戸王は蘇我馬子とともに政治改革を行った。

7世紀半ばの東アジアと日本

後漢(ごかん)滅亡後、約300年ぶりとなる中国統一国家の隋が誕生した。東アジアの情勢はこれにより変化の時期を迎え、日本も集権化を進める改革の時代を迎えた。

日本		東アジア	
592年	推古《すいこ》天皇が即位		
594年	仏教(三宝)隆興の詔		
		598年	隋が高句麗遠征(第1回)
			煬帝は即位後、合計3回、高句麗へ侵攻するが、高句麗の激しい抵抗で失敗している。
600年	第1回遣隋使を送る		
	新羅遠征を計画		
603年	新羅侵攻を断念		
	冠位十二階を制定		
604年	憲法十七条の制定	604年	煬帝《ようだい》が即位
607年	第2回遣隋使を送る		
		618年	唐《とう》が隋を滅ぼす
628年	推古天皇死去		

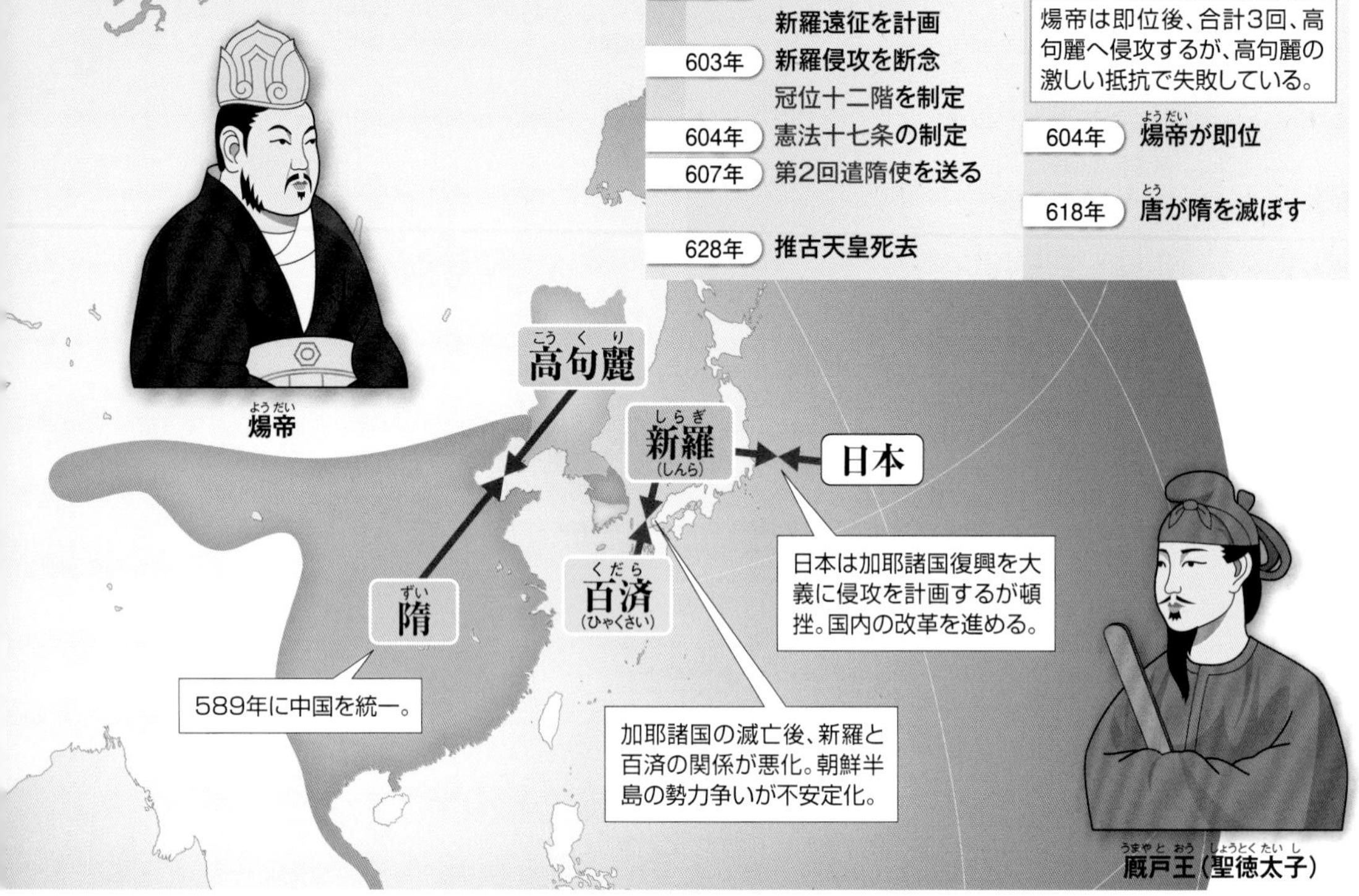
煬帝《ようだい》
高句麗《こうくり》
新羅《しらぎ》
(しんら)
日本
隋《ずい》
百済《くだら》
(ひゃくさい)
589年に中国を統一。
加耶諸国の滅亡後、新羅と百済の関係が悪化。朝鮮半島の勢力争いが不安定化。
日本は加耶諸国復興を大義に侵攻を計画するが頓挫。国内の改革を進める。
厩戸王《うまやとおう》(聖徳太子《しょうとくたいし》)

倭の五王以来となる中国皇帝への遣使

592年、大臣《おおおみ》の**蘇我馬子**《そがのうまこ》によって**崇峻**《すしゅん》**天皇**が暗殺されると、敏達《びだつ》天皇の后で馬子の姪にあたる**推古**《すいこ》**天皇**が即位した。ちょうど同じころ、中国では**隋**《ずい》が589年に南北朝を統一し、**高句麗**《こうくり》などの周辺地域への進出を始めている。こうした国内の動揺と国際的な緊張のなか、馬子や、推古天皇の甥にあたる**厩**《うまや》**戸**《と》**王**《おう》(**聖徳太子**《しょうとくたいし》)らが協力して、初の女帝の政治を支えることになった。

対外政策では、**加耶諸国**《かやしょこく》を滅ぼした**新羅**《しらぎ(しんら)》遠征を計画。朝鮮半島南部での影響力の回復をねらったが果たせなかった。この朝鮮問題の打開もあって行われたのが**遣隋使**《けんずいし》の派遣である。

5世紀末の倭《わ》の五王《ごおう》以来となる遣使は、『隋書《ずいしょ》』によると600年に行われた。次いで607年には「日出《ひい》ずる処《ところ》の天子、書を日没《ひぼっ》する処の天了に致す」で始まる国書を携えた小野妹子《おののいもこ》が派遣されている。これは冊封《さくほう》を求めた倭の五王とは異なり、中国皇帝への臣属を拒否する書式だ。隋の**煬帝**《ようだい》は無礼だと怒ったというが、これ以後、日本は中国文化の影響を受けながらも、基本的には中国皇帝を頂点とする冊封体制の枠外の国として歴史を歩んでいく。

隋の影響を受けた国内政治の諸改革

国内政策で注目されるのは、**冠位十**《かんいじゅう》**二**《に》**階**《かい》と**憲法十七条**《けんぽうじゅうしちじょう》の制定だ。冠位十二階は、氏《うじ》による姓《かばね》の世襲《せしゅう》(**氏姓**《しせい》**制度**)を打破し、個人の才能や功績に応じて12の位階を授けることで、広く人材を登用しようとした制度だ。憲法十七条は、法典というより道徳律で、和を尊び、仏教を敬うことなど、官僚としての心構えが説かれている。

これらは隋との交流をきっかけに定められたと考えられ、特に仏教重視政策は、仏教を統治理念とした隋の影響が色濃い。また、地方行政でも、隋の制度に似た、「軍尼《くに》」や「伊尼翼《いなぎ》」などの組織を整備している。

超人的な人物として伝説となった聖徳太子

推古朝を支えた優れた政治家の厩戸王は、さまざまな伝説とともに「聖徳太子」として信仰の対象にもなってきた。

厩の前で生まれたとされる太子は幼いころから聡明で、7歳のときに百済《くだら》から献上された経論数百巻を読破し、長じては、10人の人びとの訴えを同時に聞いて、それぞれに正しい答えを返したという。

こうした伝説は後世の創作で、超人的な活躍をした「聖徳太子」は存在しなかった、と近年では考えられている。しかし厩戸王を釈迦《しゃか》や救世観音《ぐせかんのん》と同一視する太子信仰は広く根づいており、法隆寺や四天王寺など太子ゆかりの寺院は現在も参詣者が訪れている。

人物 **推古天皇**《すいこてんのう》 [554～628年]

第33代天皇(在位592～628年)。史上初の女帝。敏達(びだつ)天皇の皇后だったが、崇峻天皇が蘇我馬子の計略で暗殺されたあと、叔父である馬子に請われて、豊浦宮(とゆらのみや)で39歳のときに即位した。推古天皇は、甥の厩戸王を皇太子とし、馬子とともに政治を行わせた。36年におよんだその治世は蘇我氏の全盛期にあたった。

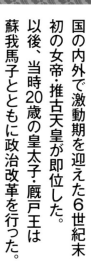

12 遣隋使・遣唐使

先進国・中国を目ざし命がけの渡海

航海術が未発達だった時代、最新の知識を求めた若者たちが中国大陸を目ざして荒波のなかに漕ぎ出していった。

遣隋使・遣唐使年表

	出発年	回数	派遣されたおもな人物
遣隋使	600	①	初の遣隋使（人物は不明）
	607	②	小野妹子《おののいもこ》
	608	③	小野妹子、高向玄理《たかむこのげんり》、僧旻《みん》、南淵請安《みなみぶちのしょうあん》
	610	④	（人物は不明）
	614	⑤	犬上御田鍬《いぬがみのみたすき》
遣唐使	630	❶	犬上御田鍬
	653		
	654	❸	高向玄理
	659		
	665		
	667		
	669		
	702	❽	粟田真人《あわたのまひと》、山上憶良《やまのえのおくら》
	717	❾	阿倍仲麻呂《あべのなかまろ》、吉備真備《きびのまきび》、玄昉《げんぼう》
	733		
	746		（派遣中止）
	752	⓬	藤原清河《ふじわらのきよかわ》、吉備真備
	759		
	761		（派遣中止）
	762		（派遣中止）
	777		
	779		
	804	⓲	最澄《さいちょう》、空海《くうかい》、橘 逸勢《たちばなのはやなり》
	838	⓳	円仁《えんにん》
	894	⓴	菅原道真《すがわらのみちざね》の建議で停止 ➡（派遣中止）

「日出処天子～」の国書を持参
国書には「日出ずる処(ところ)の天子、書を日没する処の天子に致す」と書かれており、日本を隋と同格とする表現に隋の煬帝(ようだい)は激怒した。

隋滅亡
618年に隋が滅亡したため、最後の遣隋使派遣となった。

新羅との関係悪化
7世紀までは朝鮮半島経由で入唐したが、白村江(はくそんこう)の戦い後、新羅(しらぎ)との関係が悪化。702年以降は、東シナ海を横断する危険な航路をとった。

鑑真が来日
鑑真(がんじん)は日本の留学僧からの来日要請に応えて渡航を試みたが、5度にわたって失敗。67歳のとき、遣唐使の帰路(753年)に便乗して6度目にして来日に成功し、日本に戒律を伝えた。

派遣された最後の遣唐使
9世紀に入って、商船来航により唐の文物を入手できるようになると、遣唐使はしだいに派遣されなくなり、838年が最後の派遣となった。

※遣隋使・遣唐使の回数の数え方については諸説ある。

遣唐使の航路

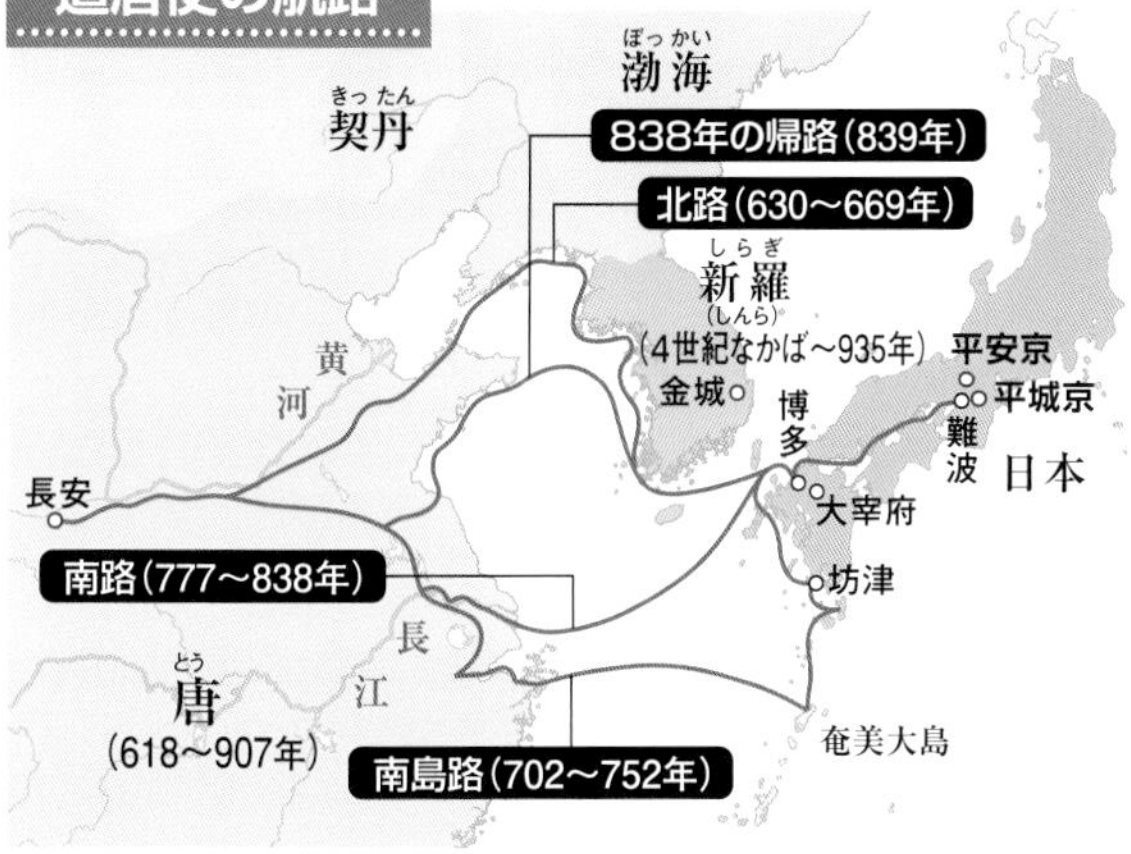
渤海《ぼっかい》
契丹《きったん》
838年の帰路(839年)
北路(630～669年)
新羅《しらぎ》
(しんら)
(4世紀なかば～935年)
金城
黄河
長安
博多
大宰府
坊津
平安京
平城京
難波
日本
南路(777～838年)
長江
唐《とう》
(618～907年)
南島路(702～752年)
奄美大島

300年間続いた中国との文化交流

推古《すいこ》天皇の時代、朝廷は4回の遣隋《けんずい》使《し》を派遣した。5世紀末以来、途絶えていた中国との交流を再開したのは、大国である隋《ずい》の先進文化を摂取して国力の充実を図るためだ。

600年の第1回遣隋使は『日本書紀《にほんしょき》』に記述がないが、中国の『隋書《ずいしょ》』倭国《わこく》伝《でん》には、隋《ずい》の文帝《ぶんてい》が使者に倭国の風俗を尋《たず》ねたことが記されている。第2回では小野妹子《おののいもこ》の携えた国書が煬帝《ようだい》を怒らせたが、高句麗《こうくり》遠征を目ざす隋にとって、その背後にある倭国は重要だったこともあり、交流は続いた。第3回では、高向玄理《たかむこのげんり》や南淵請安《みなみぶちのしょうあん》、僧の旻《みん》ら留学《るがく》生《しょう》、学問僧が同行。彼らは約30年にわたって中国の文物や制度を学び、帰国後は律令《りつりょう》国家建設に大きな役割を果たすことになる。

隋が618年に滅亡して唐《とう》が大帝国を築くと、朝廷は遣唐使《けんとうし》を派遣した。犬《いぬ》上御田鍬《がみのみたすき》を大使とする630年の第1回以降、遣唐使は約260年間で19回（数え方は諸説ある）にわたって派遣されている。こうして遣唐使は唐の文化や制度、そして仏教の伝播《でんぱ》に大きく貢献したが、894年、遣唐大使に任じられた菅原道真《すがわらのみちざね》が唐の衰退や渡海の危険性を理由に再考を求め、停止された。

未熟な航海技術で風まかせの航行

遣唐使船は通常4隻編成で、1隻に100人程度が乗船した。浅瀬に適した平底船《ひらぞこせん》だったため横風に弱く、航海技術も未熟で半ば風まかせという、まさに命がけの航海だった。4隻編成にしたのは、1隻でも目的地に着ければよいという考え方だったというから驚きだ。

8世紀の遣唐使のうち、全4隻が往復できたのはたった1回だけ。日本列島を目ざす鑑真《がんじん》一行が乗り合わせた753年の帰路は、帰国船4隻のうち、大使・藤原清河《ふじわらのきよかわ》の船が暴風でマレー半島まで流され、漂着後、乗船者約200人の大半が現地人に殺されたという。

人物　南淵請安《みなみぶちのしょうあん》 [?～?年]

7世紀の学者・僧侶。608年、遣隋使小野妹子に従って隋に留学。滞在中、隋の滅亡と唐の興隆を見聞して640年に帰国し、進んだ学問や技術を伝えた。中大兄皇子(なかのおおえのみこ)や中臣鎌足(なかとみのかまたり)は請安の塾で学び、通学の途中で乙巳(いっし)の変の計画を練ったとされる。しかし、請安自身が大化改新(たいかのかいしん)に加わった形跡はなく、それ以前に死去したと思われる。

13 大化改新

打倒蘇我本宗家！若き皇子のクーデター

中大兄皇子と中臣鎌足による蘇我入鹿暗殺のクーデター。この事件は黒幕説も存在する、古代史屈指のミステリーだ。

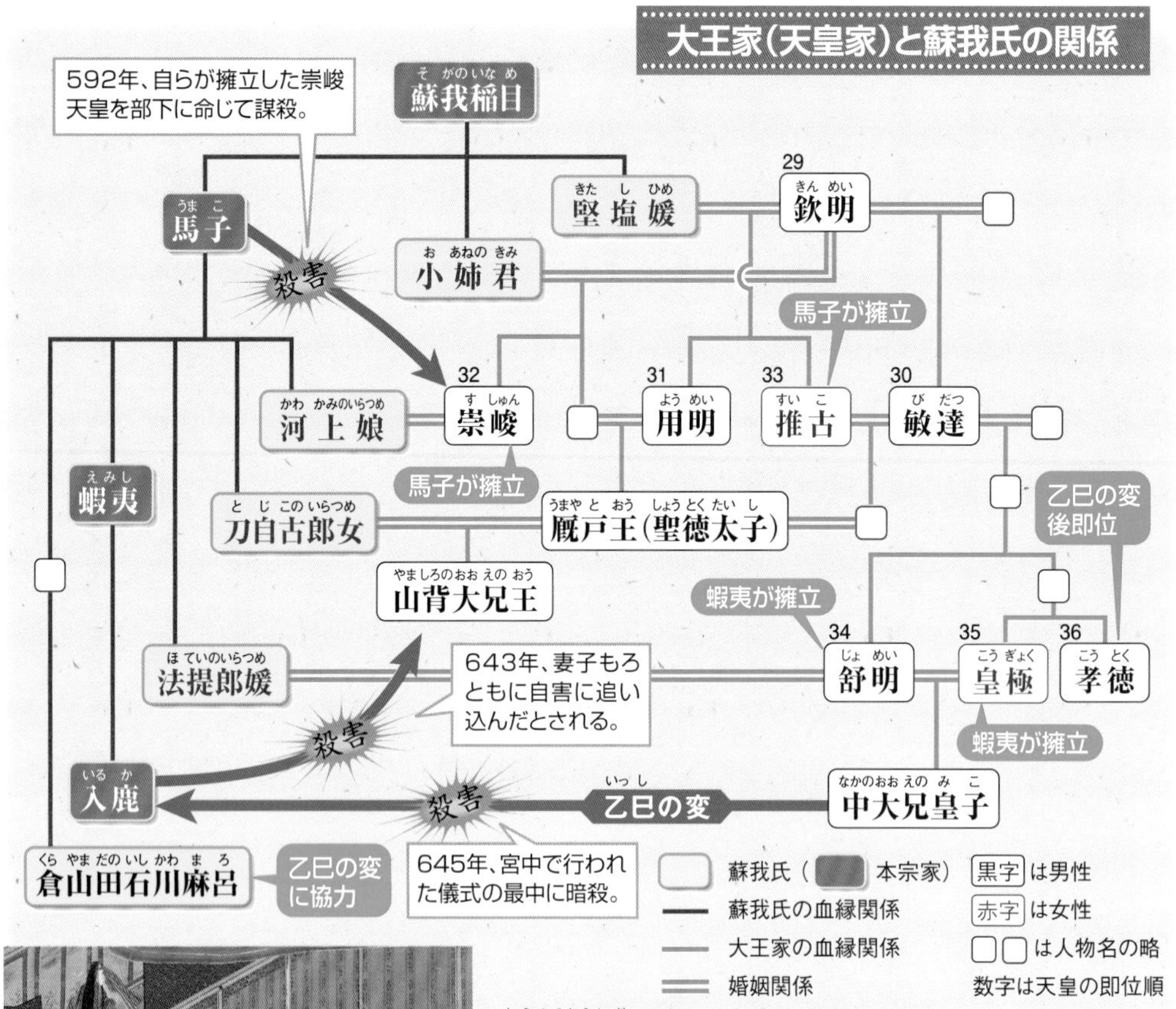
大王家（天皇家）と蘇我氏の関係
592年、自らが擁立した崇峻天皇を部下に命じて謀殺。
蘇我稲目《そがのいなめ》
馬子《うまこ》
殺害
堅塩媛《きたしひめ》
29 欽明《きんめい》
小姉君《おあねのきみ》
馬子が擁立
32 崇峻《すしゅん》
31 用明《ようめい》
33 推古《すいこ》
30 敏達《びだつ》
河上娘《かわかみのいらつめ》
馬子が擁立
蝦夷《えみし》
刀自古郎女《とじこのいらつめ》
厩戸王《うまやとおう》（聖徳太子《しょうとくたいし》）
乙巳の変後即位
山背大兄王《やましろのおおえのおう》
蝦夷が擁立
法提郎媛《ほていのいらつめ》
643年、妻子もろともに自害に追い込んだとされる。
34 舒明《じょめい》
35 皇極《こうぎょく》
36 孝徳《こうとく》
殺害
蝦夷が擁立
入鹿《いるか》
殺害
乙巳《いっし》の変
中大兄皇子《なかのおおえのみこ》
倉山田石川麻呂《くらやまだのいしかわまろ》
乙巳の変に協力
645年、宮中で行われた儀式の最中に暗殺。
蘇我氏（ 本宗家）
蘇我氏の血縁関係
大王家の血縁関係
婚姻関係
黒字は男性
赤字は女性
は人物名の略
数字は天皇の即位順

『多武峯縁起絵巻《とうのみねえんぎ》』（談山神社所蔵）に描かれた入鹿に切りかかった中大兄皇子の様子。

蘇我本宗家の専横に中大兄皇子が立ち上がった

厩戸王《うまやとおう》（聖徳太子《しょうとくたいし》）の死後、蘇我本宗《そがほんそう》家《け》の勢いはさらに増した。628年に**推古天皇《すいこ》**が崩御《ほうぎょ》すると、**蘇我蝦夷《そがのえみし》**は厩戸王の子・**山背大兄王《やましろのおおえのおう》**を推す一派を抑えて田村《たむら》皇子（のちの**舒明《じょめい》天皇**）を擁立《ようりつ》し、父・馬子《うまこ》に勝る権勢をふるった。蝦夷の子の**入鹿《いるか》**は643年、山背大兄王に謀反の罪を着せ、自殺に追い込む。

こうした蘇我氏の専横に危機感をもったのが、皇族や、中国から帰国した留学生などだ。7世紀中ごろは、律令制を基本に強力な**中央集権国家**を形成した唐《とう》が高句麗《こうくり》への攻撃を始めたため、周辺諸国も国内統一の必要に迫られていた。そこで、豪族の専横を許す氏姓《しせい》制度や私地私民《しちしみん》制を廃し、天皇中心の集権国家を目ざす動きが現れたのだ。

その中心となった**中大兄皇子《なかのおおえのみこ》**は、645年、**中臣鎌足《なかとみのかまたり》**や**蘇我倉山田石川麻呂《そがのくらやまだのいしかわまろ》**らの協力を得て宮中で入鹿を謀殺。翌日には蝦夷を自害させた。

この**乙巳《いっし》の変**後、皇極《こうぎょく》天皇は史上初の譲位を行い**孝徳《こうとく》天皇**が即位。その甥の中大兄皇子が皇太子となった。さらに大臣《おおおみ》、大連《おおむらじ》を廃止して鎌足が**内臣《うちつおみ》**に就任し、初の元号「大化《たいか》」も定めた。政治改革「**大化改新《たいかのかいしん》**」のスタートだ。

旧体制を根本から覆す改革宣言

645年末には、100年もの間都だった飛鳥《あすか》から難波《なにわ》（大阪）へ遷都《せんと》したため、地縁の強い豪族の力が削がれた。

翌646年には「**改新《かいしん》の詔《みことのり》**」が出され、豪族の私有地である田荘《たどころ》、私有民の部曲《かきべ》を廃し、人民と土地をすべて国家のものとする**公地公民制《こうちこうみんせい》**への移行方針が示された。旧体制を根本から覆す改革宣言である。このほかにも評《こおり》とよばれる地方行政組織の設置、さらには**班田収授法《はんでんしゅうじゅのほう》**や統一的税制の実施などを宣言したとされるが、どこまでが実行されたのかについては疑問が残る。

乙巳の変につきまとう黒幕説の存在

蘇我本宗家を滅ぼした乙巳の変には黒幕が存在したという説がある。直後に即位した軽皇子《かるのみこ》（孝徳《こうとく》天皇）だ。

その理由の一つが首謀者とされる中大兄皇子の年齢である。当時19歳の若者に、同じ蘇我氏の倉山田石川麻呂を協力者に引き込む政治力があったとは考えがたい。その点、50歳に近く、皇族のリーダー的存在だった軽皇子なら可能だ。事実、中臣鎌足は中大兄皇子より先に、軽皇子にクーデター計画を打ち明けていたとされる。

人物 蘇我倉山田石川麻呂《そがのくらやまだのいしかわまろ》 ［?〜649年］

飛鳥時代の政治家。蘇我馬子の孫で、乙巳の変に加わった。娘を孝徳天皇（軽皇子）や中大兄皇子の妃として嫁がせ、孝徳天皇即位で右大臣に就任する。しかし左大臣の阿倍内麻呂と対立し、内麻呂の死後、異母弟の讒言（ざんげん）で中大兄皇子から追討され、難波から大和へ逃げるが妻子とともに自害した。

14 白村江の戦い

朝廷に衝撃を与えた白村江の惨敗

百済の救援要請に応えた倭国軍だが、唐・新羅連合軍に大敗する。あまりにも拙い援軍の裏には隠された意図があったとの説もある。

白村江の戦い（663年）と朝鮮半島の情勢

高句麗《こうくり》
隋、唐の幾度にもわたる遠征軍を撃退し続けたが、国力が疲弊し、668年に唐・新羅連合軍に敗れて滅んだ。
平壌《へいじょう》
唐軍の推定経路
新羅《しらぎ》
（しんら）
7世紀前半に中国の律令制を取り入れて強大化し、660年に百済を、668年には高句麗を滅亡させた。
唐《とう》
新羅軍の推定経路
663年
白村江《はくそんこう》の戦い
（はくすきのえ）
倭軍は3軍編成をとり4度攻撃したが、唐軍の火計などにより大敗した。
泗沘《しひ》
金城《きんじょう》
百済《くだら》
（ひゃくさい）
倭国軍の推定経路
同盟関係にあった新羅と6世紀前半から対立。660年の滅亡後は、遺臣らが組織した百済復興軍が唐・新羅連合軍と戦った。
屋嶋城《やしまのき》 667年
（香川県高松市）
金田城《かなたのき》 667年
（長崎県対馬市）
大野城《おおののき》 665年
（福岡県大野城市・太宰府市）
難波
大宰府
高安城《たかやすのき》 667年
（奈良県平群町・大阪府八尾市）
倭《わ》
基肄城《きいのき》 665年
（佐賀県基山町）
水城《みずき》 664年
（福岡県太宰府市・大野城市）
斉明（さいめい）天皇や中大兄皇子は朝鮮半島の情勢を最重要視。661年には百済の復興のために援軍を送っている。
664年……設置年

大野城
博多湾
水城
大宰府

朝廷の出先機関である大宰府を守るため、長さ1.2km、高さ13m、幅80mにも及ぶ防御施設（水城）が築かれた。写真は現在も残る水城の跡。

周辺有事に下された中大兄皇子の決断の謎

中大兄皇子《なかのおおえのみこ》が政治改革を進めていたころ、朝鮮半島では5世紀末以来続いていた**高句麗**《こうくり》、**新羅**《しらぎ》《（しんら）》、**百済**《くだら》《（ひゃくさい）》の三国時代が終わりを迎える。高句麗、百済に攻められた新羅が唐《とう》に救援を要請すると、６６０年、唐は大軍を派遣して百済の王城を攻め落としたのである。

しかし、その後も百済の遺臣は各地で唐への抵抗を続け、彼らに援軍を求められた倭《わ》国は派兵を決めた。

倭国は古くから百済との関係が深く、朝鮮半島南部への影響力の足がかりでもあった。とはいえ、当時は頻繁に遣唐使を派遣するなど唐との関係も良好だったため、朝廷内では唐への敵対を意味する派兵に反対する意見があったことは想像に難くない。最終的には朝廷政治を主導していた中大兄皇子が派兵を決めたと考えられるが、決断に至る過程は謎に包まれている。

不可解な倭国軍の拙攻はねらいどおりだった⁉

６６３年、倭国は上毛野稚子《かみつけののわかこ》や巨勢《こせの》訳語《おさ》、阿倍比羅夫《あべのひらふ》らの豪族を将軍とした２万７０００の兵を九州から出陣させた。援軍を得た百済遺臣軍は陸路侵入した新羅軍をいったんは退けるが、唐は水軍７０００を増援。唐・新羅連合軍はそれぞれ水陸を併進し、白村江《はくそんこう》《（はくすきのえ）》で倭・百済連合軍を打ち破った。中国の『旧唐書《くとうじょ》』は「倭の船４００艘《そう》を焼いた。煙は天を覆い、海水は血で赤く染まった」と倭国軍大敗の様子を伝える。

一方の『日本書紀』には、倭国軍がろくな状況判断もせずに突撃を繰り返したことが記されている。しかし、当時は遣唐使《けんとうし》などの情報で唐軍の精強さは伝わっていたはずであり、この拙攻ぶりは不可解といわざるを得ない。

戦役後、中大兄皇子は唐・新羅の侵攻に備え、北九州の防衛拠点として**大宰府**《だざいふ》や**水城**《みずき》、**大野城**《おおののき》を築いたほか、亡命百済人の技術を用いて西日本各地に古代朝鮮式山城を建設。筑紫《つくし》、壱岐《いき》、対馬《つしま》には**防人**《さきもり》と烽《とぶひ》を置いた。ただし、６６５年以降、新羅、唐とは相次いで国交が回復している。内政面では６６７年に近江大津宮《おうみおおつのみや》に遷都《せんと》し、翌年**天智天皇**《てんじ》として即位。初の戸籍である**庚午年籍**《こうごねんじゃく》を作成したほか、初めての法典である**近江令**《おうみりょう》を定めたとされるなど、律令制による集権国家建設を進めた。

実はこれこそが中大兄皇子のねらいであり、百済への援軍は、有力豪族を疲弊させるとともに、対外危機を煽ることで王権強化を図ったとする説もあるのだ。

人物 藤原鎌足《ふじわらのかまたり》 [614〜669年]

飛鳥時代の政治家。中臣（なかとみの）鎌足ともいう。南淵請安（みなみぶちのしょうあん）の塾で儒教を学んだ。645年、中大兄皇子（のちの天智天皇）と協力して蘇我蝦夷（そがのえみし）・入鹿（いるか）父子を滅ぼす。その後は大化改新を推進する天智天皇の側近として活躍。死の直前に「大織冠（たいしょくかん）」という最高の冠位と「藤原」の姓を賜り、藤原氏の祖となった。

15 壬申の乱

皇位継承をめぐり叔父と甥が激突

天智天皇の死後、弟の大海人皇子は、皇位を奪うために挙兵した。この古代史上最大の内乱を経て、急速に中央集権化が進んだ。

天智天皇の弟である大海人皇子が吉野で挙兵

668年に即位した**天智天皇**《てんじ》は、最初、同母弟である**大海人皇子**《おおあまのみこ》を皇太子としたが、のちに実子の**大友皇子**《おおとも》を実質的な後継者に指名した。この決定に恭順の姿勢を示すため、吉野《よしの》に隠棲した大海人皇子だが、671年に天智天皇が崩御して大友皇子が跡を継ぐ(即位したかどうかは諸説ある)と、翌672年には美濃《みの》に移って挙兵した。

大海人皇子は同地で東国豪族の動員に成功するが、これは白村江《はくそんこう》の戦いや遷都《せんと》の強行、戸籍(庚午年籍《こうごねんじゃく》)の作成など、強権政治を続けた天智天皇(近江朝)への不満が可能にしたものだ。

こうして近江大津宮《おうみおおつのみや》への進軍を開始した大海人皇子の軍勢(吉野朝)に対し、迎え撃つ近江朝は1カ月の間防戦したが、瀬田《せた》の戦いで大敗する。その翌日、大友皇子が自害したことでこの**壬申の乱**《じんしん》は終結した。なお、挙兵に際して大海人皇子は伊勢の神に勝利を祈願しており、以来、伊勢神宮は国家的な祭祀の対象となっている。

勝利した大海人皇子は**飛鳥浄御原宮**《あすかきよみはらのみや》で**天武天皇**《てんむ》として即位。武力での皇位奪取に加え、近江朝側についた有力中央豪族の失権により権力を集中させた天武天皇の手で、中央集権国家の形成は急速に進むのであった。

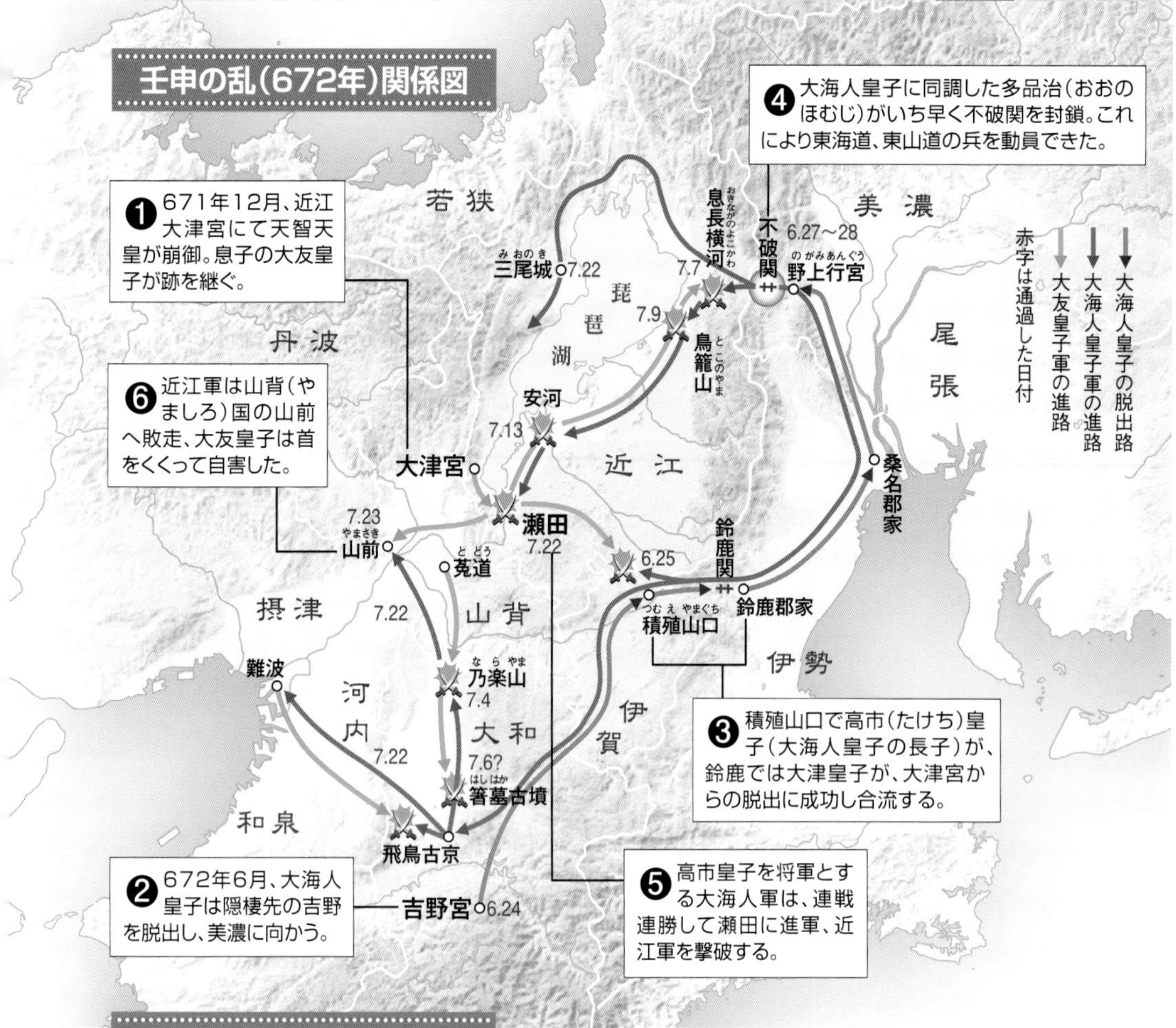
壬申の乱(672年)関係図
❶671年12月、近江大津宮にて天智天皇が崩御。息子の大友皇子が跡を継ぐ。
❷672年6月、大海人皇子は隠棲先の吉野を脱出し、美濃に向かう。
❸積殖山口で高市(たけち)皇子(大海人皇子の長子)が、鈴鹿では大津皇子が、大津宮からの脱出に成功し合流する。
❹大海人皇子に同調した多品治(おおのほむじ)がいち早く不破関を封鎖。これにより東海道、東山道の兵を動員できた。
❺高市皇子を将軍とする大海人軍は、連戦連勝して瀬田に進軍、近江軍を撃破する。
❻近江軍は山背(やましろ)国の山前へ敗走、大友皇子は首をくくって自害した。
大海人皇子の脱出路
大海人皇子軍の進路
大友皇子軍の進路
赤字は通過した日付
若狭
美濃
尾張
丹波
近江
山背
摂津
河内
大和
和泉
伊賀
伊勢
琵琶湖
三尾城《みおのき》 7.22
息長横河《おきながのよこかわ》 7.7
不破関 6.27〜28
野上行宮《のがみあんぐう》
鳥籠山《とこのやま》 7.9
安河 7.13
大津宮
瀬田 7.22
山前《やまさき》 7.23
菟道《とどう》
7.22
6.25
鈴鹿関
鈴鹿郡家
積殖山口《つむえやまぐち》
桑名郡家
難波
乃楽山《ならやま》 7.4
7.6?
箸墓古墳《はしはか》
7.22
飛鳥古京
吉野宮 6.24

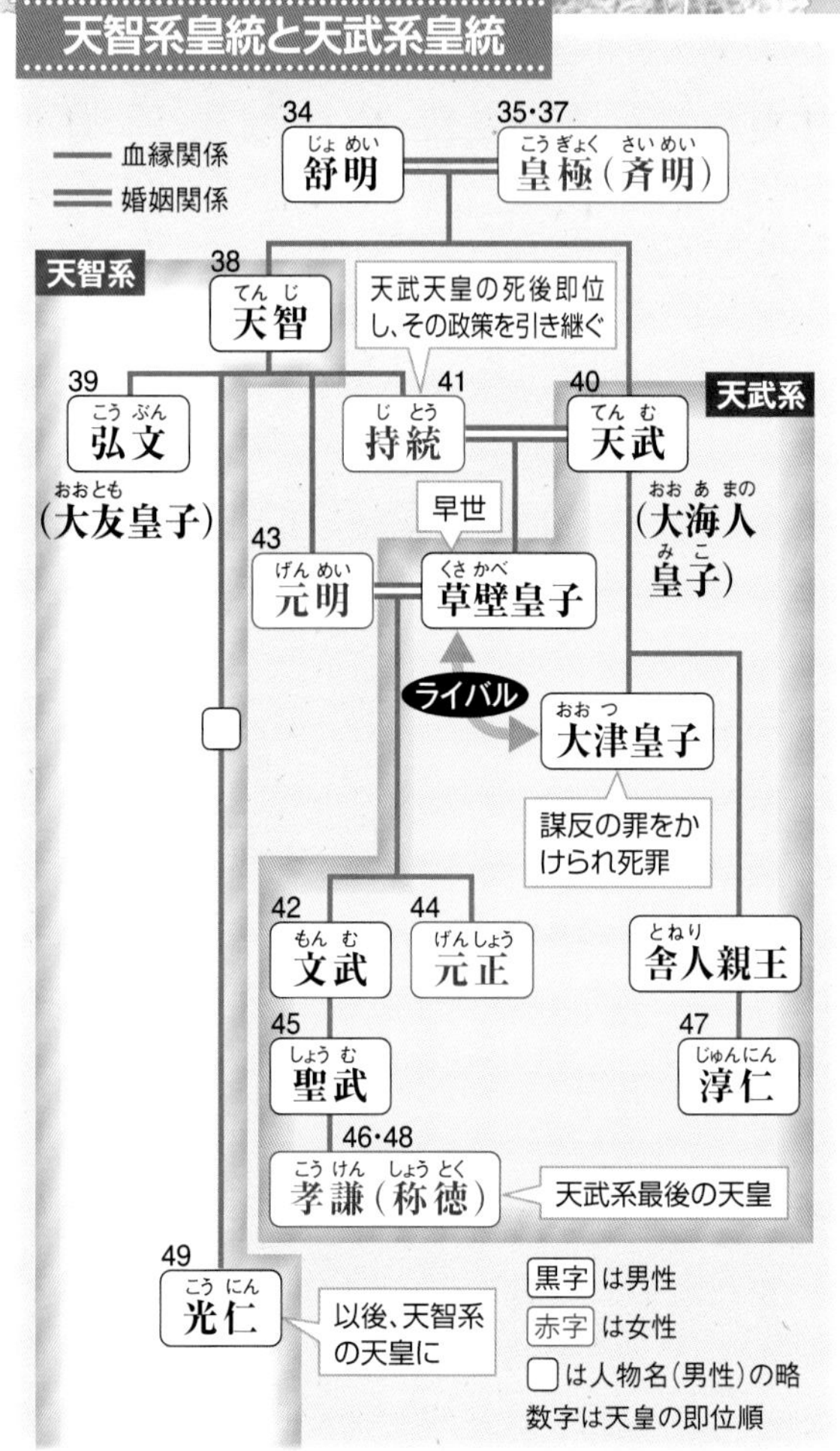
天智系皇統と天武系皇統
血縁関係
婚姻関係
34 舒明《じょめい》
35・37 皇極《こうぎょく》(斉明《さいめい》)
天智系
38 天智《てんじ》
天武天皇の死後即位し、その政策を引き継ぐ
39 弘文《こうぶん》
(大友皇子)《おおとも》
41 持統《じとう》
40 天武《てんむ》
天武系
(大海人《おおあまの》皇子《みこ》)
早世
43 元明《げんめい》
草壁皇子《くさかべ》
ライバル
大津皇子《おおつ》
謀反の罪をかけられ死罪
42 文武《もんむ》
44 元正《げんしょう》
舎人親王《とねり》
45 聖武《しょうむ》
47 淳仁《じゅんにん》
46・48 孝謙《こうけん》(称徳《しょうとく》)
天武系最後の天皇
49 光仁《こうにん》
以後、天智系の天皇に
黒字は男性
赤字は女性
□は人物名(男性)の略
数字は天皇の即位順

人物 持統天皇《じとうてんのう》 [645〜702年]

第41代天皇(在位690〜697年)。天智天皇の皇女で、父の同母弟・大海人皇子(のちの天武天皇)の妃となり、夫が即位すると皇后となった。実子で皇太子だった草壁皇子が早世すると、飛鳥浄御原宮で即位。694年に初の本格的な都城・藤原京(ふじわらきょう)に遷都し、その3年後に草壁皇子の遺児・文武天皇に譲位して、自らは天皇を後見、初の太上天皇(上皇)となった。万葉歌人としても有名。

701年
平成　昭和　大正　明治　江戸　安土桃山　室町　鎌倉　平安　奈良　古墳・飛鳥　弥生　縄文

16 律令体制の確立

天皇を頂点とする「律令国家」の完成

中国の律令を範とした法典が701年に完成。年号から「大宝律令」とよばれるこの法典で、天皇を頂点に全国の豪族や人民を統治する国家の体制が整備された。

律令による中央官制

機関の名称

- 神祇官《じんぎかん》(宮中の祭祀)
- 太政官《だいじょうかん》(最高行政機関)
  - **太政官の役職**
  - 左大臣《さだいじん》 ― 太政大臣不在の際の最高位。
  - 太政大臣《だいじょうだいじん》 ― 最高位だが非常置。
  - 右大臣《うだいじん》
  - 大納言《だいなごん》
  - 左弁官《さべんかん》
  - 少納言《しょうなごん》
  - 右弁官《うべんかん》
  - のちに内大臣、中納言、参議が加わる。
  - 左弁官の下:
    - 中務《なかつかさ》省《しょう》(天皇の側近事務)
    - 式部《しきぶ》省(文官人事、大学の管理)
    - 治部《じぶ》省(氏姓の管理、仏事、外交)
    - 民部《みんぶ》省(田畑・租税の管理)
  - 右弁官の下:
    - 兵部《ひょうぶ》省(武官人事、兵士・武器の管理)
    - 刑部《ぎょうぶ》省(訴訟、刑罰)
    - 大蔵《おおくら》省(財政、物価の調整)
    - 宮内《くない》省(宮中の庶務)
  - 重要な役職のため長官は親王から任命。(中務省)
  - 2000年まで名称が存続した。(大蔵省)
- 弾正台《だんじょうだい》(監察・警察)
- 五衛府《ごえふ》(宮中の警護)＝衛門府《えもんふ》・左右衛士府《えじふ》・左右兵衛府《ひょうえふ》
  - のちに衛門府、衛士府が合併して左右衛門府になり、新たに左右近衛府(このえふ)が置かれ、六衛府となった。

律令によるおもな税

国税は都に、地方税はそれぞれの国に納めた。

国税	庸《よう》(人頭税)	歳役《さいえき》(都での年10日の労役《ろうえき》)のかわりに納める布など。
国税	調《ちょう》(人頭税)	各地の特産物。(絹、綿、糸など、運搬に便利な軽いものが多かった。)
地方税	租《そ》(土地税)	田1段《たん》(約12アール)につき課された収穫の約3%にあたる稲2束《そく》2把《わ》(1把は 稲1つかみ、1束は10把。)
地方税	雑徭《ぞうよう》(人頭税)	年60日以内の労役(757年に半減された。)

律令国家成立までの長い道のり

7世紀以降、日本では中国の**律令《りつりょう》制度**を取り入れる動きが顕著になった。「**律《りつ》**」は刑法で、「**令《りょう》**」は統治機構や政治の運営方法を規定した行政法にあたる。

日本初の令は**天智《てんじ》天皇**が668年に制定した**近江令《おうみりょう》**とされるが、現存しないうえに『日本書紀』にも記述がなく、存在を疑問視する見方が強い。

天武《てんむ》天皇は681年に律令制定を命じ、死後の689年に**飛鳥浄《あすかきよ》御原令《みはらりょう》**が施行された。地方行政や班田収授《はんでんしゅうじゅ》法《ほう》などを制度化した初の本格的な法典とされるが、こちらも現存せず、「律」があったかどうかなど、不明な点が多い。

確認できる本格的な律令は、**藤原不比等《ふじわらのふひと》**らが701年に編纂《へんさん》した**大宝律令《たいほうりつりょう》**だ。これも原文は残っていないが、718年編纂の**養《よう》老律令《ろうりつりょう》**と大差なく、その注釈書などから内容が知られている。

初の本格的な法典 大宝律令の内容

中央組織では、行政を司る**太政官《だいじょうかん》**と祭祀を行う**神祇官《じんぎかん》**を分け、太政官の下に8つの省を置く「**二官八省《にかんはっしょう》**」制を採用。行政は太政《だいじょう》大臣や左右大臣などに任じられた公卿《くぎょう》の合議で運営された。

地方では全国を畿内《きない》・七道《しちどう》に区分して国《こく》・郡《ぐん》・里《り》を置き、国《こく》には中央から国司《し》を派遣。郡や里には在地の豪族などから郡司《ぐんじ》・里長《りちょう》(さとおさ)を任じた。

これらの組織で働く官吏は、天皇から与えられた位階に応じた官職につき、食封《じきふ》や禄《ろく》といった給与を与えられた。高い位階の者はその地位を世襲する**蔭位《おんい》の制**により貴族化が進んだ。

人民には班田収授法により口分田《くぶんでん》が班給され、租《そ》や調《ちょう》・庸《よう》などの税のほか、雑徭《ぞうよう》などの労役《ろうえき》、防人《さきもり》や衛士《えじ》などの兵役が課された。

「日本」「天皇」の呼称はいつから?

大宝律令には「国号を日本と定める」との記されており、このころから日本と称するようになったと考えられてきた。しかし、2011年には、中国で678年ごろにつくられた百済出身将軍の墓誌(生前の事績を記したもの)が発見され、そこに「日本」の文字が刻まれていたことで話題になった。

また、「天皇」の君主号は天武朝期からとされていたが、「天皇」の文字が見える天寿国繍帳《てんじゅこくしゅうちょう》の成立年代が見直され始めており、推古《すいこ》朝期から使われていたとする説もある。

人物　藤原不比等《ふじわらのふひと》 [659〜720年]

飛鳥〜奈良時代の政治家。藤原鎌足の二男。697年、持統天皇の孫・軽(かる)皇子擁立に成功し、文武(もんむ)天皇として即位させたことで頭角をあらわす。その後、大宝律令の完成に貢献して大納言に昇進。708年には右大臣に昇り、710年の平城京遷都を主導した。養老律令の編纂に着手するが、完成前に病死した。

17 藤原京・平城京

日本初の本格的都城 藤原京、平城京が完成

694年、飛鳥地方北部に藤原京が完成した。中国の『周礼』の記述を参考に設計された初の本格的都城で、以後、日本には平城京、平安京と、同じタイプの都市が首都として建設されていった。

中国にならった首都建設で日本に都市ができた

古来、天皇が居住する宮《みや》は一代限りで移転するのが慣わしだった。しかし、**天武《てんむ》・持統《じとう》**の両天皇は中国を手本とした中央集権国家の建設を進めるなかで**藤原京《ふじわらきょう》**を造営《ぞうえい》。694年に遷都《せんと》した。藤原京は宮の周囲に碁盤《ごばん》の目状に区画した**条坊制《じょうぼうせい》**の計画的な市街地を配した「京《みやこ》」とよばれる都市で、日本初の本格的な都である。のちの平城京《へいじょうきょう》などとは異なり、宮は京の中央に配置され、持統、**文武《もんむ》**、**元明《げんめい》**の3代の天皇の都となった。

710年、元明天皇は飢饉《ききん》や疫病が相次ぐ難局を打開するため、奈良盆地北部の**平城京**へと遷都する。唐《とう》の長安《ちょうあん》城をモデルにした南北4・8㎞、東西4・3㎞の都だが、北東に張り出した外京《げきょう》とよばれる区域が特徴だ。

平城京内には貴族や官吏の邸宅、大寺院などが建ち、官営の市《いち》も開かれた。市で交換されるのは、平城京を中心に全国に整備された官道《かんどう》を通って運ばれた各地の産物や、官吏に支給された調《ちょう》庸物《ようもの》などだ。また、遷都に先立つ708年には天武朝期の富本銭《ふほんせん》に代わる**和同《わどう》開珎《かいちん》**が発行され、京や畿内で流通した。

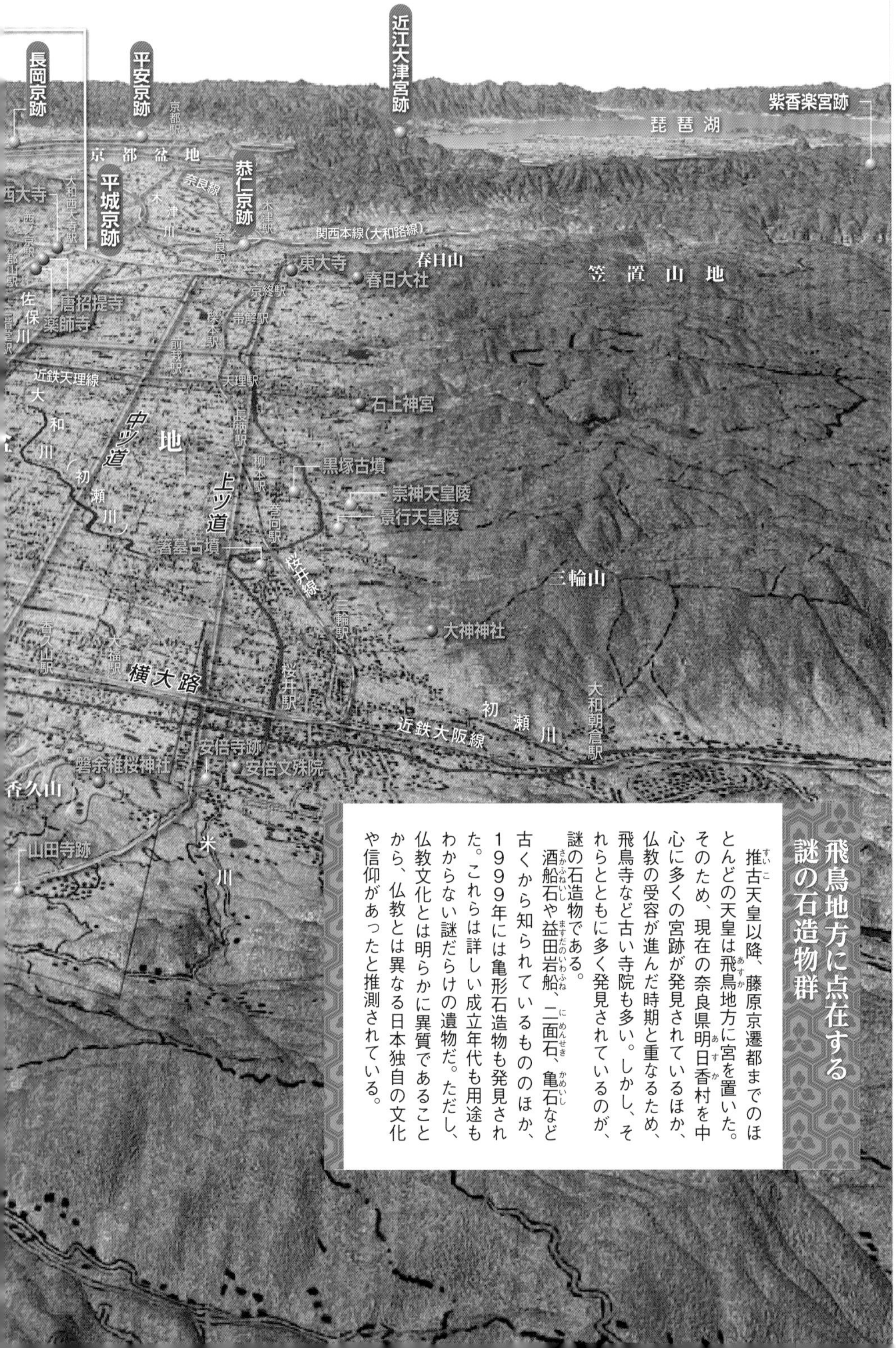

飛鳥地方に点在する謎の石造物群

推古《すいこ》天皇以降、藤原京遷都までのほとんどの天皇は飛鳥《あすか》地方に宮を置いた。そのため、現在の奈良県明日香《あすか》村を中心に多くの宮跡が発見されているほか、仏教の受容が進んだ時期と重なるため、飛鳥寺など古い寺院も多い。しかし、それらとともに多く発見されているのが、謎の石造物である。

酒船石《さかふねいし》や益田岩船《ますだのいわふね》、二面石《にめんせき》、亀石《かめいし》など古くから知られているもののほか、1999年には亀形石造物も発見された。これらは詳しい成立年代も用途もわからない謎だらけの遺物だ。ただし、仏教文化とは明らかに異質であることから、仏教とは異なる日本独自の文化や信仰があったと推測されている。

大内裏の区域
西苑池
第一次大極殿
（復元）
内裏
第二次大極殿
佐伯門
中央区朝堂院
東区朝堂院
近鉄奈良線
若犬養門
朱雀門
壬生門
内裏《だいり》
天皇の住居。皇居のこと。
大極殿《だいごくでん》
朝堂院の正殿。天皇が出席する国家的な儀式が執り行われた。
中央区朝堂院《ちょうどういん》
奈良時代前半に朝堂院が置かれた区域。
東区朝堂院《ちょうどういん》
奈良時代後半の中央行政官庁。のち儀式や饗宴に使われるようになった。
朱雀門《すざくもん》
大内裏（平城宮）の正門。門前からメインストリートの朱雀大路が伸びる。現在、1998年に復元された門がある。

復元整備された平城宮跡。

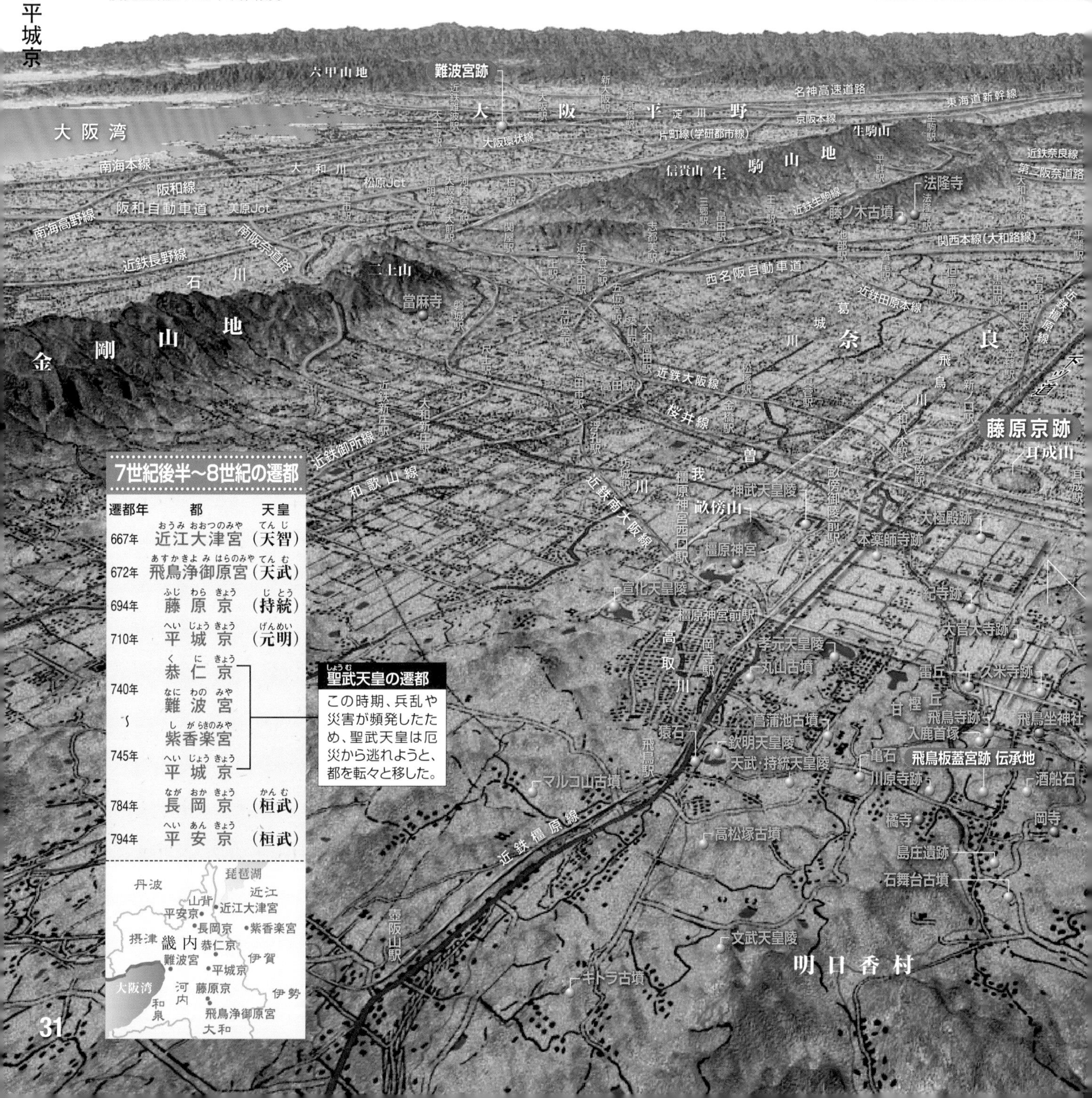
六甲山地
難波宮跡
大阪湾
大阪平野
淀川
名神高速道路
東海道新幹線
京阪本線
片町線（学研都市線）
大阪環状線
近鉄難波駅
天王寺駅
大阪駅
新大阪駅
京橋駅
生駒山
生駒駅
生駒山地
信貴山
近鉄奈良線
第二阪奈道路
南海本線
大和川
松原Jct
阪和線
阪和自動車道
美原Jct
南海高野線
南阪奈道路
近鉄長野線
石川
二上山
當麻寺
金剛山地
法隆寺
藤ノ木古墳
法隆寺駅
近鉄生駒線
関西本線（大和路線）
西名阪自動車道
近鉄田原本線
近鉄橿原線
葛城川
奈良
飛鳥川
近鉄大阪線
桜井線
藤原京跡
耳成山
耳成駅
近鉄御所線
和歌山線
近鉄南大阪線
曽我川
神武天皇陵
畝傍山
橿原神宮
大極殿跡
本薬師寺跡
宣化天皇陵
橿原神宮前駅
紀寺跡
大官大寺跡
高取川
孝元天皇陵
丸山古墳
雷丘
久米寺跡
甘樫丘
菖蒲池古墳
飛鳥寺跡
入鹿首塚
飛鳥坐神社
猿石
欽明天皇陵
天武・持統天皇陵
亀石
飛鳥板蓋宮跡 伝承地
川原寺跡
酒船石
マルコ山古墳
近鉄橿原線
橘寺
岡寺
高松塚古墳
島庄遺跡
石舞台古墳
文武天皇陵
明日香村
キトラ古墳
壺阪山駅

7世紀後半～8世紀の遷都

遷都年	都	天皇
667年	近江《おうみ》大津宮《おおつのみや》	（天智《てんじ》）
672年	飛鳥《あすか》浄《きよ》御《み》原《はら》宮《のみや》	（天武《てんむ》）
694年	藤《ふじ》原《わら》京《きょう》	（持統《じとう》）
710年	平《へい》城《じょう》京《きょう》	（元明《げんめい》）
740年	恭《く》仁《に》京《きょう》	
	難《なに》波《わの》宮《みや》	
～	紫香楽宮《しがらきのみや》	
745年	平《へい》城《じょう》京《きょう》	
784年	長《なが》岡《おか》京《きょう》	（桓武《かんむ》）
794年	平《へい》安《あん》京《きょう》	（桓武《かんむ》）

聖武《しょうむ》天皇の遷都

この時期、兵乱や災害が頻発したため、聖武天皇は厄災から逃れようと、都を転々と移した。

琵琶湖
丹波
近江
山背
平安京
近江大津宮
長岡京
紫香楽宮
摂津
畿内
恭仁京
難波宮
伊賀
平城京
大阪湾
河内
藤原京
伊勢
和泉
飛鳥浄御原宮
大和

18 奈良時代の政治

権力闘争に明け暮れた奈良時代の政治家たち

平城京への遷都から、長岡京遷都まで続いた奈良時代。朝廷内部では政治家たちの権力闘争が繰り広げられた。

奈良時代の実力者と政治史

天武《てんむ》、持統《じとう》と強大な権力をもった天皇の時代が終わり、政変による政権交代が相次いだ。

天皇*	実力者（皇族系・藤原氏・僧侶）
元明《げんめい》（～715）	藤原不比等《ふじわらのふひと》（藤原氏）
元正《げんしょう》（715～724）	長屋王《ながやおう》（皇族系）
聖武《しょうむ》（724～749）	藤原4兄弟（藤原氏）、橘諸兄《たちばなのもろえ》（皇族系）
孝謙《こうけん》（749～758）	藤原仲麻呂《なかまろ》（藤原氏）
淳仁《じゅんにん》（758～764）	道鏡《どうきょう》（僧侶）
称徳《しょうとく》（764～770）（孝謙が再び即位）	
光仁《こうにん》（770～）	藤原百川《ももかわ》（藤原氏）

◀710年 平城京遷都

◀718年 養老律令選定

大宝律令の編纂（701年）で功績があった藤原不比等は、その後も新律令の編纂作業を継続するが、その死で中断される。

◀720年 藤原不比等 死去

天武天皇の孫・長屋王と不比等の4子（藤原4兄弟）が対立。藤原宇合らが率いる軍勢が長屋王宅を包囲し、長屋王は自害した。

◀729年 長屋王の変
藤原光明子《こうみょうし》 立后

長屋王の変後に詔が発せられ、藤原4兄弟の妹・光明子が、 皇族出身者以外で初めて皇后になった（光明皇后）。

◀737年 藤原4兄弟 死去

武智麻呂（むちまろ）、房前（ふささき）、宇合、麻呂（まろ）が次々と病死。

◀740年 藤原広嗣《ひろつぐ》の乱
（藤原宇合《うまかい》の子）

聖武天皇の発願で造立された東大寺の大仏。

◀752年 東大寺大仏開眼

◀756年 橘諸兄 引退
◀757年 養老律令施行

光明皇太后の子・孝謙天皇と武智麻呂の子・藤原仲麻呂は、お互いの祖父・不比等が編纂していた養老律令を施行する。

◀760年 光明皇太后 崩御

◀764年 藤原仲麻呂の乱

仲麻呂を信任していた光明皇太后の死後、仲麻呂と孝謙上皇の対立が深まり、挙兵した仲麻呂は捕らえられて斬首された。

◀769年 宇佐八幡宮神託事件

「皇位を道鏡に譲れ」という神託が下ったとの噂が流れるが、和気清麻呂（わけのきよまろ）が参宮して神託を否定、道鏡による皇位簒奪（さんだつ）を阻止した。

◀770年 称徳天皇 崩御
道鏡 左遷

◀773年 山部親王 立太子
（のちの桓武天皇）

道鏡を信任していた称徳天皇（＝孝謙上皇）が病死、道鏡は下野（しもつけ）国薬師寺に左遷された。

＊天皇の赤字は女性

反乱、疫病、愛憎劇……めまぐるしい政権交代

天武《てんむ》天皇以降、しばらくは天皇や皇族による**皇親《こうしん》政治**が行われたが、8世紀に入ると**藤原不比等《ふじわらのふひと》**が台頭する。娘の宮子《みやこ》を文武《もんむ》天皇の后とし、その子・首《おびと》皇子（のちの**聖武《しょうむ》天皇**）にも娘の光明子《こうみょうし》を嫁がせて政治を主導した。

不比等の死後は皇族の**長屋《ながや》王**が実権を握ったが、不比等の子の**武智麻呂《むちまろ》**、**房前《ふささき》**、**宇合《うまかい》**、**麻呂《まろ》**の**藤原4兄弟**は、妹の光明子を皇后にしようと画策。これに反対する長屋王に謀反の疑いをかけて自害させた。政権を奪った藤原4兄弟だが、737年に流行した**天然痘《てんねんとう》**によって相次いで死去する。

次いで皇族出身の**橘諸兄《たちばなのもろえ》**が吉備真備《きびのまきび》や玄昉《げんぼう》とともに聖武天皇を支えた。その聖武天皇は国分寺《こくぶんじ》建立や大仏造立の詔《みことのり》を出し、仏教の力で飢饉《ききん》や疫病による社会不安を治めようとした。

続く孝謙《こうけん》天皇の時代には、**光明皇太后**と結んだ**藤原仲麻呂《なかまろ》**が勢力を伸ばす。淳仁《じゅんにん》天皇を擁立して恵美押勝《えみのおしかつ》の名を賜《たまわ》り、太政《だいじょう》大臣として権勢をふるったのだ。しかし、光明皇太后の死後は孤立。孝謙太上天皇（上皇）が看病僧の**道鏡《どうきょう》**を寵愛《ちょうあい》して淳仁天皇と対立すると、焦った仲麻呂は764年に挙兵したが、あっけなく敗れて斬首された。

淳仁天皇を廃した孝謙上皇が称徳《しょうとく》天皇として重祚《ちょうそ》（再即位）すると、道鏡は太政大臣禅師《ぜんじ》や法王《ほうおう》に進み、皇位簒奪《さんだつ》まで画策するが、称徳天皇崩御後に失脚。光仁《こうにん》天皇を立てた藤原百川《ももかわ》らにより、道鏡時代に混乱した律令政治の建て直しが図られた。

人物 聖武天皇《しょうむてんのう》 ［701～756年］

第45代天皇（在位724～749年）。長屋王の変後、藤原不比等の娘・光明子を臣下として初めて皇后とする。在位中に災害や疫病が多発したため、仏教に深く帰依し、国分寺建立の詔や大仏造立の詔を発している。また、災厄から逃れるため恭仁京（くにきょう）、難波宮（なにわのみや）、紫香楽宮（しがらきのみや）など、たびたび遷都したが、最終的には平城京（へいじょうきょう）に復帰している。

19 土地制度の変遷

律令体制の要 公地公民制の現実

律令で規定された公地公民制は中央集権体制の基盤とされるが、その実態にはさまざまな説があり、実現していなかったともいわれる。

公地公民制は本当に実現したのか？

天皇中心の**中央集権国家**を目ざした**大化改新**《たいかのかいしん》まで、土地や人民は天皇、皇族、豪族がそれぞれ私的に所有・支配する**私地私民制**《しちしみんせい》だった。646年発布の**改新の詔**《みことのり》では、土地や人民はすべて国家のものとする**公地公民制**《こうちこうみんせい》への転換を宣言したとされるが、実際には実効性がなかったと考えられている。

公地公民制の実現は702年施行の**大宝律令**《たいほうりつりょう》によるとされてきた。同時期には6年に1度戸籍が作成され、農民に口分田《くぶんでん》を与える班田収授《はんでんしゅうじゅ》も6年に1度実施されるようになる（6年1班）。

しかし、1980年代に発見された長屋《ながや》王家木簡により、奈良時代に入っても皇族が御田《みた》や御薗《みその》とよばれる私有地を経営していた実態が判明。現在では、大宝律令で公地公民制が実現したという説は疑問視されている。

律令による土地制度とその変遷

6歳以上 男　口分田《くぶんでん》
2段《たん》
（約24アール）

6歳以上 女　口分田《くぶんでん》
1段《たん》120歩《ぶ》
（約16アール）

口分田などの収穫から税として「租」をおさめる

▼

成人男性から庸《よう》・調《ちょう》などの人頭税を徴収

奈良時代初め　人口増による口分田不足。重税により農民が逃げ出す。→税収不足

722年　百万町歩《ひゃくまんちょうぶ》の開墾計画　→失敗

723年　三世一身法《さんぜいっしんのほう》　→失敗
新しい灌漑施設をともなう開墾地は3代、旧来の灌漑施設を利用した開墾地は本人1代のみ私有を認める。

743年　墾田永年私財法《こんでんえいねんしざいほう》
自分で開墾した土地は永久に私有を認める。

▼

政府が公地公民の原則を放棄し、大規模な私有地（荘園）が発生。

理想と現実のギャップ 班田収授の終焉

同じころ、人口増加による口分田の不足が問題となった。これを新田の開《かい》墾《こん》で解決しようとした朝廷は、723年に期限つきで開墾地の私有を認める**三世一身法**《さんぜいっしんのほう》を制定する。しかし、いずれは土地を収公されるため墾田意欲を増大させるにはいたらなかった。

そこで743年、土地の無期限私有を許可する**墾田永年私財法**《こんでんえいねんしざいほう》を制定。身分に応じて墾田の私有を認めた。ただし、墾田は徴税の対象とされたため、政府が掌握する田地を拡大する土地支配の強化策だったといえる。とはいえ、これで貴族や寺社の私有地が増大し始めたのも事実だ。奈良時代には税負担や労役から逃れるため、口分田を離れる人が増えた。貴族などはこうした浮浪《ふろう》人《にん》などを用いて大規模開墾を進め、**荘**《しょう》**園**《えん》とよばれる私有地を拡大していく。

8世紀末から9世紀になると口分田の荒廃は進み、戸籍には労役や調《ちょう》・庸《よう》を負担しない女性ばかり登録する偽籍《ぎせき》も増えて国家財政は貧窮《ひんきゅう》した。**桓武天皇**《かんむてんのう》は6年1班を12年1班に緩和するなど班田収授の維持を図ったが効果はなく、902年を最後に班田は行われなくなった。

万葉集に歌われた農民の貧困

「風雑《まじ》へ　雨降る夜の　雨雑《まじ》へ　雪
降る夜は　術《すべ》もなく　寒くしあれば
堅塩《かたしお》を　取りつづしろひ　糟湯酒《かすゆざけ》　う
ち啜《すす》ろひて　咳《しわぶ》かひ　鼻びしびしに
しかとあらぬ　（中略）　寒くしあれば
麻衾《あさぶすま》　引き被《かがふ》り　布肩衣《ぬのかたぎぬ》　有りのこと
ごと　服襲《きそ》へども　寒き夜すらを　我
よりも　貧しき人の　父母は　飢え寒《こご》
ゆらむ　妻子《めこ》どもは　吟《にょ》び泣くらむ
（後略）」

この山上憶良《やまのえのおくら》による「貧窮問答歌《ひんきゅうもんどうか》」（『万葉集《まんようしゅう》』）は、重い税負担に苦しむ農民の姿を歌ったものとして知られている。ただし、現実の農民の姿を描いたというよりも、憶良が遣唐使《けんとうし》時代などに学んだ中国詩文の影響を強く受けてつくられた可能性が高い。

わらび漬
うり塩漬
玄米
青菜の汁
塩
画像:向日市文化資料館
庶民の食事（復元）。一汁一菜の貧しい食事だった。

人物　光仁天皇《こうにんてんのう》［709〜781年］
第49代天皇（在位770〜781年）。天智（てんじ）天皇の孫にあたる。第48代の称徳（しょうとく）天皇が死去すると、度重なる政変による粛清などで、天武（てんむ）天皇の血を引く皇族がいなくなったため、推挙されて即位。その後、大逆を図ったとして当時の皇后、皇太子を廃し、渡来系和（やまと）氏出身の高野新笠（たかののにいがさ）との間に生まれた山部（やまべ）親王（のちの桓武天皇）を皇太子とした。

20 平安京遷都

奈良から京都へ千年の都の誕生

10万人都市となった平城京では、仏教勢力の政治干渉や水不足が表面化。桓武天皇の決意によって、明治維新まで続く都がつくられた。

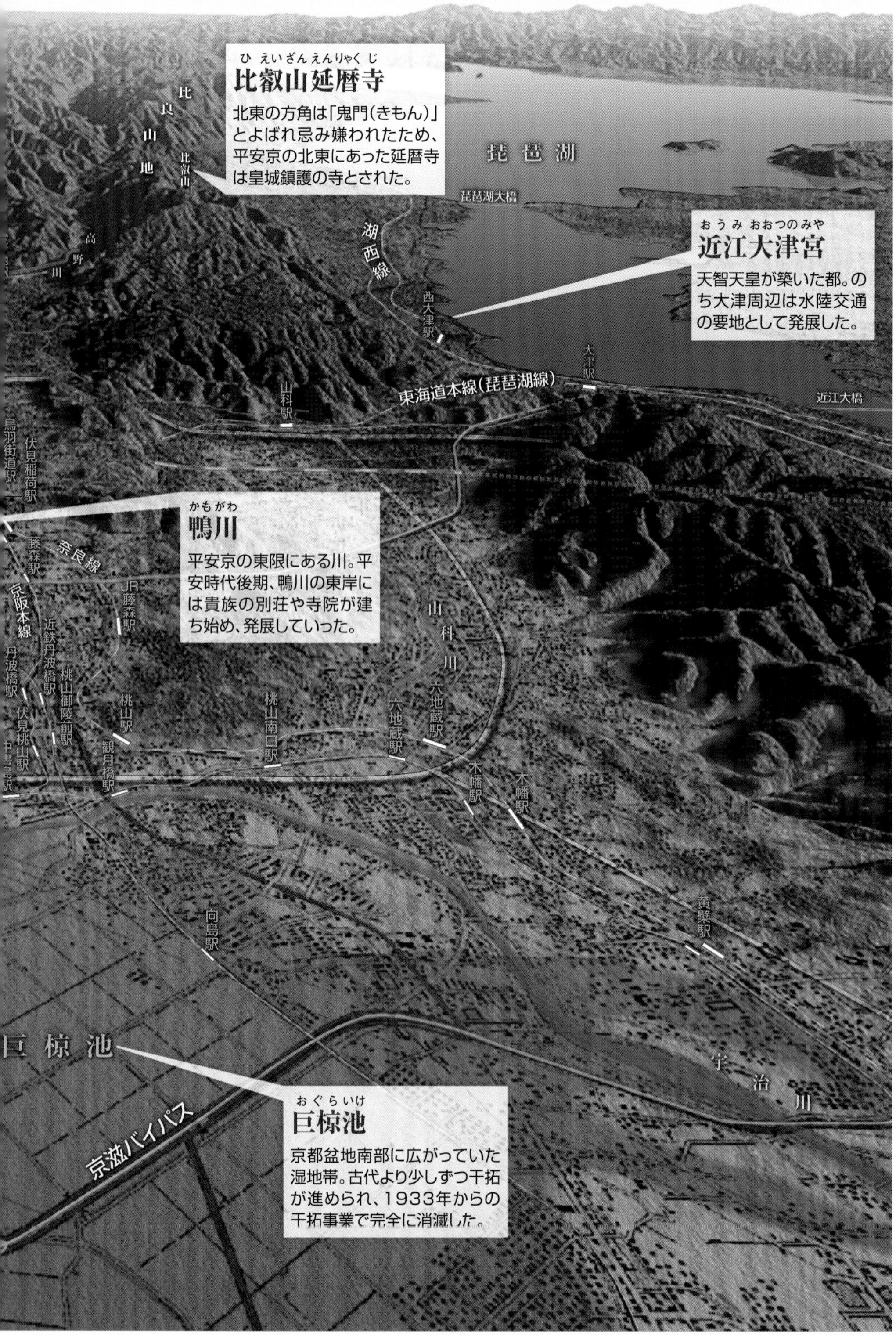
比叡山延暦寺《ひえいざんえんりゃくじ》
北東の方角は「鬼門(きもん)」とよばれ忌み嫌われたため、平安京の北東にあった延暦寺は皇城鎮護の寺とされた。
近江大津宮《おうみおおつのみや》
天智天皇が築いた都。のち大津周辺は水陸交通の要地として発展した。
鴨川《かもがわ》
平安京の東限にある川。平安時代後期、鴨川の東岸には貴族の別荘や寺院が建ち始め、発展していった。
巨椋池《おぐらいけ》
京都盆地南部に広がっていた湿地帯。古代より少しずつ干拓が進められ、1933年からの干拓事業で完全に消滅した。
比良山地
比叡山
高野川
琵琶湖
琵琶湖大橋
湖西線
西大津駅
大津駅
近江大橋
東海道本線(琵琶湖線)
山科駅
鳥羽街道駅
伏見稲荷駅
奈良線
藤森駅
JR藤森駅
京阪本線
近鉄丹波橋駅
丹波橋駅
桃山御陵前駅
伏見桃山駅
桃山駅
観月橋駅
桃山南口駅
六地蔵駅
六地蔵駅
山科川
木幡駅
木幡駅
黄檗駅
向島駅
巨椋池
宇治川
京滋バイパス

弱点が露呈した平城京と怨霊にたたられた長岡京

770年に称徳《しょうとく》天皇が崩御すると、**天智《てんじ》天皇**の孫にあたる**光仁《こうにん》天皇**が即位した。**壬申《じんしん》の乱**以来、**天武《てんむ》天皇系**の皇族が即位し続けており、約100年ぶりの天智系天皇となった。そして、781年には光仁天皇の子**桓武《かんむ》天皇**が即位する。

最初の遷都《せんと》から約70年が経った**平城《へいじょう》京《きょう》**は、人口10万人以上の都市に成長していた。その一方で、それだけの人口を支えられる規模の河川がない、という弱点も露呈しつつあった。さらには**道《どう》鏡《きょう》**の専横など、仏教勢力の政治干渉という問題も表面化している。そこで、桓武天皇は784年、**長岡京《ながおかきょう》**へ遷都した。桂《かつら》川や宇治《うじ》川などの合流点であり、山陽道や山陰道などの官道《かんどう》も通る交通の要衝《ようしょう》であることが決め手だった。

しかし翌785年、都城造営を主導していた天皇の側近・**藤原種継《ふじわらのたねつぐ》**が暗殺される事件が起きる。この事件に関与したとして捕縛されたのが、天皇の実弟で皇太子でもある**早良《さわら》親王**だ。幽閉された親王は自ら絶食して死ぬが、以後、天皇の夫人・藤原旅子《ふじわらのたびこ》、生母の高野新《たかののにい》笠《がさ》、皇后の藤原乙牟漏《ふじわらのおとむろ》が相次いで死去

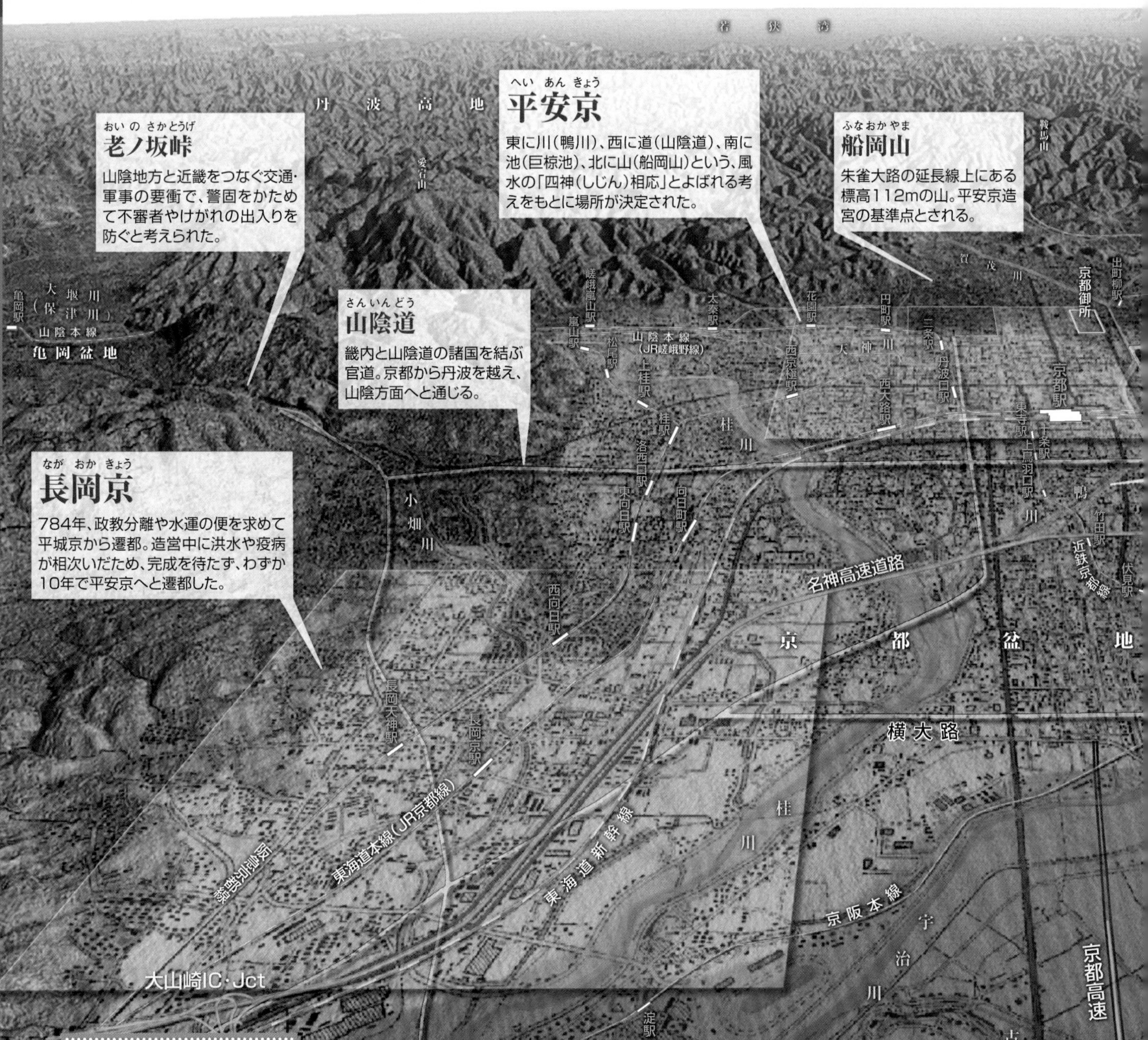
若狭湾
丹波高地
愛宕山
鞍馬山
老《おい》ノ坂峠《のさかとうげ》
山陰地方と近畿をつなぐ交通・軍事の要衝で、警固をかためて不審者やけがれの出入りを防ぐと考えられた。
平安京《へいあんきょう》
東に川（鴨川）、西に道（山陰道）、南に池（巨椋池）、北に山（船岡山）という、風水の「四神（しじん）相応」とよばれる考えをもとに場所が決定された。
船岡山《ふなおかやま》
朱雀大路の延長線上にある標高112mの山。平安京造宮の基準点とされる。
大堰川（保津川）
亀岡駅
山陰本線
亀岡盆地
山陰道《さんいんどう》
畿内と山陰道の諸国を結ぶ官道。京都から丹波を越え、山陰方面へと通じる。
賀茂川
出町柳駅
京都御所
嵯峨嵐山駅
嵐山駅
太秦駅
花園駅
円町駅
二条駅
松尾駅
山陰本線（JR嵯峨野線）
西京極駅
天神川
丹波口駅
上桂駅
西大路駅
京都駅
東寺駅
十条駅
桂駅
桂川
洛西口駅
上鳥羽口駅
東向日駅
向日町駅
鴨川
竹田駅
長岡京《ながおかきょう》
784年、政教分離や水運の便を求めて平城京から遷都。造営中に洪水や疫病が相次いだため、完成を待たず、わずか10年で平安京へと遷都した。
小畑川
名神高速道路
近鉄京都線
伏見駅
西向日駅
京都盆地
長岡天神駅
長岡京駅
横大路
阪急京都線
東海道本線（JR京都線）
東海道新幹線
京阪本線
宇治川
京都高速
大山崎IC・Jct
淀駅
古川
久御山Jct

南都六宗と平安仏教

　奈良時代の仏教は、仏法の力で災厄や内乱から国家と天皇を護り、社会を安定させるという「鎮護《ちんご》国家」の仏教だった。このため、平城京には国家の保護を受けた大寺院が建ち並び、「南都六宗《なんとろくしゅう》」とよばれる仏教学派が成立する。

　しかし、仏教保護政策は国家財政を圧迫したほか、仏教勢力の介入で政治が混乱する弊害も起きた。平安遷都は、この南都の大寺院の影響力を排除する目的もあったため、桓武天皇やその子・嵯峨《さが》天皇は、最澄《さいちょう》が開いた天台《てんだい》宗や、空海《くうかい》の真言《しんごん》宗など、南都の仏教に対抗しうる新仏教を支持したのである。

	学派・宗派名	開祖	本山	特徴
南都六宗《なんとろくしゅう》	法相宗《ほっそうしゅう》	道昭《どうしょう》	興福寺《こうふくじ》、薬師寺《やくしじ》	中国の僧・玄奘《げんじょう》訳の『成唯識論《じょうゆいしきろん》』などを研究。
	三論宗《さんろんしゅう》	恵灌《えかん》	元興寺《がんごうじ》*、大安寺《だいあんじ》**	『般若経《はんにゃきょう》』の『中論《ちゅうろん》』『百論《ひゃくろん》』『十二門論《じゅうにもんろん》』を研究。
	律宗《りっしゅう》	鑑真《がんじん》	唐招提寺《とうしょうだいじ》	仏教徒の守るべき規範である戒律を研究。
	華厳宗《けごんしゅう》	審祥《しんじょう》	東大寺《とうだいじ》	『華厳経《けごんきょう》』を研究。
	倶舎宗《くしゃしゅう》	道昭が伝え、のちに法相宗《ほっそうしゅう》の一派とされた。		インドの僧・世親《せしん》が著した『倶舎論《くしゃろん》』を研究。
	成実宗《じょうじつしゅう》	渡来僧が伝え、のちに三論宗《さんろんしゅう》の一派とされた。		西域の僧・鳩摩羅什《くまらじゅう》訳の『成実論《じょうじつろん》』を研究。
平安仏教《へいあんぶっきょう》	天台宗《てんだいしゅう》	最澄《さいちょう》	比叡山延暦寺《ひえいざんえんりゃくじ》	東大寺などによる受戒制度の独占に対し、大乗戒壇を設置。仏教教学の中心に。
	真言宗《しんごんしゅう》	空海《くうかい》	高野山金剛峯寺《こうやさんこんごうぶじ》	秘密の呪法を伝授・習得することで悟りを開こうとする密教の宗派。

＊現在は真言律宗。　＊＊現在は真言宗。

し、都は洪水や疫病に悩まされた。

　人びとはこれらの凶事が早良親王の怨霊《おんりょう》によるものだと噂し、人心が離れたことで都城造営も滞っていく。

　そこで桓武天皇は、和気清麻呂《わけのきよまろ》の建言を採用して再遷都を決意。794年には「平安楽土」になるよう願いをこめ、**平安京**《へいあんきょう》と名づけられた新都に遷《うつ》ったのである。また、王城の地「山背国《やましろのくに》」も「山城国」と改められている。

21 蝦夷との戦い

桓武天皇の東北地方攻略戦

史書の説話にもある東国・東北進出は、律令制が整った奈良時代以降に本格化。これに反発する蝦夷に対し、桓武天皇は東北平定に乗り出した。

『日本書紀』にも記された東国・東北進出の説話

『日本書紀《にほんしょき》』には、大彦命《おおひこのみこと》の北陸視察や武渟川別《たけぬなかわわけ》の東海視察、武内宿禰《たけのうちのすくね》の東方視察、日本《やまと》武尊《たけるのみこと》の東国平定などの記述がある。いずれも説話・伝承的なものだが、大和地方に興《おこ》った政治勢力が徐々に東方へ支配地域を拡大していった様子を示唆するものと考えられる。

史実として確認できる東北政策は大《たい》化改新《かのかいしん》以降のものだ。北陸に**渟足柵**《ぬたりのさく》、**磐**《いわ》**舟柵**《ふねのさく》を設置した朝廷は、658年に**阿**《あ》**倍比羅夫**《べのひらふ》を秋田・津軽地方まで派遣し、朝廷の支配外にいた「蝦夷《えみし》」とよばれる人びとと関係を結んでいる。

奈良時代に入ると朝廷の東北進出は加速。日本海側に**出羽**《でわ》**国**を置いて**秋田城**を築いたほか、太平洋側では陸奥《むつ》国府兼鎮守府《ちんじゅふ》として**多賀**《たが》**城**を築き、東北地方の行政・軍事上の拠点とした。また、「城柵《じょうさく》」とよばれる役所を各地に設置し、その周辺に農民（柵戸《さくこ》）を住まわせて開拓を進めていった。

征夷大将軍 坂上田村麻呂の活躍

こうして朝廷の東北支配は進んだが、同時に中央の収奪などに対する反発も強まっていく。そして780年、帰順した蝦夷の豪族伊治呰麻呂《これはりのあざまろ》が反乱を起こし、伊治《これはり》城や多賀城を襲撃。以後、三十数年にわたって続く、蝦夷と朝廷の戦いの火蓋が切って落とされたのだ。

789年には、**桓武天皇**《かんむ》の命を受けた征東《せいとう》大使の紀古佐美《きのこさみ》が胆沢《いさわ》地方の蝦夷征伐に向かった。しかし、蝦夷の族長**阿弖流為**《あてるい》の強力な抵抗で大敗する。そこで、桓武天皇は794年に10万余の大軍を組織して再征伐を決行。この戦いで一定の成果を挙げた征東副使**坂上**《さかのうえの》**田村麻呂**《たむらまろ》は、以後、陸奥出羽按察使《むつでわあぜち》、陸《む》奥守《つのかみ》、鎮守府将軍《ちんじゅふしょうぐん》と進み、797年に**征夷大将軍**《せいいたいしょうぐん》となった。

田村麻呂は801年の遠征でも成功を収めると、翌802年には**胆沢城**を築いて鎮守府を多賀城から移した。ここに至って、抵抗を続けていた阿弖流為が降伏。田村麻呂の助命嘆願があったものの、上京後に処刑された。

しかし、平安京造営と並行して行われた東北遠征事業は民衆への負担が大きく、805年には桓武天皇の裁定により中止される。その後、嵯峨《さが》天皇の時代に**文室綿麻呂**《ふんやのわたまろ》が派遣され、811年には水害に見舞われた志波《しわ》城にかわって徳丹《とくたん》城を築いたが、このころには大きな反乱もなくなっており、蝦夷は朝廷の支配下に吸収されていった。

古代の東北地方

伊治呰麻呂の乱を契機に東北情勢は悪化するが、坂上田村麻呂らの活躍によって沈静化した。

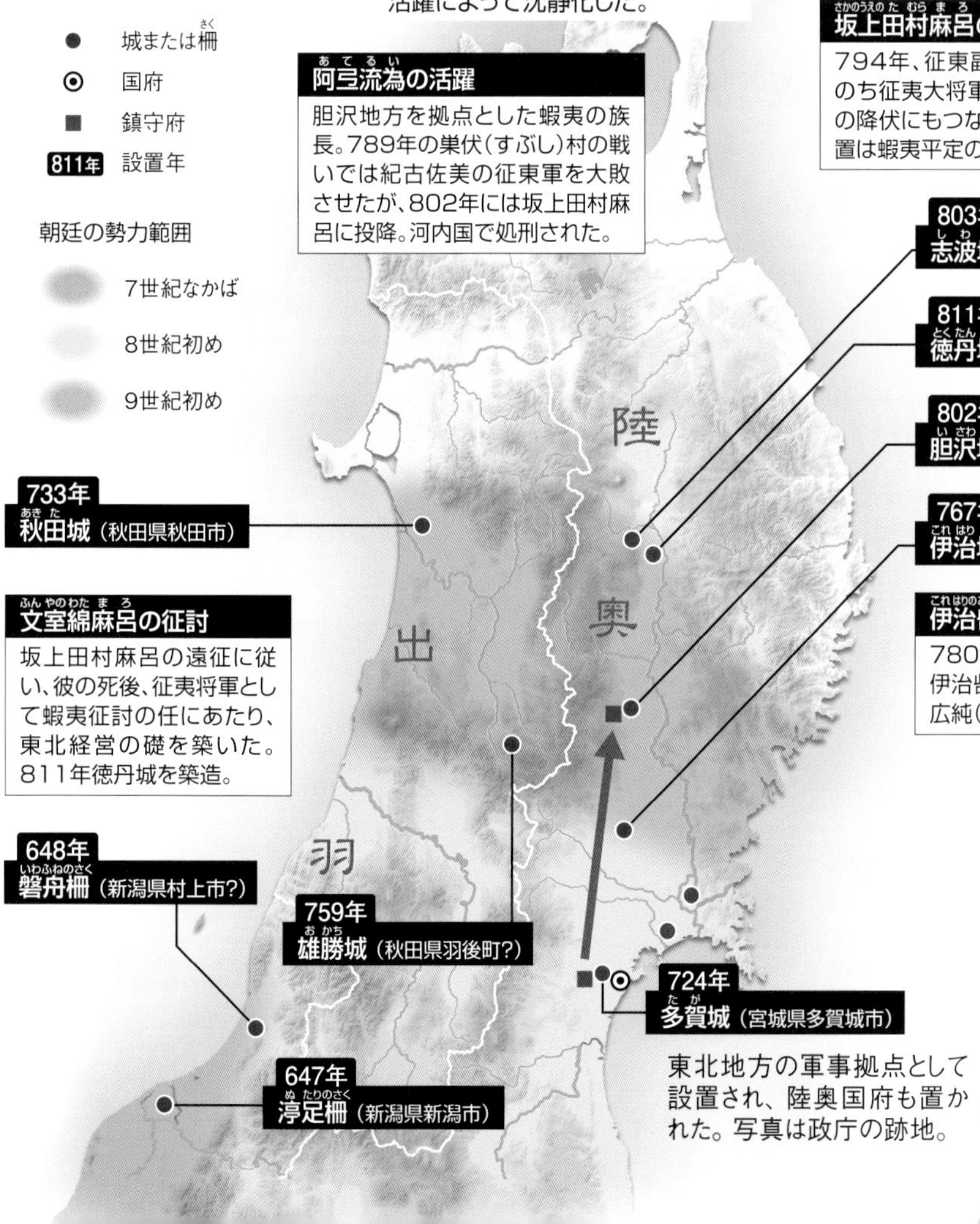
● 城または柵《さく》
⊙ 国府
■ 鎮守府
811年 設置年
朝廷の勢力範囲
7世紀なかば
8世紀初め
9世紀初め
阿弖流為《あてるい》の活躍
胆沢地方を拠点とした蝦夷の族長。789年の巣伏（すぶし）村の戦いでは紀古佐美の征東軍を大敗させたが、802年には坂上田村麻呂に投降。河内国で処刑された。
坂上田村麻呂《さかのうえのたむらまろ》の征討
794年、征東副使として活躍し、のち征夷大将軍に昇進。阿弖流為の降伏にもつながった胆沢城の設置は蝦夷平定の決定打となった。
803年 志波《しわ》城（岩手県盛岡市）
811年 徳丹《とくたん》城（岩手県矢巾町）
802年 胆沢《いさわ》城（岩手県奥州市）
767年 伊治《これはり》城（宮城県栗原市）
伊治呰麻呂《これはりのあざまろ》の乱
780年、蝦夷出身の武将で陸奥国伊治郡の大領、伊治呰麻呂が伊治城で反乱。按察使（あぜち）の紀広純（きのひろずみ）らを殺害し、多賀城を陥れた。
陸奥
出羽
733年 秋田《あきた》城（秋田県秋田市）
文室綿麻呂《ふんやのわたまろ》の征討
坂上田村麻呂の遠征に従い、彼の死後、征夷将軍として蝦夷征討の任にあたり、東北経営の礎を築いた。811年徳丹城を築造。
648年 磐舟柵《いわふねのさく》（新潟県村上市?）
759年 雄勝《おかち》城（秋田県羽後町?）
647年 渟足柵《ぬたりのさく》（新潟県新潟市）
724年 多賀《たが》城（宮城県多賀城市）

東北地方の軍事拠点として設置され、陸奥国府も置かれた。写真は政庁の跡地。

22 藤原氏の台頭

他氏を蹴落として つかんだ藤原氏の栄光

平安時代に入って力をつけた藤原氏北家は、政敵を次つぎと陥れ、その地位を磐石なものにした。

藤原氏北家の系図と他氏排斥

藤原鎌足《ふじわらのかまたり》
不比等《ふひと》
房前《ふささき》（北家藤原氏の祖。天然痘で早世。）
（2代略）
冬嗣《ふゆつぐ》
良房《よしふさ》（皇族以外で初の摂政に就任。）
養子
基経《もとつね》（良房の養子。初の関白に就任。）
忠平《ただひら》　時平《ときひら》（摂政・関白になることなく早世。）
師輔《もろすけ》 ▶p.40　実頼《さねより》（摂政になるが、外戚にはなれず。）

842年 承和《じょうわ》の変　排斥▶ 伴《とも》氏・橘《たちばな》氏
嵯峨上皇没後、皇位継承をめぐって伴健岑（とものこわみね）、橘逸勢（たちばなのはやなり）が皇太子恒貞（つねさだ）親王を立て謀反を企てたとして、健岑は隠岐、逸勢は伊豆に流罪（護送中に没）となった。

866年 応天門《おうてんもん》の変　排斥▶ 伴氏・紀《き》氏
平安宮応天門が放火炎上した事件で、処理に当たった藤原良房は、政治的に対立していた伴氏、紀氏を排斥。事件後に清和天皇の正式な摂政となった。

888年 阿衡《あこう》の紛議　排斥▶ 橘氏
宇多（うだ）天皇が即位する際に、橘広相（ひろみ）と藤原基経が対立。広相の娘と宇多天皇の間には2人の皇子がいた。基経は広相が起草した詔勅の文言（「阿衡」）に難癖をつけ、自分の娘を入内させることで決着した。

901年 昌泰《しょうたい》の変　排斥▶ 菅原《すがわら》氏
摂政を置かず親政を行った宇多天皇や醍醐天皇の信任が厚く、右大臣にまで昇進した菅原道真は、藤原時平の讒言（ざんげん）によって大宰府に左遷され、その地で没した。

969年 安和《あんな》の変　排斥▶ 醍醐源氏《だいごげんじ》
源高明（みなもとのたかあきら）の娘婿・為平（ためひら）親王は冷泉（れいぜい）天皇の皇太子の有力候補者であったため、藤原氏は親王の弟を擁立。讒言によって高明を失脚させた。藤原氏の他氏排斥事件の最後。

「他氏排斥」で台頭した藤原氏北家

藤原四家《ふじわらよんけ》は、**藤原不比等《ふじわらのふひと》**の4人の息子（**武智麻呂《むちまろ》**＝南家《なんけ》、**房前《ふささき》**＝北家《ほっけ》、**宇合《うまかい》**＝式家《しきけ》、**麻呂《まろ》**＝京家《きょうけ》）を祖とする。奈良時代後半には南家や式家が権力を握ったが、平安時代に入ると衰退。かわって繁栄したのが藤原氏北家である。

平安初期は、遷都《せんと》で天皇権力を高めた**桓武《かんむ》天皇**が親政《しんせい》を行った。その子の嵯峨《さが》天皇も、検非違使《けびいし》の設置や、律令《りつりょう》の補足・修正規定である「格《きゃく》」、施行細則の「式《しき》」を編纂するなど改革を引き継いだ。しかし、810年には平城京《へいじょうきょう》に再遷都しようとした兄の平城太上天皇《へいぜいだいじょうてんのう》（上皇）と対立。この「**平城太上天皇の変（薬《くす》子《こ》の変）**」に際し、天皇の秘書官長といえる蔵人頭《くろうどのとう》に任じられたのが、北家繁栄の基礎を築いた**藤原冬嗣《ふゆつぐ》**である。

冬嗣の子・**良房《よしふさ》**は、嵯峨天皇の皇女を妻とし、妹の順子《じゅんし》を仁明《にんみょう》天皇の女御《にょうご》とすることで権力を掌握。順子が仁明天皇の子の道康《みちやす》親王を産むと、良房は皇太子恒貞《つねさだ》親王に仕えていた伴健岑《とものこわみね》、橘《たちばなの》逸勢《はやなり》に謀反の罪を着せて流罪とした。この**承和《じょうわ》の変**で、良房は自らの甥にあたる道康親王（文徳《もんとく》天皇）の皇太子擁立《ようりつ》に成功すると同時に、朝廷内でのライバルを排斥したのだ。

摂政・関白を世襲 天皇をしのぐ力を得る

次いで良房は娘の明子《めいし》を文徳天皇の女御とし、その間に生まれた惟仁《これひと》親王（清和《せいわ》天皇）を9歳で即位させると、応《おう》天門《てんもん》の変後の866年に**摂政《せっしょう》**となった。幼少の天皇や女帝の際に「政《まつりごと》を摂《と》る」摂政は、中大兄皇子《なかのおおえのみこ》など皇族が就くのが通例で、良房は皇族以外で初の摂政となったのだ。

さらに、良房の養子・基経《もとつね》は摂政を引き継いだうえ、884年には天皇と太《だい》政官《じょうかん》が取り交わす全政務に「関《あずか》り白《もう》す」役目の**関白《かんぱく》**に就任。以後、摂政・関白は藤原氏北家の世襲となった。

その後も、天皇の外戚となり、他の有力貴族を排斥しながら権力を固めた藤原氏北家は、3人の娘を天皇の后《きさき》とした**藤原道長《みちなが》**の時代に絶頂期を迎えるのであった。

学問の神様は怨霊だった!?

藤原基経《もとつね》の子である時平《ときひら》の讒言《ざんげん》で大《だ》宰府《ざいふ》に左遷された菅原道真《すがわらのみちざね》が、復権できないまま同地で病死すると、「道真の魂はうらみをこめて都の方へ飛び去った」という噂が立った。以後、醍醐《だいご》天皇の皇子が次つぎと死去したほか、清涼《せいりょう》殿《でん》への落雷で多くの死傷者が出るなど、京で異変が相次いだ。

これを祟《たた》りだと恐れた朝廷は、道真に太政《だいじょう》大臣、正《しょう》一位を追贈《ついぞう》して霊を慰めた。以降、道真を「天神様」として信仰する天神信仰が全国に広がり、今では学問の神として信仰されている。

人物 藤原冬嗣《ふじわらのふゆつぐ》［775～826年］
平安時代初期の政治家。藤原氏北家の出身。皇太弟時代からの嵯峨天皇に仕え、信任が厚かった。810年蔵人頭、翌年参議に任じられ、国政の中枢に参画するようになる。のち大納言、右大臣を経て左大臣に就任し、藤原氏北家隆盛の基礎を築いた。大学寮（官吏養成機関）に通う藤原氏子弟のための寄宿舎・勧学院（かんがくいん）を創設したことでも知られる。

23 荘園の発達

貴族社会を支えた寄進地系荘園

8世紀ごろに始まった荘園は、太閤検地で消滅するまで、さまざまに形を変えながら、中世日本の経済的基盤となった。

課税対象が人民から土地に

平安時代に入ると、浮浪や逃亡で税負担を逃れようとする農民が増えたため、班田収授《はんでんしゅうじゅ》は実施困難になる。これに対し、桓武《かんむ》天皇が負担軽減による公民《こうみん》(班田農民)の維持を目ざしたほか、902年には、**醍醐《だいご》天皇**が違法な土地私有を禁じる**延喜《えんぎ》の荘園整理令**を出し、班田を命じて律令制《りつりょうせい》の再建を目ざした。しかし、いずれも効果は薄く、これを最後に班田は行われなくなる。

この律令体制の行き詰まりで財政難に直面した10世紀ごろ、政府は国司《こくし》の交代制度を整備したうえで、赴任した国司の最上位者に権力と責任を集中させた。やがて**受領《ずりょう》**とよばれるようになった彼らは、公地の耕作を有力農民(田《た》堵《と》)に請け負わせた。公地は名《みょう》という徴税単位に区分され、租《そ》・調《ちょう》・庸《よう》にかわる官物《かんもつ》や、臨時雑役を課した。律令体制下で人民だった課税対象は、土地に移ったのである。

寄進地系荘園の仕組み

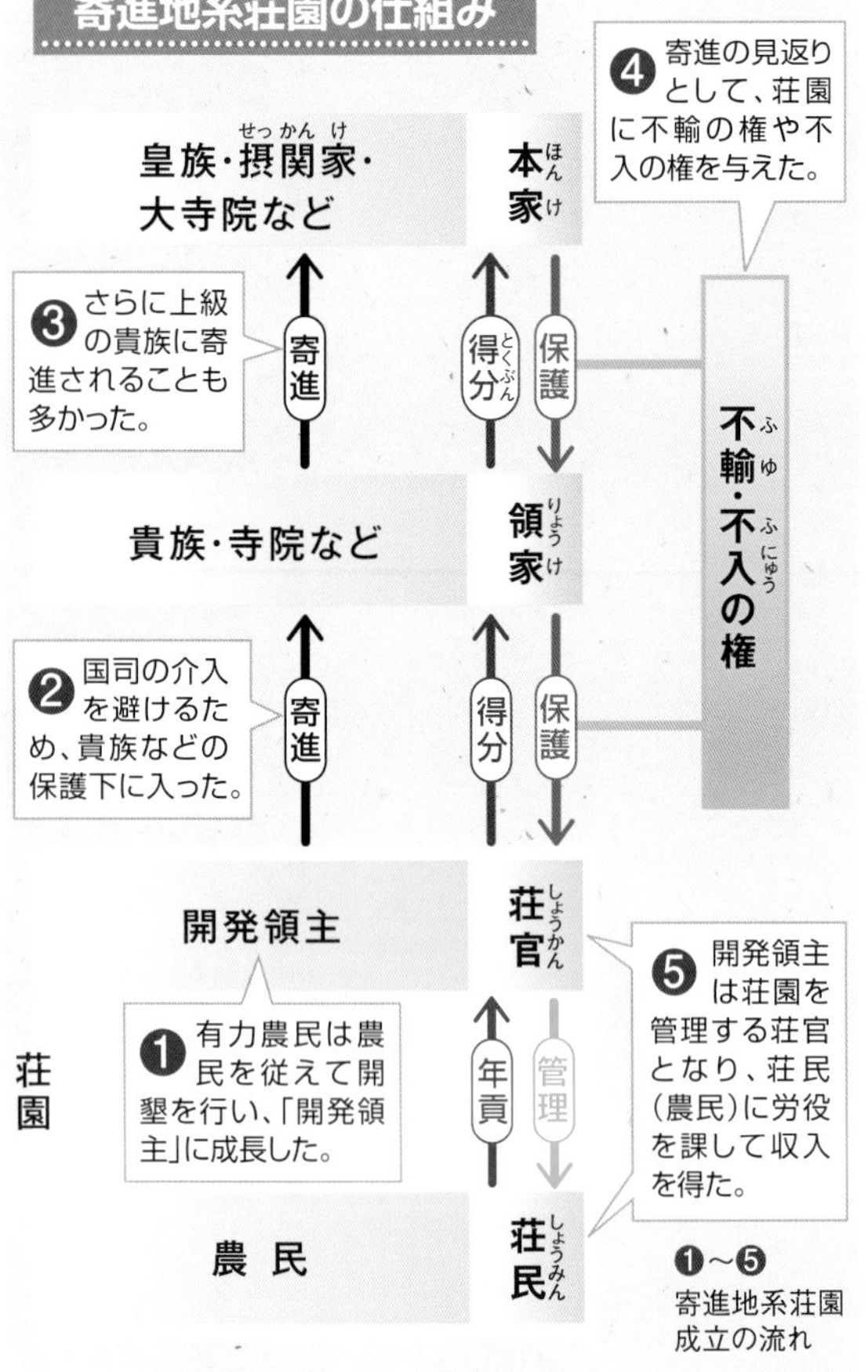
❹寄進の見返りとして、荘園に不輸の権や不入の権を与えた。
皇族・摂関家《せっかんけ》・大寺院など
本家《ほんけ》
❸さらに上級の貴族に寄進されることも多かった。
寄進
得分《とくぶん》
保護
不輸《ふゆ》・不入《ふにゅう》の権
貴族・寺院など
領家《りょうけ》
❷国司の介入を避けるため、貴族などの保護下に入った。
寄進
得分
保護
開発領主
荘官《しょうかん》
❺開発領主は荘園を管理する荘官となり、荘民(農民)に労役を課して収入を得た。
荘園
❶有力農民は農民を従えて開墾を行い、「開発領主」に成長した。
年貢
管理
農民
荘民《しょうみん》
❶~❺寄進地系荘園成立の流れ

重層的な寄進で権力者に荘園が集中

10世紀後半になると、有力田堵などから積極的に土地を開発して一定地域を支配する者が現れ、11世紀には開発領主とよばれるようになった。彼らのなかには、税負担や国衙《こくが》(地方の役所)の干渉から逃れるため、所領を中央の権力者に寄進《きしん》して保護を受ける**荘園《しょうえん》**とし、自らは**荘官《しょうかん》**として荘園を実質支配する者もいた。こうして成立した「**寄進《きしん》地系荘園《ちけいしょうえん》**」では、寄進を受けた**領家《りょうけ》**が、より強力な保護を求めて上級領主(**本家**)に土地を寄進する例も増えた。

この結果、荘園は有力貴族や大寺社に集中し、その権威を背景に「**不輸《ふゆ》**」という租税免除を認められた荘園が増加。不輸の範囲や対象をめぐって荘園領主と国衙が対立すると、国衙の役人の立ち入りを排除した「**不入《ふにゅう》**」の特権を得る荘園も増えていった。

不輸・不入権拡大の結果、国内の土地は荘園と公領(国衙領)に分かれた。そして11世紀後半以降、公領から送られてくる税収が減少すると、天皇家や摂《せっ》関家《かんけ》、大寺社が積極的に寄進を受けることで、荘園はますます拡大していったのである。

強欲な受領に泣かされた農民

受領は10世紀の地方行政で中心的な役割を果たしたが、なかには、あくどい手段で財産を増やす者もあった。

たとえば、在地の豪族のもつ珍品をねらった受領が、500人以上の部下を率いて豪族の家に居座った話や、任期を終える受領が多くのアワビを持ち帰ろうと海人《あま》をこき使い、海人が国外に逃亡した話などが残る。また、尾張《おわり》国の藤原元命《もとなが》のように、農民などから暴政を訴えられるケースもあった。

当時の荘園の様子

鎌倉時代の荘園・日根荘(ひねのしょう)(現大阪府泉佐野市)を復元した模型。

神社・神宮寺
集落
武士の居館

画像:泉佐野市立歴史館いずみさの

9～10世紀

平成 昭和 大正 明治 江戸 安土桃山 室町 鎌倉 平安 奈良 古墳・飛鳥 弥生 縄文

24 武士の成長

次代の支配者 武士の登場

地方政治の変革にともない、各地で成長した中小の武士団は、中央貴族の血を引く者を棟梁としてより大きな集団に成長していった。

武士団と天慶の乱
賜姓皇族や中・下級貴族を棟梁として形成された武士団は、地方で勢力を伸ばしていった。
清和源氏
桓武平氏
藤原氏諸流
その他
武士団
武士の反乱
多田源氏《ただげんじ》
清和源氏の嫡流、源満仲（みつなか）が摂津国多田（現兵庫県川西市）を本拠としたことから始まる。
河内源氏《かわちげんじ》
河内国石川郡（現大阪府羽曳野市）を本拠にした源頼信（満仲の三男）の系統。のち源氏の主流となる。
伊勢平氏《いせへいし》
平貞盛の子で、伊勢守となった維衡（これひら）を祖とする平氏一族。清盛の祖父正盛は庶流にあたる。
坂東八平氏《ばんどうはちへいし》
臣籍に下った平高望（たかもち）の子孫たちが坂東（関東地方）に土着し、やがて武士となった。
天慶《てんぎょう》の乱
939～941年
藤原純友《ふじわらのすみとも》の乱
藤原氏北家の出身。伊予掾（じょう）となって現地に赴任するも、海賊の棟梁となり、日振島を本拠として乱を起こした。
935～940年
平将門《たいらのまさかど》の乱
桓武平氏の祖、平高望（たかもち）の孫。父の死をきっかけに叔父と争い、のちに乱を起こした。

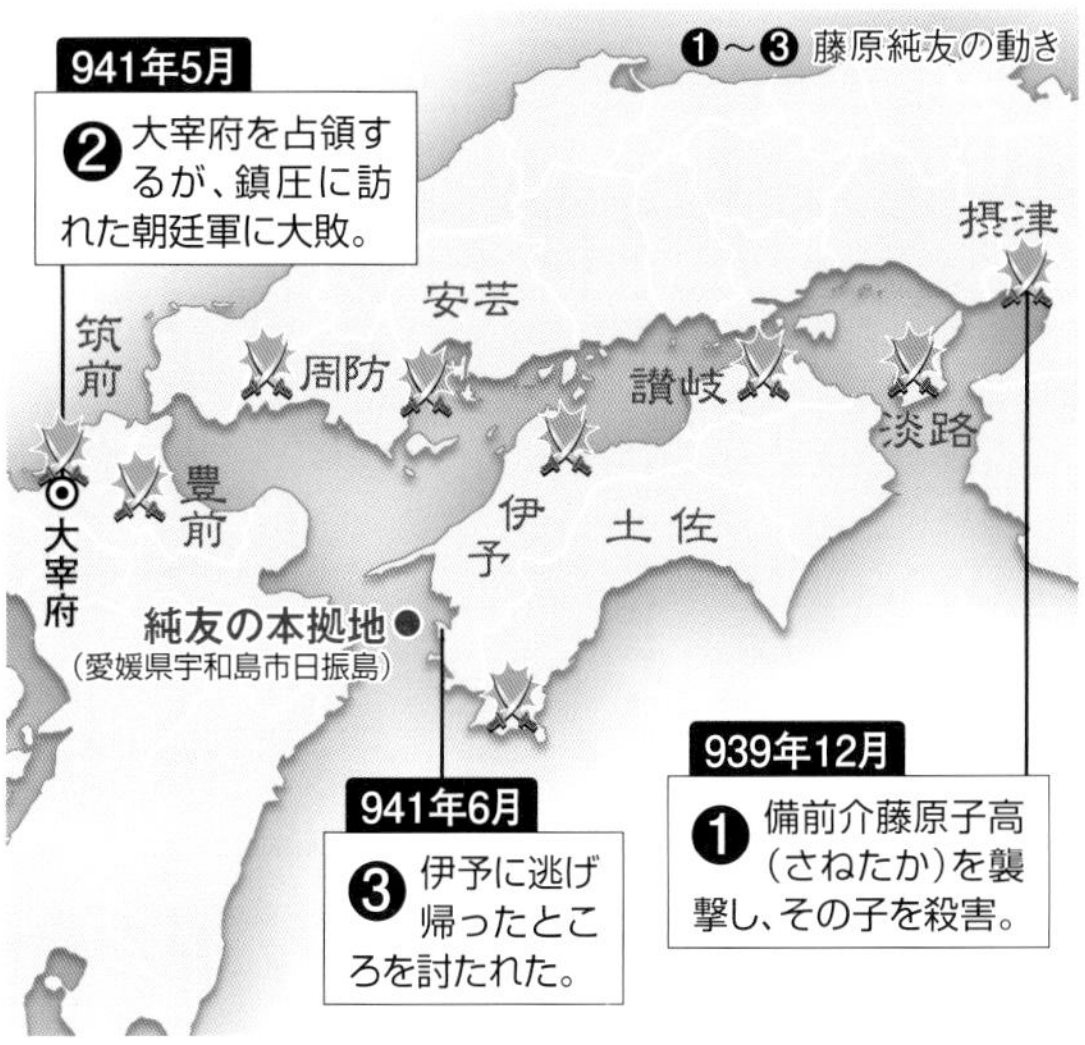
❶～❸ 藤原純友の動き
941年5月
❷大宰府を占領するが、鎮圧に訪れた朝廷軍に大敗。
安芸
筑前
周防
讃岐
摂津
淡路
豊前
大宰府
伊予
土佐
純友の本拠地
（愛媛県宇和島市日振島）
941年6月
❸伊予に逃げ帰ったところを討たれた。
939年12月
❶備前介藤原子高（さねたか）を襲撃し、その子を殺害。

上野
下野
将門の最大勢力範囲
上野国府
下野国府
常陸国府
常陸
940年2月
❸藤原秀郷、平貞盛軍に敗れて討ち死。
将門の本拠地
（茨城県坂東市）
下総
武蔵
相模
上総
安房
939年11月
❶常陸国府を焼き払い、続けて下野、上野国府を占領。
939年12月
❷新皇（しんのう）を称し、一族を関東諸国の国司に任命。
❶～❸ 平将門の動き

反乱で浮き彫りになった武士の実力

9世紀末から10世紀にかけて、地方行政の変革にともなう混乱により、各地で紛争が頻発した。政府は中央の中・下級貴族や地方豪族を押領使《おうりょうし》や追捕使《ついぶし》に任じて対処したが、こうした者や国《こく》司《し》の子孫などのなかには、現地に土着して**武士**となる者もいた。

私兵を率いた武士は、より強力な武士に統合され、武士団として成長していく。なかでも信望の厚い統率者は、武家の棟梁《とうりょう》とあおがれた。その代表が桓《かん》武《む》天皇を祖とする**桓武平氏《へいし》**と、清和《せいわ》天皇を祖とする**清和源氏《げんじ》**である。

このうち、桓武平氏は早くから東国《とうごく》（関東地方）に土着していた。その一族である下総《しもうさ》の**平将門《たいらのまさかど》**は、一族内の抗争を繰り返すうちに国司とも対立。939年には大規模な反乱に発展する。常陸《ひたち》、下野《しもつけ》、上野《こうずけ》の国府を攻め落とした将門は、東国の大半を支配して「新《しん》皇《のう》」と称した。しかし、翌940年には、同じ東国の藤原秀郷《ふじわらのひでさと》、平貞盛《たいらのさだもり》の連合軍によって討たれた（**平将門の乱**）。

同じころ、瀬戸内海では藤原氏北家《ほっけ》出身で元伊予掾《いよのじょう》（国司の第三等官）の**藤原純友《すみとも》**が、土着の武士や海賊を率いて反乱（**藤原純友の乱**）を起こした。将門との共謀を疑った朝廷は懐柔《かいじゅう》策に出たが失敗。純友の軍勢は大宰府《だざいふ》を焼き払うなど猛威をふるったが、清和源氏の源経基《みなもとのつねもと》らによって鎮圧された。

天慶《てんぎょう》の乱と総称されるこの2つの反乱により、朝廷の軍事力の低下が浮き彫《ぼ》りになり、相対的に武士の実力が注目されるようになった。

人物 藤原秀郷《ふじわらのひでさと》 [?～?年]

平安時代中期の武将。別名俵藤太（たわらのとうた）。藤原氏北家の出身で、下野国押領使（おうりょうし）となる。平将門が反乱を起こし関東を制圧すると、平貞盛と連合して将門の本拠を襲い、これを鎮圧。この功により下野守、武蔵守、鎮守府将軍となった。その子孫は小山氏、佐野氏、下河辺（しもこうべ）氏、結城氏など、関東中央を拠点とする武家諸氏の祖となった。

25 摂関政治

「欠けない満月」藤原道長の絶頂期

天皇外戚として台頭した藤原氏は、摂関家としての地位を確立した。その絶頂期を担った藤原道長は、「欠けることのない満月」と栄華を歌った。

天皇家と藤原氏の関係

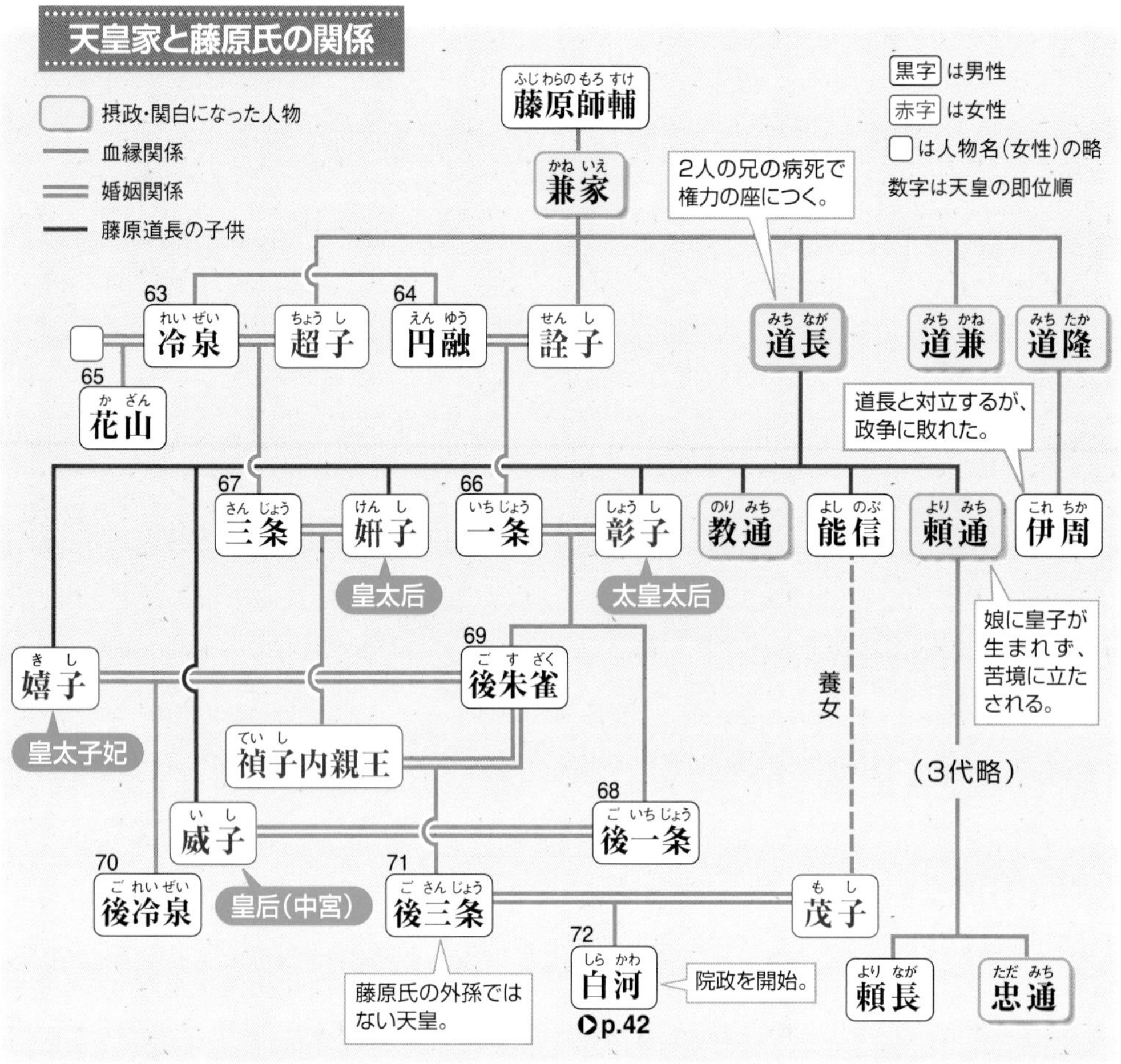
摂政・関白になった人物
血縁関係
婚姻関係
藤原道長の子供
黒字は男性
赤字は女性
□は人物名（女性）の略
数字は天皇の即位順
藤原師輔《ふじわらのもろすけ》
兼家《かねいえ》
2人の兄の病死で権力の座につく。
63
冷泉《れいぜい》
超子《ちょうし》
64
円融《えんゆう》
詮子《せんし》
道長《みちなが》
道兼《みちかね》
道隆《みちたか》
65
花山《かざん》
道長と対立するが、政争に敗れた。
67
三条《さんじょう》
妍子《けんし》
66
一条《いちじょう》
彰子《しょうし》
教通《のりみち》
能信《よしのぶ》
頼通《よりみち》
伊周《これちか》
皇太后
太皇太后
娘に皇子が生まれず、苦境に立たされる。
嬉子《きし》
69
後朱雀《ごすざく》
養女
皇太子妃
禎子内親王《ていし》
（3代略）
68
威子《いし》
後一条《ごいちじょう》
70
後冷泉《ごれいぜい》
皇后（中宮）
71
後三条《ごさんじょう》
茂子《もし》
72
白河《しらかわ》
院政を開始。
藤原氏の外孫ではない天皇。
頼長《よりなが》
忠通《ただみち》
p.42

他氏を排斥した藤原氏 今度は内部で権力争い

969年、左大臣の源高明《みなもとのたかあきら》が大宰府《だざいふ》に左遷《させん》される安和《あんな》の変が起きると、藤原氏（北家《ほっけ》）に対抗する勢力はいなくなった。しかし、今度は藤原氏内部で、最高位である氏長者《うじのちょうじゃ》をめぐる争いが起きる。この氏長者が摂政《せっしょう》や関白《かんぱく》となって権力を握った10世紀後半から11世紀ごろまでの政治を**摂関政治**《せっかんせいじ》とよび、摂政・関白を輩出した家を摂関家《せっかんけ》とよぶ。

藤原氏内部の争いで最終的な勝利を収めたのは、**藤原道長**《みちなが》だ。995年、長兄、次兄が相次いで死去すると、長兄の子・**伊周**《これちか》を退けて氏長者となり、以後、約30年にわたって権勢をふるった。

道長の娘たちが后の地位を独占！

道長の権力の基盤は、天皇家の外戚《がいせき》としての立場だった。当時の貴族社会では、結婚した男女は妻側の家で暮らすことが多く、子の出産や養育も母方の家で行われたため、子は母方の家により強い身内意識をもつ。これは天皇家も同じであり、娘が産んだ皇子が即位した際、外祖父がその政務を支えるのは自然なことであった。

これを利用した道長は、1000年に長女**彰子**《しょうし》を一条《いちじょう》天皇の中宮《ちゅうぐう》としたのを皮切りに、娘を次つぎと天皇家に嫁がせた。なお、一条天皇にはすでに第一皇子を産んだ皇后がいたが、道長は慣例を曲げて一帝二后《いっていにごう》を認めさせている。

こうして娘の3人を皇后（中宮）に、1人を皇太子妃にしたことで、後一条《ごいちじょう》天皇の時代には、皇太子妃、皇后、皇太后（前天皇の皇后）、太皇太后《たいこうたいごう》（前前天皇の皇后）を道長の娘が独占する。この後一条と、続く後朱雀《ごすざく》、後冷泉《ごれいぜい》の3代の天皇の外祖父となった道長は、1018年、三女威子《いし》の立后《りつごう》の祝いの席で「此《こ》の世をば　我が世とぞ思ふ　望月《もちづき》の　かけたることも　無しと思へば」と詠《よ》んだ。得意の絶頂だったのだ。

道長は1027年に没するが、子の**頼通**《よりみち》、教通《のりみち》もそれぞれ摂政や関白になった。しかし、彼らの娘は皇子に恵まれず、この代で摂関政治は終焉《しゅうえん》を迎えた。

意外？関白にならなかった道長

藤原道長は、1020年に壮大な法《ほう》成寺《じょうじ》を建て、そこで暮らしたことから「御堂関白《みどうかんぱく》」ともよばれるが、実は関白になったことはなく、摂政にもわずか1年しか就いていない。

995年、右大臣となった道長は、同時に内覧《ないらん》の宣旨《せんじ》を受け、以後20年もその地位にあった。内覧とは、天皇にみせる文書を先にみることのできる資格で、事実上の裁決権をもつ。一方、関白は天皇の後見者にすぎないため、道長は名を捨て、実を取ったのだといえる。

人物　藤原兼家《ふじわらのかねいえ》［929～990年］

平安時代中期の政治家。道長の父。長兄・伊尹（これただ）の死後、次兄・兼通（かねみち）と摂関の地位をめぐって激しく対立するが敗れ、不遇の時代が続いた。兼通の死後、策謀をもって花山天皇を退位させ、娘の詮子（せんし）が産んだ一条天皇の擁立に成功。986年、念願の摂政に就任した。以後、関白、太政大臣（だいじょうだいじん）を歴任し、道長による藤原氏全盛時代の礎をつくった。

1051～1087年

平成 昭和 大正 明治 江戸 安土桃山 室町 鎌倉 **平安** 奈良 古墳・飛鳥 弥生 縄文

26 前九年・後三年合戦

東北の戦乱で名声を高めた源氏

東北で勃発した大規模な戦乱、「前九年・後三年合戦」を苦労のすえに鎮圧した源氏は、武家の棟梁としての地位を確立した。

東北地方の実力者 安倍氏の反乱

清和《せいわ》天皇の曽孫《ひまご》にあたる源満仲《みなもとのみつなか》は、東国《とうごく》（関東地方）で国司《こくし》（受領《ずりょう》）を歴任したのち、摂津《せっつ》国に土着して武士団を形成した。その子の頼光《よりみつ》や頼信《よりのぶ》は、警護などで摂関家《せっかんけ》に奉仕する見返りとして保護を受け、勢力を拡大する。特に頼信は、1028年に房総で起きた平忠常《たいらのただつね》の乱を平定し、清和源氏《げんじ》が東国で勢力を伸ばす足がかりを築く。

次いで1051年、国司と対立した陸奥《むつ》国の豪族・**安倍頼時**《あべのよりとき》が陸奥守《むつのかみ》藤原登任《なりとう》の討伐軍を破ると、朝廷は頼信の子である**頼義**《よりよし》を陸奥守・鎮守府将軍として派遣した。一度は恭順《きょうじゅん》の姿勢をみせた安倍氏だが、1056年に再び反乱を起こしたため、東国武士を率いた頼義、**義家**《よしいえ》（通称「八幡太郎《はちまんたろう》」）父子と安倍氏との本格的な戦闘が始まった。

娘婿《むすめむこ》である藤原経清《つねきよ》の助力を受けた安倍頼時は戦いを優位に進めたが、1057年、津軽に向かう途中に奇襲を受けて戦死。これを好機とみた頼義は決戦を挑むが、頼時の子・貞任《さだとう》を中心とした安倍氏の結束は強く、苦戦する。

戦況の打開を図った頼義は1062年、出羽《でわ》国の豪族・**清原光頼**《きよはらのみつより》に参戦を依頼。光頼の弟・武則《たけのり》の援軍を得た頼義は安倍氏の拠点である厨川柵《くりやがわのさく》を落とし、貞任は戦死した。

源義家の活躍で 東国が源氏の勢力圏に

この**前九年《ぜんくねん》合戦**ののち、清原氏が奥州《おうしゅう》の覇者となったが、やがて本家の**家衡**《いえひら》と**清衡**《きよひら》の間で争いが起きた。父と同じ陸奥守・鎮守府将軍に任じられていた義家はこれに介入。清衡を助けて1087年に家衡の軍を破った。この**後三年**《ごさんねん》**合戦**ののち、清衡は実父の藤原姓に復し、**奥州藤原氏**《おうしゅうふじわらし》の祖となった。

一方、これらの戦いを通して東国武士との結びつきを強めた源氏は、武家の棟梁としての地位と東国での勢力を、確固たるものとしたのである。

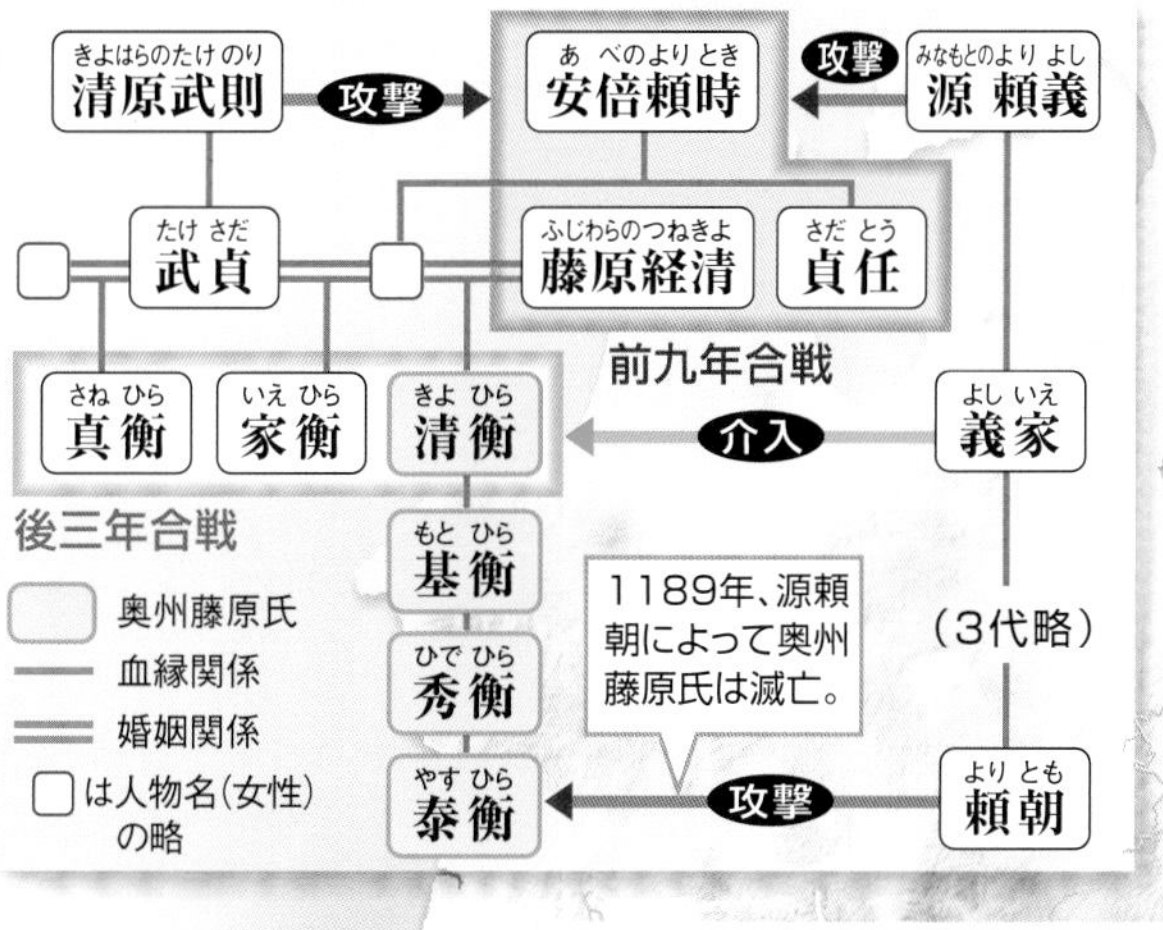
清原武則《きよはらのたけのり》
攻撃
安倍頼時《あべのよりとき》
攻撃
源頼義《みなもとのよりよし》
武貞《たけさだ》
藤原経清《ふじわらのつねきよ》
貞任《さだとう》
前九年合戦
真衡《さねひら》
家衡《いえひら》
清衡《きよひら》
介入
義家《よしいえ》
後三年合戦
基衡《もとひら》
秀衡《ひでひら》
泰衡《やすひら》
1189年、源頼朝によって奥州藤原氏は滅亡。
（3代略）
攻撃
頼朝《よりとも》
奥州藤原氏
血縁関係
婚姻関係
□は人物名（女性）の略

前九年・後三年合戦関係図

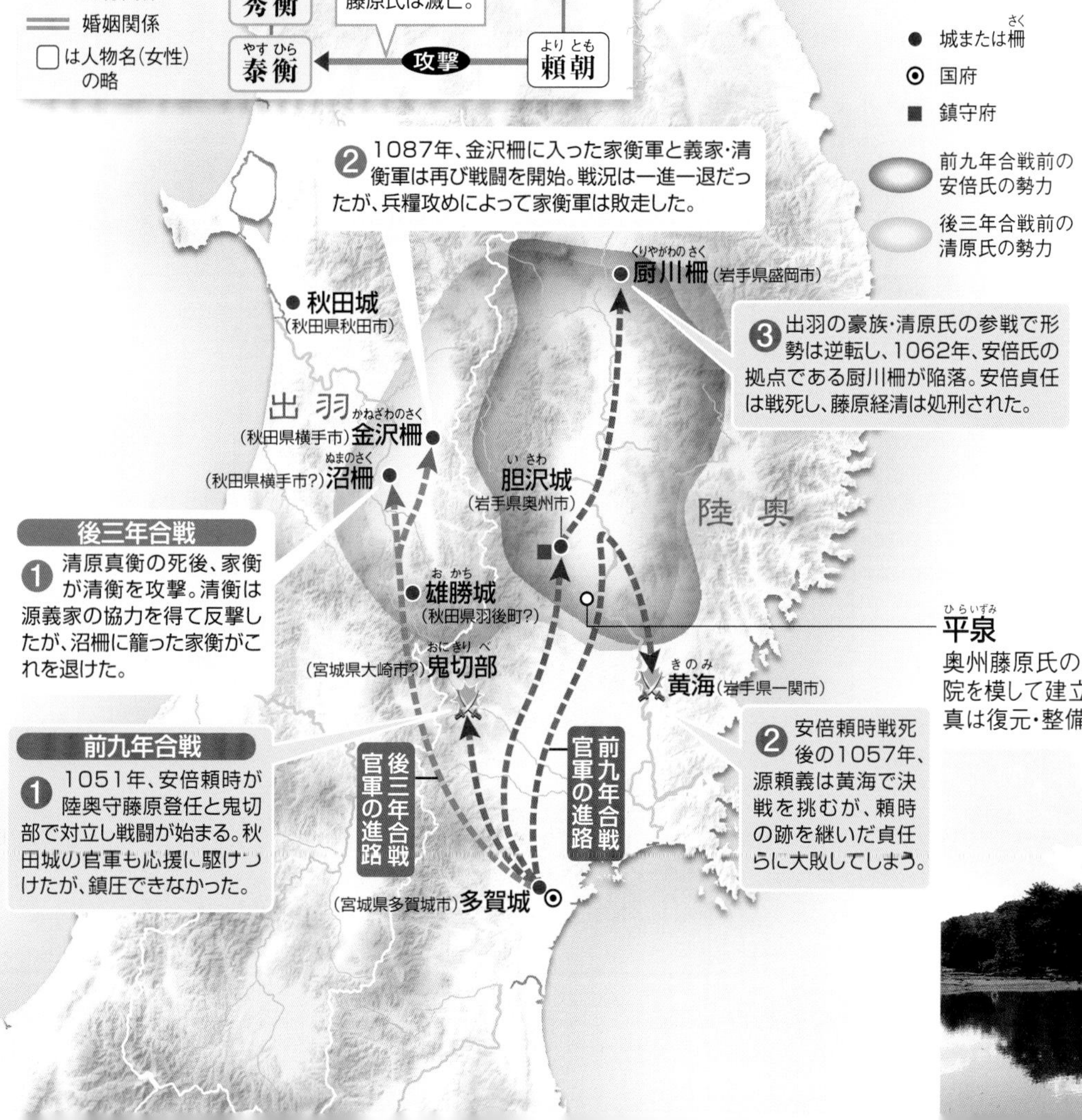
● 城または柵《さく》
◉ 国府
■ 鎮守府
前九年合戦前の安倍氏の勢力
後三年合戦前の清原氏の勢力
❷ 1087年、金沢柵に入った家衡軍と義家・清衡軍は再び戦闘を開始。戦況は一進一退だったが、兵糧攻めによって家衡軍は敗走した。
厨川柵《くりやがわのさく》（岩手県盛岡市）
❸ 出羽の豪族・清原氏の参戦で形勢は逆転し、1062年、安倍氏の拠点である厨川柵が陥落。安倍貞任は戦死し、藤原経清は処刑された。
秋田城（秋田県秋田市）
出羽
（秋田県横手市）金沢柵《かねざわのさく》
（秋田県横手市？）沼柵《ぬまのさく》
胆沢城《いさわ》（岩手県奥州市）
陸奥
後三年合戦
❶ 清原真衡の死後、家衡が清衡を攻撃。清衡は源義家の協力を得て反撃したが、沼柵に籠った家衡がこれを退けた。
雄勝城《おかち》（秋田県羽後町？）
（宮城県大崎市？）鬼切部《おにきりべ》
黄海《きのみ》（岩手県一関市）
前九年合戦
❶ 1051年、安倍頼時が陸奥守藤原登任と鬼切部で対立し戦闘が始まる。秋田城の官軍も応援に駆けつけたが、鎮圧できなかった。
後三年合戦 官軍の進路
前九年合戦 官軍の進路
❷ 安倍頼時戦死後の1057年、源頼義は黄海で決戦を挑むが、頼時の跡を継いだ貞任らに大敗してしまう。
（宮城県多賀城市）多賀城

平泉《ひらいずみ》
奥州藤原氏の本拠地。3代の秀衡が平等院を模して建立したという無量光院跡。写真は復元・整備された浄土式庭園。

27 院政

藤原氏から政権奪還！権力を独占した上皇

藤原道長の子・頼通の娘は天皇となる男子にめぐまれず、権力は退位した天皇である「上皇」の手に移った。

後三条天皇の政治改革

「院政を敷《し》く」という言葉は、現役を退いた実力者が引退後も実権を握る状態をさす。もとは譲位《じょうい》した天皇が**上皇**《じょうこう》(院)や**法皇**《ほうおう》(出家した上皇)として国を統治する政治形態のことだ。

院政の礎を築いたのは、藤原氏を外戚としない**後三条《ごさんじょう》天皇**だった。後三条天皇は、有能な人材を登用して親政による政治改革を進め、1069年には**延久《えんきゅう》の荘園整理令《しょうえんせいりれい》**を出して違法な土地私有を厳しく取り締まった。これにより荘園と公領の区別が明確になり、各国内で荘園と公領が並立する「**荘園《しょうえん》公《こう》領制《りょうせい》**」とよばれる体制が築かれた。

次の**白河《しらかわ》天皇**も親政を行ったが、在位14年目の1086年、幼少の堀河《ほりかわ》天皇に譲位し、自らは上皇となって院政を開始する。白河上皇の当初の目的は、実子への確実な皇位継承だった。しかし、律令《りつりょう》や慣例にとらわれない院政は専制政治の道を開いた。上皇は人事権を掌握したほか、政治は院庁《いんのちょう》から発せられる院庁下文《いんのちょうくだしぶみ》や院宣《いんぜん》によって動かされ、上皇の御所《ごしょ》には直属の軍事組織である「**北面《ほくめん》の武士**」が置かれたのだ。

こうして専制体制を整えた白河法皇(1096年に出家)は、堀河天皇の成人後も政治の実権を譲らず、続く鳥羽《とば》天皇、崇徳《すとく》天皇の3代、43年間も院政を行った。さらに、院政は**鳥羽上皇**、**後《ご》白河《しらかわ》上皇**に引き継がれ、約100年にわたって続くのである。

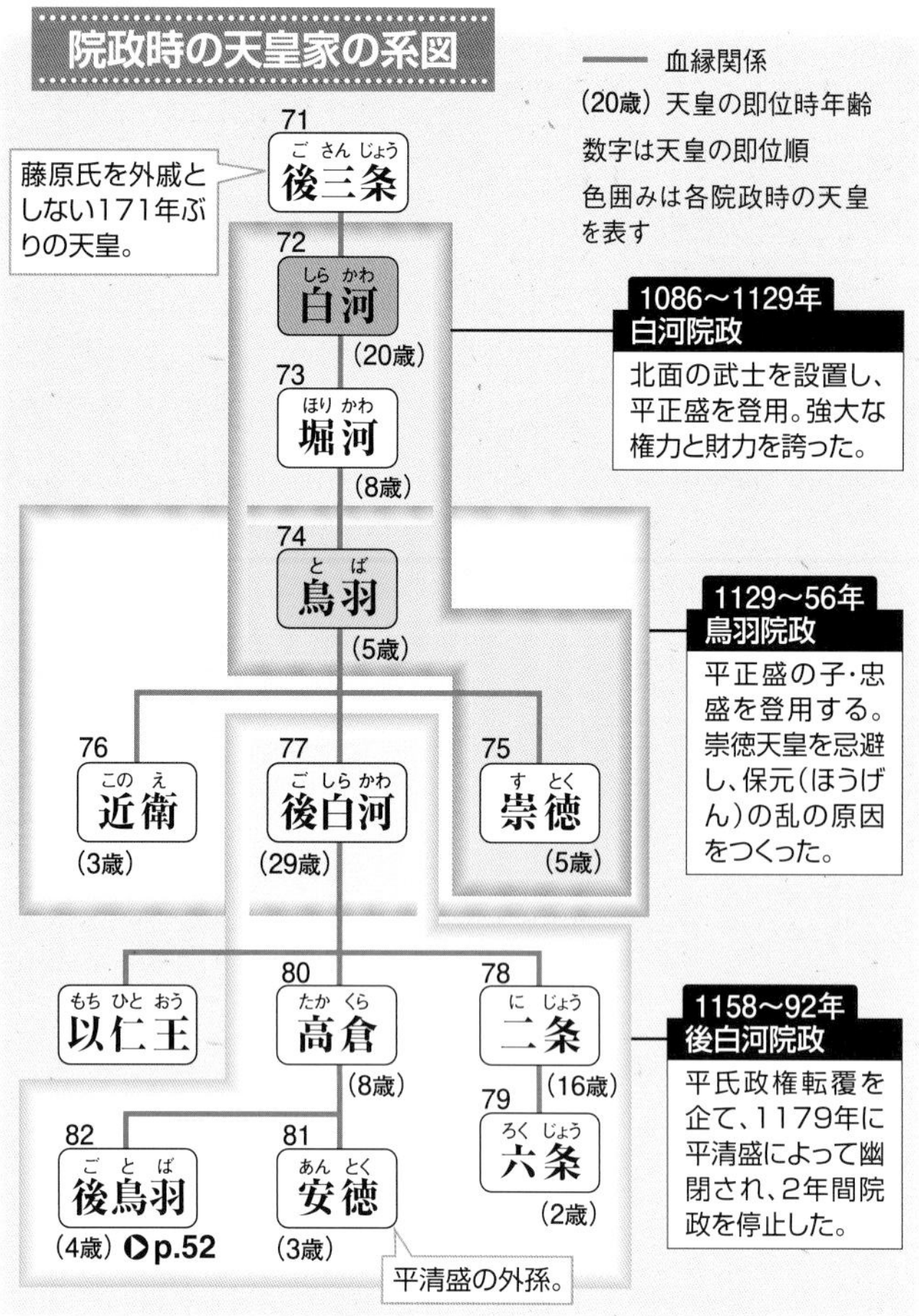
院政時の天皇家の系図
血縁関係
(20歳) 天皇の即位時年齢
数字は天皇の即位順
色囲みは各院政時の天皇を表す
71 後三条《ごさんじょう》
藤原氏を外戚としない171年ぶりの天皇。
72 白河《しらかわ》 (20歳)
73 堀河《ほりかわ》 (8歳)
74 鳥羽《とば》 (5歳)
1086〜1129年 白河院政
北面の武士を設置し、平正盛を登用。強大な権力と財力を誇った。
1129〜56年 鳥羽院政
平正盛の子・忠盛を登用する。崇徳天皇を忌避し、保元(ほうげん)の乱の原因をつくった。
76 近衛《このえ》 (3歳)
77 後白河《ごしらかわ》 (29歳)
75 崇徳《すとく》 (5歳)
以仁王《もちひとおう》
80 高倉《たかくら》 (8歳)
78 二条《にじょう》 (16歳)
79 六条《ろくじょう》 (2歳)
82 後鳥羽《ごとば》 (4歳)
81 安徳《あんとく》 (3歳)
平清盛の外孫。
1158〜92年 後白河院政
平氏政権転覆を企て、1179年に平清盛によって幽閉され、2年間院政を停止した。

▶p.52

院政の開始により日本の中世がスタート

院政期には、上級貴族に一国の支配権を与える**知行国《ちぎょうこく》制度**が広まった。これ以後、公領は知行国主や国司《こくし》らの私領のように扱われるようになる。また、知行国制度と同様、上皇が一国の収益権を握る**院分国《いんぶんこく》の制度**もあり、寄進《きしん》によって集まった広大な荘園とともに院政の経済的基盤となった。

一方、同じく多くの荘園を蓄えた大寺院は、国司との争いなどに備えて**僧兵**を組織。彼らは、神威《しんい》や暴力を背景として朝廷に要求をのませる**強訴**《ごうそ》を繰り返した。対応に苦慮《くりょ》した朝廷は、武士を用いて鎮圧に当たらせたため、のちに平清盛《たいらのきよもり》らを輩出する伊勢平氏《いせへいし》など、武士の中央進出をまねいた。

こうして、上皇や知行国主《ちぎょうこくしゅ》、大寺院、武士などが独自の権力を形成し、実力で社会を動かそうとする風潮が高まった。中世社会の始まりである。

白河法皇をも困らせた南都・北嶺の僧兵

『源平盛衰記《げんぺいじょうすいき》』によると、専制的な権力を握った白河法皇にも、意のままにならない「三不如意《さんふにょい》」があったという。「賀茂《かも》川の水、双六《すごろく》の賽《さい》、山法師《やまほうし》」だ。それぞれ、賀茂川(鴨川)の洪水、サイコロの目、そして山法師は比叡山延暦寺《ひえいざんえんりゃくじ》の僧兵のことである。

彼らはことあるごとに麓《ふもと》の日吉《ひえ》大社から神輿《みこし》をかつぎ出し、神仏罰が下ると脅して要求を通す強訴《ごうそ》を行った。この延暦寺と並んで強力な僧兵をもったのが奈良の興福寺《こうふくじ》で、両寺院は「南都《なんと》・北嶺《ほくれい》」などとよばれたのである。

薙刀《なぎなた》
袈裟頭巾《けさずきん》
法衣《ほうえ》
葛袴《くずばかま》
足駄《あしだ》
僧兵の装束

人物 平《たいらの》 忠盛《ただもり》 [1096〜1153年]

平安時代末期の武将。伊勢平氏の棟梁で清盛の父。若いころから海賊討伐に従事し武名を上げる。院近臣として白河、鳥羽法皇の信任を得、平氏で初めて昇殿を許されるが、逆に公卿たちの反感を買い、殿上で闇討ちにあいそうになったこともある。西国の国司を歴任して西国地方の武士と主従関係を結び、また日宋貿易に携わって富を蓄えるなど、のちの平氏政権の基礎を築いた。

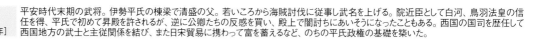

第3章 武士と庶民の成長の時代

第3章に登場する主な人物の生没年

平安時代　鎌倉時代　南北朝時代

1100年　1200年　1300年　1400年　1500年

人物	生年	没年
平清盛	1118年	1181年
北条泰時	1183年	1242年
後醍醐天皇	1288年	1339年
足利義満	1358年	1408年
足利義政	1436年	1490年
山名持豊(宗全)	1404年	1473年
後白河天皇	1127年	1192年
北条時頼	1227年	1263年
楠木正成	1294年	1336年
赤松満祐	1381年	1441年
細川勝元	1430年	1473年
源頼朝	1147年	1199年
北条時宗	1251年	1284年
足利尊氏	1305年	1358年
日野富子	1440年	1496年
法然	1133年	1212年
日蓮	1222年	1282年
北畠親房	1293年	1354年
蓮如	1415年	1499年

天皇　将軍・執権　武士・公家　その他

10大ニュース

1185年

平安時代

- 1156年 ❶ **保元《ほうげん》の乱** p.46
- 1159年 平治《へいじ》の乱
- 1167年 ❷ **平清盛《たいらのきよもり》が太政大臣《だいじょうだいじん》になる** p.47
- 1180～85年 源平の争乱

鎌倉時代

- 1185年 ❸ **このころ鎌倉幕府が成立** p.50
- 1192年 源頼朝《みなもとのよりとも》が征夷大将軍《せいいたいしょうぐん》になる
- 1203年 北条時政《ほうじょうときまさ》が鎌倉幕府執権《しっけん》になる
- 1221年 ❹ **承久《じょうきゅう》の乱** p.52
- 1221年 幕府が京都に六波羅探題《ろくはらたんだい》を設置
- 1226年 九条頼経《くじょうよりつね》が将軍になる（摂家《せっけ》将軍）
- 1232年 御成敗式目《ごせいばいしきもく》制定
- 1247年 三浦泰村《みうらやすむら》が北条時頼《ときより》に攻め滅ぼされる
- 1252年 宗尊《むねたか》親王が将軍になる（皇族将軍）
- 1274年 1281年 ❺ **蒙古襲来《もうこしゅうらい》** p.54
- 1285年 安達泰盛《あだちやすもり》が平頼綱《たいらのよりつな》に攻め滅ぼされる
- 1297年 永仁《えいにん》の徳政《とくせい》令発布
- 1331年 元弘《げんこう》の変（後醍醐《ごだいご》天皇による討幕計画）

鎌倉時代の守護配置（1190年代）

1180年の挙兵後、鎌倉を拠点とした源頼朝は、平家の都落ちののちに後白河法皇から東国支配を認められた。そして85年の平家滅亡後に諸国に守護と地頭を設置、西国までその支配権をおよぼすことになった。

守護は原則として各国に1人ずつ有力御家人が任命され、しだいに地方行政官として大きな役割をはたすようになった。蒙古襲来《もうこしゅうらい》後には鎌倉幕府の権力が強化され、北条氏の権力が拡大し、全国の守護の半数以上を北条氏一門が独占するようになっていった。

越後
佐々木《ささき》氏
小山《おやま》氏
八田《はった》氏
上野
下野
常陸
比企《ひき》氏
武蔵
平賀《ひらが》氏
下総
千葉《ちば》氏
信濃
相模
鎌倉幕府
三浦《みうら》氏
伊豆
駿河
北条《ほうじょう》氏
遠江
安田《やすだ》氏
三河
安達《あだち》氏
尾張
美濃
平賀《ひらが》氏
小野《おの》氏
佐々木《ささき》氏
津々見《つつみ》氏
若狭
六波羅《ろくはら》探題
安達《あだち》氏
但馬
近江
山城
伊賀
伊勢
平賀《ひらが》氏
山内首藤《やまのうちすどう》氏
大和
興福寺《こうふくじ》
和泉
紀伊
佐原《さわら》氏
播磨
梶原《かじわら》氏
淡路
美作
出雲
佐々木《ささき》氏
石見
宗《そう》氏
安芸
後藤《ごとう》氏
讃岐
阿波
佐々木《ささき》氏
伊予
土佐
長門
少弐《しょうに》氏
筑前
豊前
肥前
筑後
豊後
大友《おおとも》氏
肥後
日向
薩摩
島津《しまづ》氏
大隅

比企能員《ひきよしかず》 ?～1203年 ▶p.51
源頼朝の乳母の養子。早くから頼朝に仕え、平氏追討、奥州藤原氏追討に参加。娘は頼朝の子・頼家（よりいえ）に嫁した。

佐々木定綱《ささきさだつな》 1142～1205年
伊豆に配流となった源頼朝を訪ねて臣従。頼朝が挙兵すると3人の弟とともに数かずの戦功を挙げた。

三浦義澄《みうらよしずみ》 1127～1200年
源頼朝の挙兵に一族を挙げて参加。以後、戦功を重ね、鎌倉幕府の宿老として重きをなした。

梶原景時《かじわらかげとき》 1140?～1200年 ▶p.51
はじめ平氏に属するが、源頼朝を救って源氏に帰順。平氏討伐中に義経（よしつね）と対立し、失脚に追い込んだ。

安達盛長《あだちもりなが》 1135～1200年
伊豆以来の源頼朝の側近。その子孫は、鎌倉幕府の有力御家人として繁栄した。

北条時政《ほうじょうときまさ》 1138～1215年 ▶p.51
平氏の庶流で、伊豆の土豪。娘の政子（まさこ）が源頼朝に嫁いだため頼朝に加担。重臣として幕府を支えた。

時代	年	出来事	ページ
	1333年	❻ 鎌倉幕府滅亡	p.55
南北朝時代	1334年	建武《けんむ》の新政が始まる	
南北朝時代	1336年	南北朝に分裂	
南北朝時代	1338年	足利尊氏《あしかがたかうじ》が征夷大将軍になる	
南北朝時代	1350～52年	観応《かんのう》の擾乱《じょうらん》（足利尊氏と弟直義《ただよし》の争い）	
南北朝時代	1352年	❼ 観応の半済令《はんぜいれい》発布	p.57
南北朝時代	1378年	足利義満《よしみつ》が京都・室町に花の御所造営	
南北朝時代	1391年	明徳《めいとく》の乱（足利義満が山名氏清《やまなうじきよ》を討つ）	
室町時代	1392年	❽ 南北朝合体	p.57
室町時代	1399年	応永《おうえい》の乱（足利義満が大内義弘《おおうちよしひろ》を討つ）	
室町時代	1404年	勘合《かんごう》貿易が始まる	
室町時代	1428年	正長《しょうちょう》の徳政一揆《とくせいいっき》	
室町時代	1429年	播磨《はりま》の土一揆《つちいっき》	
室町時代	1438年	永享《えいきょう》の乱（鎌倉公方《くぼう》足利持氏《もちうじ》の反乱）	
室町時代	1441年	嘉吉《かきつ》の変（足利義教《よしのり》が暗殺される）	
室町時代		嘉吉の徳政一揆	
室町時代	1454～83年	享徳《きょうとく》の乱	
室町時代	1467～77年	❾ 応仁《おうにん》・文明《ぶんめい》の乱	p.60
戦国時代	1485～93年	❿ 山城《やましろ》の国一揆《くにいっき》	p.59

室町時代の守護配置（1360年代）

足利尊氏《あしかがたかうじ》は、南北朝の動乱のなかで地方武士を動員するため、守《しゅ》護《ご》の権限を大幅に拡大した。特に、国内の荘園《しょうえん》や公領の年貢半分を徴発する権利を与えたことによって、守護は一国の支配権を確立し、「守護大名《しゅごだいみょう》」に成長していく。のち幕府は、守護大名の勢力拡大に頭を悩まされることになった。

なかでも有力だったのは、足利氏一門で管領《かんれい》職に交代で就く細川《ほそかわ》・斯波《しば》・畠山《はたけやま》氏、侍所所司《さむらいどころしょし》に交代で就く山名《やまな》氏や赤松《あかまつ》氏などである。

陸奥
出羽
斯波《しば》氏
佐渡
畠山《はたけやま》氏
越後
斯波《しば》氏
吉見《よしみ》氏
能登
上杉《うえすぎ》氏
宇都宮《うつのみや》氏
佐竹《さたけ》氏
上野
下野
常陸
越中
信濃
富樫《とがし》氏
加賀
飛騨
小笠原《おがさわら》氏
六角《ろっかく》氏
室町幕府
斯波《しば》氏
越前
山名《やまな》氏
仁木《にき》氏
若狭
丹後
美濃
土岐《とき》氏
武田《たけだ》氏
甲斐
三浦《みうら》氏
相模
下総
上総
千葉《ちば》氏
安房
結城《ゆうき》氏
今川《いまがわ》氏・千葉《ちば》氏
駿河
伊豆
遠江
三河
尾張
新田《にった》氏
今川《いまがわ》氏
畠山《はたけやま》氏
鎌倉府
六角《ろっかく》氏
近江
伊賀
伊勢
山城
摂津
河内
和泉
興福寺《こうふくじ》
大和
山名《やまな》氏
紀伊
仁木《にき》氏
土岐《とき》氏
隠岐
京極《きょうごく》氏
山名《やまな》氏
但馬
丹波
因幡
伯耆
出雲
美作
播磨
赤松《あかまつ》氏
宮《みや》氏
荒河《あらかわ》氏
石見
渋川《しぶかわ》氏
備中
備前
備後
武田《たけだ》氏
安芸
大内《おおうち》氏
長門
周防
淡路
讃岐
阿波
伊予
土佐
細川《ほそかわ》氏
吉川《きっかわ》氏
畠山《はたけやま》氏
宗像《むなかた》氏
壱岐
少弐《しょうに》氏
筑前
豊前
大友《おおとも》氏
肥前
豊後
阿蘇《あそ》氏
今川《いまがわ》氏
肥後
日向
畠山《はたけやま》氏
薩摩
島津《しまづ》氏
大隅

斯波義将《しばよしまさ》 1350～1410年
足利氏の一門。足利義詮（よしあきら）、義満、義持（よしもち）の3代で3度も管領となる。細川頼之と争い、失脚させた。

山名時氏《やまなときうじ》 1303～1371年
足利尊氏の挙兵に従い各地を転戦するが、のち南朝に属した。義詮の代になって幕府に帰順した。

京極高氏《きょうごくたかうじ》 1306～1373年
佐々木氏の庶流。鎌倉幕府執権で最後の得宗（北条氏嫡流の当主）、北条高時に仕えるが、元弘の変以降、足利尊氏に従った。

六角氏頼《ろっかくうじより》 1326～1370年
鎌倉以来の名族佐々木氏の嫡流。庶流の京極高氏と争い、観応の擾乱では足利尊氏と敵対した。

細川頼之《ほそかわよりゆき》 1329～1392年
足利氏の一門。幕府に背いた従兄弟の清氏（きようじ）を討ち、義満の代に管領となるが、斯波義将らに排斥された。

畠山基国《はたけやまもとくに》 1352～1406年
畠山氏はもとは平氏の出だが、足利氏出身者が跡を継いだため、一門となる。基国は斯波義将のあと管領になり、有力守護討伐に従軍した。

44、45ページの地図は、同族が守護となっている国が複数ある場合、同じ色分けをしている（ただし同一人物とは限らない）。

一国のみの守護
守護不設置または不明

28 保元・平治の乱

骨肉の争いがまねいた貴族政治の終焉

上皇と天皇に摂関家も加わった政権争いの混乱を武士が実力で解決。以後、彼らの政治的な存在感は急速に高まっていった。

天皇家、摂関家、源平入り乱れての政争

東国《とうごく》を中心に武家の棟梁《とうりょう》として台頭した源氏《げんじ》は、院政期に入ると中央政界にも進出した。しかし、源義家《みなもとのよしいえ》の死後、子の義親《よしちか》が出雲《いずも》で反乱を起こして討伐されたほか、一族内部の争いもあって衰退する。その義親を討《う》って白河上皇《しらかわじょうこう》(法皇)に信任されたのが、伊賀や伊勢を拠点とした**平氏**《へいし》(伊勢《いせ》平氏《へいし》)の**平正盛**《たいらのまさもり》だ。さらに、正盛の子・**忠盛**《ただもり》は瀬戸内海の海賊を平定したことで**鳥羽《とば》上皇**に信任され、昇殿《しょうでん》を許された殿上人《てんじょうびと》として、貴族の仲間入りを果たす。

1156年、その鳥羽上皇(法皇)が死去すると、**院政**を引き継ごうとした**崇徳《すとく》上皇**と弟の**後白河《ごしらかわ》天皇**が対立する。崇徳上皇は摂関家《せっかんけ》の継承をめぐって兄の関白**藤原忠通**《ふじわらのただみち》と争っていた左大臣藤原頼長《よりなが》と結び、さらに義親の子**源為義**《ためよし》や忠盛の弟平忠正《ただまさ》らの武士を集めた。

これに対し、忠通や後白河天皇の腹心である**藤原通憲**《みちのり》(**信西**《しんぜい》)は、忠盛の子**平清盛**《きよもり》や為義《ためよし》の子**源義朝**《よしとも》を動員。先制攻撃で上皇方を打ち破った(**保元《ほうげん》の乱**)。

貴族社会の争乱を解決した武士の実力

こののち、院政を開始した後白河上皇だが、今度は上皇の院近臣《いんのきんしん》の間で対立が起きる。清盛と結んだ通憲が荘園整理などの政策を打ち出すと、反発した近臣の**藤原信頼**《のぶより》らが義朝と結んでクーデターを画策したのだ。

1159年、清盛の熊野参詣中に挙兵した義朝らは、通憲を自害に追い込む。しかし、兵力に勝る清盛が戻ると、信頼と義朝は敗死し、義朝の子**頼朝**《よりとも》は伊豆に流された(**平治《へいじ》の乱**)。

2つの争乱は、貴族間の争いも武士の実力が解決したことを見せつけ、武家の棟梁である清盛の地位と権力は、急速に高まったのである。

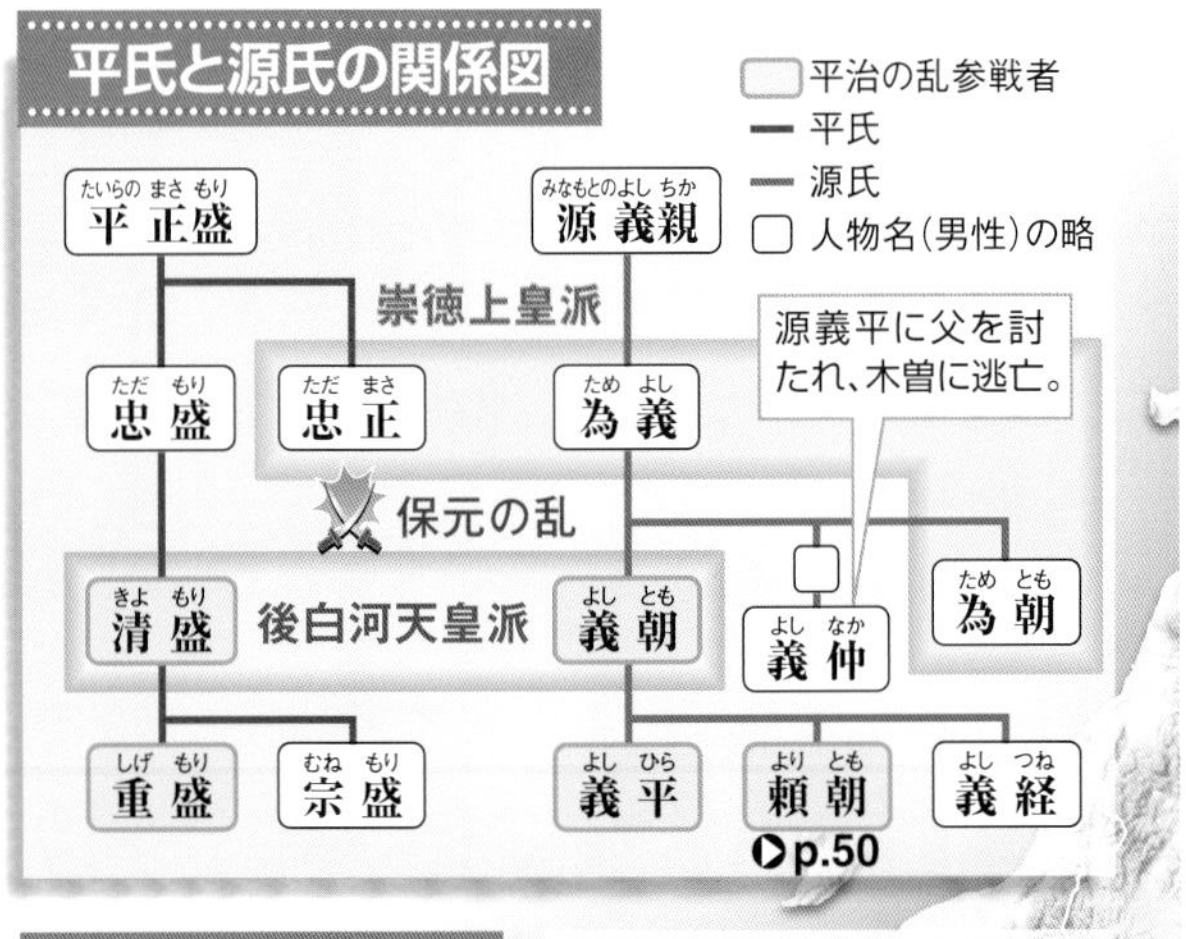
平氏と源氏の関係図
平治の乱参戦者
平氏
源氏
人物名(男性)の略
平《たいらの》 正盛《まさもり》
源《みなもとの》 義親《よしちか》
崇徳上皇派
忠盛《ただもり》
忠正《ただまさ》
為義《ためよし》
源義平に父を討たれ、木曽に逃亡。
保元の乱
清盛《きよもり》
後白河天皇派
義朝《よしとも》
義仲《よしなか》
為朝《ためとも》
重盛《しげもり》
宗盛《むねもり》
義平《よしひら》
頼朝《よりとも》
義経《よしつね》
p.50

平治の乱後の源氏
乱に敗れた源氏は殺されるか、あるいは流罪となった。
源義経《よしつね》
母の常盤御前(ときわごぜん)、2人の兄とともに大和の山中で捕らえられ、鞍馬寺に預けられる。
源義仲《よしなか》
2歳のとき木曽に逃れた義仲は、乳母の夫・中原兼遠(かねとう)の一族に養育された。
信濃
木曽
鞍馬
(京都府京都市)
京都
尾張
野間
(愛知県美浜町)
蛭ヶ小島《ひるがこじま》
(静岡県伊豆の国市)
伊豆
源義平《よしひら》
美濃まで逃れるが、清盛を暗殺するため京都に戻る。のちに捕らえられて処刑された。
源義朝《よしとも》
東国に逃れる途中、尾張で旧知の長田忠致(おさだただむね)の館に立ち寄るが、裏切られて謀殺された。
源頼朝《よりとも》
尾張で捕まるが、清盛の義母の助命嘆願で、伊豆の蛭ヶ小島に流された。

牛若丸の天狗伝説

天才的な軍事の才能をもちながら兄の頼朝《よりとも》に追討《ついとう》された源義経《みなもとのよしつね》は、人びとの同情を引き、後世にさまざまな伝説がつくられた。その一つに鞍馬《くらま》山の天狗《てんぐ》伝説がある。

平治の乱で源氏方が敗れたとき、母の常盤御前《ときわごぜん》は清盛の妾《めかけ》になることを条件に、3人の幼子の命を助けた。幼名を牛若丸《うしわかまる》といった義経は、9歳のとき鞍馬寺に預けられ、はじめは僧になるため学問を修めていた。しかし、自分が源氏の子と知ると、夜な夜な鞍馬の山深くで木刀を振るい、また僧正《そうじょう》ガ谷《たに》の大天狗《てんぐ》に剣術を習ったという。

ほかにも、五条大橋での武蔵坊弁慶《むさしぼうべんけい》との決闘、陰陽師《おんみょうじ》鬼一法眼《きいちほうげん》のもつ兵法書を盗み学んだ話などが有名だ。

明治・大正時代には、北行伝説が人気を博した。義経は死んでおらず、奥州から北海道を経て大陸に渡り、チンギス＝ハンになったというものである。

義経が天狗に出会ったといわれる僧正ガ谷不動堂。

人物 源為朝《みなもとのためとも》 [1139～1170?年]

平安時代末期の武将。源為義の八男で、通称鎮西八郎。若いころ父に勘当され、九州に追放される。その後京都に戻り、保元の乱では父とともに崇徳上皇方に加わり、豪勇ぶりを発揮した。戦いに敗れて捕らえられるが、武勇を惜しまれ、伊豆大島に流された。だが、国司に反抗したため追討を受け、結局は自害している。琉球に逃げのび、琉球王朝の祖になったという伝説がある。

29 平氏政権

異例のスピード出世 平清盛が築いた政権

平治の乱を平定した平清盛は、武士初の太政大臣に就任した。重要な官職を一門で独占し、「奢る平氏」が全盛期を迎える。

増加する平氏の知行国

「知行国(ちぎょうこく)」とは、貴族や寺院などが、国司を推薦する権利、税の収入を得る権利を与えられた国のこと。

1179年の平氏の知行国
平泉《ひらいずみ》(岩手県西磐井郡平泉町)
藤原清衡(きよひら)を祖とする奥州藤原氏が、砂金などによる財力を背景に、半独立国として栄華を誇った。
福原《ふくはら》(兵庫県神戸市)
日宋貿易の拠点・大輪田泊(おおわだのとまり)を抱える地域。1180年、清盛は福原への遷都を強行した。
厳島神社《いつくしまじんじゃ》(広島県廿日市市)
清盛のころ、平氏一門の信仰を集めた神社。社殿は1168年、清盛により造営された。
蛭ヶ小島《ひるがこじま》(静岡県伊豆の国市)
平治の乱で捕らわれた源頼朝は、伊豆で流人生活を送っていた。
陸奥
佐渡
能登
越中
加賀
飛騨
越前
常陸
武蔵
上総
若狭
丹後
但馬
伯耆
丹波
美濃
尾張
三河
駿河
備中
備前
播磨
和泉
京都《きょうと》
伊勢
志摩
安芸
長門
周防
讃岐
淡路
阿波
紀伊
伊予
筑前
薩摩

異例の出世に隠された清盛出生の秘密

平治《へいじ》の乱の翌1160年、**平清盛**《たいらのきよもり》は正《しょう》三位・参議《さんぎ》に任じられ、武士初の公卿《くぎょう》になると、1167年には従《じゅ》一位・**太政**《だいじょう》**大臣**まで昇りつめる。このスピード出世は、寺院造営などで院に奉仕したことなどが理由とされるが、清盛が**白河**《しらかわ》**法皇**の御落胤《ごらくいん》だったためとする説もある。

いずれにしても、異例の出世を遂げた清盛は、平氏一門を次つぎと高位高官に取り立てた。一門の知行国《ちぎょうこく》は30を超え、荘園は500カ所にのぼった。また、**日宋**《にっそう》**貿易**も盛んに行い、莫大な富を得ている。この経済力を背景に、西国の武士を荘園や公領の管理者である地頭《じとう》に任じることで多くの家人を従えた。

さらに、1171年には清盛の娘・徳子《とくこ》を高倉《たかくら》天皇の中宮《ちゅうぐう》とし、1180年に生まれた子を3歳で安徳《あんとく》天皇として即位させる。天皇外戚《がいせき》として権勢をふるう、摂関家と同じ貴族的な手法だ。

「大天狗」後白河法皇と清盛が対決

『**平家物語**』によると、このころ、清盛の義弟・**平時忠**《ときただ》は「此一門《このいちもん》(平氏)にあらざらむ人は皆人非人《にんぴにん》なるべし」と高言したという。こうした状況に貴族や院《いんの》近臣《きんしん》は反発。反平氏派の中心となったのが、清盛を出世させた**後**《ご》**白河**《しらかわ》**法皇**自身だった。

1177年、法皇の側近たちが京都の東山《ひがしやま》鹿《しし》ケ《が》谷《たに》で平氏打倒を企てる「**鹿**《しし》**ケ**《が》**谷**《たに》**の陰謀**《いんぼう》」が発覚。首謀者は斬罪や流罪になったが、法皇は不問に付された。しかし、のちに源頼朝《みなもとのよりとも》に「日本国第一の大天狗」と評された後白河法皇は、その後も平氏政権の転覆《てんぷく》を図ったため、1179年、清盛は法皇を鳥羽殿《とばどの》に幽閉し、関白《かんぱく》以下多数の貴族を処罰した。また、翌1180年には、寺社などの反対を押し切って自らの根拠地である福《ふく》原京《はらきょう》(現神戸市)への遷都を強行(半年後には京へ還都)している。

こうした強硬姿勢は、貴族や寺社、源氏など反対勢力の結束を促した。「奢《おご》る平氏」の凋落《ちょうらく》は間近に迫っていた。

日宋貿易

清盛の父、忠盛が関与を始め、平氏政権の財政を支えた。宋からは宋銭、香料、陶磁器などを輸入し、日本からは金や銀、硫黄などが輸出された。

女真族による王朝。中国北部を支配した。
金《きん》(女真《じょしん》)
(1115〜1234年)
西夏《せいか》
(タングート)
(1038〜1227年)
中都
黄
河
開京
(開城)
高麗《こうらい》
(918〜1392年)
音戸《おんど》の瀬戸《せと》
平安京
福原
日本
大宰府
金に滅ぼされた北宋の皇族が建国。
航路
長
江
南宋《なんそう》
(1127〜1279年)
臨安
明州
(寧波)
宋船を畿内まで導き入れるため、清盛が開削した。

平氏にとって痛恨！平重盛の死

平清盛の長男・重盛《しげもり》は、喜怒哀楽の激しい清盛とは対照的に、温和で沈着、文武両道の武人だったという。「鹿ケ谷の陰謀」事件の際には、怒って後白河法皇を幽閉しようとする清盛を諫止《かんし》。一門のなかで清盛に諫言《かんげん》できる数少ない存在だった。

1177年には内大臣《ないだいじん》に昇進、「清盛が死んでも、重盛さえいれば平氏は安泰」とおおいに期待されたが、父に先立って43歳で病死。跡を継いだ三男の宗盛《むねもり》は、老獪《ろうかい》な後白河法皇に翻弄《ほんろう》され続け、栄華を誇った平氏は清盛の死(1181年)後4年で滅亡した。

30 源平の争乱

頼朝、義仲、平氏 覇権をめぐる三つ巴の戦い

この世の春を謳歌していた平氏一門だったが、平氏政権は、清盛一人の力でもつ脆弱な政権だった。まもなく、平氏に不満をもつ勢力が各地で挙兵し、源平相乱れる「治承・寿永の乱」が勃発した。

「奢る平氏」を打倒した源氏の義仲と頼朝

後白河《ごしらかわ》法皇の幽閉《ゆうへい》や安徳《あんとく》天皇即位の強行により、平氏への不満が高まっていた1180年、法皇の子・**以仁《もちひと》王**と摂《せっ》津《つ》源氏《げんじ》の**源頼政《みなもとのよりまさ》**が兵を挙げる。この反乱は鎮圧されるが、以仁王が発した「平氏討滅」の令旨《りょうじ》が全国に広まると、畿内の僧兵や、**源頼朝《よりとも》**、**源義仲《よしなか》**ら源氏が呼応し、各地でいっせいに挙兵した。

事態を収めるべく、**平清盛《たいらのきよもり》**は頼朝討伐軍を送るが、**富士川《ふじかわ》の戦い**で敗北。勝った頼朝は東国《とうごく》平定に努め、所領支配を保障することで東国武士との主従関係を強めた。一方の平氏は、直後に清盛が急死したうえ、基盤である畿内や西国が飢饉《ききん》に見舞われる。清盛を失った平氏にこの難局を乗り切れる者はおらず、1183年、北陸から進軍した義仲に敗れると、西国《さいごく》へと都落ちした。

その義仲が後白河法皇と対立すると、法皇と結んだ頼朝は弟の**源義経《よしつね》**らを京都に派遣。義仲を討った義経は、平氏討伐へ進み、**一《いち》の谷《たに》**、**屋島《やしま》**でこれを追い詰め、**壇《だん》の浦《うら》の戦い**で滅亡させた。

一方、頼朝は鎌倉を拠点として、新政権樹立に努めていくことになる。

木曽谷で挙兵した源義仲は
北陸を経由して入京を果たすが、
京都の治安維持に失敗
① 1183年5月
倶利伽羅峠《くりからとうげ》の戦い
源義仲追討のため派遣された平維盛(これもり)以下10万の平氏軍を、義仲はたいまつをつけた牛を敵陣に放つ「火牛の計」で撃破。
能登半島
佐渡島
源義仲軍
飛騨山脈
倶利伽羅峠の戦い
若狭湾
源頼朝の勢力圏
木曽谷
名古屋
鎌倉
源義仲の勢力圏
琵琶湖
源範頼軍
京都
粟津
源義経軍
宇治川の戦い
源義経軍
源範頼・義経軍
伊勢湾
福原(神戸)
姫路
源範頼軍
源義仲軍
一の谷まで進軍
堺
一の谷の戦い
平氏の都落ち
播磨灘
淡路島
和歌山
紀伊半島
阿波水軍
源義経軍
徳島
勝浦
鎌倉で勢力を固めた源頼朝は
平氏および義仲追討のため
範頼(のりより)・義経軍を派遣
田辺
新宮
熊野水軍
④ 1184年1月
宇治川《うじがわ》の戦い
水島の敗戦で勢いを失った義仲は、敵対する頼朝が派遣した源範頼・源義経軍にも敗れ、粟津(あわづ)で敗死。
⑤ 1184年2月
一《いち》の谷《たに》の戦い
福原まで進撃した平氏軍に対し、義経は別働隊を率いて崖から駆け下りる奇襲を敢行。狼狽した平氏は惨敗した。

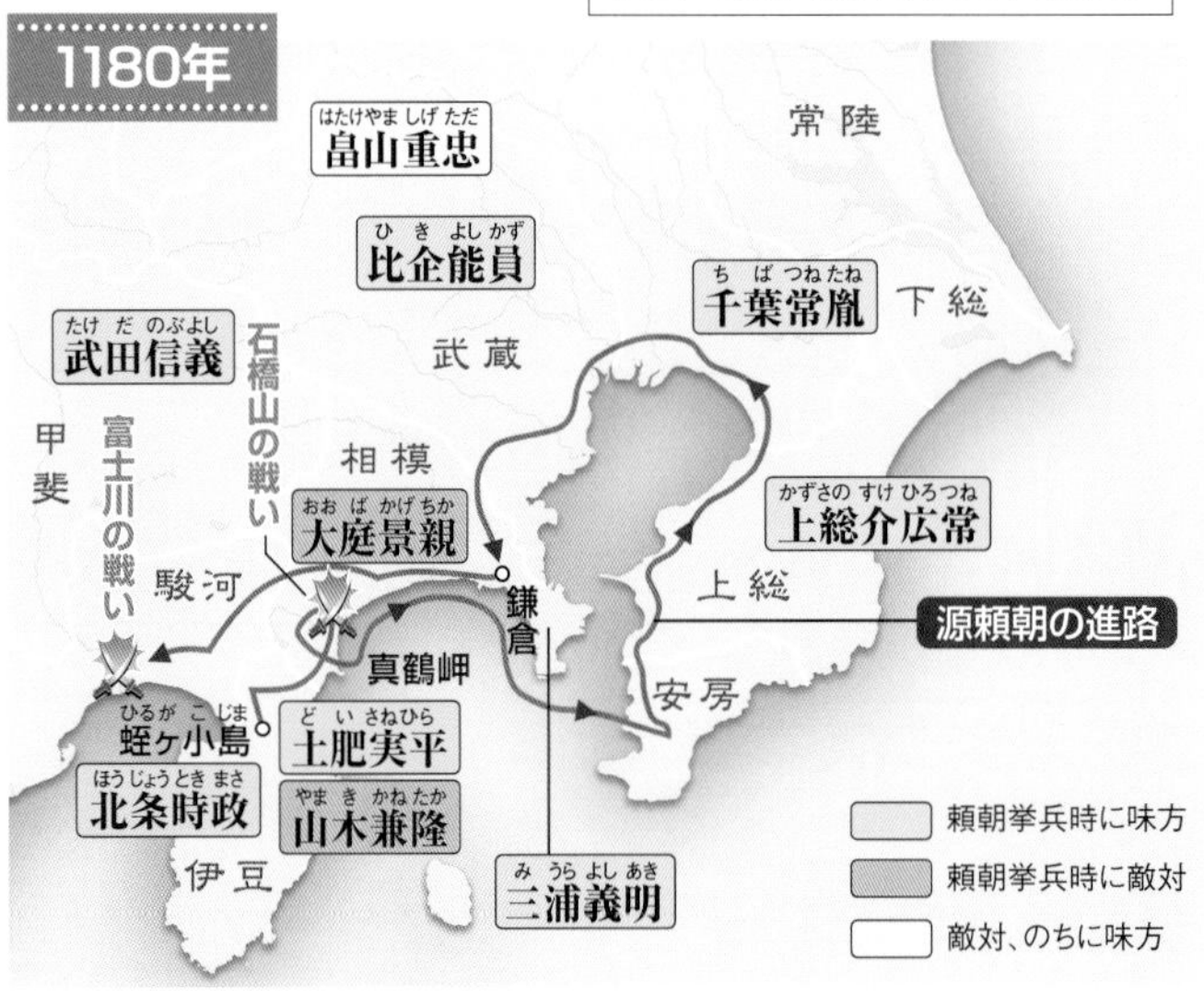
1180年
畠山重忠《はたけやましげただ》
常陸
比企能員《ひきよしかず》
千葉常胤《ちばつねたね》
下総
武田信義《たけだのぶよし》
石橋山の戦い
武蔵
甲斐
富士川の戦い
相模
大庭景親《おおばかげちか》
上総介広常《かずさのすけひろつね》
駿河
鎌倉
上総
源頼朝の進路
真鶴岬
安房
蛭ヶ小島《ひるがこじま》
土肥実平《どいさねひら》
北条時政《ほうじょうときまさ》
山木兼隆《やまきかねたか》
伊豆
三浦義明《みうらよしあき》
頼朝挙兵時に味方
頼朝挙兵時に敵対
敵対、のちに味方

源頼朝の鎌倉入り

配流先の伊豆で挙兵した源頼朝は、石橋山で平氏方の大庭景親に惨敗するが、関東の有力武士を味方につけ、鎌倉に入る。その後、平氏の追討軍を富士川で撃破。

源平の争乱の経過（1180〜1185年）

1180年
- 5月 **後白河法皇の子・以仁王と源頼政が挙兵するが、敗死**
- 6月 **平清盛が福原への遷都を強行**
- 8月 源頼朝が伊豆で挙兵するが、平氏方の大庭景親に敗れる（石橋山の戦い）
- 9月 源義仲が木曽谷で挙兵
- 10月 **頼朝が鎌倉入り**
  頼朝軍が富士川で平氏軍を撃破
- 11月 **情勢悪化により京都へ還都**

1181年
- 2月 清盛が死去

1183年
- 5月 **①義仲軍が倶利伽羅峠で平氏軍に大勝**
- 7月 **②平氏が都落ちし、義仲が入京**
- 10月 **③義仲軍が備中水島で平氏軍に敗れる**

1184年
- 1月 **義仲が征夷大将軍になる**
  ④宇治川で義仲軍と源範頼・義経軍が激突し、義仲敗死
- 2月 **⑤源範頼・義経軍が一の谷で平氏軍を撃破**

1185年
- 2月 **⑥義経軍が平氏の拠点・屋島を攻め落とす**
- 3月 ⑦壇の浦で義経水軍と平氏水軍が戦い、平氏滅亡

倶利伽羅峠のある富山県小矢部市に立つ源義仲の騎馬像。

壇の浦の戦いで、平氏諸将の攻撃をかわすため、船から船へと飛び移る源義経の像（下関市・壇の浦古戦場址）。

清盛死去後の主な戦い（1183〜1185年）

② 1183年7月
義仲入京《よしなかにゅうきょう》
義仲軍は破竹の進撃で京都入りに成功。平氏は安徳天皇を連れ西国に逃げるが、後白河法皇の連れ出しに失敗。

③ 1183年10月
水島《みずしま》の戦い
後白河法皇との仲が決裂した義仲は、勢力を盛り返しつつある平氏を討つため備中に出兵するが、大敗を喫す。

⑦ 1185年3月
壇《だん》の浦《うら》の戦い
西国の水軍勢力を味方につけた義経は彦島へと向かう。両軍は壇の浦で激突。はじめは平氏が優勢だったが、敗色が濃厚になると、平氏一門は次つぎと入水、安徳天皇もともに海に没した。

⑥ 1185年2月
屋島《やしま》の戦い
平氏の拠点・屋島を攻めるため、義経軍は敵の意表をついて嵐のなか四国に渡海。敗れた平氏軍は彦島へ退却した。

隠岐諸島
日本海
鳥取
松江
中国山地
水島の戦い
屋島の戦い
岡山
塩飽諸島
鞆
高松
屋島
屋島へ拠点を移す
彦島へ退却
因島
芸予諸島
広島
厳島（宮島）
音戸
倉橋島
来島
燧灘
今治
河野水軍
平氏の勢力圏
山口
防府
源範頼軍
大島津
屋代島
源義経軍
松山
四国山地
高知
防予諸島
義仲の進撃で都落ちした平氏は
西国で勢力を立て直し、
源氏との決戦のため東進する
仁淀川
土佐湾
壇の浦の戦い
響灘
彦島
北九州
周防灘
姫島
伊予灘
都落ち後、大宰府を拠点とする
西国の勢力を回復し拠点を屋島へ移す
大宰府
国東半島
佐田岬半島
宇和海
大分
豊後国府
四万十川

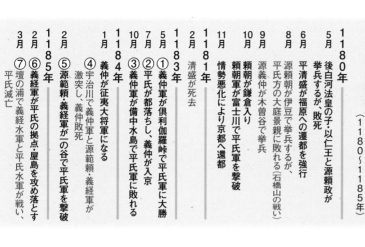

31 鎌倉幕府の成立

鎌倉幕府を支えた「御恩と奉公」の関係

領地をくれた将軍の「御恩」に「奉公」でこたえた御家人。鎌倉幕府の支配は、土地を介した封建制度によって支えられた。

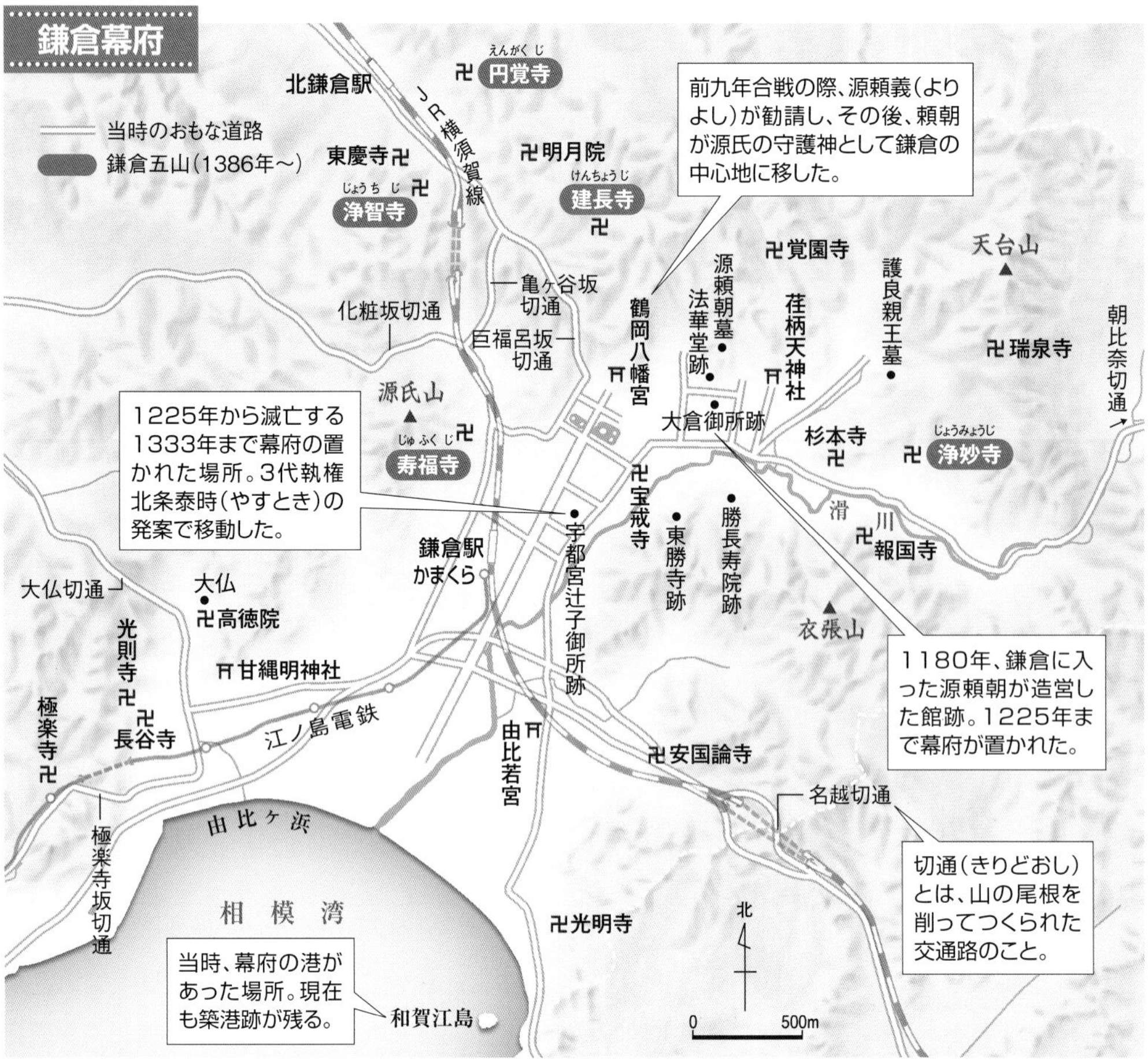
鎌倉幕府
当時のおもな道路
鎌倉五山(1386年〜)
北鎌倉駅
JR横須賀線
円覚寺《えんがくじ》
東慶寺
明月院
浄智寺《じょうちじ》
建長寺《けんちょうじ》
前九年合戦の際、源頼義(よりよし)が勧請し、その後、頼朝が源氏の守護神として鎌倉の中心地に移した。
亀ヶ谷坂切通
化粧坂切通
巨福呂坂切通
鶴岡八幡宮
源頼朝墓
法華堂跡
覚園寺
荏柄天神社
護良親王墓
天台山
瑞泉寺
朝比奈切通
源氏山
寿福寺《じゅふくじ》
1225年から滅亡する1333年まで幕府の置かれた場所。3代執権北条泰時(やすとき)の発案で移動した。
大倉御所跡
杉本寺
浄妙寺《じょうみょうじ》
宝戒寺
宇都宮辻子御所跡
東勝寺跡
勝長寿院跡
滑川
報国寺
鎌倉駅
かまくら
大仏切通
大仏
高徳院
光則寺
衣張山
甘縄明神社
1180年、鎌倉に入った源頼朝が造営した館跡。1225年まで幕府が置かれた。
極楽寺
長谷寺
江ノ島電鉄
由比若宮
安国論寺
名越切通
由比ヶ浜
極楽寺坂切通
相模湾
切通(きりどおし)とは、山の尾根を削ってつくられた交通路のこと。
光明寺
北
当時、幕府の港があった場所。現在も築港跡が残る。
和賀江島
0 500m

頼朝の支配権力が東国から全国へ

平氏《へいし》滅亡後、**源頼朝《みなもとのよりとも》**の強大化を恐れた**後白河《ごしらかわ》法皇**は、**源義経《みなもとのよしつね》**に頼朝追討を命じた。根拠地である鎌倉にいた頼朝は直ちに軍勢を派遣して法皇に追討令を撤回させるとともに、諸国の**守護《しゅご》**や**地頭《じとう》**を任命する権利を認めさせる。

守護は一国に一人置かれる地方長官で、任務は謀反人や殺人犯の逮捕などに限られた。地頭は荘園や公領の治安維持にあたるほか、年貢を徴収して荘園領主や国衙《こくが》に納入する役目を担った。

すでに、1183年には法皇から東《とう》国《ごく》支配を認められていた頼朝は、これで西国《さいごく》にも及ぶ支配権を確立する。次いで義経をかくまった平泉の**奥州藤原《おうしゅうふじわら》氏**を滅ぼして全国支配を確立すると、1192年には**征夷大将軍《せいいたいしょうぐん》**に任ぜられた。初の本格的武家政権である**鎌倉幕府**の成立だ。

土地で結ばれた将軍と御家人の関係

鎌倉幕府の基盤は、**将軍**とそれに臣従する**御家人《ごけにん》**の関係である。

荘官や在地領主だった御家人は、おもに地頭に任じられることで、あらためて父祖伝来の領地支配を保障された(**本領安堵《ほんりょうあんど》**)か、新たな領地を与えられた(**新恩給与《しんおんきゅうよ》**)。この「**御恩《ごおん》**」に対し、御家人は戦時の軍役のほか、平時には内裏《だいり》や幕府の警固にあたる**京都大番役《きょうとおおばんやく》**、**鎌《かま》倉番役《くらばんやく》**、あるいは内裏や幕府などの修築をする**関東御公事《かんとうおんくじ》**などの「**奉公**」の義務を負った。このように、土地の給与を介して主従関係が結ばれる秩序体系を封建《ほうけん》制度という。

とはいえ、鎌倉初期にはまだ朝廷や貴族・大寺院などの荘園領主の力も強く、諸国には、守護のほかに朝廷が任命した国司《こくし》もいたため、二元的な支配体制となった。地頭の設置も、しばしば荘園領主の強い反発を受けたため、当面は平家没官領《もっかんりょう》(平氏から没収した所領)などに限られた。

しかし、やがて幕府勢力が拡大すると、守護と国司、地頭と荘園領主との対立が激化していくのであった。

「いいくに」?「いいはこ」? 鎌倉幕府はいつ成立?

「いいくに(1192)つくろう鎌倉幕府」の語呂合わせは有名だが、実は、鎌倉幕府の成立年には諸説ある。

何をもって幕府成立とするかによって意見が異なり、たとえば、頼朝が東国を制圧して鎌倉入りした1180年説、朝廷が頼朝に東国の土地支配権を認めた1183年説、「いいはこ」の語呂が当てられる1185年説は、頼朝が守護・地頭の設置を認められたことをもって幕府成立とみる。かつての「いいくに」説は、頼朝が朝廷によって征夷大将軍に任じられたことで幕府が成立したとみなす説なのである。

人物 大江広元《おおえのひろもと》 [1148〜1225年]

平安末期〜鎌倉時代の政治家。鎌倉幕府の政務・財務を担当した政所(まんどころ)の初代別当(長官)。朝廷の太政官(だいじょうかん)に勤めたが、源頼朝の家臣となり、律令政治の実務に携わってきた知識と経験を生かして活躍。頼朝に守護・地頭設置を建策したのも広元だといわれている。頼朝の死後は、北条政子(ほうじょうまさこ)を助けて執権(しっけん)政治の確立に尽力した。

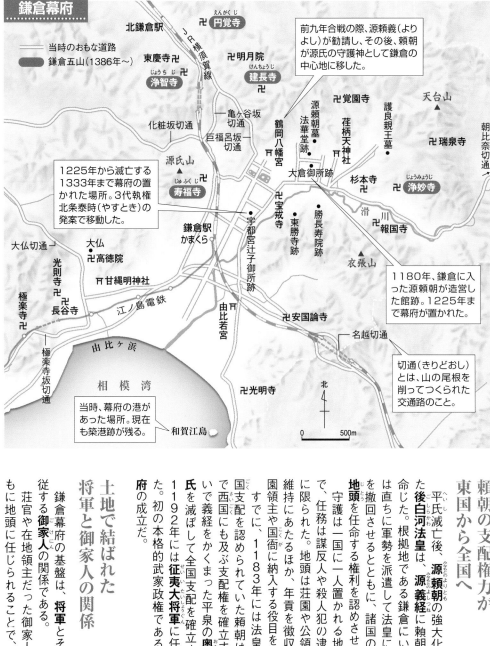

32 北条氏の台頭

頼朝が謎の急死！実権は執権北条氏へ

謎に包まれた頼朝の死後、将軍家の外戚にあたる北条氏は、次つぎと有力御家人を滅ぼし、鎌倉幕府の実権を握った。

将軍家と有力御家人の滅亡

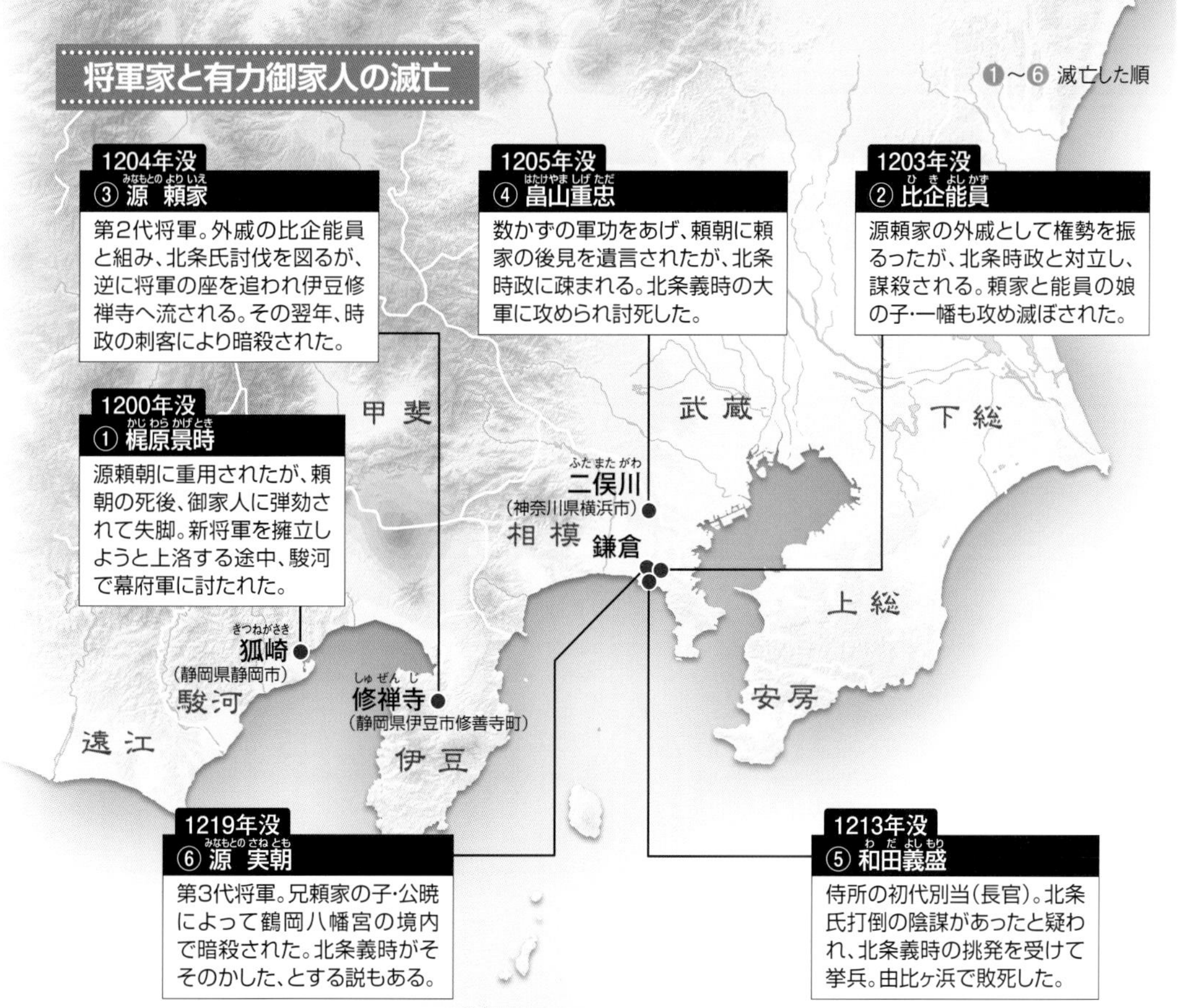
❶〜❻ 滅亡した順
1204年没
③ 源 頼家《みなもとのよりいえ》
第2代将軍。外戚の比企能員と組み、北条氏討伐を図るが、逆に将軍の座を追われ伊豆修禅寺へ流される。その翌年、時政の刺客により暗殺された。
1205年没
④ 畠山重忠《はたけやましげただ》
数かずの軍功をあげ、頼朝に頼家の後見を遺言されたが、北条時政に疎まれる。北条義時の大軍に攻められ討死した。
1203年没
② 比企能員《ひきよしかず》
源頼家の外戚として権勢を振るったが、北条時政と対立し、謀殺される。頼家と能員の娘の子・一幡も攻め滅ぼされた。
1200年没
① 梶原景時《かじわらかげとき》
源頼朝に重用されたが、頼朝の死後、御家人に弾劾されて失脚。新将軍を擁立しようと上洛する途中、駿河で幕府軍に討たれた。
甲斐
武蔵
下総
二俣川《ふたまたがわ》
（神奈川県横浜市）
相模
鎌倉
上総
狐崎《きつねがさき》
（静岡県静岡市）
駿河
修禅寺《しゅぜんじ》
（静岡県伊豆市修善寺町）
安房
遠江
伊豆
1219年没
⑥ 源 実朝《みなもとのさねとも》
第3代将軍。兄頼家の子・公暁によって鶴岡八幡宮の境内で暗殺された。北条義時がそそのかした、とする説もある。
1213年没
⑤ 和田義盛《わだよしもり》
侍所の初代別当（長官）。北条氏打倒の陰謀があったと疑われ、北条義時の挑発を受けて挙兵。由比ヶ浜で敗死した。

鎌倉将軍家の系図

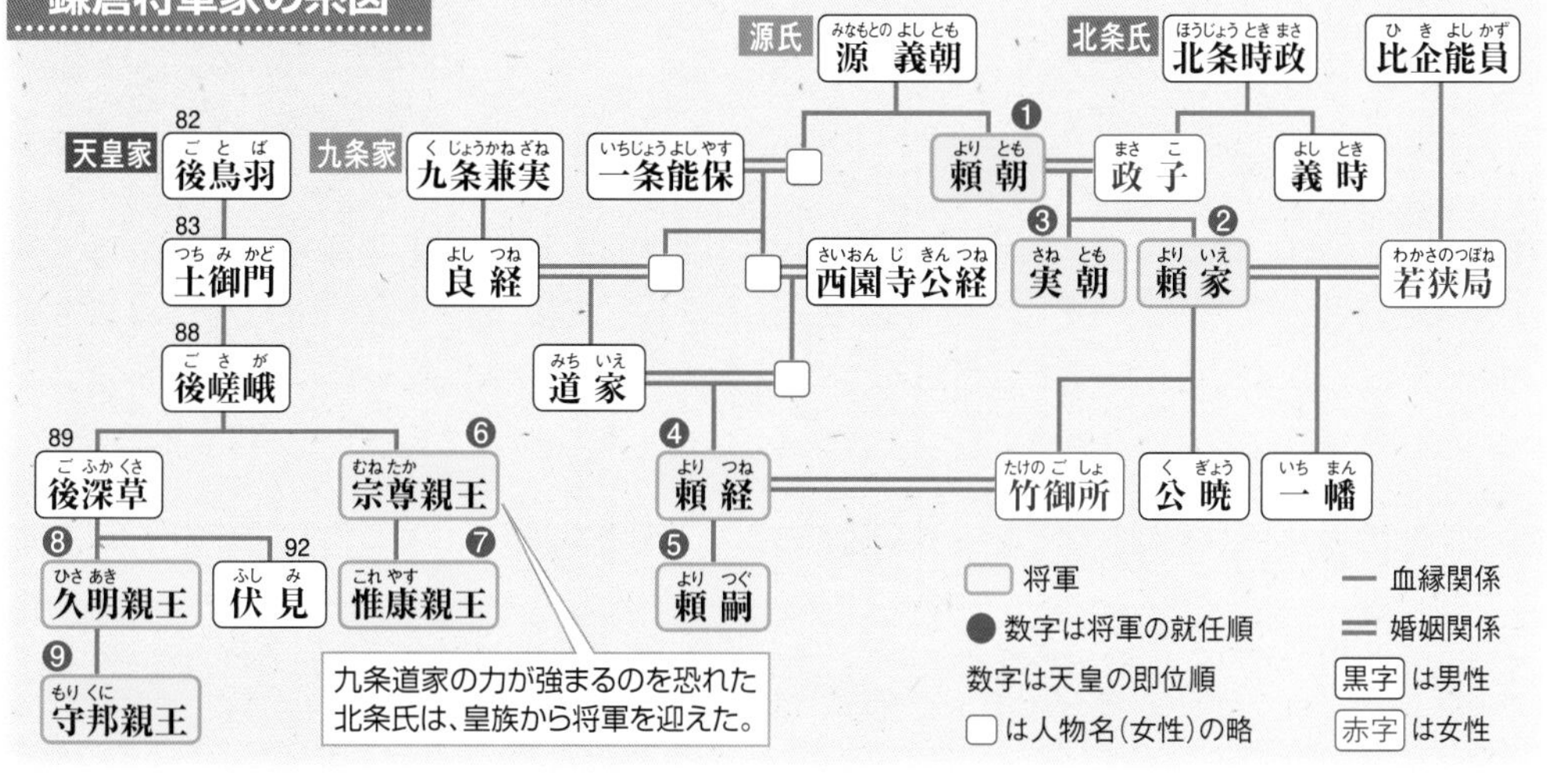
源氏
源 義朝《みなもとのよしとも》
北条氏
北条時政《ほうじょうときまさ》
比企能員《ひきよしかず》
天皇家
82
後鳥羽《ごとば》
九条家
九条兼実《くじょうかねざね》
一条能保《いちじょうよしやす》
❶
頼朝《よりとも》
政子《まさこ》
義時《よしとき》
83
土御門《つちみかど》
良経《よしつね》
西園寺公経《さいおんじきんつね》
❸
実朝《さねとも》
❷
頼家《よりいえ》
若狭局《わかさのつぼね》
88
後嵯峨《ごさが》
道家《みちいえ》
89
後深草《ごふかくさ》
❻
宗尊親王《むねたか》
❹
頼経《よりつね》
竹御所《たけのごしょ》
公暁《くぎょう》
一幡《いちまん》
❽
92
久明親王《ひさあき》
伏見《ふしみ》
❼
惟康親王《これやす》
❺
頼嗣《よりつぐ》
❾
守邦親王《もりくに》
九条道家の力が強まるのを恐れた北条氏は、皇族から将軍を迎えた。
将軍
● 数字は将軍の就任順
数字は天皇の即位順
□は人物名（女性）の略
— 血縁関係
＝ 婚姻関係
黒字 は男性
赤字 は女性

頼朝の謎の死につながる!? 北条氏の実権掌握

1199年、**源頼朝**《みなもとのよりとも》が急死した。落馬が原因とされるが、鎌倉幕府の公式記録である『吾妻鏡《あづまかがみ》』には頼朝の死の前後3年の記述が欠落しているなど謎が多く、暗殺説を含むさまざまな説が取り沙汰されている。その暗殺説で第一容疑者に挙げられるのが、幕府の実権という果実を得た北条《ほうじょう》氏だ。

頼朝の死後、18歳で跡を継いだ**頼家**《よりいえ》は独裁色が強く、奇行も多かったという。母の**政子**《まさこ》や外祖父の**北条時政**《ほうじょうときまさ》は御《ご》家人《けにん》の支持が離れることを憂い、時政を含む13人の有力御家人による合議制を開始する。しかし、頼家は舅《しゅうと》の**比企**《ひき》**能員**《よしかず》と結んで勢力拡大を図った。

1203年、頼家が病で一時危篤《きとく》に陥ると、時政らは将軍の権力を頼家の子**一幡**《いちまん》と弟の**実朝**《さねとも》に分割することを提案。これに反対した比企一族は滅ぼされ、頼家も将軍職を追われて出家した。

その後、12歳の実朝を第3代将軍に擁立した時政は、自ら**執権**《しっけん》となった。続く1204年には頼家を暗殺。歌人として知られ、野心をもたなかった実朝も、1219年、**鶴岡八幡宮**《つるがおかはちまんぐう》の境内で頼家の子**公暁**《くぎょう》に暗殺される。さらに公暁も殺害されたため、源氏の正統は断絶した。

実朝の死後、時政は頼朝の遠縁にあたる摂関家《せっかんけ》から幼い九条頼経《くじょうよりつね》を迎えてお飾りの将軍とし、北条氏は実質的な幕府の頂点に立った。執権は当初、政務一般を扱う**政所別当**《まんどころべっとう》をさしたが、時政の子義時《よしとき》が御家人を統制する**侍所別**《さむらいどころべっ》**当**《とう》を兼務して以後、執権を頂点とする態勢が確立されていった。

人物 九条兼実《くじょうかねざね》 [1149〜1207年]

平安末期〜鎌倉時代の公家。五摂家（ごせっけ）の一つ、九条家の祖。1189年太政大臣（だいじょうだいじん）、1191年関白（かんぱく）となる。源頼朝と協力関係を築き、征夷大将軍の宣下に尽力。その後、頼朝との関係は悪化し、1196年、土御門通親（つちみかどみちちか）との対立による政変で朝廷を追われた。16歳から55歳にわたる日記『玉葉』は、当時の貴重な史料として知られる。

33 承久の乱と執権政治

幕府の力を強めた上皇の反乱

朝廷権力の復活を目ざす後鳥羽上皇は、執権・北条義時追討の院宣を発する。しかし、幕府と御家人の結束は固く、わずか1カ月で京都を占拠された。

幕府の混乱に乗じた後鳥羽上皇の決断と誤算

鎌倉幕府が成立したあとも、京都の**後鳥羽《ごとば》上皇**は「**西面《さいめん》の武士**」を設置して軍事力強化を図るなど、朝廷権力の復活を目ざしていた。そして、相次ぐ暗殺事件で源氏の正統が絶えると、時機到来とみた上皇は決断を下す。1221年、西国《さいごく》の武士や大寺院の僧兵、北条氏に反発する一部の東国武士を味方に引き入れ、執権《しっけん》**北条義時《ほうじょうよしとき》**追討の院宣《いんぜん》を発した。**承久《じょうきゅう》の乱**の始まりである。

東国《とうごく》の御家人たちは「朝敵」とされて動揺したが、頼朝の妻だった**北条政子《ほうじょうまさこ》**が頼朝の恩を訴えたことで団結した。そして義時が幕府軍を京都へ派遣すると、東国武士の離反という目算が狂った上皇方は、1カ月で平定された。

圧勝した幕府が全国に支配権を拡大

この乱の結果、後鳥羽上皇をはじめとする3人の上皇が各地に配流《はいる》されたうえ、以後、京都には朝廷を監視する**六《ろく》波羅探題《はらたんだい》**が置かれた。また、上皇についた貴族や武士の所領約3000カ所は没収され、功績のあった御家人たちに配られている。

こうして畿内や西国の荘園・公領にも幕府の支配が及ぶようになり、朝廷と幕府の二元支配は、幕府優位へと傾いていくのであった。

承久の乱(1221年)後の守護配置

西国の守護の多くは後鳥羽上皇に味方したため、戦後に守護の交替が行われた。

承久の乱前の北条氏一門の守護
承久の乱で守護が交替した国
承久の乱後の北条氏一門の守護（一部推定）
佐渡
(佐渡市)
順徳《じゅんとく》上皇の配流地
父・後鳥羽上皇とともに乱の主導的な立場にあったため、佐渡に配流。
後鳥羽《ごとば》上皇の配流地
討幕を試みるが完敗。幕府軍の大将・北条泰時により、隠岐に流される。
隠岐
(海士町)
能登
越後
加賀
越中
信濃
美作
丹波
山城
京都
武蔵
鎌倉
淡路
伊勢
駿河
(阿波市)
阿波
土佐
伊豆
(四万十市)
土御門《つちみかど》上皇の配流地
討幕計画に関与していなかったが、自ら望んで土佐、のちに阿波に配流となった。
大隅

承久の乱と天皇家

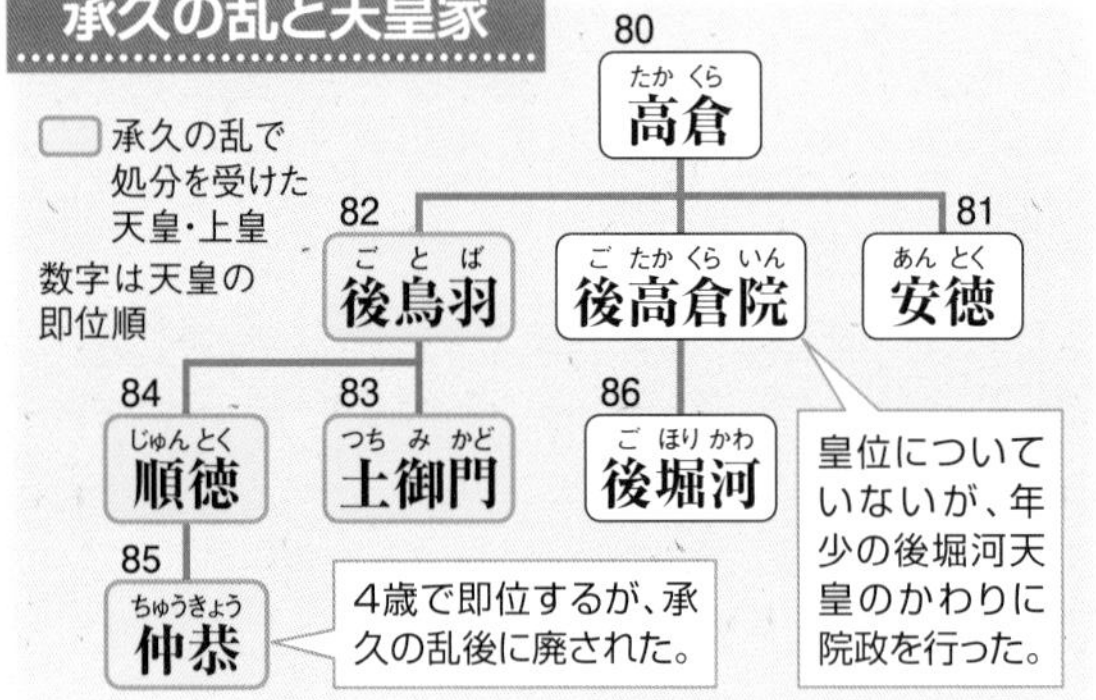
承久の乱で処分を受けた天皇・上皇
数字は天皇の即位順
80
高倉《たかくら》
82
後鳥羽《ごとば》
後高倉院《ごたかくらいん》
81
安徳《あんとく》
84
順徳《じゅんとく》
83
土御門《つちみかど》
86
後堀河《ごほりかわ》
皇位についていないが、年少の後堀河天皇のかわりに院政を行った。
85
仲恭《ちゅうきょう》
4歳で即位するが、承久の乱後に廃された。

進む武士の土地支配

幕府から地頭《じとう》に任命され、荘園に派遣された武士は、農民から年貢を徴収し、それを荘園領主に納める役割を担っていた。しかし、しだいに滞納するようになったため、地頭を抑える力をもたない荘園領主は、地頭と契約を結び、定額の年貢を確実に納める条件で、現地の管理の一切を任せた。これを「地頭請《じとううけ》所《しょ》」という。

荘園領主と地頭の争いを解決する手段として、「下地中分《したじちゅうぶん》」という方法も用いられた。これは、両者が土地そのものを折半し、それぞれの土地・農民の支配権を認め合うもの。中分されたことを明示するため、鎌倉時代後期には多数の荘園絵図が作成された。

この措置が実行された場合、分割された土地の片方は地頭が領有することになる。こうして地頭は、荘官《しょうかん》として現地を管理する存在から、現地の土地と農民を直接支配する領主へと、その姿を変貌させていくことになった。

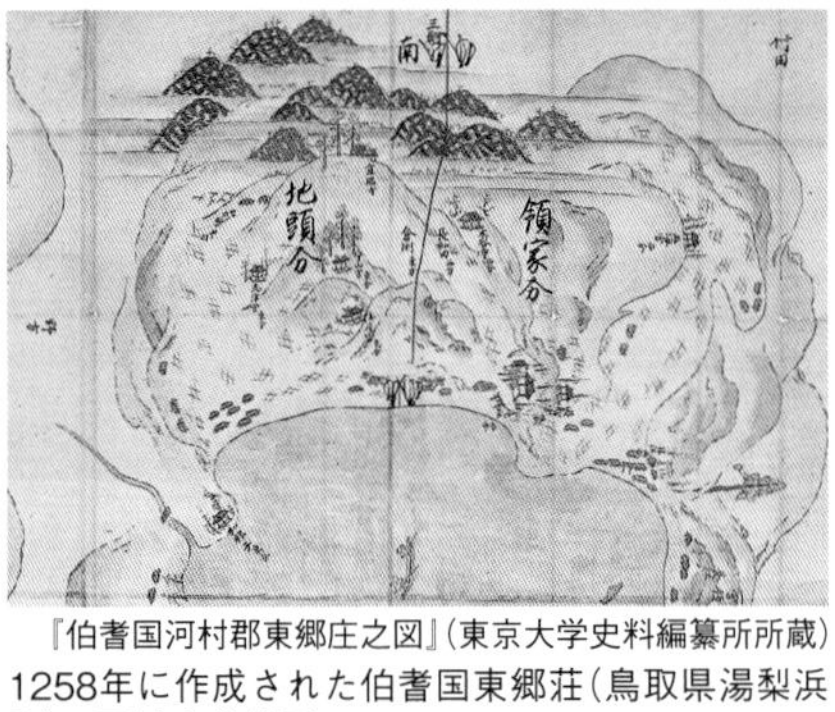
地頭分
領家分

『伯耆国河村郡東郷庄之図』(東京大学史料編纂所所蔵)
1258年に作成された伯耆国東郷荘(鳥取県湯梨浜町)の下地中分絵図。

人物 北条泰時《ほうじょうやすとき》 [1183～1242年]
鎌倉幕府第3代執権。1213年和田義盛(わだよしもり)が起こしたクーデタを鎮圧(和田合戦)。承久の乱では幕府軍の総大将として京都に入り、朝廷や公家を監視する六波羅探題に就任、乱後の処理にあたった。1224年、父義時の死によって執権職を継ぎ、1232年には武士による初の本格的な法典である御成敗式目(貞永式目)を制定するなど、執権政治の基礎をつくった。

34 鎌倉仏教

衆生の願いに応えた新時代の仏教

争乱や疫病、飢餓が頻発するなか、心の支えを求める民衆の願いから、内面的な信仰を重視した新しい仏教が誕生した。

世俗化した旧仏教に対し武士や民衆の仏教が登場

平安時代、**天台宗《てんだいしゅう》**や**真言宗《しんごんしゅう》**は貴族や天皇家と結びつき、大寺院は大荘園領主となって繁栄した。こうした世俗化の一方、死後の安寧《あんねい》を願う民衆の声に応えた**浄土教《じょうどきょう》**も広まった。これは、阿《あ》弥《み》陀如来《だにょらい》を信じて念仏《ねんぶつ》を唱えることで死後は極楽浄土《ごくらくじょうど》に往生《おうじょう》し、そこで成仏《じょうぶつ》できるとする教えで、**空也《くうや》**などにより、10世紀ごろからさかんになった。

さらに平安時代末以降、祈祷《きとう》や学問を中心とした貴族の仏教にかわり、より内面的な信仰を重視する、武士や庶民のための仏教が次つぎに登場した。これらを「鎌倉仏教《かまくらぶっきょう》」とよぶ。

最初に登場したのは**法然《ほうねん》**だ。浄土教の影響を受けた法然は、阿弥陀仏《あみだぶつ》を信じて念仏(南無阿弥陀仏《なむあみだぶつ》)を唱えれば、死後は平等に極楽浄土へ往生できるという**専修念仏《せんじゅねんぶつ》**の教えを確立。浄土宗の開祖となった。法然の教えは庶民や武士、貴族にも広まったが、旧仏教勢力に迫害され、流罪《るざい》となる。

このとき、法然の弟子であったため、連座して越後《えちご》に流された**親鸞《しんらん》**は、のちに関東で布教を始める。親鸞は、煩悩《ぼんのう》の深い悪人こそが阿弥陀仏の救いの対象だとする**悪人正機《あくにんしょうき》**を説き、**浄土真宗《じょうどしんしゅう》**の開祖となった。同じ浄土教の流れからは、踊念仏《おどりねんぶつ》で多くの民衆を教化した**一遍《いっぺん》**の**時宗《じしゅう》**も登場する。

坐禅《ざぜん》によって自らを鍛錬し、悟《さと》りを得ようとする**禅宗《ぜんしゅう》**が伝わったのもこのころで、中国の南宋《なんそう》で学んだ**栄西《えいさい》**と**道《どう》元《げん》**によって、それぞれ**臨済宗《りんざいしゅう》**と**曹洞宗《そうとうしゅう》**が広められた。なかでも臨済宗は武家政権の保護を受け、鎌倉・室町両幕府のもとで隆盛する。

また、**日蓮《にちれん》**は法華経《ほけきょう》が釈迦《しゃか》の正しい教えだとし、題目《だいもく》(南無妙法蓮華経《なむみょうほうれんげきょう》)を唱えることで救われると説いて**日蓮宗《にちれんしゅう》**の開祖となった。

鎌倉仏教に刺激された旧仏教の改革運動

これら鎌倉仏教の特徴は、旧仏教の腐敗を批判するとともに、武士や民衆にも広く門戸を開いた点で、のちに教団化して広まっていく。

一方、新仏教に刺激された旧仏教にも改革の動きが現れる。華厳宗《けごんしゅう》の**明恵《みょうえ》**(**高弁《こうべん》**)や法相宗《ほっそうしゅう》の**貞慶《じょうけい》**(**解脱《げだつ》**)は戒律《かいりつ》の尊重を説いて南都《なんと》仏教の復興に尽力した。律宗《りっしゅう》の**叡尊《えいそん》**(**思円《しえん》**)と**忍性《にんしょう》**(**良観《りょうかん》**)は、戒律の重視に加え、貧民や病人の救済、架橋工事などの社会事業を行って多くの人に影響を与えた。

鎌倉仏教6宗派

宗派	浄土宗系《じょうどしゅうけい》			禅宗系《ぜんしゅうけい》		日蓮宗《にちれんしゅう》
	浄土宗《じょうどしゅう》	浄土真宗《じょうどしんしゅう》	時宗《じしゅう》	臨済宗《りんざいしゅう》	曹洞宗《そうとうしゅう》	(法華宗《ほっけしゅう》)
開祖	法然《ほうねん》	親鸞《しんらん》	一遍《いっぺん》	栄西《えいさい》	道元《どうげん》	日蓮《にちれん》
開宗年	1175年	1224年	1274年	1191年	1227年	1253年
教義	念仏(南無阿弥陀仏)を唱えれば、平等に極楽浄土に往生できる。	阿弥陀仏の本願にすがれば、その瞬間にいかなる者も救われる。	念仏を唱えながら踊る「踊念仏」で有名。	坐禅を組み、「公案」とよばれる問題を考え抜いて悟りを開く。	何の意味も見返りも求めずに坐禅を貫けば仏法を体得できる。	「南無妙法蓮華経」の題目を唱えさえすれば誰もが救われる。

鎌倉仏教の関係寺院

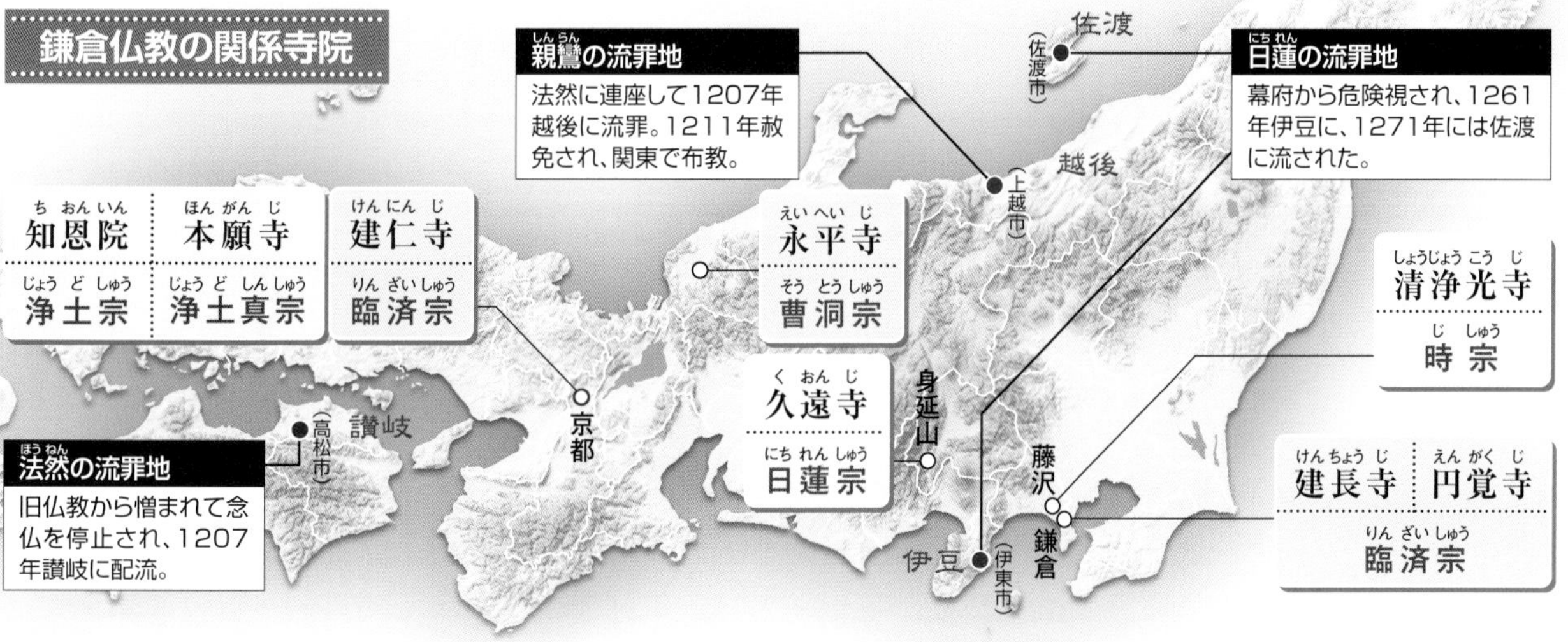
親鸞《しんらん》の流罪地
法然に連座して1207年越後に流罪。1211年赦免され、関東で布教。
日蓮《にちれん》の流罪地
幕府から危険視され、1261年伊豆に、1271年には佐渡に流された。
法然《ほうねん》の流罪地
旧仏教から憎まれて念仏を停止され、1207年讃岐に配流。
知恩院《ちおんいん》 浄土宗《じょうどしゅう》
本願寺《ほんがんじ》 浄土真宗《じょうどしんしゅう》
建仁寺《けんにんじ》 臨済宗《りんざいしゅう》
永平寺《えいへいじ》 曹洞宗《そうとうしゅう》
久遠寺《くおんじ》 日蓮宗《にちれんしゅう》
清浄光寺《しょうじょうこうじ》 時宗《じしゅう》
建長寺《けんちょうじ》 円覚寺《えんがくじ》 臨済宗《りんざいしゅう》
佐渡
(佐渡市)
越後
(上越市)
讃岐
(高松市)
京都
身延山
藤沢
鎌倉
伊豆
(伊東市)

人物 北条時頼《ほうじょうときより》 [1227〜1263年]

鎌倉幕府第5代執権(しっけん)。北条泰時(やすとき)の孫にあたる。執権に就任した翌1247年、有力御家人の三浦氏を滅亡させ(宝治合戦)、北条氏の独裁体制を確立。また将軍九条頼嗣(くじょうよりつぐ)を京都に追放し、後嵯峨(ごさが)天皇の皇子・宗尊(むねたか)親王を将軍に迎えた。禅に深く帰依し、1256年病に倒れると家督を長時(ながとき)に譲って出家。以後も幕府の実権を握り続けた。

35 蒙古襲来

史上最大の帝国モンゴルの襲来

ユーラシアを席巻したモンゴル帝国がついに日本への侵攻を開始した。未曽有の国難を前に団結した幕府軍は、苦戦のすえ、撃退に成功した。

チンギス=ハンが建設した大モンゴル帝国

北条《ほうじょう》氏が幕府の実権を掌握しつつあるころ、ユーラシア大陸では**モンゴル**が周辺への侵攻を開始していた。

1206年、モンゴル諸部族を統一して帝位(ハン)についた**チンギス=ハン**は、中央アジアから南ロシアまでを征服。その後継者たちはヨーロッパまで遠征し、一族で領土を分けあった。東方では2代目ハンの**オゴタイ**が金《きん》を滅ぼして淮河《わいが》以北の中国を占領。5代目の**フビライ**は、大都《だいと》(北京《ペキン》)を都として国号を**元**《げん》とした。

次いで朝鮮半島の**高麗**《こうらい》を服属させたフビライは、**南宋**《なんそう》攻略を進めるとともに、日本にも服属を強要する。

苦しい戦いにも善戦し元軍を2度撃退した幕府

鎌倉幕府8代執権《しっけん》の**北条時宗**《ほうじょうときむね》がこの要求を拒否すると、1274年、元は高麗軍を含む約3万の軍勢で博多《はかた》湾に侵入した。元軍の集団戦法や「**てつはう**」とよばれる火器に対し、一騎打ち戦法の日本軍は苦しめられた。しかし、元軍も被害が大きく、やがて内部対立も起きたため退却する(**文永の役**《ぶんえいのえき》)。

以後、幕府は**異国警固番役**《いこくけいごばんやく》を強化したほか、博多湾沿いに**防塁**《ぼうるい》(**石築地**《いしついじ》)を築いて元軍の再襲来に備えた。

そして1281年、南宋を滅ぼした元は、約14万の大軍で襲来。しかし、日本軍の奮戦で上陸を阻まれているうちに暴風雨に襲われ、再び元軍は敗退した(**弘安の役**《こうあんのえき》)。これら2度の元軍侵攻を**蒙古襲来**《もうこしゅうらい》(元寇《げんこう》)という。

フビライは3度目の遠征も計画していたが、高麗や南宋の民衆反乱などがあって実現しなかった。対する日本は警戒態勢をゆるめなかった。

この国難に際し、幕府は御家人《ごけにん》以外の、荘園や公領の武士を動員する権利を朝廷から得たほか、北条氏一門を**鎮**《ちん》**西探題**《ぜいたんだい》として九州に派遣するなど、西国での勢力を強化している。

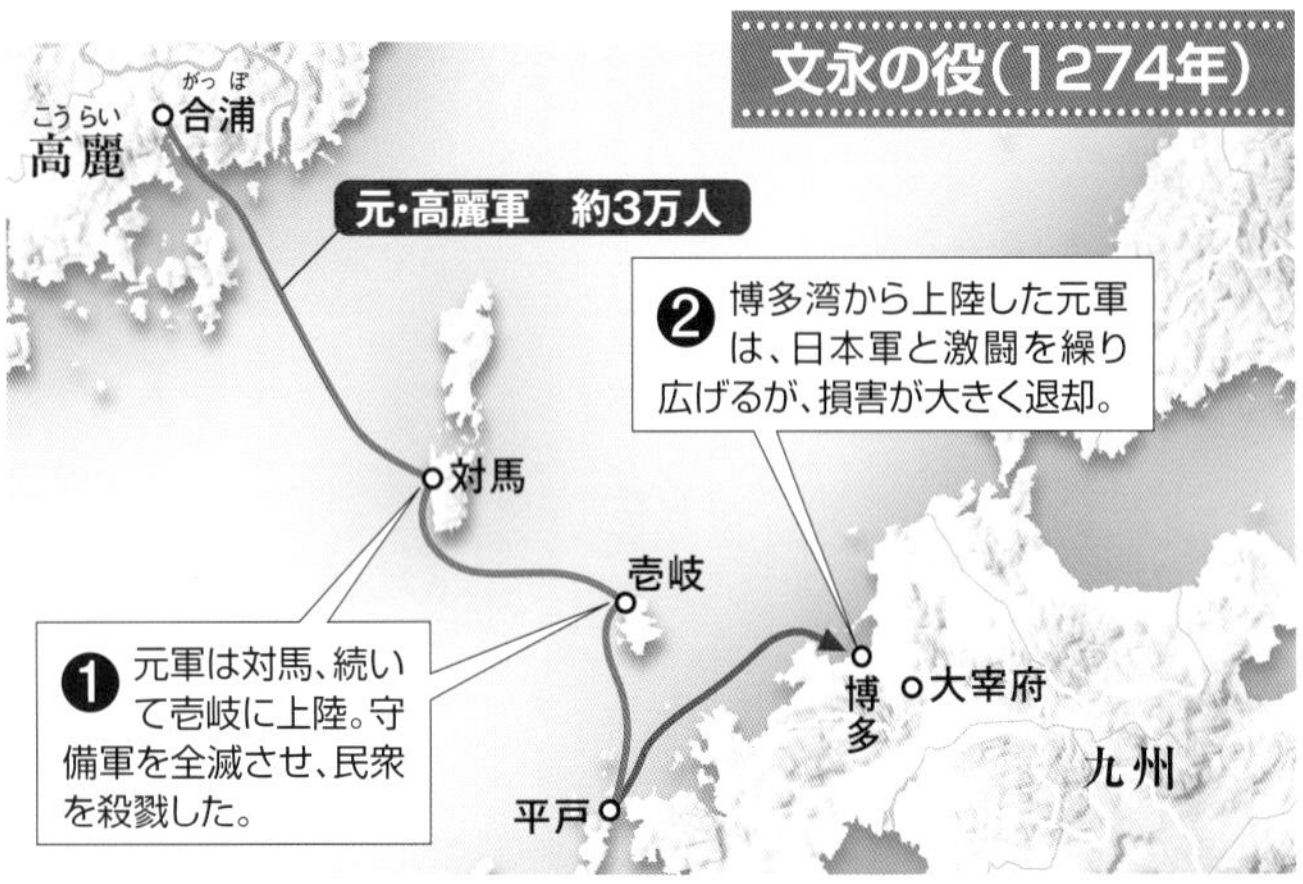
文永の役(1274年)
高麗《こうらい》
合浦《がっぽ》
元・高麗軍　約3万人
対馬
壱岐
平戸
博多
大宰府
九州
❶ 元軍は対馬、続いて壱岐に上陸。守備軍を全滅させ、民衆を殺戮した。
❷ 博多湾から上陸した元軍は、日本軍と激闘を繰り広げるが、損害が大きく退却。

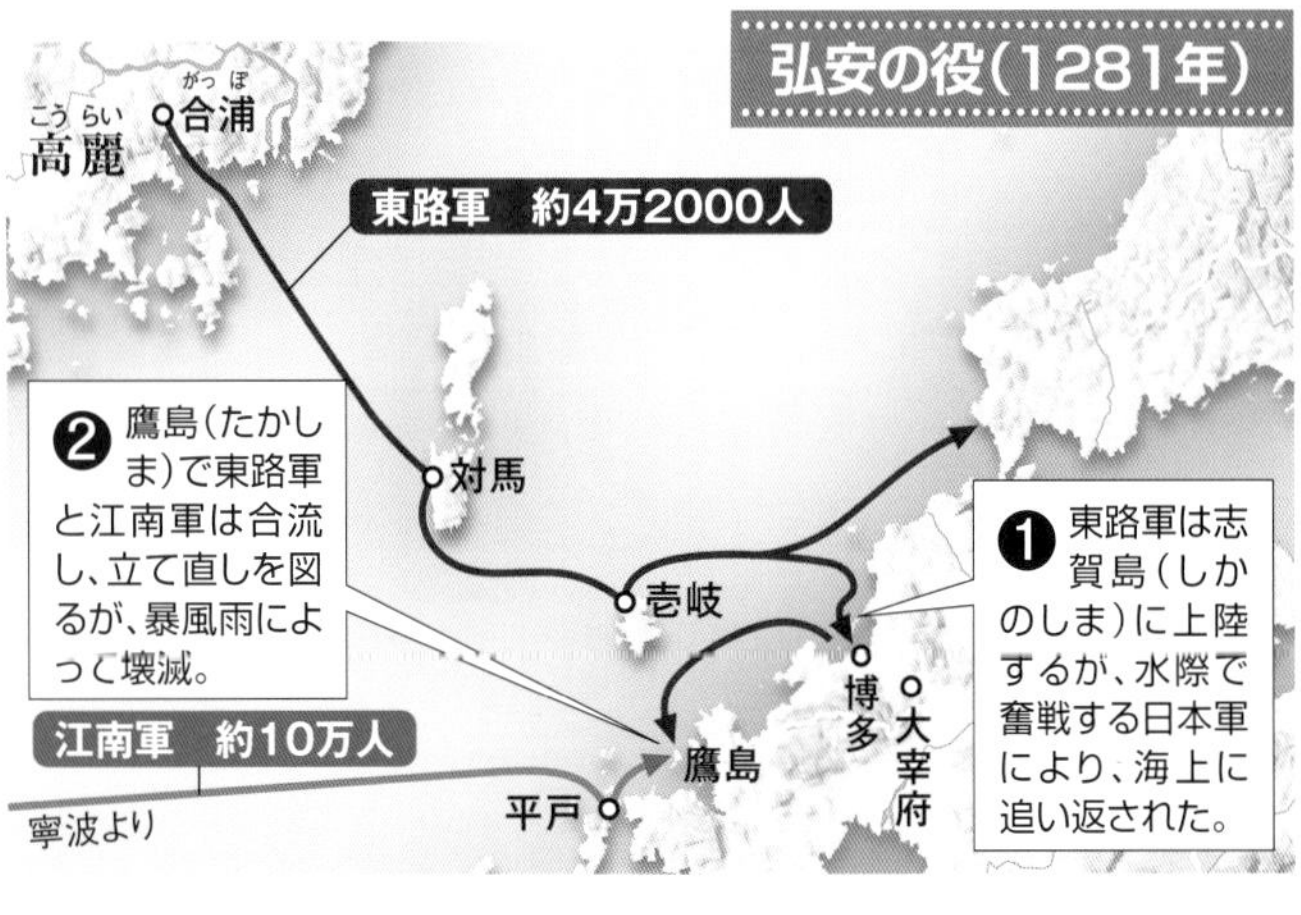
弘安の役(1281年)
高麗《こうらい》
合浦《がっぽ》
東路軍　約4万2000人
対馬
壱岐
博多
大宰府
鷹島
平戸
江南軍　約10万人
寧波より
❶ 東路軍は志賀島(しかのしま)に上陸するが、水際で奮戦する日本軍により、海上に追い返された。
❷ 鷹島(たかしま)で東路軍と江南軍は合流し、立て直しを図るが、暴風雨によって壊滅。

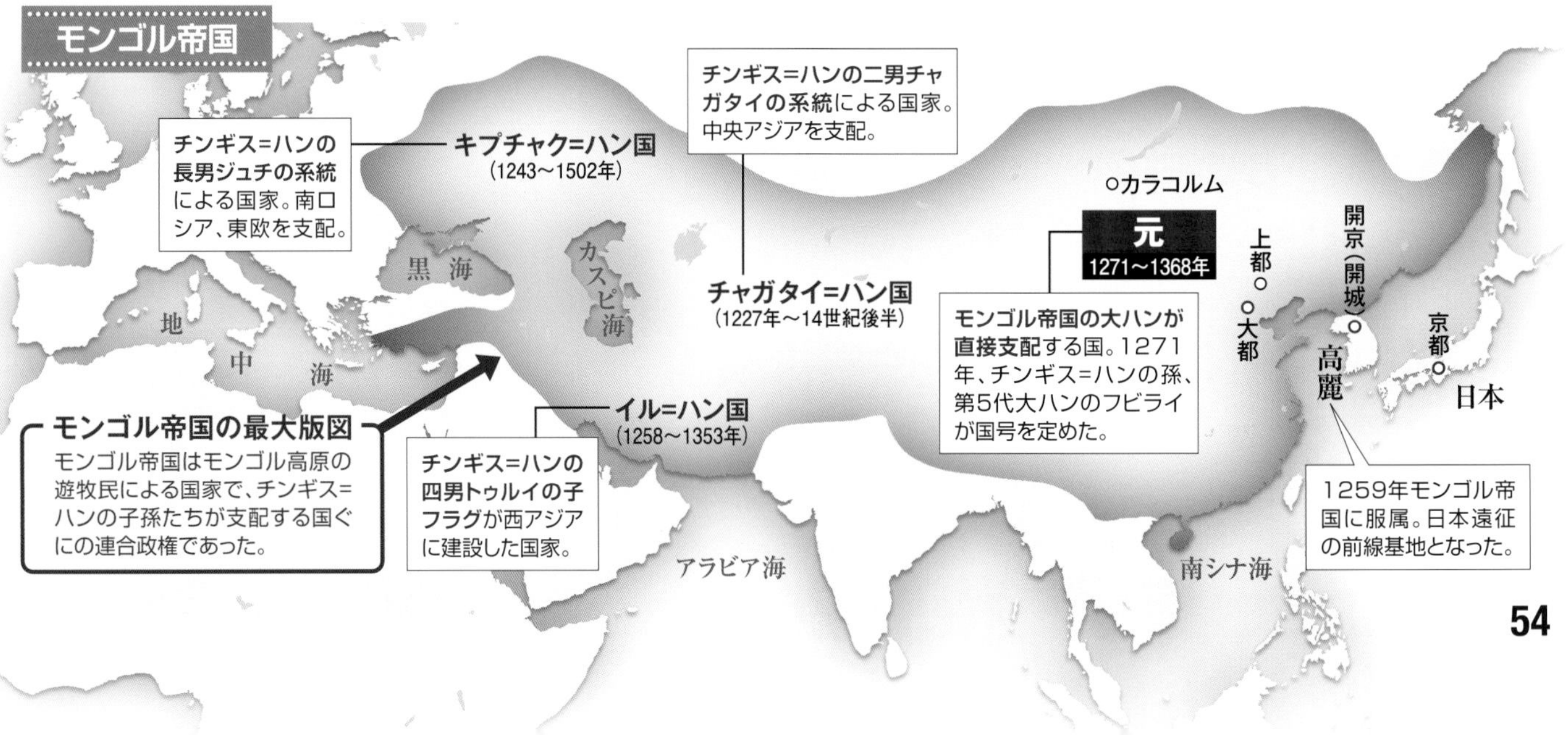
モンゴル帝国
チンギス=ハンの長男ジュチの系統による国家。南ロシア、東欧を支配。
キプチャク=ハン国
(1243～1502年)
チンギス=ハンの二男チャガタイの系統による国家。中央アジアを支配。
チャガタイ=ハン国
(1227年～14世紀後半)
カラコルム
元
1271～1368年
モンゴル帝国の大ハンが直接支配する国。1271年、チンギス=ハンの孫、第5代大ハンのフビライが国号を定めた。
上都
大都
開京(開城)
高麗
京都
日本
1259年モンゴル帝国に服属。日本遠征の前線基地となった。
黒海
カスピ海
地中海
イル=ハン国
(1258～1353年)
チンギス=ハンの四男トゥルイの子フラグが西アジアに建設した国家。
モンゴル帝国の最大版図
モンゴル帝国はモンゴル高原の遊牧民による国家で、チンギス=ハンの子孫たちが支配する国ぐにの連合政権であった。
アラビア海
南シナ海

36 鎌倉幕府の滅亡

後醍醐天皇が執念で倒幕を実現

親政を目ざす後醍醐天皇は、御家人の不満の高まりを背景に何度も倒幕計画を立案。ついに鎌倉幕府を滅亡させた。

天皇家の分裂と鎌倉幕府の滅亡

後嵯峨（ごさが）上皇の死後、皇統が2つに分裂し、皇位継承や荘園領有をめぐって争った。

天皇 大覚寺統《だいかくじとう》	天皇 持明院統《じみょういんとう》
	後深草《ごふかくさ》
亀山《かめやま》	
後宇多《ごうだ》	
	伏見《ふしみ》
	後伏見《ごふしみ》
後二条《ごにじょう》	
	花園《はなぞの》
後醍醐《ごだいご》	
	光厳《こうごん》

年	出来事	解説
1246年	後嵯峨《ごさが》天皇退位 後深草天皇即位	在位4年で退位し、わずか4歳の後深草天皇を即位させた。以後、26年にわたって院政を敷く。
1259年	亀山天皇即位	亀山天皇を偏愛する後嵯峨上皇の意向が強くはたらいた。亀山の兄・後深草はこれに強く反発。
1268年	世仁《よひと》親王立太子（のちの後宇多天皇）	
1272年	後嵯峨上皇崩御《ほうぎょ》	後深草天皇の皇統（持明院統）と亀山天皇の皇統（大覚寺統）の対立が表面化。
1274年	文永《ぶんえい》の役	
1281年	弘安《こうあん》の役	恩賞をほとんど与えられなかった御家人は窮乏し、幕府への不満が高まる。
1297年	永仁《えいにん》の徳政令《とくせいれい》	御家人の救済、保護を目的とする政策だったが、効果は一時的で、幕府はかえって信用を失った。
1324年	正中《しょうちゅう》の変	後醍醐天皇が側近らと倒幕計画を企てたとされるが、釈明して許された。近年、この倒幕計画を疑う説もある。
1331年	元弘《げんこう》の変 楠木正成挙兵	後醍醐天皇による倒幕計画が密告によって露顕。京都を脱出して挙兵するが、幕府の大軍に敗れる。
1332年	後醍醐天皇隠岐配流 護良《もりよし》親王挙兵	元弘の変の後、楠木正成や護良親王は再び挙兵、後醍醐天皇は隠岐を脱出して倒幕の綸旨（りんじ）を出す。これに応じて足利高氏が京都で幕府軍を破り、新田義貞が鎌倉を攻め落として、鎌倉幕府は滅亡した。
1333年	後醍醐天皇隠岐脱出 鎌倉幕府滅亡	

（1246年〜1274年：天皇家の分裂）

大覚寺統と持明院統

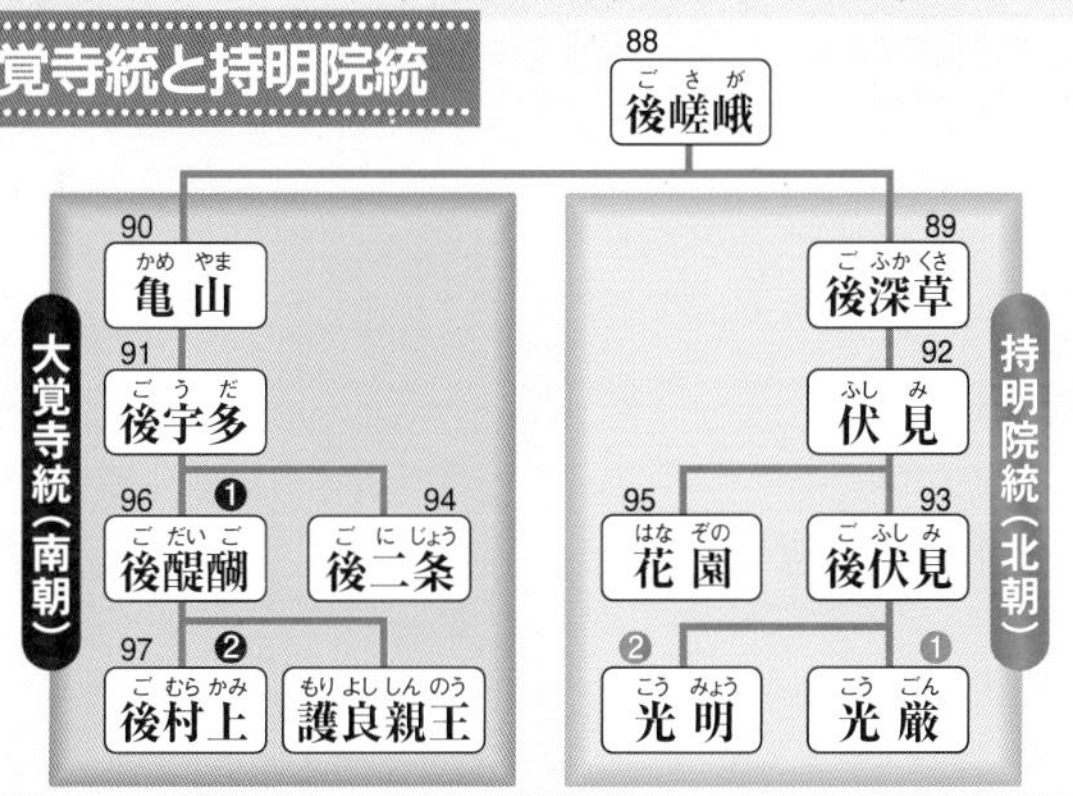
88 後嵯峨《ごさが》
90 亀山《かめやま》
91 後宇多《ごうだ》
96 ❶ 後醍醐《ごだいご》
94 後二条《ごにじょう》
97 ❷ 後村上《ごむらかみ》
護良親王《もりよししんのう》
大覚寺統（南朝）
89 後深草《ごふかくさ》
92 伏見《ふしみ》
95 花園《はなぞの》
93 後伏見《ごふしみ》
② 光明《こうみょう》
① 光厳《こうごん》
持明院統（北朝）

両統の名前は、祖である亀山、後深草天皇が退位後に御所とした寺院の名前に由来する。

数字は天皇の即位順
❶ 数字は南朝の即位順
① 数字は北朝の即位順

北条氏得宗に対する御家人たちの不満が爆発

蒙古襲来《もうこしゅうらい》後、勢力を強化した幕府では北条氏**得宗《とくそう》**（嫡流《ちゃくりゅう》の当主）に権限が集中した。一方、元軍撃退の軍功にもかかわらず、十分な恩賞を得られなかった**御家人《ごけにん》**たちは不満を募らせる。

このころには、分割相続を繰り返した結果、所領が細分化され、窮乏する御家人が増えていた。彼らは土地を担保に**借上《かしあげ》**とよばれる高利貸しから借金をしたが、所領を失い、さらに困窮する者もいた。幕府は1297年、売却・質入れされた御家人所領の無償返還を命じる**永仁《えいにん》の徳政令《とくせいれい》**を出して御家人の救済に乗り出すが、効果は一時的だった。

また、畿内周辺では体制に反抗する新興武士「**悪党《あくとう》**」が出現。動揺を抑えるべく得宗は権限を強化するが、かえって御家人の不満は高まった。

一方、当時の朝廷は**持明院統《じみょういんとう》**と**大覚寺統《だいかくじとう》**に分かれ、幕府の調停で交互に天皇を立てていた。幕府の干渉を嫌った大覚寺統の**後醍醐天皇《ごだいごてんのう》**は、御家人の不満を機ととらえて倒幕《とうばく》を計画するが、1331年に失敗して隠岐《おき》に流される。しかし、皇子の**護良親王《もりよししんのう》**や悪党の**楠木正成《くすのきまさしげ》**らはねばり強く幕府と戦い続けた。そして1333年、隠岐を脱出した後醍醐天皇が諸国に挙兵をよびかけると、倒幕勢力はしだいに増えていく。

なかでも有力御家人の**足利高氏《あしかがたかうじ》**（のち**尊氏《たかうじ》**）は、幕府軍として京都に向かう途中で天皇方に寝返り、**六波羅探題《ろくはらたんだい》**を攻略。上野国《こうずけのくに》で挙兵した**新田義貞《にったよしさだ》**は鎌倉を攻めて北条氏を滅ぼした。こうして鎌倉幕府は滅亡したのである。

人物 護良親王《もりよししんのう》 ［1308〜1335年］
後醍醐天皇の皇子。後醍醐天皇の意を受けて得度し、天台座主（ざす）となる。元弘の変が起こると、還俗して参戦し、僧兵を率いて活躍。建武の新政のもとで、征夷大将軍となった。しかし、足利尊氏や後醍醐天皇らと対立し、1334年鎌倉に幽閉される。翌年、鎌倉奪還を図ろうとする北条氏残党が起こした中先代の乱に際し、尊氏の弟・直義（ただよし）に殺された。

37 南北朝の動乱

建武の新政瓦解！朝廷分裂の時代へ

倒幕の勲功者足利尊氏が挙兵。以後、朝廷は南北に分裂し、室町幕府内部の対立も加わって、混乱の時代を迎えた。

南北朝の動乱関係図
北朝
天皇
＝
持明院統《じみょういん》
1305～58年
足利尊氏《あしかがたかうじ》
後醍醐天皇と対立。持明院統の光明天皇から征夷大将軍に任じられ、室町幕府を開く。
1306～52年
足利直義《あしかがただよし》
兄・尊氏の右腕として政務に携わるが、高師直と争い、一時南朝に降った。
VS
?～1351年
高師直《こうのもろなお》
尊氏の側近として北畠顕家、楠木正成(くすのきまさしげ)の子・正行(まさつら)を討つなど活躍。
政権のあり方をめぐって対立。のちに尊氏と直義の争いに発展した。
琵琶湖
足利尊氏・直義兄弟の争いで北朝の勢力は衰えをみせ、1352年には、南朝によって一時京都を奪還された。
丹波
延暦寺
坂本
篠村八幡宮
園城寺
京都
近江
播磨
武庫川
摂津
淀川
石清水八幡宮《いわしみずはちまんぐう》
山城
笠置山
四条畷《しじょうなわて》
湊川《みなとがわ》
奈良
興福寺《こうふくじ》
伊賀
住吉《すみよし》
阿倍野《あべの》
石津《いわづ》
大阪湾
淡路
河内
大和
1348年、北朝の高師直に侵攻され、南朝政府は賀名生に脱出。以後、住吉や河内など、各所を転々と移動した。
赤坂城
観心寺《かんしんじ》
千早城
金剛山
金剛寺《こんごうじ》
和泉
吉野川
は南朝の仮の皇居があったところ
吉野山
賀名生《あのう》
南朝
天皇
＝
大覚寺統《だいかくじ》
1301～38年
新田義貞《にったよしさだ》
尊氏との戦いに敗れ、後醍醐天皇の皇子恒良(つねなが)親王らを奉じて越前に拠ったが戦死。
1294～1336年
楠木正成《くすのきまさしげ》
河内の豪族。建武政権樹立に貢献するが、九州から進軍した足利直義に敗れ、湊川で戦死。
1318～38年
北畠顕家《きたばたけあきいえ》
反旗を翻した尊氏を九州に追い落とすが、のち高師直に敗れて石津で戦死した。

足利尊氏の北朝と後醍醐天皇の南朝

倒幕後、帰京した**後醍醐《ごだいご》天皇**は平安時代の醍醐《だいご》・村上《むらかみ》両天皇による「**延喜《えんぎ》・天《てん》暦《りゃく》の治《ち》**」を理想として親政《しんせい》を開始する。しかし、この**建武《けんむ》の新政**は3年で崩壊した。無理な大内裏《だいだいり》造営や武家社会の慣例を無視した土地改革など、非現実的な政治に加え、倒幕《とうばく》の論功で公家や寺社を優先したため武士層の支持を失ったことなどが原因だ。

勲功第一等といわれながら要職につけなかった**足利尊氏《あしかがたかうじ》**は、1335年、北条氏の遺児が起こした**中先代《なかせんだい》の乱**を鎮圧すると、鎌倉で新政権に反旗を翻した。翌年、京都を制圧した尊氏は持明《じみょう》院統《いんとう》の光明《こうみょう》天皇を擁立し(**北朝《ほくちょう》**)、**室町幕府**を樹立。対する後醍醐天皇は吉野へ逃れ(**南朝《なんちょう》**)、約60年にわたる**南北朝時代**が始まった。

朝廷分裂後、まもなく新田義貞《にったよしさだ》や北《きた》畠顕家《ばたけあきいえ》が戦死したことで南朝不利は決定的と思われたが、室町幕府にも問題があった。新興武士層と伝統的武士層の対立の深刻化だ。前者は所領拡大と新たな枠組みの政治を求めて尊氏とその側近の**高師直《こうのもろなお》**を支持し、後者は鎌倉幕府以来の秩序を重んじる尊氏の弟足利**直義《ただよし》**を支持。1350年には「**観応《かんのう》の擾乱《じょうらん》**」とよばれる武力対立に発展した。

この対立の過程で、尊氏、直義ともに、情勢の変化に応じて南朝と結ぶ局面が生まれた。こうして南北朝の動乱は、1352年に毒殺された直義の死後も、尊氏派、旧直義派、南朝の3者が三《み》つ巴《どもえ》の争いを展開することで長期化していったのだ。

人物 北畠親房《きたばたけちかふさ》 [1293～1354年]

室町時代初期の公家。後醍醐天皇に仕え、皇子世良(ときよし／よよし)親王の養育にあたるが、親王の死とともに出家。建武政権成立後、再び出仕し、陸奥守(むつのかみ)に任じられた息子の顕家とともに東北地方の経営にあたる。建武政権崩壊後は後醍醐天皇を吉野に迎え、以後、南朝の中心人物として活躍。南朝を正統と主張する歴史書『神皇正統記(じんのうしょうとうき)』を著した。

38 室町幕府と守護大名

守護大名の力に悩まされた幕府

室町幕府（北朝）は60年かけて南北朝を統一したものの、大名に成長した守護に足元を脅かされ続けた。

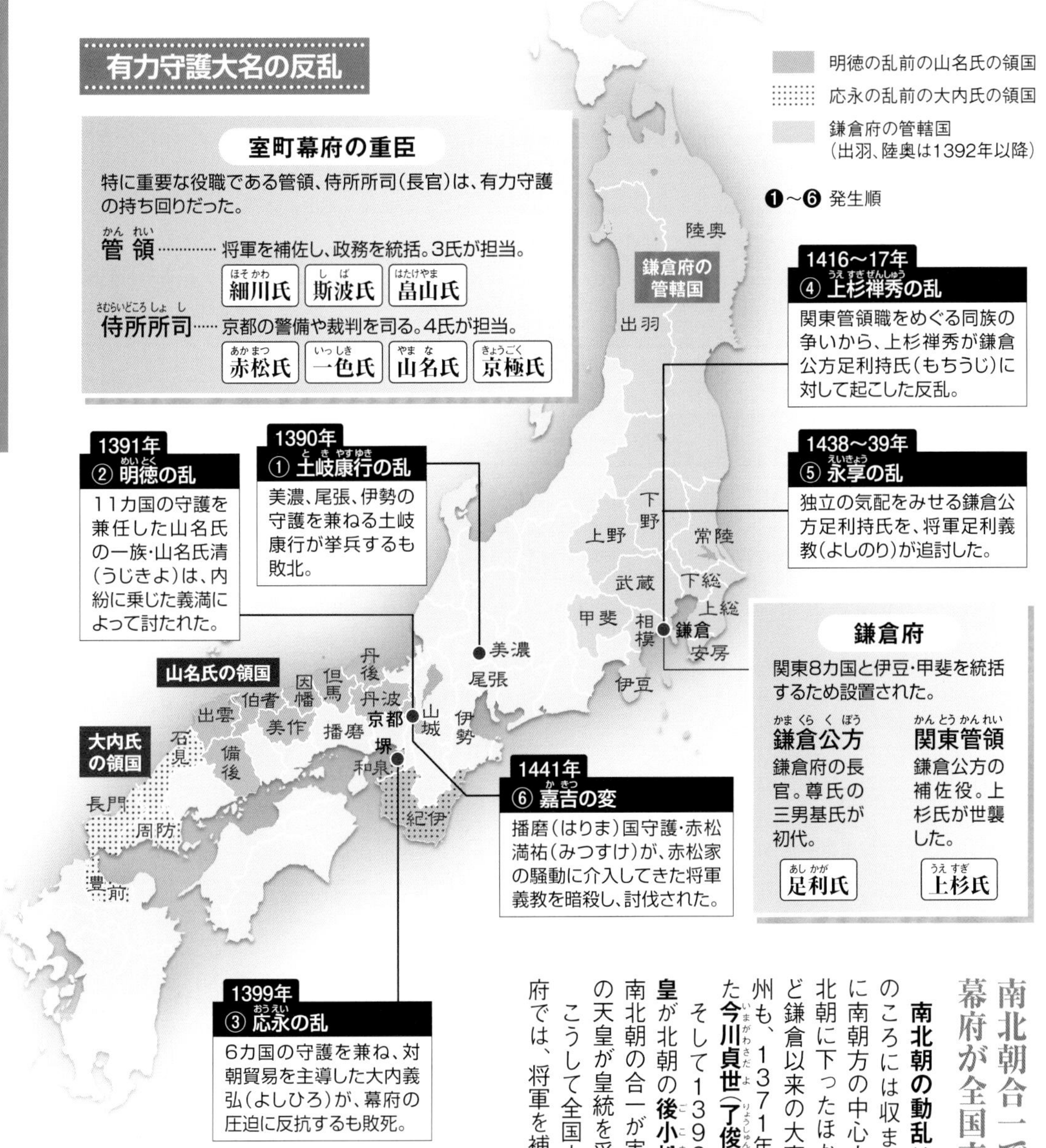
有力守護大名の反乱
明徳の乱前の山名氏の領国
応永の乱前の大内氏の領国
鎌倉府の管轄国
（出羽、陸奥は1392年以降）
❶〜❻ 発生順
室町幕府の重臣
特に重要な役職である管領、侍所所司（長官）は、有力守護の持ち回りだった。
管《かん》領《れい》……将軍を補佐し、政務を統括。3氏が担当。
細川《ほそかわ》氏 斯波《しば》氏 畠山《はたけやま》氏
侍所所司《さむらいどころしょし》……京都の警備や裁判を司る。4氏が担当。
赤松《あかまつ》氏 一色《いっしき》氏 山名《やまな》氏 京極《きょうごく》氏
1391年
② 明徳《めいとく》の乱
11カ国の守護を兼任した山名氏の一族·山名氏清（うじきよ）は、内紛に乗じた義満によって討たれた。
1390年
① 土岐康行《ときやすゆき》の乱
美濃、尾張、伊勢の守護を兼ねる土岐康行が挙兵するも敗北。
1416〜17年
④ 上杉禅秀《うえすぎぜんしゅう》の乱
関東管領職をめぐる同族の争いから、上杉禅秀が鎌倉公方足利持氏（もちうじ）に対して起こした反乱。
1438〜39年
⑤ 永享《えいきょう》の乱
独立の気配をみせる鎌倉公方足利持氏を、将軍足利義教（よしのり）が追討した。
陸奥
鎌倉府の管轄国
出羽
下野
上野
常陸
武蔵
下総
上総
甲斐
相模
鎌倉
安房
伊豆
美濃
尾張
山名氏の領国
丹後
但馬
因幡
伯耆
出雲
丹波
京都
山城
伊勢
美作
播磨
大内氏の領国
石見
備後
堺
和泉
長門
周防
紀伊
豊前
鎌倉府
関東8カ国と伊豆·甲斐を統括するため設置された。
鎌倉公方《かまくらくぼう》
鎌倉府の長官。尊氏の三男基氏が初代。
足利《あしかが》氏
関東管領《かんとうかんれい》
鎌倉公方の補佐役。上杉氏が世襲した。
上杉《うえすぎ》氏
1441年
⑥ 嘉吉《かきつ》の変
播磨（はりま）国守護·赤松満祐（みつすけ）が、赤松家の騒動に介入してきた将軍義教を暗殺し、討伐された。
1399年
③ 応永《おうえい》の乱
6カ国の守護を兼ね、対朝貿易を主導した大内義弘（よしひろ）が、幕府の圧迫に反抗するも敗死。

南北朝合一で幕府が全国支配を確立

南北朝の動乱は、3代将軍**足利義満**《あしかがよしみつ》のころには収まってきた。1369年に南朝方の中心人物だった楠木正儀《くすのきまさのり》が北朝に下ったほか、少弐《しょうに》、大友《おおとも》、島津《しまづ》など鎌倉以来の大豪族が割拠《かっきょ》していた九州も、1371年に九州探題《きゅうしゅうたんだい》に就任した**今川貞世**《いまがわさだよ》（**了俊**《りょうしゅん》）によって鎮定された。

そして1392年、南朝の**後亀山**《ごかめやま》**天皇**が北朝の**後小松**《ごこまつ》**天皇**に譲位する形で南北朝の合一が実現する。以後、北朝系の天皇が皇統を受け継いだ。

こうして全国支配を確立した室町幕府では、将軍を補佐する**管領**《かんれい》や、その下の侍所《さむらいどころ》・政所《まんどころ》といった政治機構も整っていった。管領は足利氏一門の**細川**《ほそかわ》、**斯波**《しば》、**畠山**《はたけやま》の**三管**《さんかん》**領**《れい》が交代で任命された。地方機関では特に鎌倉府が重視され、足利尊氏《たかうじ》の子・基氏《もとうじ》の子孫が代々**鎌倉公方**《かまくらくぼう》となった。その補佐役の**関東管領**《かんとうかんれい》は上杉氏が世襲した。

動乱のなかで成長した守護大名の実力

しかし、全国支配とはいえ幕府の権限は限られており、地方の実権は動乱のなかで成長した**守護**《しゅご》が握っていた。

南北朝時代初期、幕府は地方武士を動員するため、守護の権限を拡大する。なかでも、軍費調達のために年貢の半分を徴発できる**半済令**《はんぜいれい》を認めると、守護はその権限を利用して荘園や公領を侵略。**国人**《こくじん》とよばれた在地武士に分け与えることで彼らを統制していった。さらに、国衙《こくが》の機能を吸収して一国全体を所領のようにあつかう守護も現れ、彼らは**守護大名**とよばれた。

義満は有力守護大名の土岐《とき》氏や山名《やまな》氏、大内《おおうち》氏らを攻めて勢力を削いだが、将軍と守護大名の勢力均衡は**嘉吉**《かきつ》**の変**などにより揺らいでいくのであった。

室町幕府に保護された臨済宗

厳しい修行を要する禅宗は武士の気風と通じるものがあり、特に栄西《えいさい》が開いた臨済宗《りんざいしゅう》は鎌倉幕府に保護された。室町幕府も同様に臨済宗を保護し、足利尊氏が臨済僧・夢窓疎石《むそうそせき》の勧めで天竜《てんりゅう》寺《じ》を造営したほか、義満も相国寺《しょうこくじ》を建立している。

また、義満は南宋《なんそう》にならって五山《ござん》制度を確立。南禅寺《なんぜんじ》を別格、天竜寺、相国寺、建仁寺《けんにんじ》、東福寺《とうふくじ》、万寿寺《まんじゅじ》を京都五山《きょうとござん》、建長寺《けんちょうじ》、円覚寺《えんがくじ》、寿福寺《じゅふくじ》、浄智寺《じょうちじ》、浄妙寺《じょうみょうじ》を鎌倉五山《かまくらござん》とし、幕府の禅宗政策の拠点とした。

人物 今川了俊《いまがわりょうしゅん》 [1326〜?年]
室町時代初期の武将。出家する以前は貞世（さだよ）といった。北朝に仕えて1371年ごろ九州探題となり、以後25年間、九州経営に尽くしたが、1395年に義満と対立して駿河の守護に左遷された。義満に応永の乱への関与を疑われて追討令を出されるが、関東管領上杉憲定（のりさだ）などの助命嘆願で許される。晩年に、『太平記』の注釈書『難太平記』を著した。

39 倭寇と勘合貿易

幕府の財源となった東アジアとの交易

室町幕府第3代将軍の足利義満は、5世紀の倭の五王以来となる中国皇帝への朝貢を行い、日明貿易によって莫大な利益を確保した。

15世紀の東アジアと倭寇
倭寇のおもな侵略地
前期倭寇は日明貿易の開始などにより下火になったが、16世紀になって日明貿易が断絶すると、再び活発化した（後期倭寇）。
順天府（北京）
朝鮮
（1392～1910年）
漢城
富山浦《ふざんほ》
塩浦《えんぽ》
乃而浦《ないじほ》
京都
堺
日本
博多
坊津
日朝貿易の航路
1510年
三浦《さんぽ》の乱
乃而浦、富山浦、塩浦の三浦に住む日本人の暴動事件。これにより朝鮮との通交は一時断絶した。
明《みん》
（1368～1644年）
黄河
1404年から室町幕府との朝貢貿易を開始。日明貿易は16世紀なかばまで続いた。日本からは刀剣などの武器･武具類や工芸品、硫黄などを輸出、明からは銅銭や生糸、陶磁器などを輸入していた。
応天府（南京）
長江
寧波
日明貿易の航路
1419年
応永《おうえい》の外寇《がいこう》
朝鮮軍が倭寇の本拠地と考えた対馬を1万7000の兵で襲撃。寡兵の対馬軍がこれを撃退した事件。
琉球王国
1523年
寧波《ニンポー》の乱
大内氏と細川氏が勘合の真偽をめぐり衝突。勝利した大内氏が日明貿易で優位に立った。
1429年建国。15～16世紀に中国や東南アジア、朝鮮、日本との中継貿易を活発に展開する。

元との貿易船と倭寇の脅威

蒙古襲来《もうこしゅうらい》後、日本と元《げん》は正式な国交を結ぶことはなかった。しかし、貿易の利を知っていた鎌倉幕府や室町幕府は、おもに寺社の建築費用を捻出するため、建長寺《けんちょうじ》船や天竜寺《てんりゅうじ》船とよばれた貿易船を元に派遣している。

また、北九州沿岸の武士や漁民による私貿易船も、朝鮮半島や中国沿岸部とさかんに交易を行った。しかし、彼らのなかには、貿易が思うように進まないと武力で食料や人を略奪する海賊行為を働く者もおり、**倭寇《わこう》**（**前期倭寇《ぜんきわこう》**）とよばれて恐れられた。

朝貢貿易がもたらした室町幕府の運営資金

1368年、元にかわって建国した**明《みん》**は、日本に倭寇の禁圧を求めた。これに応じた**足利義満《あしかがよしみつ》**は、九州探題《きゅうしゅうたんだい》に倭寇の取締りを命じるとともに、1401年には僧の祖阿《そあ》らを派遣。明の皇帝からは「日本国王源道義《にほんこくおうげんどうぎ》（義満の法号）に勅《ちょく》す」との返書が届いた。

こうして明と国交を結んだ日本は1404年から正式な**日明《にちみん》貿易**を開始する。明との貿易は、皇帝に朝貢《ちょうこう》し、その返礼として品物を受け取るという朝貢貿易の形式をとらなければならなかった。また、正式な貿易船であることを示すため、割符の一種である「**勘合《かんごう》**」を用いたことから**勘合貿易**ともよばれる。これにより、倭寇の活動は衰退していった。

4代将軍**足利義持《よしもち》**は朝貢形式に反対して一時貿易を中断するが、朝貢貿易では滞在費や運搬費などはすべて明が負担したため莫大な利益がもたらされ、室町幕府の重要な財源となった。

15世紀後半以後、室町幕府の衰退とともに、日明貿易の実権は幕府から離れ、堺《さかい》商人と結んだ細川《ほそかわ》氏や博多《はかた》商人と結んだ大内《おおうち》氏に移っていく。このころから再び**倭寇**（**後期倭寇**）が活発になるが、そのほとんどは中国人の密貿易者であった。

義満が開いた日朝貿易

1392年、朝鮮半島で李成桂《りせいけい（イソンゲ）》が高麗《こうらい》を倒して朝鮮を建国すると、日明貿易を始めた足利義満は、朝鮮とも国交を樹立。日朝貿易は対馬《つしま》の宗《そう》氏を通して行われ、朝鮮からは木綿《もめん》などの織物類が輸入された。日本からは銅や硫黄《いおう》、扇《おうぎ》などの工芸品のほか、琉球《りゅうきゅう》貿易でもたらされた香木《こうぼく》や染料も輸出された。

日朝貿易は、1419年の応永《おうえい》の外寇《がいこう》で一時中断したのち15世紀を通じて行われた。しかし、1510年、朝鮮半島に置かれた倭館《わかん》での特権縮小に反発した日本人の暴動を朝鮮が鎮圧。この三浦《さんぽ》の乱以後、衰えていった。

人物　足利義満《あしかがよしみつ》［1358～1408年］
室町幕府第3代将軍。10歳で将軍となり、管領細川頼之（よりゆき）に補佐された。長じると有力守護大名の弾圧を開始する。1392年に南北朝の統一を成功させ、1394年には太政大臣（だいじょうだいじん）に就任、室町幕府の権威を高めた。京都の北山に、金閣（きんかく）を中心とする多数の殿舎からなる北山殿（きたやまどの）を造営し、北山文化を開花させた。

15世紀
平成　昭和　大正　明治　江戸　安土桃山　室町　鎌倉　平安　奈良　古墳・飛鳥　弥生　縄文

40 惣村の形成と一揆

力をつけた農民が権力者たちを圧迫

農業技術の発展に支えられて、生産力が飛躍的に増大すると、裕福になった農民が全国各地で自立。実力行使で権力者に抵抗するようになった。

室町時代のおもな一揆

土一揆は民衆による一揆、国(くに)一揆は国人(こくじん)一揆を中核として発展した一揆、一向一揆は一向宗の信徒が起こした一揆をさす。土一揆のほとんどは徳政を要求したので、「徳政一揆」ともよばれる。

1428年
正長《しょうちょう》の徳政一揆
馬借の蜂起に始まる農民一揆。実力による債務放棄などを実現させた。
1441年
嘉吉《かきつ》の徳政一揆
嘉吉の変後、数万人の民衆が徳政を求めて蜂起し、幕府と抗争した。
1488〜1580年
加賀《かが》の一向一揆《いっこういっき》
一向宗の僧侶や門徒の農民たちが連合して守護による領国支配に反抗。約1世紀にわたって、加賀一国を支配し、「百姓の持ちたる国」とよばれた。
高尾城
吉崎御坊
1429年
播磨《はりま》の土一揆
守護赤松氏の家臣の国外退去を要求するが、赤松氏により鎮圧。
播磨
京都
宇治
石山本願寺
一向宗の本拠地
1485〜93年
山城《やましろ》の国一揆
南山城(京都府南部)の国人や農民が協力し、守護畠山(はたけやま)氏を追放。8年間にわたり自治を行った。

惣村の形成と一揆

鎌倉時代後期　農業生産が飛躍的に向上し、裕福になった農民に権利意識が生まれる。

▼

用水の管理、自衛などの目的から農民の自治組織(惣村《そうそん》)ができる。

室町時代初期　惣村が全国に拡大。荘園領主や地頭《じとう》に抵抗するようになる。

1428年　正長《しょうちょう》の徳政一揆(畿内)
➡ 初の大規模な農民蜂起

1429年　播磨《はりま》の土一揆
➡ 政治的な要求をした初の一揆

1441年　嘉吉《かきつ》の徳政一揆(京都)
➡ 幕府が一揆の要求を入れ徳政令を発布
(1467〜1477年　応仁・文明の乱 ▶p.60)

1485年　山城《やましろ》の国一揆
➡ 畠山氏の軍の国外追放に成功

1488年　加賀《かが》の一向一揆
➡ 約100年間の自治に成功

農民たちの自治組織「惣村」の広がり

鎌倉時代末、荘園内部に出現した「**惣《そう》村《そん》**(惣)」とよばれる自治的村落は、室町時代に入り、特に畿内を中心に広がりをみせるようになった。

惣村を構成したのは、有力農民だった名主《なぬし》のほか、農業生産力の向上で力をつけた小農民たちだ。彼らは、農作業での協力や戦乱に対する自衛の必要から、やがて荘園の枠を越えた地縁的な結合を強めていき、山野などの共同利用地(入会地《いりあいち》)の確保や灌漑《かんがい》用水の管理、さらには村内の治安維持のために警察権を行使する場合もあった。

惣村は**沙汰人《さたにん》**や**おとな**と称する指導者によって運営され、重要事項は村民が参加する寄合《よりあい》で決められた。また、村民自身が守るべき規約である**惣掟《そうおきて》**もつくられた。惣掟は、寄合に出なかった者や森林の枝を切った者に対する過料などに始まり、しだいに村民の日常生活のすみずみまで規定するようになる。違反者は厳罰に処され、共有の蕨《わらび》粉《こ》を盗んだ未亡人とその子が村民に殺されたという記録も残っている。

権力者に実力で対抗した農民たちの一揆

惣村の共同体意識は強く、しばしば**一揆《いっき》**を結び、荘園領主のもとに押しかける強訴《ごうそ》や集団で耕作を放棄する逃散《ちょうさん》といった実力行使で年貢の減免などを求めた。そのため、もとは一致団結するという意味の一揆は、実力で権力者に要求を認めさせるという意味に転じていた。

そして1428年には、日本初の大規模農民蜂起とされる**正長《しょうちょう》の徳政一揆《とくせいいっき》**が起きる。近江坂本《おうみさかもと》の馬借《ばしゃく》(運送業者)が**徳政**を求めて蜂起すると、これに複数の惣村が結合してできた農民勢力が加わり、たちまち畿内一円に広まった。幕府は徳政令を出さなかったが、一揆勢は各地で高利貸しから証文を奪い、債務を実質的に破棄させる「私《し》徳《とく》政《せい》」を行っている。

また、1441年の**嘉吉《かきつ》の徳政一揆**では、数万人の一揆勢が京都を取り囲み、京外との交通を遮断したため、京都は食糧不足に陥り、幕府は徳政令を出さざるを得なくなった。

将軍の権威が揺らいだ室町時代後期には、これら農民の**土一揆《つちいっき》**(徳政一揆)をはじめとする一揆が各地で頻発したのである。

人物　蓮如《れんにょ》 [1415〜1499年]
室町時代の僧侶。浄土真宗中興の祖といわれる。1457年、本願寺第8世を継ぎ、近畿、北陸、東海などで教化活動を展開した。1465年、比叡山延暦寺の衆徒らによって大谷本願寺が破却されると、近江を転々とし、越前吉崎に坊舎を建立。親鸞の教えを仮名混じり文の「御文(おふみ)」を使って、わかりやすく民衆に説いた。

41 応仁・文明の乱

戦国乱世を開く! 京を焼き尽くした大乱

守護大名の家督争いと、将軍家の後継者争いが、実力者間の権力争いと結びつき、11年に及ぶ大乱が勃発した。

将軍家・守護大名の家督争いが戦争に発展

専制的な6代将軍**足利義教**《あしかがよしのり》が暗殺された**嘉吉の変**《かきつのへん》以後、将軍の権威は失墜。守護大名《しゅごだいみょう》との勢力均衡は揺らぎ、各地で一揆《いっき》も頻発するなど、不穏な空気が漂い始めていた。そして1467年、20万を超える兵が全国から京都に集結し、東西二手に分かれて11年間も争う未曽有《みぞう》の戦乱が勃発した。**応仁・文明の乱**《おうにんぶんめいのらん》である。

発端は、**三管領**《さんかんれい》でもある有力守護大名の**畠山氏**《はたけやまし》、**斯波氏**《しばし》の両家で起きた家督争いだった。当時の守護大名家では、領地を細分化してしまう分割相続にかわって、嫡子による単独相続が行われるようになり、それにともない家督争いが頻発していた。家督争いは**国人**《こくじん》などの利害とも絡み合って、2派に分かれた家臣団が中央の権力者と結びついて激化することもあった。

畠山氏、斯波氏の家督争いも、対立する相手どうしが、幕府の実力者となっていた**細川勝元**《ほそかわかつもと》か**山名持豊**《やまなもちとよ》(**宗全**《そうぜん》)のいずれかを後ろ盾としていた。

このころ、跡継ぎがいなかった8代将軍**足利義政**《よしまさ》は、弟の**義視**《よしみ》を後継者に指名した。しかし、その翌年、義政の正室日野富子《ひのとみこ》が男子(**義尚**《よしひさ》)を産み、将軍家跡継ぎ問題が加わると、山名氏と細川氏、そして義政側近の伊勢氏らの権力争いが問題を複雑化していった。

京都が焼き尽くされ戦国時代に突入

細川方(**東軍**)は畠山政長《はたけやままさなが》、斯波義敏《しばよしとし》ら約16万、山名方(**西軍**)は畠山義就《はたけやまよしひろ》、斯波義廉《しばよしかど》ら約11万。持豊の裏切りで管領職を追われた政長が挙兵したことをきっかけに、戦いの火蓋は切って落とされた。

当初、勝元は将軍居館の花の御所と将軍義政、義視、義尚を押さえたが、開戦翌年には義視が西軍に身を投じ、東西両軍がそれぞれ将軍を立てるなど、混乱は深まった。1473年には持豊、勝元が相次いで病死するが、その後も小競り合いは続いた。

1477年には、戦いに疲れた両軍の間でようやく和議が結ばれたものの、中央と結びついた各地での争乱は続き、世は群雄《ぐんゆう》が割拠《かっきょ》する**戦国時代**に突入していく。

なお、関東では1454年に鎌倉公方《かまくらくぼう》と関東管領《かんとうかんれい》が激突する**享徳の乱**《きょうとくのらん》が始まっていた。この戦乱で、鎌倉公方は**古河公方**《こがくぼう》と**堀越公方**《ほりごえくぼう》に、関東管領の上杉氏も**山内上杉氏**《やまのうちうえすぎし》と**扇谷上杉氏**《おうぎがやつうえすぎし》に分かれるなど情勢は入り乱れ、全国に先駆けて戦乱の時代に突入していた。

応仁・文明の乱前後の年表

1441年 **嘉吉の変**
山名持豊が鎮圧に活躍、旧赤松領を与えられる。

1449年 足利義政、将軍に就任

1452年 細川勝元、管領に就任

1459年 斯波氏家督争いで斯波義敏が追放される

1460年 畠山政長が家督相続、畠山義就が追放される

1464年 足利義政、弟の義視を後継者に

1465年 足利義尚が誕生

1466年 **文正**《ぶんしょう》**の政変**
山名氏、細川氏と対立関係にあった義政の側近伊勢貞親(いせさだちか)らが斯波義敏復権と、義視排除を図り失脚。

1467年 **京都で武力衝突が起こる(御霊合戦**《ごりょうがっせん》**)**
文正の政変後、山名氏と細川氏の対立が先鋭化。義政が、持豊の支持する畠山義就の家督を認めたため、これを不満とする政長との戦いが京都で発生。

応仁・文明の乱始まる

1468年 **東西幕府の成立**
足利義視が持豊のもとへ移り、西軍の西幕府と東軍の東幕府の対立が長期化、全国へ戦火が拡大。

1473年 山名持豊、細川勝元死去
義政、足利義尚に将軍を譲る

1477年 **応仁・文明の乱終結**
諸大名らが領国へ戻り、応仁の乱は終わった。

1468年ごろの対立関係

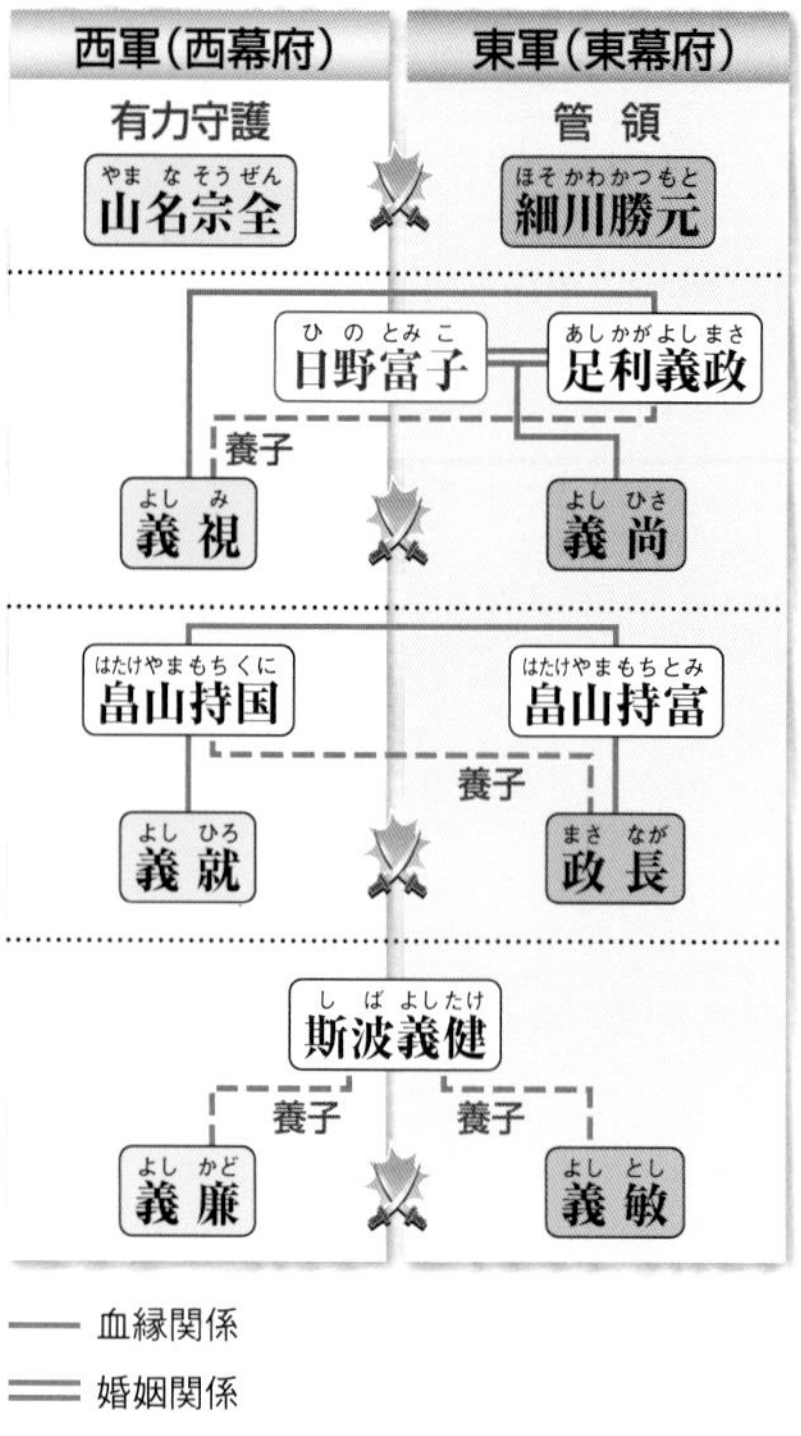
西軍(西幕府)
東軍(東幕府)
有力守護
管　領
山名宗全《やまなそうぜん》
細川勝元《ほそかわかつもと》
日野富子《ひのとみこ》
足利義政《あしかがよしまさ》
養子
義視《よしみ》
義尚《よしひさ》
畠山持国《はたけやまもちくに》
畠山持富《はたけやまもちとみ》
養子
義就《よしひろ》
政長《まさなが》
斯波義健《しばよしたけ》
養子
養子
義廉《よしかど》
義敏《よしとし》
血縁関係
婚姻関係

人物 足利義政《あしかがよしまさ》 [1436〜1490年]

室町幕府第8代将軍。兄の死によって8歳で将軍となる。幕府の財政難や権力基盤の弱さで苦労し、やがて政治への興味を失った義政は、妻の日野富子や細川勝元・山名宗全といった有力守護大名に委ね、猿楽や遊興に傾倒していった。応仁・文明の乱のさなか、将軍職を子の義尚に譲って隠居。京都東山の山荘に住み、武家文化と公家文化、そして禅宗が融合した東山文化を生んだ。

第4章

群雄割拠の戦乱の時代

第4章に登場する主な人物の生没年

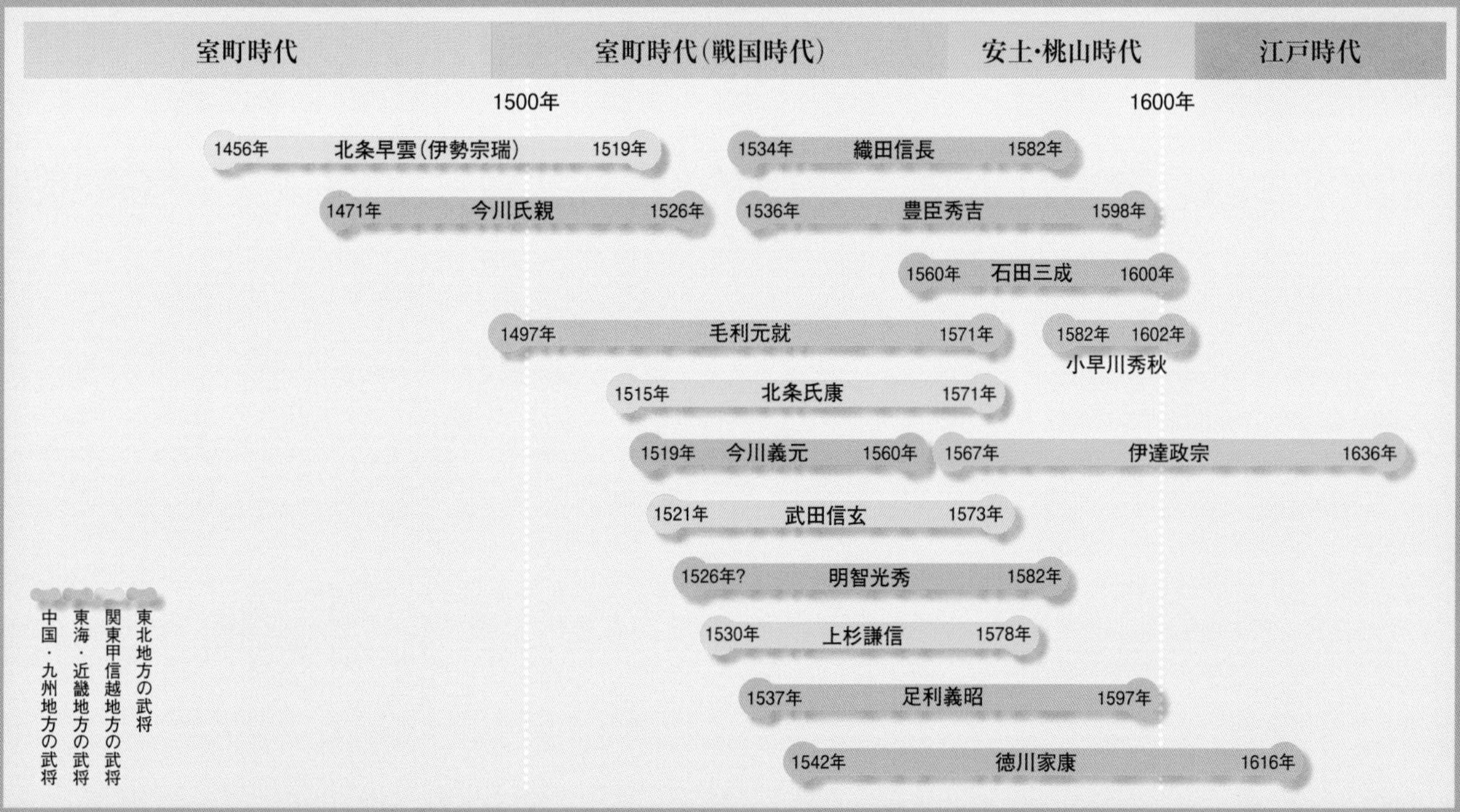

室町時代
室町時代(戦国時代)
安土・桃山時代
江戸時代
1500年
1600年
1456年 北条早雲(伊勢宗瑞) 1519年
1534年 織田信長 1582年
1471年 今川氏親 1526年
1536年 豊臣秀吉 1598年
1560年 石田三成 1600年
1497年 毛利元就 1571年
1582年 1602年 小早川秀秋
1515年 北条氏康 1571年
1519年 今川義元 1560年
1567年 伊達政宗 1636年
1521年 武田信玄 1573年
1526年? 明智光秀 1582年
1530年 上杉謙信 1578年
1537年 足利義昭 1597年
1542年 徳川家康 1616年
東北地方の武将
関東甲信越地方の武将
東海・近畿地方の武将
中国・九州地方の武将

群雄割拠の戦乱の時代

10大ニュース

年	出来事	
1493年	❶ **明応《めいおう》の政変**	p.64
1493年	❷ **北条早雲《ほうじょうそううん》が伊豆《いず》進出**	p.64
1495年	北条早雲が小田原城奪取	
1507年	管領《かんれい》細川氏に内紛が起こる	
1517年	今川氏親《いまがわうじちか》が遠江《とおとうみ》を併合	
	毛利元就《もうりもとなり》が武田元繁《たけだもとしげ》を破る	
1541年	武田晴信《はるのぶ》(信玄《しんげん》)が父信虎《のぶとら》を追放	
1542年	斎藤道三《さいとうどうさん》が美濃《みの》を占領	
*1543年	❸ **鉄砲が日本に伝来** *1542年説あり	p.70
1546年	三好長慶《みよしながよし》が室町幕府の実権を握る	
1549年	ザビエルがキリスト教を伝える	
1553〜64年	川中島《かわなかじま》の戦い(全5回)	
1555年	毛利元就が陶晴賢《すえはるかた》を破る	
1560年	桶狭間《おけはざま》の戦い	
1565年	将軍足利義輝《あしかがよしてる》が松永久秀《まつながひさひで》に殺される	
1567年	織田信長《おだのぶなが》が美濃を攻略	

1493年 室町時代 / 室町時代(戦国時代)

戦国大名の分布(1550年代)

1493年、北条早雲《ほうじょうそううん》が武力で伊豆を占領し、「戦国時代」が本格的に幕を開けた。それまでの守護大名《しゅごだいみょう》にかわり、より強力な支配体制を築いた戦国大名《せんごくだいみょう》が登場する。戦国大名の出自はさまざまで、武田氏、今川氏、島津氏らは守護大名出身、織田氏、朝倉氏らは守護代《しゅごだい》出身、北条氏、毛利氏らは国人《こくじん》(在地の有力武士)の出身である。

戦国大名は各地で血で血を洗う争いを繰り広げたが、織田信長《おだのぶなが》の登場で大きく転回する。そして信長の後継者となった豊臣秀吉《とよとみひでよし》が天下統一を遂げた。

浪岡氏《なみおか》
秋田氏《あきた》
陸奥
南部氏《なんぶ》
出羽
最上氏《もがみ》
葛西氏《かさい》
伊達氏《だて》
本間氏《ほんま》
佐渡
能登
上杉氏《うえすぎ》
神保氏《じんぼ》
越後
芦名氏《あしな》
畠山氏《はたけやま》
越中
佐野氏《さの》
相馬氏《そうま》
下野
三木氏《みき》
信濃
上野
飛騨
宇都宮氏《うつのみや》
佐竹氏《さたけ》
足利氏《あしかが》
常陸
木曽氏《きそ》
武田氏《たけだ》
武蔵
甲斐
相模
下総
遠江
駿河
千葉氏《ちば》
北条氏《ほうじょう》
今川氏《いまがわ》
上総
伊豆
里見氏《さとみ》
安房

長尾景虎《ながおかげとら》(上杉謙信《うえすぎけんしん》) 1530〜1578年 ▶p.66
越後守護代の家に生まれ、関東管領山内(やまのうち)上杉氏を継いで上杉政虎(まさとら)、のち謙信と名乗った。天才的な戦術家として信長にも恐れられた。

伊達晴宗《だてはるむね》 1519〜1577年
政宗(まさむね)の祖父。対立していた父を幽閉して伊達家を継ぐ。のちに子の輝宗(てるむね)と争い、内乱を避けて隠居した。

斎藤義龍《さいとうよしたつ》 1527〜1561年
斎藤道三の子。父と折り合いが悪く、家督を譲られたのち、道三を攻撃して敗死させた。

武田晴信《たけだはるのぶ》(信玄《しんげん》) 1521〜1573年 ▶p.66
父信虎を追放して当主となり、甲斐(かい)、信濃(しなの)、駿河(するが)にまで勢力を拡大。政治家としても有能で、治水や新田開発に能力を発揮した。

北条氏康《ほうじょううじやす》 1515〜1571年 ▶p.66
北条早雲の孫。関東管領上杉氏を駆逐して関東一円を掌握。武田、今川との同盟を成功させ、北方の上杉謙信に対抗した。

今川義元《いまがわよしもと》 1519〜1560年
駿河、遠江(とおとうみ)、三河(みかわ)を支配下におさめ、その武略は「海道一の弓取り」と称された。

地図中の色は、特に有力だった大名の勢力範囲をさす。

1573年 ／ 1603年

	1568年	❹ **織田信長が入京**	p.69
	1570年	姉川《あねがわ》の戦い	
	1571年	織田信長が延暦寺《えんりゃくじ》を焼き打ち	
安土・桃山時代	1573年	室町幕府が滅亡	
	1575年	長篠《ながしの》の戦い	
	1576年	織田信長が安土《あづち》城を築く	
	1580年	織田信長と石山本願寺《いしやまほんがんじ》が和睦	
	1582年	武田氏が滅亡	
	1582年	❺ **本能寺《ほんのうじ》の変**	p.70
	1582年	❻ **山崎の合戦**	p.71
	1583年	賤ケ岳《しずがたけ》の戦い	
	1584年	小牧《こまき》・長久手《ながくて》の戦い	
	1585年	❼ **豊臣秀吉《とよとみひでよし》が関白《かんぱく》に任じられる**	p.71
	1590年	❽ **豊臣秀吉が天下統一**	p.71
	1592〜98年	❾ **文禄《ぶんろく》・慶長《けいちょう》の役**	p.73
	1600年	❿ **関ケ原《せきがはら》の戦い**	p.74
江戸時代	1603年		

朝倉義景《あさくらよしかげ》 1533〜1573年

足利義昭(よしあき)を保護するが、この好機を生かそうとしなかった。のち義昭を奉じて上洛した信長と戦う。

尼子晴久《あまごはるひさ》 1514〜1562年

中国地方8カ国の守護を兼ね、尼子氏の全盛期を築く。毛利氏と激しい勢力争いを繰り広げた。

三好長慶《みよしながよし》 1522〜1564年

管領細川氏の家臣だったが、主君晴元(はるもと)と将軍足利義輝を追放し、畿内を制圧した。

浅井久政《あざいひさまさ》 ?〜1573年

軍事能力に乏しく、子の長政(ながまさ)を擁立した家臣たちによって、強制的に隠居させられた。

毛利隆元《もうりたかもと》 1523〜1563年

毛利元就の子。父存命中に家督を譲られ、中国地方を転戦。2人の弟とともに、毛利家の発展のため尽力するが、遠征中に謎の急死を遂げた。

龍造寺隆信《りゅうぞうじたかのぶ》 1529〜1584年

国人の出身ながら肥前(ひぜん)に勢力を拡大し、大友、島津と並ぶ九州三強の一角にのし上がった。

大友義鎮《おおともよししげ》 1530〜1587年

北九州6カ国の守護となり、隆盛を誇ったが、日向(ひゅうが)にて島津氏に大敗を喫してからは、勢いを失った。

島津貴久《しまづたかひさ》 1514〜1571年

のちの薩摩(さつま)藩島津家の基礎を築いた人物。種子島(たねがしま)に伝わった鉄砲を初めて実戦で使用した。

長宗我部国親《ちょうそかべくにちか》 1504〜1560年

半農半兵の兵士「一領具足」を活用し、勢力を拡大するが、遠征中に急死。子の元親(もとちか)が跡を継ぐ。

織田信長《おだのぶなが》 1534〜1582年 ▶p.69

尾張(おわり)守護代の分家に生まれるが、織田本家、守護斯波(しば)氏を滅ぼして尾張を統一。桶狭間で今川義元を破り、天下に名乗りを上げた。

42 戦国時代の幕開き

新時代の先駆けとなった風雲児北条早雲

今川氏の食客北条早雲が、隣国・伊豆の堀越に攻め込み、足利氏の所領を武力で奪った。戦国時代の本格的な幕開きである。

下剋上の気運を高めた将軍権威の低下

戦国時代は、自らの才覚や人望、武力で領国《りょうごく》（分国《ぶんこく》）を支配した**戦国大名**《せんごくだいみょう》が登場し、所領拡大などをねらって各地で戦を繰り広げた時代だ。戦国大名が守護大名《しゅごだいみょう》と異なるのは、独自の**分国法**《ぶんこくほう》を定めて領国の集権化を進め、より強力な支配体制を確立した点にある。

戦国大名のなかには今川《いまがわ》氏や武田《たけだ》氏など、守護大名から成長した者もいるが、守護大名の代理として任地にいた守護代《しゅごだい》や、在地の有力武士である国人《こくじん》から出た者が多い。彼らは、将軍から地位を保障されている、という守護大名の権威によってその被官となっていたが、将軍権威の低下で守護大名の権威も恐れる必要がなくなったのだ。応仁《おうにん》・文明《ぶんめい》の乱で守護大名が京都に釘付けになっている間に領国支配の実権を掌握した国人のなかには、国一揆《くにいっき》などを結んで守護大名を排除する者もいた。

こうした、下位の者が上位の者をしのいでのし上がる現象を「**下剋上**《げこくじょう》」とよぶ。この下剋上の典型的な体現者が、**北**《ほう》**条早雲**《じょうそううん》（**伊勢宗瑞**《いせそうずい》）だ。

伊豆・相模の二国を武力で奪取

室町幕府の名門・伊勢《いせ》氏の出身といわれる早雲には、駿河《するが》の守護大名・**今川**《いまがわ》**義忠**《よしただ》に嫁いだ姉（妹とも）がいたが、義忠が戦死すると、今川家で家督争いが勃発。早雲は、姉が産んだ**氏親**《うじちか》を擁立して対立候補を討って争いをおさめ、その後興国寺城《こうこくじじょう》（現沼津市）の客将となった。

１４９１年、伊豆《いず》にいた**堀越公方**《ほりごえくぼう》の足利政知《あしかがまさとも》が死に、その子・**茶々丸**《ちゃちゃまる》が異母弟を殺して強引に跡を継いだ。この混乱に際し早雲は、１４９３年（１４９１年説もある）に伊豆に侵攻し、茶々丸を倒して伊豆一国を手に入れる。

次いで１４９５年、相模《さがみ》の実力者・大《おお》森藤頼《もりふじより》を攻めて小田原城を落とした早雲は、１５１６年、三浦《みうら》半島を支配する三浦氏を滅ぼし、相模全土を平定。伊豆、相模両国を支配し、武力で領土を拡大する戦国大名の先駆けとなった。

また、早雲が伊豆を手に入れた１４９３年、中央では管領《かんれい》の細川政元《ほそかわまさもと》が将軍を追放する**明応の政変**《めいおうのせいへん》が起き、幕府の実権は細川氏が握った。しかし、その細川氏も家臣の三好《みよし》氏に実権を奪われ、さらに三好氏も配下の松永《まつなが》氏にとってかわられる。

ここに至って室町幕府は完全に有名無実化。下剋上が当たり前となり、多くの守護大名が戦国大名に地位を奪われていったのである。

北条早雲と関東の情勢

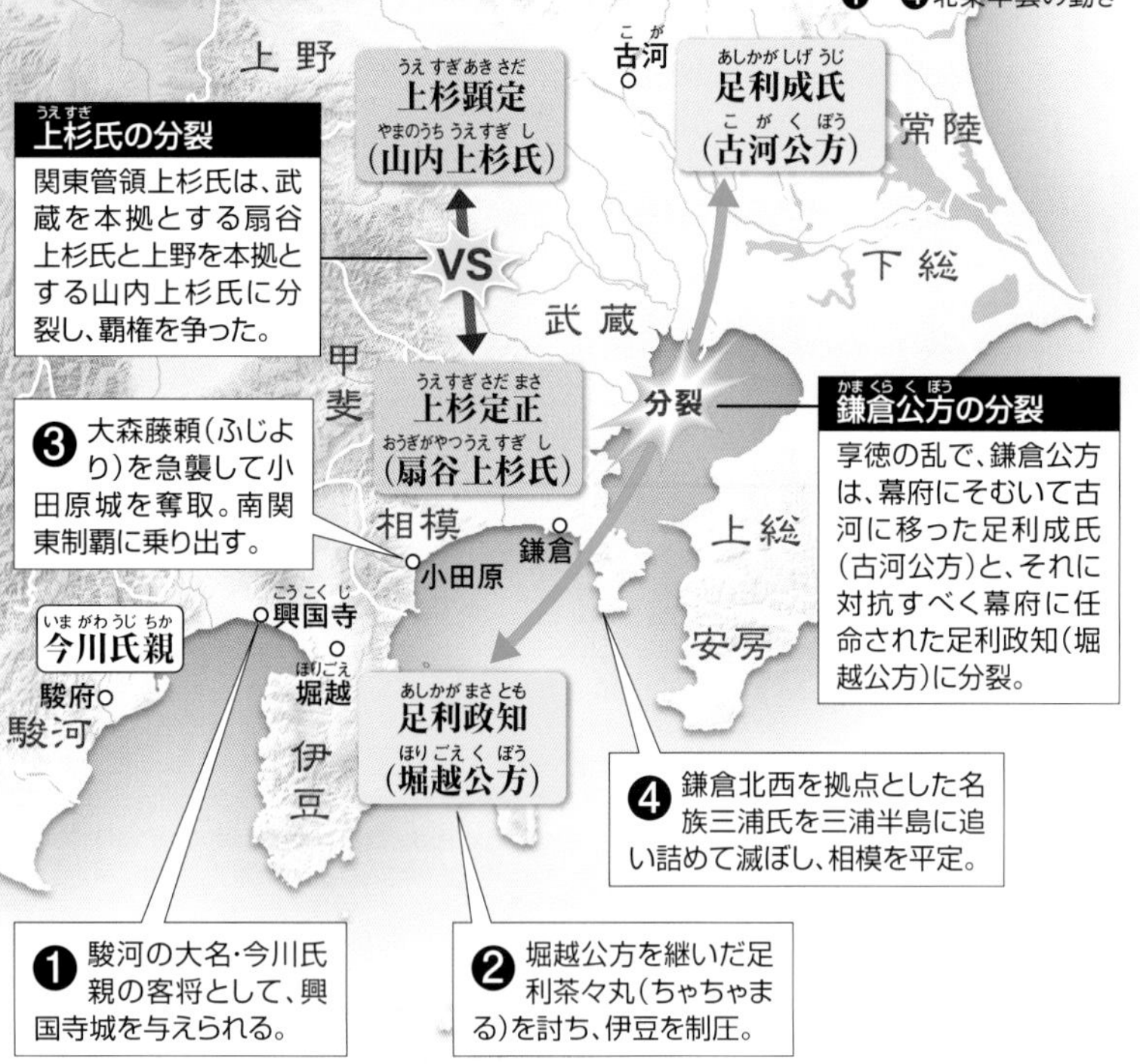
❶～❹北条早雲の動き
下野
古河《こが》
足利成氏《あしかがしげうじ》
（古河公方《こがくぼう》）
常陸
上野
上杉顕定《うえすぎあきさだ》
（山内上杉氏《やまのうちうえすぎし》）
VS
上杉定正《うえすぎさだまさ》
（扇谷上杉氏《おうぎがやつうえすぎし》）
上杉《うえすぎ》氏の分裂
関東管領上杉氏は、武蔵を本拠とする扇谷上杉氏と上野を本拠とする山内上杉氏に分裂し、覇権を争った。
下総
武蔵
甲斐
分裂
鎌倉公方《かまくらくぼう》の分裂
享徳の乱で、鎌倉公方は、幕府にそむいて古河に移った足利成氏（古河公方）と、それに対抗すべく幕府に任命された足利政知（堀越公方）に分裂。
❸大森藤頼（ふじより）を急襲して小田原城を奪取。南関東制覇に乗り出す。
相模
小田原
鎌倉
上総
安房
興国寺《こうこくじ》
今川氏親《いまがわうじちか》
駿府
駿河
堀越《ほりごえ》
伊豆
足利政知《あしかがまさとも》
（堀越公方《ほりごえくぼう》）
❹鎌倉北西を拠点とした名族三浦氏を三浦半島に追い詰めて滅ぼし、相模を平定。
❶駿河の大名・今川氏親の客将として、興国寺城を与えられる。
❷堀越公方を継いだ足利茶々丸（ちゃちゃまる）を討ち、伊豆を制圧。

室町幕府の衰退

- 1477年　応仁・文明の乱が終結する。
- 1489年　9代将軍足利義尚《よしひさ》が死去。
- 1490年　足利義視《よしみ》の子・義材《よしき》が10代将軍に就任。
- 1493年　明応《めいおう》の政変
  管領・細川政元《まさもと》がクーデタを起こし、義材を廃して、義澄《よしずみ》を将軍に擁立。

▼

幕府は中央政権としての力を失い、戦国時代に突入する。

- 1507年　細川政元が養子・澄之《すみゆき》に討たれる。
  ➡ 細川氏が2派に分裂し、混乱が深まる。
- 1508年　足利義尹《よしただ》（義材から改名）が将軍に返り咲く。
- 1521年　管領・細川高国《たかくに》が義稙《よしたね》（義尹から改名）を廃して、義晴《よしはる》を将軍に擁立。

人物 北条氏綱《ほうじょううじつな》［1487～1541年］
戦国時代の大名で、北条早雲の子。父の跡を継いで小田原城主となり、「北条」の姓を使い始める。1524年には扇谷上杉朝興（ともおき）を破って江戸城を、1537年には上杉朝定（ともさだ）を破って武蔵河越城を奪取。その翌年には下総に勢力を伸ばしていた足利義明（よしあき）を討ち、南関東一円の支配権を確立した。

43 都市の発達

現在にもつながる地方都市が形成される

政権の中心地にしかなかった都市が、戦国大名の登場や商業の発達により、全国各地に形成され、その多くは、現在も地域の中心地となっている。

城下町・門前町・港町 都市の新しいカタチ

戦国時代は、京都や鎌倉など旧来の都市に加え、各地でさまざまな都市が発達。その多くは、今も県庁所在地などの地方の中心都市となっている。

戦国大名は、軍事力の集中と領国の一元支配のため、居館の周囲に家臣団や商工業者を集住させた。こうして発生した**城下町**は、やがて領国経済の中心地となり、都市として発展した。

また、室町時代後期から戦国時代にかけて社寺参詣が流行すると、信濃《しなの》善光寺《ぜんこうじ》の長野や伊勢神宮の宇治山田のような**門前町**《もんぜんまち》が形成された。一向宗《いっこうしゅう》（浄土《じょうど》真宗本願寺派《しんしゅうほんがんじ》）の勢力が強い越前《えちぜん》の吉崎《よしざき》などには、寺院や道場を中心とした**寺内町**《じないちょう》もつくられている。

対外貿易など遠隔地商業の活発化にともない形成されたのが港町だ。応仁《おうにん》・文明の乱で大内《おおうち》氏に兵庫港を占拠された細川氏は、**堺**《さかい》を遣明船《けんみんせん》の新たな発着港とし、朝鮮貿易、琉球貿易なども行ったため、堺はおおいに繁栄した。また、古代からの国際都市**博多**も、東アジアとの貿易に従事する商人たちの拠点として、いっそうの発展を遂げた。

領主の支配から独立した自由都市の登場

都市の形成は民衆の自立を促し、特に貿易で巨利を得た港町では、自治的な都市もみられた。

たとえば、有力な廻船《かいせん》業者36人による会合衆《えごうしゅう》が市政の運営を担った堺では、町の周囲に堀をめぐらせ、傭兵《ようへい》を置いて自衛した。ポルトガル人宣教師ガスパル・ヴィレラは「ベニス（ベネチア）のように執政官によって自治が行われている」と評している。同様に、博多でも年行司《ねんぎょうじ》とよばれる12人の豪商による自治が行われていた。

京都でも、町衆《ちょうしゅう》とよばれる富裕な商工業者を中心とした自治組織「町《ちょう》」が形成されている。町衆は応仁・文明の乱で焼失した町の復興にあたった。朝廷主催の御霊会《ごりょうえ》を起源とする祇園祭《ぎおんまつり》も、町衆たちの祭として再興され、今に至る。

城下町 一乗谷《いちじょうだに》

福井市にあった朝倉氏の城下町。現在、町並みの発掘や復元（写真）が進められている。

戦国時代のおもな都市

● 城下町
● 門前町・寺内町
● 港町
一向宗の北陸布教の拠点・吉崎御坊（ごぼう）の寺内町。
無宗派の寺院・善光寺の門前町。
12人の豪商・年行司が町政を掌握し、自治都市として繁栄。
大内氏の城下町。「小京都」とよばれた。
石山本願寺の寺内町として発展。
武田氏の城下町。現在の甲府市。
直江津《なおえつ》
長野
吉崎《よしざき》
一乗谷《いちじょうだに》
敦賀《つるが》
府中（甲府）
小浜
草戸千軒《くさどせんげん》
兵庫
山口
大坂
大湊《おおみなと》
府中（駿府）
小田原
博多
堺
宇治山田
府内
鹿児島
早雲を祖とする北条氏の城下町。
今川氏の城下町。現在の静岡市。
会合衆（えごうしゅう）という指導者による自治が行われ、「東洋のベニス」と称された。
伊勢神宮の門前町。伊勢参りで栄えた。
大友氏の城下町。現在の大分市。
島津氏の城下町。14世紀ごろから発達。

港町 草戸千軒《くさどせんげん》

広島県福山市にあった港町。瀬戸内海の要衝に位置し、13世紀から16世紀にかけて交易の拠点として栄えた。写真は復元された当時の船着場。

画像：ふくやま草戸千軒ミュージアム（広島県立歴史博物館）

人物 今川氏親《いまがわうじちか》 [1471〜1526年]

戦国時代の大名で、今川義元の父。1476年、駿河の守護大名である父義忠（よしただ）が戦死し、家督争いが起きるが、伯父にあたる伊勢宗瑞（北条早雲）の助力で内乱を鎮圧し、今川家を継いだ。1508年に遠江国守護を兼任し、のち遠江を平定。さらに尾張にも進出する。分国法『今川仮名目録』を制定し、居城のあった駿府（すんぷ）は有数の城下町として発展した。

44

北条氏康・武田信玄・上杉謙信

戦国屈指の3英雄が関東甲信越で激突！

数かずの英雄を生んだ戦国時代のなかでも、相模の北条氏康、甲斐の武田信玄、越後の上杉謙信は、知勇を兼ね備えた名将として評価が高い。彼らは関東甲信越を舞台に、数かずの名勝負を繰り広げた。

勝負がつかなかった英雄たちの争い

祖父**早雲**《そううん》、父**氏綱**《うじつな》が築いた伊豆《いず》・相模《さがみ》の領国を受け継いだ**北条氏康**《うじやす》は、関東一円を支配下に置くため、攻勢をしかける。当時の関東地方には、古河公方《こがくぼう》の**足利氏**《あしかが》や関東管領《かんとうかんれい》の**上杉氏**《うえすぎ》など、古くからの名族がいたが、知略を尽くした氏康は両氏を撃破する。

しかし、関東管領の上杉憲政《のりまさ》が越後に落ち延び、同地の守護代《しゅごだい》だった**長尾景虎**《ながおかげとら》に助けを求めたため、景虎との抗争に発展した。景虎は、のちに憲政から上杉氏の名跡と関東管領職を譲られ、**上杉政虎**《まさとら》（のちの**謙信**《けんしん》）と名乗る。

一方、甲斐《かい》の**武田信玄**《たけだしんげん》は、勢力拡大のため信濃《しなの》への侵攻を開始した。信玄は北信濃の戦国大名・村上義清《よしきよ》の頑強な抵抗にあうが、苦戦のすえに義清を撃破する。しかし、義清も越後に逃げて謙信に助力を嘆願したため、信玄も兼信と対立。両者が激突した**川中島**《かわなかじま》**の戦い**は5次に及んだ。また、その合間には南下政策も開始し、氏康の拠る小田原城攻めも行っている。

こうして関東甲信越を舞台に三つ巴《みつどもえ》の抗争が展開されたが、いずれも優劣つ

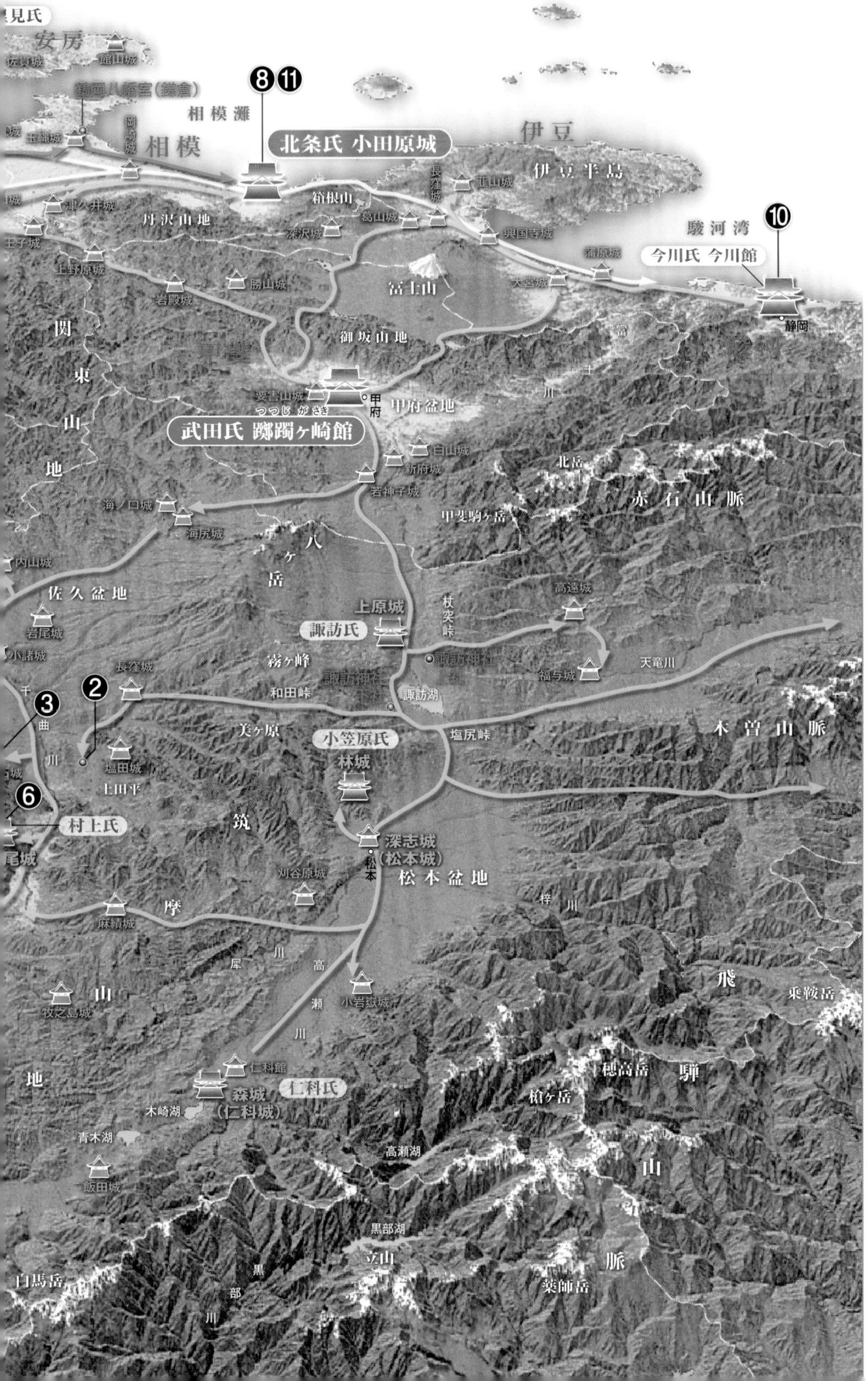

けがたい名将であるため決着がつくことはなく、戦いは次代に持ち越された。

	北条氏康《ほうじょううじやす》	武田信玄《たけだしんげん》	上杉謙信《うえすぎけんしん》(長尾景虎《ながおかげとら》)
1541年	父氏綱《うじつな》が死去し、家督を継ぐ	父信虎《のぶとら》を追放し、家督を継ぐ	
1546年	❶ 河越夜戦(扇谷上杉《おうぎがやつうえすぎ》氏滅亡)		
1548年		❷ 村上義清《むらかみよしきよ》に大敗を喫す	兄晴景《はるかげ》に譲られ、家督を継ぐ
1550年		❸ 村上義清に大敗を喫す	
1552年	❹ 山内上杉憲政《やまのうちうえすぎのりまさ》を敗走させる →		山内上杉憲政が越後に亡命
		❺ 長尾が関東への侵攻を開始	
1553年		❻ 村上義清を敗走させる →	村上義清が越後に亡命
		❼ 第1次川中島の戦い	
1554年	北条、武田、今川の三国同盟締結		
1555年		❼ 第2次川中島の戦い	
1557年		❼ 第3次川中島の戦い	
1560年			北陸への侵攻を開始
1561年		❽ 第1次小田原城攻城戦	
			山内上杉氏を継ぐ
		❼ 第4次川中島の戦い	
		上野《こうずけ》への侵攻を開始	
1564年	❾ 第2次国府台《こうのだい》合戦(下総《しもうさ》制圧)	❼ 第5次川中島の戦い	
1568年	❿ 武田が駿河《するが》への侵攻を開始、三国同盟破綻		
1569年		北条、上杉が同盟締結	
	⓫ 第2次小田原城攻城戦		
1571年	死去	北条と和睦する	
1572年		三方ヶ原《みかたがはら》で徳川家康軍を破る	
1573年		死去	
1577年			手取川《てどりがわ》で織田信長軍を破る
1578年			死去

川中島で対決する信玄(左)と謙信(右)を再現した銅像。(長野市)

45 毛利元就

稀代の謀略家が中国地方の覇者に

安芸（広島県）の国人だった毛利元就は、尼子・大内の二大勢力のはざ間でさまざまな謀略をはりめぐらせ、中国地方を支配する大大名となった。

毛利元就と中国の情勢

❶ 1517年、有田城を包囲した元安芸国守護武田元繁を撃破（有田合戦）。毛利氏が台頭する契機となり、「西の桶狭間」ともよばれる。
❷ 二男元春を母の実家吉川家の当主・興経の養子に出し、興経とその子を謀殺して吉川家を乗っ取る。
❸ 小早川家の分家に養子に出した三男隆景を、本家当主繁平の妹と結婚させ、小早川本家を乗っ取る。
❹ 1555年、圧倒的な兵力の陶晴賢軍を、謀略をもって厳島に誘い寄せ、奇襲をかけて一気に殲滅（せんめつ）した。
❺ 1557年、大内義隆の跡を継いだ義長（よしなが）を討ち、長門（ながと）、豊前（ぶぜん）をはじめとする大内氏の所領のほとんどを手に入れる。
❻ 1566年、尼子義久（晴久の跡継ぎ）を攻め、謀略により内紛を引き起こして尼子氏を降伏させる。
出雲
尼子晴久《あまごはるひさ》
石見
吉川興経《きっかわおきつね》
吉田郡山城《よしだこおりやま》
備後
備中
宇喜多直家《うきたなおいえ》
武田元繁《たけだもとしげ》
小早川繁平《こばやかわしげひら》
安芸
長門
大内義隆《おおうちよしたか》
周防
陶晴賢《すえはるかた》
海
内
戸
瀬
豊前
龍造寺隆信《りゅうぞうじたかのぶ》
大友義鎮《おおともよししげ》
長宗我部元親《ちょうそかべもとちか》
おもな戦国大名
❶〜❻ 毛利元就の動き
1572年ごろの毛利氏の勢力範囲

尼子氏の大軍を退け名を轟かせる

毛利元就《もうりもとなり》は、安芸《あき》の吉田郡山城《よしだこおりやま》主毛利弘元《ひろもと》の次男として生まれた。その後、兄興元《おきもと》とその子幸松丸《こうまつまる》が相次いで急死したため、1523年に毛利家を継ぐ。

当時の中国地方では、出雲《いずも》の**尼子氏**《あまご》と、周防《すおう》・長門《ながと》など6カ国の守護を兼ねる**大内氏**《おおうち》が二大勢力として対立していた。家督相続の当初、尼子方についていた元就が大内氏の傘下に入ると、1540年、**尼子晴久**《はるひさ》率いる2万の大軍が攻め入る。しかし、3000の寡兵《かへい》でこれに耐えた元就は、大内氏の援軍もあって尼子軍を撃退し、武名を上げた。

その後、元就は大内氏傘下の有力国《こく》人《じん》である吉川《きっかわ》家と小早川《こばやかわ》家に、それぞれ次男の元春《もとはる》と三男の隆景《たかかげ》を養子に出した。そして、当主を隠居させるなどの手を使って両家を乗っ取ることに成功し、勢力を拡大している。

謀略で陶氏を撃破し中国地方の覇者に成長

1551年、**大内義隆**《よしたか》が重臣の**陶晴賢**《すえはるかた》に殺されると、元就は晴賢と対立した。しかし、陶軍3万に対し、毛利の兵力は5000にすぎない。この戦力差を埋めるべく、元就は得意の謀略をめぐらす。

晴賢の腹心で知勇兼備といわれた江《え》良房栄《らふさひで》が謀反を企てているとの噂を流し、房栄を処刑させたのだ。次いで、後《こう》顧《こ》の憂いを除くため、同じ手で尼子氏の勢力も削ぐと、狭隘《きょうあい》な厳島《いつくしま》での決戦に持ち込むべく、重臣の桂元澄《かつらもとすみ》に偽りの内通をさせて陶軍をおびき出した。毛利軍は水軍の備えが手薄だ、との偽情報も流している。

こうして1555年に起きた**厳島**《いつくしま》**の戦い**では、密かに味方につけていた**村**《む》**上水軍**《かみすいぐん》の参戦で形成は逆転。陶軍を撃破した元就は、晴賢を自刃に追い込んだ。これで勢いに乗った元就は、大内氏、尼子氏も滅ぼし、ついに中国地方の覇者となったのである。

「三本の矢」を体現した毛利の両川

1563年、元就の後継者として家督を継いでいた長男の隆元《たかもと》が急死する。跡を継いだ子の輝元《てるもと》はわずか11歳。この危機を支えたのは、輝元の叔父にあたる吉川元春と小早川隆景だった。

元就の政略で養子に出された2人は、ともに苗字に川の字がつくことから「毛利の両川《りょうせん》」とよばれた。おもに山陰地方を担当した元春は、軍略に優れた不敗の猛将として活躍。思慮深い性格の隆景は山陽地方を担当した。

2人は家督をねらうことなく、叔父として、また臣下として輝元を支え、毛利家の安泰に尽力した。まさに、元就の教訓として有名な「三本の矢」を体現した兄弟だったのである。

人物 宇喜多直家《うきたなおいえ》［1529〜1581年］
戦国時代の大名。はじめ備前の戦国大名浦上（うらがみ）氏に仕え、多くの功績を立てて頭角を現す。数かずの暗殺を駆使して自身の勢力拡大を果たし、主君浦上宗景（むねかげ）も放逐して、戦国大名となった。1579年、中国攻略に乗り出してきた織田軍の羽柴秀吉（はしばひでよし）に帰順し、子の秀家（ひでいえ）を人質として差し出した。

信長の台頭
一乗谷《いちじょうだに》城の戦い
金ヶ崎《かねがさき》の戦い
姉川《あねがわ》の戦い
朝倉《あさくら》氏
小谷城《おだにじょう》の戦い
浅井《あざい》氏
延暦寺《えんりゃくじ》焼討ち
稲葉山城《いなばやまじょう》の戦い
織田信長《おだのぶなが》
伊勢長島《いせながしま》の一向一揆鎮圧
桶狭間《おけはざま》の戦い
今川《いまがわ》氏
三方ヶ原《みかたがはら》の戦い
武田《たけだ》氏
上杉《うえすぎ》氏
対武田氏、一向宗で同盟関係に。
北条《ほうじょう》氏

46 織田信長

乱世で最も異彩を放つ不世出の戦国大名

約半世紀続いた戦国時代は、旧来の常識にとらわれない織田信長の登場で、大きな転機を迎える。

時代の寵児となった「尾張の大うつけ」

1534年、尾張守護代《おわりしゅごだい》・織田《おだ》氏の傍流の家に生まれた**織田信長《のぶなが》**は、当時の常識や風習から外れたふるまいを好み、若き日には「大うつけ」とよばれた。しかし、それは旧来の権威や伝統に縛られない柔軟性と、戦術・戦略上の合理性の表れともいわれている。

父信秀《のぶひで》の跡を継いで尾張《おわり》を支配した信長は、1560年、2万5000の大軍で西進した**今川義元《いまがわよしもと》**を迎え撃つ。織田軍は3000の寡兵だったが、信長は狭隘《きょうあい》な盆地に入った今川軍に攻撃をしかけ、義元を討《う》ち取ったのである。

この**桶狭間《おけはざま》の戦い**で天下に名を轟《とどろ》かせた信長は、1567年、美濃《みの》の稲葉山《いなばやま》城を攻略して岐阜と改名。このころから「天下布武《てんかふぶ》」の印判を用いている。

宗教勢力や室町幕府など中世的な価値観を無視

1568年、13代将軍**義輝《よしてる》**の弟で、畿内から逃れていた**足利義昭《よしあき》**が、明智光《あけちみつ》秀《ひで》の仲介で信長のもとへ身を寄せた。これで上洛《じょうらく》の名分ができた信長は、畿内を平定して義昭を将軍に据える。

次いで信長は、上洛命令に従わない越前の**朝倉義景《あさくらよしかげ》**を攻め、金ヶ崎《かねがさき》城を落とす。しかしその直後、妹**お市《いち》**の夫で同盟関係にあった北近江の**浅井長政《あざいながまさ》**が裏切った。挟撃《きょうげき》の危機にさらされた信長だが、木下《きのした》（豊臣《とよとみ》）秀吉《ひでよし》らの活躍で切り抜けると、徳川家康《とくがわいえやす》の援軍を得て、**姉《あね》川《がわ》の戦い**で浅井・朝倉連合軍を退けた。

このころから、信長の傀儡《かいらい》であることに不満をもった義昭との関係が悪化。義昭が諸大名に信長打倒をよびかけると、浅井、朝倉、武田信玄《たけだしんげん》などの大名に加え、比叡山延暦寺《ひえいざんえんりゃくじ》や石山本願寺《いしやまほんがんじ》などが信長包囲網を形成したのである。

信長は**延暦寺焼討《えんりゃくじやきう》ち**で断固たる姿勢を示したが、三方ヶ原《みかたがはら》の戦いでは徳川・織田連合軍が武田軍に敗れた。しかし、直後に信玄が急死する幸運もあって窮地を脱すると、1573年に義昭を京都から追放して室町幕府を実質的に滅ぼし、浅井、朝倉も滅亡させた。

織田信長の戦い年表①

1559年	織田信長、尾張を統一
1560年	桶狭間の戦い 勝利 VS 今川義元
1567年	稲葉山城の戦い 勝利 VS 斎藤龍興
1568年	足利義昭を奉じて上洛 ➡足利義昭と関係が悪化
1570年4月	金ヶ崎の戦い 撤退 VS 朝倉義景・浅井長政
6月	姉川の戦い 勝利 VS 朝倉義景・浅井長政
1570年	第1次信長包囲網
1571年	延暦寺焼討ち
1572年	三方ヶ原の戦い 敗北 VS 武田氏 翌年武田信玄が急死、窮地を脱する。
1573年7月	足利義昭追放 ➡室町幕府滅亡
8月	一乗谷城の戦い 勝利 VS 朝倉義景
9月	小谷城の戦い 勝利 VS 浅井長政
1574年	伊勢長島の一向一揆鎮圧

信長の舅斎藤道三は実は2人いた!?

織田信長の正妻である濃姫《のうひめ》（帰蝶《きちょう》）の実父・斎藤道三《さいとうどうさん》は、「美濃の蝮《まむし》」とあだ名される戦国大名だ。僧から油の行商人に転じた道三は、美濃の守護土岐《とき》氏の家臣である長井《ながい》家に取り入って武士となった。その後、土岐氏に内紛を起こさせ、混乱に乗じて美濃一国を奪い取った道三は、下剋上《げこくじょう》の代表的存在とされてきた。

しかし、近年発見された「六角承禎条《ろっかくしょうていじょう》書写《しょうつし》」という史料には、僧から武士になったのは道三ではなく、その父の長《なが》井《い》新左衛門尉《しんざえもんのじょう》と記されていたのだ。そのため、現在では「美濃盗り」の下剋上は、道三の代だけではなく、その父との2代による事業とされているのだ。

人物 柴田勝家《しばたかついえ》 ［1522～1583年］
織田家の部将。最初、信長の弟信行（のぶゆき）に従って反乱を起こしたが、鎮定後は信長に臣従。数かずの戦功で猛将と恐れられ、織田家臣団のなかでも筆頭とされた。信長からは北陸経営を任され、一向一揆の平定などに尽力する。妻は信長の妹で、もとは浅井長政の妻であったお市。本能寺の変後、秀吉と対立し、賤ヶ岳（しずがたけ）の戦いで破れ自害した。

45 毛利元就
46 織田信長

47 本能寺の変

日本史最大のミステリー本能寺の変の真相

旧弊を覆す斬新な政策で、次つぎと難局を乗り越えた信長。しかし、天下統一を目前に、重臣の裏切りで横死した。

常備軍による新戦法で武田の騎馬軍団を撃破

仏教に対抗するキリスト教に寛容な姿勢をみせるなど、旧体制の打破という**織田信長**《おだのぶなが》の方針は領国支配にも現れている。荘園領主を排除する検地《けんち》の実施や、寺社勢力と結ぶ**座**《ざ》(同業者組合)や商人の特権を廃する**楽市**《らくいち》**・楽座**《らくざ》政策、関所の廃止などだ。これらによって活発化した領国経済を背景に、当時一般的だった半農半兵の兵士を職業軍人とする**兵農分離**《へいのうぶんり》を推進。農繁期でも長期の遠征ができる常備軍を組織したことで、各地への派兵を可能にした。

南蛮《なんばん》**貿易**にも積極的だった信長は**堺**《さかい》を直轄領としている。これは、単に交易の利を得るためだけではなく、堺が**鉄砲**の一大生産地であり、輸入された弾丸や火薬の原料が集まる場所だったからだ。こうして他氏を圧倒する火器を備えた信長軍は、鉄砲隊を中心とした集団戦法を得意とし、1575年の**長**《なが》**篠**《しの》**の戦い**では、戦国最強といわれた武田の騎馬軍団を壊滅状態に追い込んだ。

「敵は本能寺にあり」謎に包まれた光秀の動機

その後、再び**足利義昭**《あしかがよしあき》の画策で毛利《もうり》や上杉《うえすぎ》、武田《たけだ》、石山本願寺《いしやまほんがんじ》らによる第2次信長包囲網が形成される。特に石山本願寺の指導者**顕如**《けんにょ》の号令で蜂起した各地の一向一揆《いっこういっき》は信長を悩ませたが、**柴田勝家**《しばたかついえ》らがねばり強く戦い、越前《えちぜん》や加賀《かが》の一向一揆を平定。1580年には石山から顕如を退去させた。また、上洛を目ざしていた上杉謙信《けんしん》は病死し、再起を図る**武田勝頼**《かつより》は織田、徳川《とくがわ》、北条《ほうじょう》からも攻められて滅亡した。残る毛利を討てば天下統一は目前だ。

その毛利攻めをしていた羽柴秀吉《はしばひでよし》からの援軍要請を受けた信長は、わずかな手勢で京都の本能寺《ほんのうじ》に入った。しかし、1582年6月2日未明、**明智光秀**《あけちみつひで》の謀反《むほん》により自害に追い込まれ、49年の生涯を閉じたのである。

この**本能寺の変**では、光秀の動機をめぐってさまざまな説が浮上している。信長への怨恨《えんこん》説や、有力家臣の不在を好機とみたとする野心説といった光秀単独犯行説に加え、黒幕説もある。

その黒幕も、朝廷、義昭、秀吉、家康《いえやす》など数かずの説が挙げられている。さらに近年発見された資料から、四国の長《ちょう》宗我部《そかべ》氏と信長の緊張関係がきっかけとなったという説も注目されている。

織田信長の戦い年表②

1575年 5月	長篠の戦い 勝利 VS 武田勝頼
1575年 8月	越前一向一揆鎮圧
1576年	安土《あづち》城築城を開始
	第2次信長包囲網
1576年 7月	第1次木津川《きづがわ》口の戦い 敗北 VS 毛利輝元
1577年 9月	手取川《てどりがわ》の戦い 敗北 VS 上杉謙信
1578年11月	第2次木津川口の戦い 勝利 VS 毛利輝元
1580年 4月	顕如が石山本願寺を退去。 ➡石山戦争終結(1580年8月)
1580年11月	加賀一向一揆鎮圧
1582年 3月	天目山の戦い 勝利 VS 武田勝頼
1582年 6月	本能寺の変 敗北 VS 明智光秀 ➡信長死去

第2次信長包囲網

京都から追放された足利義昭は、各地の武将に呼び掛け信長包囲網を形成した。

武田信玄(しんげん)の死や、越中の一向一揆との和解後、足利義昭の仲介もあり、信玄の子勝頼と同盟を結ぶと信長包囲網に加わった。しかし謙信の急死で、上杉氏は内紛状態に。
上杉謙信《うえすぎけんしん》
反信長の急先鋒でもあった武田信玄が急死し、子の勝頼が家督を継いだ。しかし上杉氏の内紛の影響も受け孤立し1582年に武田氏は滅亡した。
武田勝頼《たけだかつより》
北条氏政《ほうじょううじまさ》
同盟
織田信長《おだのぶなが》
同盟
徳川家康《とくがわいえやす》
波多野秀治《はたのひではる》
別所長治《べっしょながはる》
荒木村重《あらきむらしげ》
信長に臣従していたが反逆。
石山本願寺《いしやまほんがんじ》
京都を追われた義昭を保護し、石山本願寺にも支援を送ったため、信長と対立。1577年から羽柴秀吉の中国攻めが始まっていた。
毛利輝元《もうりてるもと》
保護
足利義昭《あしかがよしあき》
支援
松永久秀《まつながひさひで》
三好(みよし)氏の家臣だったが、入京した信長に従う。しかし、信長を裏切りこの包囲網に加わった。
織田家の勢力範囲
1560年ごろ(桶狭間の戦い後)
1576年ごろ(安土城築城開始)
織田信長 織田方の勢力
上杉謙信 反織田勢力

人物 明智光秀《あけちみつひで》 [1528?～1582年]
織田家の部将。細川ガラシャの父。美濃の守護土岐(とき)氏の一族で、織田信長の正室・濃姫(のうひめ)の親族ともいわれる。最初朝倉義景に仕えたが、足利義昭を信長に紹介した縁で織田家家臣となる。故実や典礼に通じ、将軍家や公家との交渉で活躍。近江坂本城主、次いで丹波亀山城主となる。1582年、本能寺の変で信長・信忠父子を自害させるが、山崎の合戦で羽柴秀吉に敗れ、敗走中に自刃した。

48 豊臣秀吉

「人たらし」秀吉の超速天下統一術

裏切り者明智光秀を討ったことで、天下取りレースの主役となった秀吉は、天賦の才ともいえる外交手腕で、またたく間に天下統一に成功した。

秀吉の中国大返し
本能寺の変(6月2日)後、秀吉は明智光秀を討つため、中国地方から急ぎ軍を返した(中国大返し)。
6月3日に信長の死を知ると、事実を隠したうえで毛利氏と講和を結び、高松城の無血開城に成功する。
城内すべての金銀、兵糧を配下に分配し、信長の弔い合戦を宣言する。
池田恒興(つねおき)、中川清秀(きよひで)、高山右近(うこん)らが参陣。
信長の三男・神戸信孝(かんべのぶたか)、丹羽長秀(にわながひで)らが参陣。
山崎の合戦
高松城
沼城
姫路城
兵庫
尼崎
富田
山崎
備前
播磨
摂津
河内
大和
和泉
瀬戸内海
6月6日 午後発
6日 夜着
7日 朝発
7日 夜着
9日 朝発
11日 夜着
12日 朝発
12日 夜着
13日 午後着
0 10 20km

主君信長の仇を討ち天下統一に名乗りをあげる

織田信長《おだのぶなが》の偉業を継いだのは、家臣の**羽柴《はしば》(豊臣《とよとみ》)秀吉《ひでよし》**である。備中高松《びっちゅうたかまつ》城を攻囲中に本能寺《ほんのうじ》の変を知った秀吉は、急ぎ毛利《もうり》氏と和睦《わぼく》。いわゆる「**中国大返し**」で京都に戻ると、変の11日後には**山崎《やまざき》の戦い**で**明智光秀《あけちみつひで》**を討《う》った。

発言力を高めた秀吉は、信長の後継者を決める**清洲《きよす》会議**で3歳の三法師《さんぼうし》(信長の孫)を擁立《ようりつ》し、その実質的な後見人となる。1583年には**賤ケ岳《しずがたけ》の戦い**でライバルの**柴田勝家《しばたかついえ》**を破り、信長の後継者としての地位を確立した。

翌1584年には、**小牧《こまき》・長久手《ながくて》の戦い**で信長の次男・信雄《のぶかつ》(北畠信雄《きたばたけのぶかつ》)と徳《とく》川《がわ》家康《いえやす》の連合軍と対決する。苦戦を強いられた秀吉は、家康を出し抜いて信雄との単独講和に成功。さすがの家康も兵を退かざるを得なくなった。

その後、四国の長宗我部《ちょうそかべ》氏を降伏させた秀吉は**関白《かんぱく》**となり、全国の戦国大名に私戦をやめるよう命令。これに従わない九州の島津《しまづ》氏を屈服させ、1590年には関東の北条《ほうじょう》氏を滅ぼした。次いで伊達政宗《だてまさむね》ら東北の諸大名も臣従したことで、天下統一は完成した。

これぞ秀吉の真骨頂！戦わずして天下を平定

本能寺の変から8年という速さで天下統一を実現した秀吉には、信長にはない柔軟性があった。人の心を察するのが得意な秀吉は「戦わずして勝つ調略」を得意とし、平和裏に物事を解決する努力を怠らなかった。やむなく戦になった場合でも、兵糧《ひょうろう》攻めや水攻めなどで味方の損害を最小限にとどめた。

朝廷権威の利用も巧みで、関白になった1585年には、領国確定の裁量権を掌握して全国平定に利用したほか、1588年には**聚楽第《じゅらくてい》**に**後陽成《ごようぜい》天皇**を迎えて歓待し、諸大名に天皇と自分への忠誠を誓わせている。

また、強大な家康に対しては、妹の朝日《あさひ》姫を娶《めと》らせ、母の大政所《おおまんどころ》を人質としたうえで臣従を促している。天下人ながらこの腰の低さを演出できるのが「人たらし」秀吉の真骨頂でもあった。

秀吉が天下を統一するまで

1582年
山崎の合戦
信長の仇・明智光秀《あけちみつひで》を討つ。
➡天下統一に名乗りをあげる。

1583年
賤ヶ岳《しずがたけ》の戦い
柴田勝家《しばたかついえ》との合戦に勝利。
➡名実ともに織田家筆頭に

大坂城築城開始
石山本願寺の跡地に巨城を築く。

1584年
小牧《こまき》・長久手《ながくて》の戦い
徳川家康・織田信雄《のぶかつ》との合戦。
局地戦で敗北するが、
信雄との単独講和に成功。

1585年
紀州攻め
根来《ねごろ》・雑賀《さいか》の一揆を平定。

四国攻め ➡ 四国平定
土佐の長宗我部元親《ちょうそかべもとちか》が降伏。

関白《かんぱく》就任
公家の最高位に武士で初めて就任。

1586年
徳川家康が臣従《しんじゅう》
妹の朝日姫《あさひひめ》と母親の大政所《おおまんどころ》を家康のもとに送って臣従を促し、成功する。

太政大臣《だいじょうだいじん》就任 ➡ 豊臣政権確立
後陽成《ごようぜい》天皇から豊臣の姓を賜る。

1587年
九州攻め ➡ 九州平定
薩摩《さつま》の島津義久《しまづよしひさ》が降伏。

1590年
小田原攻め ➡ 関東平定
小田原を本拠地とする北条氏を討伐。

奥州仕置き ➡ 東北平定
奥州の諸大名を掌握。伊達政宗《だてまさむね》が降伏。

▼

秀吉の天下統一が完成!

人物
伊達政宗《だてまさむね》
[1567～1636年]
戦国～江戸初期の大名。子供のころ、天然痘で右目を失明し、「独眼竜(どくがんりゅう)」の異名をとる。1585年、父輝宗(てるむね)を二本松義継(よしつぐ)の謀略によって失ったが、翌年には二本松氏を滅亡させ、1589年に会津地方を平定。1590年には小田原攻めに参陣し、豊臣秀吉に臣従した。関ヶ原の戦いでは徳川家康に味方し、初代仙台藩主となった。

49 豊臣政権

新時代の基盤を築いた豊臣政権の諸政策

天下統一を成し遂げた秀吉は、太閤検地や刀狩などの政策で、のちの徳川政権の基盤となる新しい秩序をつくりあげた。

豊臣政権の仕組み

秀吉を頂点に、有力大名「五大老」、秀吉の子飼い大名「五奉行」が中心となり政治が行われた。両者の仲裁役に「三中老」が置かれた。

五大老《ごたいろう》
- 徳川家康《とくがわいえやす》（江戸 256万石）
- 前田利家《まえだとしいえ》（金沢 84万石）
- 宇喜多秀家《うきたひでいえ》（岡山 57万石）
- 毛利輝元《もうりてるもと》（広島 121万石）
- 上杉景勝《うえすぎかげかつ》（会津 120万石）

五奉行の顧問役で重要政務を合議。

五奉行《ごぶぎょう》
- 浅野長政《あさのながまさ》（甲府 22万石）
- 石田三成《いしだみつなり》（佐和山《さわやま》 19万石）
- 増田長盛《ましたながもり》（大和郡山《やまとこおりやま》 20万石）
- 長束正家《なつかまさいえ》（水口《みなくち》 5万石）
- 前田玄以《まえだげんい》（丹波亀山《たんばかめやま》 5万石）

政権の実務を担った官僚。

三中老《さんちゅうろう》
- 生駒親正《いこまちかまさ》（高松 15万石）
- 中村一氏《なかむらかずうじ》（駿府《すんぷ》 15万石）
- 堀尾吉晴《ほりおよしはる》（浜松 12万石）

五大老と五奉行の仲裁役。

太閤検地による全国の石高

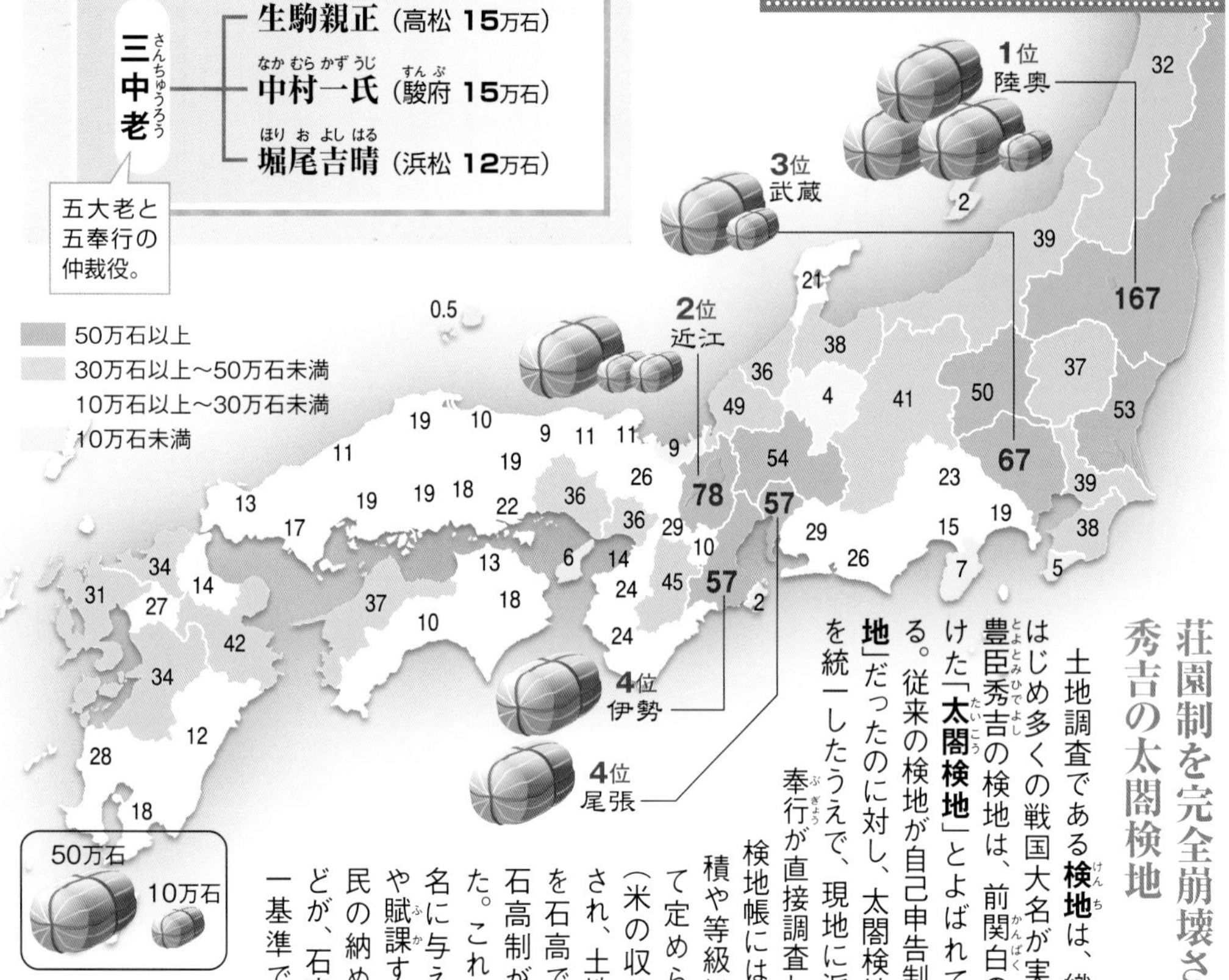
1位 陸奥
2位 近江
3位 武蔵
4位 伊勢
4位 尾張
50万石以上
30万石以上〜50万石未満
10万石以上〜30万石未満
10万石未満
50万石
10万石

荘園制を完全崩壊させた秀吉の太閤検地

土地調査である**検地《けんち》**は、織田信長《おだのぶなが》をはじめ多くの戦国大名が実施したが、豊臣秀吉《とよとみひでよし》の検地は、前関白《かんぱく》の尊称をつけた「**太閤《たいこう》検地**」とよばれて区別される。従来の検地が自己申告制の「**指出《さしだし》検地**」だったのに対し、太閤検地は**度量衡《どりょうこう》**を統一したうえで、現地に派遣された奉行《ぶぎょう》が直接調査した。

検地帳には、土地の面積や等級にもとづいて定められた**石高《こくだか》**（米の収穫量）が記され、土地の生産力を石高で換算する石高制が確立された。これにより、大名に与える知行地《ちぎょうち》や賦課《ふか》する軍役《ぐんやく》、農民の納める年貢などが、石高という統一基準で決められるようになった。

また、検地帳には実際に田畑を耕作する農民を登録して一地一作人《いっちいっさくにん》の原則をとり、農民に田畑の所有権を認める一方、生産高を完全に把握した。

これらの施策で在地土豪などによる中間搾取は排除され、古代からの荘園《しょうえん》制は完全に崩壊したのである。

兵農分離で実現した新たな封建体制

1588年に発布された**刀狩令《かたながりれい》**は、京都方広寺《ほうこうじ》の大仏建立を口実に農民から武具を没収するものだが、本当の目的は一揆《いっき》を防ぐことだった。また、1591年には**人掃令《ひとばらいれい》**（身分統制令）を出し、武士、商人、農民の転業を禁じている。

これら検地、刀狩令、人掃令によって**兵農分離**が進んだことで、中世とは異なり、農民を直接組み入れた新たな**封建《ほうけん》体制**が確立。江戸時代の**幕藩《ばくはん》体制**に受け継がれていった。

家康よりも低かった⁉秀吉の石高

豊臣政権の経済基盤である蔵入地《くらいりち》（直轄領）は約200万石にのぼった。これに対し、関東に移封された徳川家《とくがわいえ》康《やす》の所領は約260万石で、秀吉をしのぐ。ただし、秀吉は全国の主要な金・銀山を押さえていたほか、堺《さかい》や大坂、長崎などの重要都市を直轄地として貿易を独占していたため、総合的な経済力では家康を圧倒していた。

この経済力を恐れた家康は、秀吉を継いだ秀頼《ひでより》に全国の寺社造営を勧めて散財させたがびくともせず、大坂の役で豊臣方の軍資金となった。

人物 豊臣秀次《とよとみひでつぐ》［1568〜1595年］

安土桃山時代の大名。秀吉の近臣・三好吉房(みよしよしふさ)の子で、母は秀吉の姉・瑞龍院(ずいりゅういん)。秀吉の長男鶴松が夭折(ようせつ)したため秀吉の養子となり、関白職を譲られて京都の聚楽第(じゅらくてい)に居住した。秀吉に秀頼(ひでより)が誕生すると秀吉と不和になり、謀反の噂が立つが事態を収拾できず、高野山に追放後に切腹。妻子や側室も処刑された。

50 文禄・慶長の役

豊臣政権の寿命を縮めた朝鮮出兵

全国を統一した秀吉の次なる野望は、日本を中心とした国際秩序の構築だった。その第一歩目でつまずいた豊臣政権は、自ら崩壊を早めることとなった。

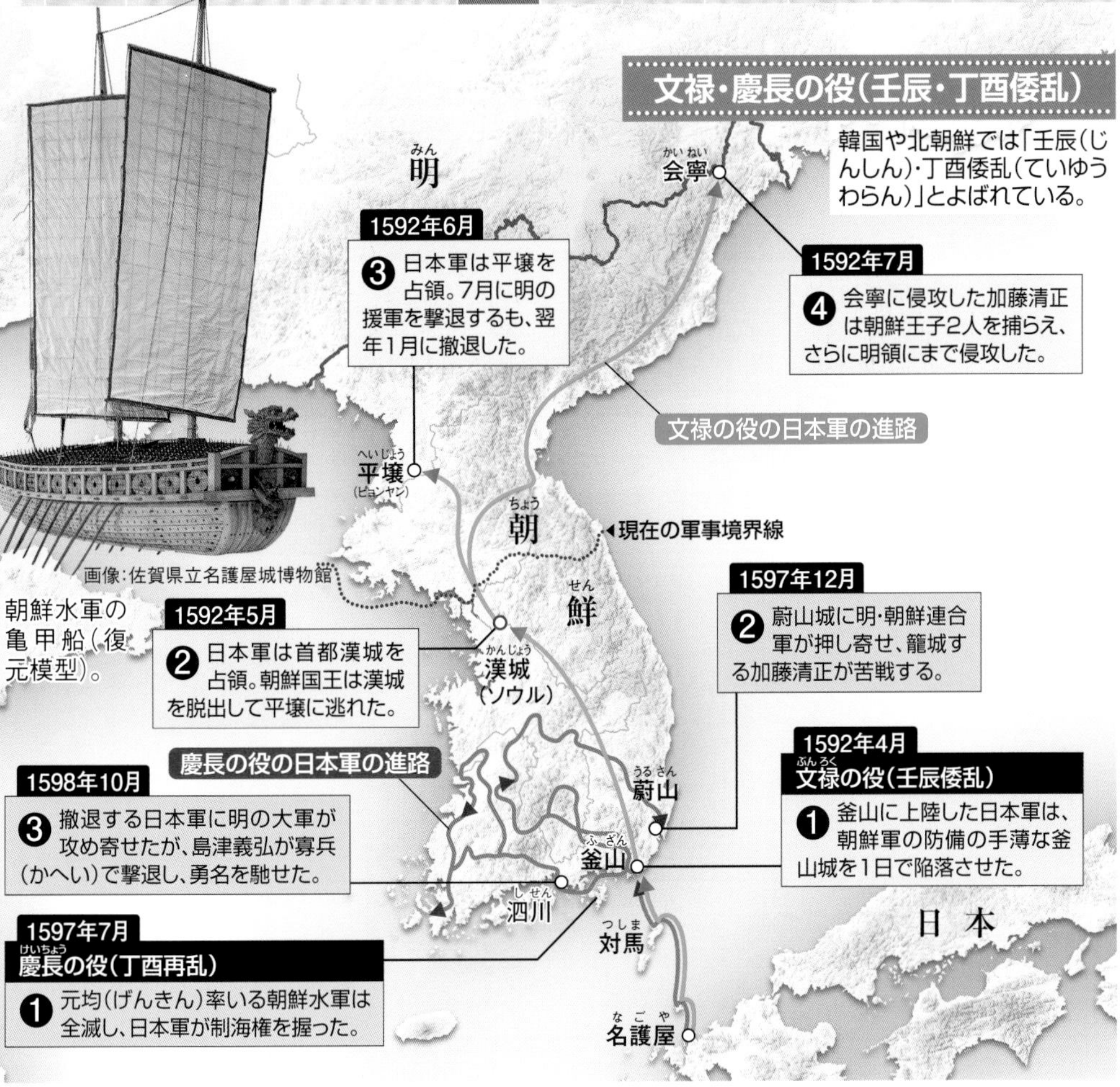
文禄・慶長の役(壬辰・丁酉倭乱)
韓国や北朝鮮では「壬辰(じんしん)・丁酉倭乱(ていゆうわらん)」とよばれている。
明《みん》
会寧《かいねい》
1592年6月
❸ 日本軍は平壌を占領。7月に明の援軍を撃退するも、翌年1月に撤退した。
1592年7月
❹ 会寧に侵攻した加藤清正は朝鮮王子2人を捕らえ、さらに明領にまで侵攻した。
文禄の役の日本軍の進路
平壌《へいじょう》
(ピョンヤン)
朝《ちょう》
鮮《せん》
現在の軍事境界線
画像:佐賀県立名護屋城博物館
1597年12月
❷ 蔚山城に明・朝鮮連合軍が押し寄せ、籠城する加藤清正が苦戦する。
1592年5月
❷ 日本軍は首都漢城を占領。朝鮮国王は漢城を脱出して平壌に逃れた。
漢城《かんじょう》
(ソウル)
1592年4月
文禄《ぶんろく》の役(壬辰倭乱)
❶ 釜山に上陸した日本軍は、朝鮮軍の防備の手薄な釜山城を1日で陥落させた。
慶長の役の日本軍の進路
1598年10月
❸ 撤退する日本軍に明の大軍が攻め寄せたが、島津義弘が寡兵(かへい)で撃退し、勇名を馳せた。
蔚山《うるさん》
釜山《ふざん》
泗川《しせん》
1597年7月
慶長《けいちょう》の役(丁酉再乱)
❶ 元均(げんきん)率いる朝鮮水軍は全滅し、日本軍が制海権を握った。
対馬《つしま》
日本
名護屋《なごや》
朝鮮水軍の亀甲船(復元模型)。

新たな国際秩序を夢みた秀吉の外交政策

全国を統一した**豊臣秀吉**《とよとみひでよし》は、インド・ゴアのポルトガル政庁やフィリピン・マニラのスペイン政庁、高山国《こうざんこく》(台湾)などに服属と入貢《にゅうこう》を求めた。これは、秀吉が**明**《みん》にかわって日本を中心とする新たな国際秩序の構築を目ざしていたことを示している。

さらに、朝鮮には対馬《つしま》の**宗氏**《そう》を通じて、入貢と明へ出兵する際の先導を求めた。朝鮮がこれを拒むと、1592年、肥前《ひぜん》の名護屋《なごや》城を本陣として15万の大軍を送り込んだ。**文禄の役**《ぶんろく》である。

緒戦《しょせん》の日本軍は連戦連勝し、首都漢《かん》城《じょう》を占領すると、続いて**小西行長**《こにしゆきなが》、**黒田長政**《くろだながまさ》らが平壌《へいじょう》を陥落させ、**加藤清正**《かとうきよまさ》らは咸鏡道《かんきょうどう》に進み、朝鮮の王子を捕らえて明にも侵攻した。

しかし、日本軍の快進撃はここまでだった。明の援軍に加え、各地で朝鮮義兵が抵抗。**李舜臣**《りしゅんしん》率いる朝鮮水軍が制海権を握ったため、日本軍は糧道《りょうどう》を断たれてしだいに押されていった。そこで現地の日本軍は休戦し、小西行長らは明との講和交渉に入った。

しかし、条件が折り合わず、1597年、秀吉は再び14万の軍勢を朝鮮に派遣した。**慶長の役**《けいちょう》である。

消耗した子飼い大名と無傷だった徳川家康

2度目の出兵は朝鮮半島南部にとどまり、慶尚道《けいしょうどう》と全羅道《ぜんらどう》の沿岸に城を築いての持久戦となった。この間、加藤清正ら**武断派**《ぶだん》**武将**と**石田三成**《いしだみつなり》ら**文治派**《ぶんち》**官僚**の間で確執が生まれ、これがのちに豊臣政権崩壊へとつながっていく。

1598年、秀吉が病死すると、その遺命によって日本軍諸将は本国に帰還した。2度にわたった朝鮮出兵は、秀吉子飼いの大名を疲弊させる一方で、渡海せずにすんだ**徳川家康**《とくがわいえやす》の勢力を相対的に高める結果となった。

また、諸将が朝鮮から連れ帰った陶工により、各地で製陶業がさかんになった。

画像:佐賀県立名護屋城博物館

名護屋城(現佐賀県唐津市)の復元模型。朝鮮出兵のために築城された。

人物 石田三成《いしだみつなり》 [1560～1600年]

近江国坂田郡石田村(滋賀県長浜市)出身の武将。長浜城主だった秀吉に認められ、十代半ばで近侍となる。賤ヶ岳(しずがたけ)の戦いなどで軍功をあげるが、武将としてより官僚としての能力に秀で、太閤検地などで中心的な働きをした。五奉行随一の実力者として文禄・慶長の役では名護屋城での本営設置や兵站の確保などを担当。秀吉の死後、徳川家康に対抗して挙兵するが、関ヶ原で敗れ、処刑された。

51 関ヶ原の戦い

わずか半日あまりで決着した天下分け目の大決戦

豊臣秀吉の没後、豊臣政権存続のため知力を尽くした石田三成だったが、着々と権力を固める徳川家康を前に、焦りを隠せなくなっていった。

徳川家康VS石田三成 史上空前の大決戦

豊臣秀吉《とよとみひでよし》の死後、豊臣政権では幼い秀頼《ひでより》を五大老《ごたいろう》・五奉行《ごぶぎょう》が支える体制が敷かれた。しかし、すぐに五大老筆頭の**徳川家康**《とくがわいえやす》が存在感を高める。１５９９年に重鎮の前田利家《まえだとしいえ》が病死すると、直後に福島正則《ふくしままさのり》、加藤清正《かとうきよまさ》ら武断《ぶだん》派武将が、対立する**石田三成**《いしだみつなり》を襲撃する事件が発生。この内紛は家康が仲裁し、三成は五奉行を退くこととなった。

焦った三成は、着々と権力を固める家康の討伐を決意。家康が謀反《むほん》の疑いのある会津《あいづ》の上杉《うえすぎ》討伐のために大坂城を出ると、**毛利輝元**《もうりてるもと》を総大将に担いで挙兵した。下野《しもつけ》国小山《おやま》でこの報せを受けた家康はただちに軍議を開き、福島や黒田長政《くろだながまさ》、山内一豊《やまうちかずとよ》ら諸将を東軍としてまとめ、西進を開始した。そして１６００年９月15日、全国の武将が東西に分かれて激突する**関ヶ原**《せきがはら》**の戦い**が始まった。

一進一退の攻防が続く正午ごろ、小《こ》早川《ばやかわ》秀秋《ひであき》が東軍に寝返った。老獪《ろうかい》な家康が籠絡《ろうらく》していたのだ。不意の側面攻撃で西軍は総崩れとなり、天下分け目の決戦は半日で終了。三成は斬首《ざんしゅ》され、天下は家康の手に握られたのである。

岐阜県
徳川家康
山内一豊
浅野幸長
池田輝政
東山道
吉川広家
垂井駅
毛利秀元
安国寺恵瓊
長束正家
大垣方面
長宗我部盛親
有馬豊氏
南宮山
南宮山に陣取った西軍は、動かないまま、決戦は終わる。
桃配山
相川
昼前、戦況が膠着するなか、家康は本陣を前線に移動。
十九女池
本多忠勝
伊勢方面
15日午後3時ごろ、西軍の敗北が決したなか、島津義弘は敵中突破し、巡見街道から伊勢方面へ敗走。
巡見街道
関ヶ原IC
国道362号
→養老町 三重県いなべ市
名神高速道路
梨木川
西軍武将
東軍武将
東軍に寝返った武将

石田三成陣跡。関ケ原古戦場には三成以外にも徳川家康などおもな武将の陣跡には石碑が建てられている。

西軍の城
東軍の城
会津へ向かう家康軍の動き
東軍の推定進路
若松城
宇都宮城
小山
上田城
妻籠
江戸城
掛川城
清洲城
岐阜城
大垣城
関ヶ原
佐和山城
伏見城
大坂城

関ヶ原の戦いの経過

1600年

6月16日 徳川家康が、会津の上杉征伐のため大坂城を出陣
7月17日 石田三成が挙兵
25日 家康が三成挙兵を知り、西進を決定（小山評定）
26日 福島正則ら東軍諸将が小山を出発
8月5日 家康が江戸城に到着
11日 三成が大垣城へ到着
14日 東軍が清洲城に集結
23日 福島正則ら東軍が岐阜城を攻略
24日 東軍が美濃赤坂に集結
9月1日 家康が江戸城を出発
2日 東山道を進んでいた徳川秀忠が上田城の真田昌幸と交戦
西軍の大谷吉継が関ヶ原に到着
7日 西軍の毛利秀元、長宗我部守親らが関ヶ原の付近に布陣
14日 家康が美濃赤坂に到着
15日 未明 東軍が関ヶ原へ布陣
15日 朝 開戦
15日 午後 三成敗走で西軍総崩れ

伊吹山地
垂井町
石田三成
豊臣麾下
島左近
島津豊久
蒲生郷舎
島津義弘
笹尾山
決戦地
細川忠興
黒田長政
加藤嘉明
筒井定次
田中吉政
古田重勝
織田有楽
金森長近
生駒一正
井伊直政
松平忠吉
寺沢広高
関ヶ原駅
北国脇往還
長浜方面
小西行長
福島正則
開戦地
北天満山
宇喜多秀家
藤堂高虎
関ケ原町
京極高知
激戦地
南天満山
東海道新幹線
15日午後、大谷吉継が敗れ、やがて宇喜多軍、小西軍と西軍は総崩れとなる。最後まで戦った石田三成も午後2時ごろ、北国脇往還を西へ敗走する。
戸田重政・平塚為広
国道21号
藤古川
赤座直保
小川祐忠
朽木元綱
脇坂安治
大谷吉継
彦根、佐和山城方面
東海道本線
東山道
大谷吉治・木下頼継
黒血川
15日昼ごろ、小早川秀秋をはじめとした東軍へ寝返った武将が大谷吉継らを攻める。
小早川秀秋
松尾山

52 キリスト教の伝来

西欧の日本進出とキリスト教の苦難

1549年、宣教師ザビエルにより日本に伝わったキリスト教。秀吉、家康に疎まれたことで、日本での布教は禁止された。

ザビエルの伝道路とおもなキリシタン大名

1549年に来日したザビエルは、九州を中心に布教活動を行い、1551年に日本を去った。

信長の許可を得たオルガンティノがセミナリオ（神学校）をつくる。
信長の孫で、幼名三法師。洗礼名ペトロ。1592年に岐阜城主となり、城下に教会などを建てた。
織田秀信《おだひでのぶ》
安土
❷ザビエルは天皇に謁見するため上洛するが、荒廃した京都をみて断念。
洗礼名ジュスト。高槻城主として、城下に多くの教会をつくった。1587年バテレン追放令で改易となり、1614年に禁教令でマニラに追放された。
高山右近《たかやまうこん》
京都
蒲生氏郷《がもううじさと》
福岡藩藩祖。号は如水（じょすい）、洗礼名シメオン。豊臣秀吉の軍師として活躍した。
❸京都からの帰路、領主大内義隆（よしたか）の許可を得ることに成功し、教会を建てるなど布教を行った。
洗礼名バルトロメオ。日本初のキリシタン大名。長崎を開港し、南蛮貿易を行った。
広島
山口
博多
黒田孝高《くろだよしたか》
平戸
府内
大村純忠《おおむらすみただ》
大友義鎮《おおともよししげ》
小西行長《こにしゆきなが》
❹大友義鎮に招かれて豊後府内（大分）に立ち寄り、その後インドに戻った。
洗礼名レオン。織田信長、豊臣秀吉に仕え、松坂城主を経て1590年に会津に転封となった。
法名は宗麟（そうりん）、洗礼名フランシスコ。ザビエルを豊後に招いた。
❶1549年8月にザビエルが上陸し、初めて布教を行った。
鹿児島
洗礼名アウグスティヌス。バテレン追放令後に肥後南部に移封。関ヶ原の戦いで刑死。
❶～❹ ザビエルの動き
大村純忠《おおむらすみただ》 キリシタン大名
1551年 ザビエル離日
1549年 ザビエル来日

日本にキリスト教を伝えた西ヨーロッパの事情

日本の戦国時代にあたる15世紀後半～16世紀、西ヨーロッパでは大航海時代と宗教改革を迎えていた。特に宗教改革は、教会の刷新や対外布教の拡大など、カトリック（旧教）側の改革も促した。その先鋒となった**イエズス会**の**フランシスコ＝ザビエル**が鹿児島に上陸したのは、1549年のことである。**大内義隆**《おおうちよしたか》や**大友義鎮**《おおともよししげ》（**宗麟**《そうりん》）らに保護されたザビエルは2年間の布教活動を終えて離日したが、その後も**ガスパル・ヴィレラ**や、**織田信長**《おだのぶなが》に保護された**ルイス・フロイス**、**オルガンティノ**など宣《せん》教師《きょうし》の来日が相次ぐ。

宣教師の活動は**南蛮**《なんばん》**貿易**と一体化して行われ、ポルトガル船などは布教を認めた大名領に入港したため、多くの大名が宣教師を保護し、自ら洗礼《せんれい》を受ける**キリシタン大名**も登場した。なかでも大友義鎮、有馬晴信《ありまはるのぶ》、大村純忠《おおむらすみただ》の3人は、1582年、ヴァリニャーノの発案で、**伊東マンショ**ら4人の少年を「**天正遣欧使節**《てんしょうけんおうしせつ》」としてローマ教皇のもとへ派遣している。

貿易と布教の一体化を求めない新教国の登場

豊臣秀吉《とよとみひでよし》も、当初はキリスト教を容認していた。しかし、1587年の九州平定で大村純忠が長崎を教会領とし寄進していたことや、日本人が海外に奴隷として売られていることなどを知り、宣教師に20日以内の国外退去を命じる**バテレン追放令**を出した。ただし、布教と一体化した南蛮貿易は奨励したため、効果はあがらなかった。

しかし1596年、土佐に漂着したスペイン船の乗員が、スペインは宣教師を利用して領土拡張をしていると証言するサン・フェリペ号事件が起きると、秀吉は26人の宣教師と信者を長崎で処刑した（**26聖人殉教**《じゅんきょう》）。

次の**徳川家康**も、はじめは貿易の利益のために布教を黙認していた。しかし、一神教的な立場から神仏を排撃する宣教師が現れたほか、オランダなど、貿易と布教の一体化を求めない新教国の登場によって態度を改め、1613年には全国に禁教令を発布。以後、日本のキリスト教は冬の時代を迎えた。

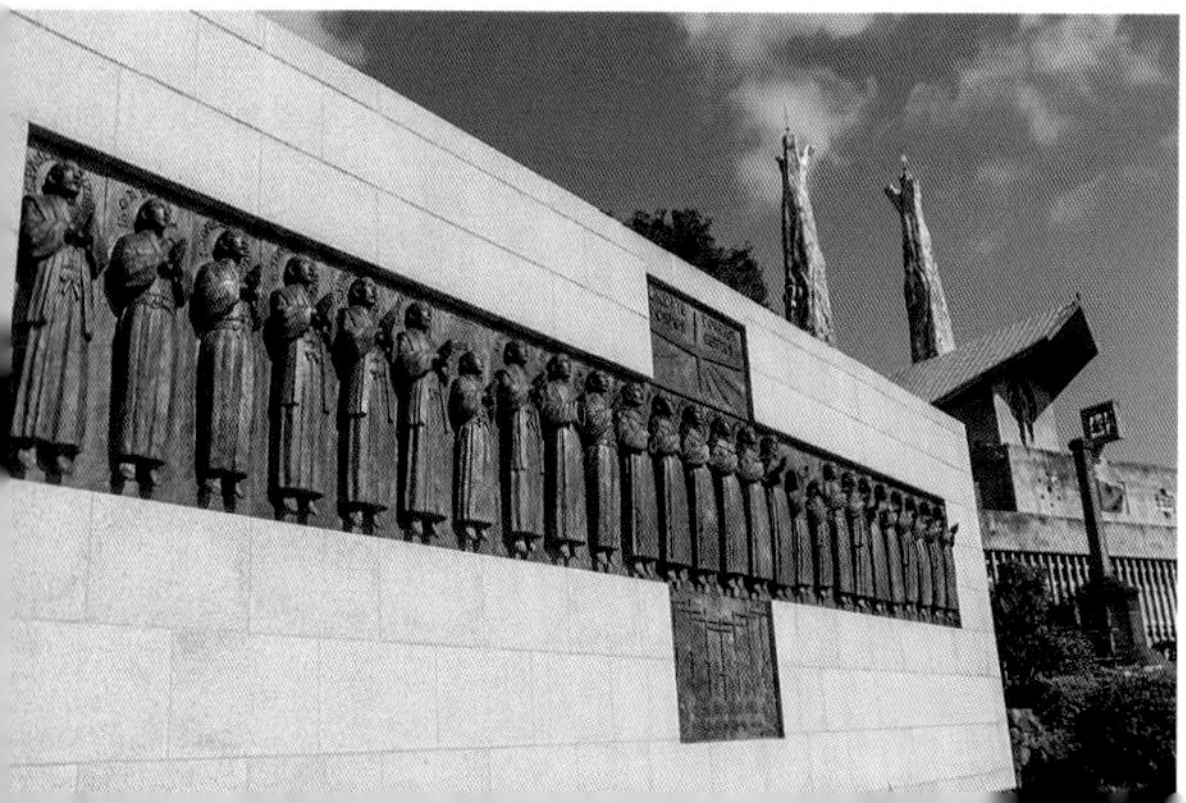
長崎市にある26聖人殉教の記念碑。

第5章
江戸幕府による太平の時代

第5章に登場する主な人物の生没年

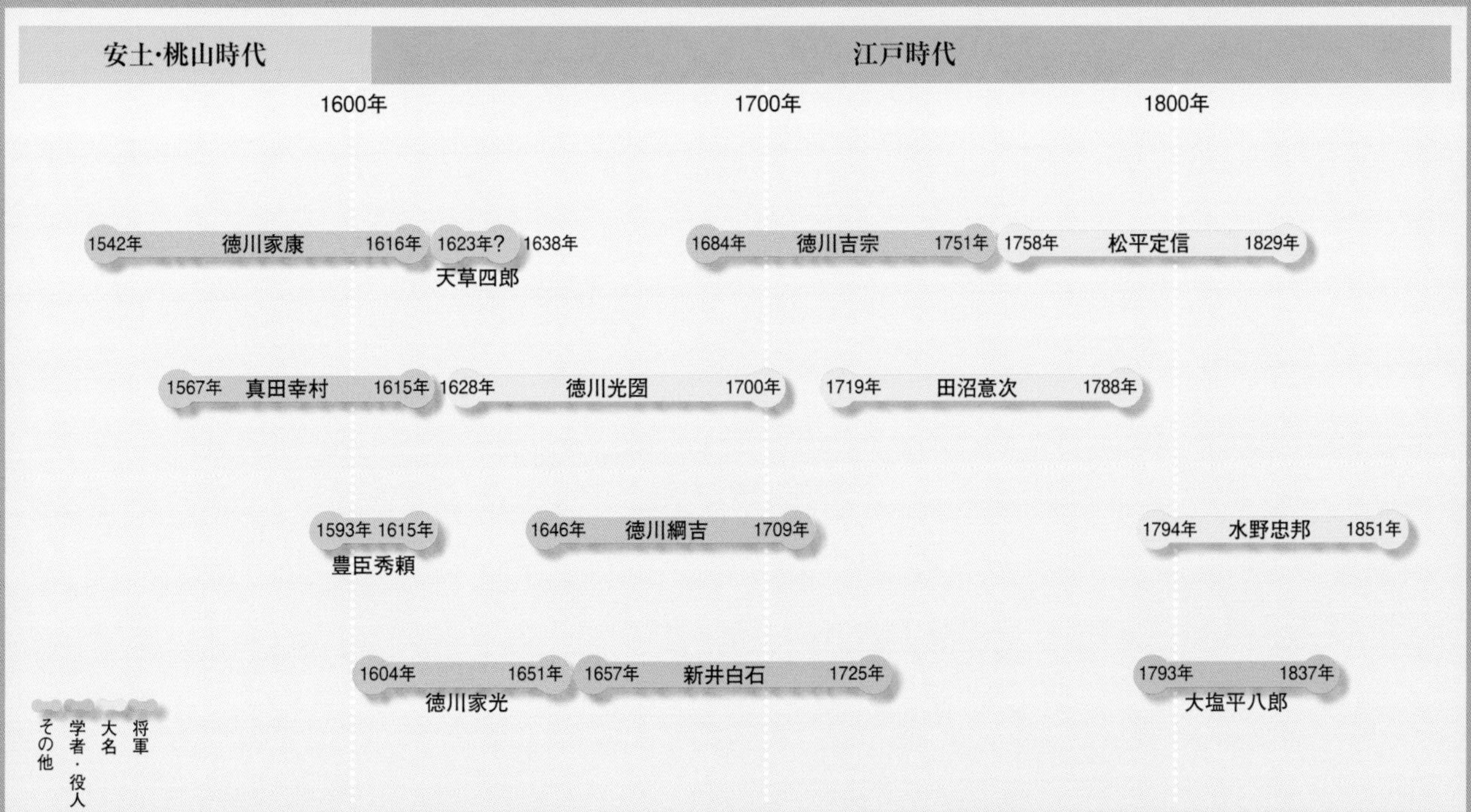
安土・桃山時代
江戸時代
1600年
1700年
1800年
1542年 徳川家康 1616年
1623年? 1638年 天草四郎
1684年 徳川吉宗 1751年
1758年 松平定信 1829年
1567年 真田幸村 1615年
1628年 徳川光圀 1700年
1719年 田沼意次 1788年
1593年 1615年 豊臣秀頼
1646年 徳川綱吉 1709年
1794年 水野忠邦 1851年
1604年 1651年 徳川家光
1657年 新井白石 1725年
1793年 1837年 大塩平八郎
将軍
大名
学者・役人
その他

江戸幕府による太平の時代 10大ニュース

安土・桃山時代 ▼1603年 江戸時代

年	出来事	頁
1603年	❶ **徳川家康《とくがわいえやす》が征夷大将軍《せいいたいしょうぐん》になる**	p.80
1612年	幕府直轄領にキリスト教禁止令（禁教令）	
1614年 1615年	❷ **大坂冬の陣・夏の陣**	p.81
1615年	❸ **武家諸法度《ぶけしょはっと》制定**	p.82
1627年	紫衣《しえ》事件（幕府が後水尾《ごみずのお》天皇の勅許を取り消す）	
1635年	参勤交代《さんきんこうたい》が制度化される	
1637〜38年	島原《しまばら》の乱（島原・天草一揆《あまくさいっき》）	
1639年	❹ **いわゆる「鎖国《さこく》」の完成**	p.83
1651年	❺ **慶安《けいあん》の変（由井正雪《ゆいしょうせつ》の反乱未遂）**	p.84
1651年	幕府が末期養子《まつごようし》の禁を緩和	
1657年	明暦《めいれき》の大火（江戸城天守閣が焼失）	
1669年	シャクシャインの戦い	
1671〜72年	東廻り海運・西廻り海運が整備される	
1685年	最初の生類憐《しょうるいあわれ》みの令	

江戸時代の大名配置（1664年ころ）

徳川家康《とくがわいえやす》は関ヶ原《せきがはら》の戦い後、西軍に味方した大名の領地を没収（改易《かいえき》）し、東軍の大名に恩賞として領地を与えた。だがその後、豊臣恩顧《とよとみおんこ》の大名の多くは、さまざまな理由をつけられて改易となり、また石高の高い外様《とざま》大名は遠方に追いやられた。一方、江戸に近い要地は、徳川将軍家になじみの深い親藩《しんぱん》、譜代《ふだい》大名の領地となり、ここに江戸幕府の大名統治システムは整い265年もの太平の時代を支えた。

幕府・諸大名の領地
幕府直轄領・都市
親藩・譜代
（御三家）
外様
江戸時代には行政区域として「藩」の呼称は使われておらず、1871年の廃藩置県以後に大名領をさす呼称として用いられるようになった。
外様
米沢藩《よねざわはん》（上杉《うえすぎ》家）
関ヶ原の戦いで西軍に味方し、会津120万石から減封された上杉景勝（かげかつ）を祖とする。
外様
加賀藩《かがはん》（前田《まえだ》家）
織田信長に仕え、豊臣政権の五大老として活躍した前田利家（としいえ）が藩祖。諸大名中最大の102万石を有し、「加賀百万石」といわれた。
外様
仙台藩《せんだいはん》（伊達《だて》家）
戦国大名伊達政宗（まさむね）を祖とする藩。62万石とされたが、新田開発を奨励し、実質は100万石以上あった。
親藩
会津藩《あいづはん》（松平《まつだいら》家）
上杉家、蒲生（がもう）家、加藤家を経て、1643年に徳川家光の弟、保科正之（ほしなまさゆき）が入封。のち松平姓に改姓し、御三家に次ぐ家格を有した。
御三家
水戸藩《みとはん》（徳川《とくがわ》家）
徳川家康の十一男頼房（よりふさ）が藩祖。御三家のなかで唯一参勤交代を免除され、藩主は江戸常駐であったため、俗に「副将軍」と称された。
相川
米沢
仙台
会津
日光
水戸
江戸
駿府
新居
下田
沢

江戸時代

1702年	赤穂《あこう》浪士が吉良義央《きらよしなか》(上野介《こうずけのすけ》)を討つ	
1709年	6代将軍家宣《いえのぶ》が新井白石《あらいはくせき》を登用	
1716〜45年	**❻ 享保《きょうほう》の改革(徳川吉宗《よしむね》)**	p.90
1721年	目安箱《めやすばこ》を設置	
1722年	上《あ》げ米《まい》令(大名に臨時に献上米を課す)	
1732年	享保の飢饉《ききん》	
1733年	享保の打ちこわし	
1767〜86年	**❼ 田沼時代(田沼意次《たぬまおきつぐ》)**	p.90
1782〜87年	天明《てんめい》の飢饉	
1786年	最上徳内《もがみとくない》を北方探検に派遣	
1787年	天明の打ちこわし	
1787〜93年	**❽ 寛政《かんせい》の改革(松平定信《まつだいらさだのぶ》)**	p.90
1792年	ロシア使節ラクスマンが来航	
1808年	間宮林蔵《まみやりんぞう》を北方探検に派遣	
1825年	異国船打払令	
1833〜39年	天保《てんぽう》の飢饉	
1837年	**❾ 大塩《おおしお》の乱**	p.91
1837年	生田万《いくたよろず》の乱	
1841〜43年	**❿ 天保の改革(水野忠邦《みずのただくに》)**	p.90

紀伊《きい》藩(徳川《とくがわ》家) 御三家
藩主であった浅野家が広島転封となり、徳川家康の十男頼宣(よりのぶ)が入封。御三家の一つ。

越前《えちぜん》藩(松平《まつだいら》家) 親藩
福井藩ともいう。徳川家康の二男松平秀康(ひでやす)の系統で、一度は改易となるが復活を遂げる。

長州《ちょうしゅう》藩(毛利《もうり》家) 外様
中国121万石を有した毛利輝元(てるもと)は、関ヶ原の戦いで西軍総大将となり、戦後36万石に減封。その後、毛利家は幕府に恨みを抱き続けた。

彦根《ひこね》藩(井伊《いい》家) 譜代
徳川家康の重臣井伊直政(なおまさ)を祖とする藩。譜代大名の筆頭で、大老を5人も輩出した。

広島《ひろしま》藩(浅野《あさの》家) 外様
改易となった福島正則(ふくしままさのり)にかわり浅野長晟(ながあきら)が入封。赤穂(あこう)藩の浅野家は分家にあたる。

福岡《ふくおか》藩(黒田《くろだ》家) 外様
関ヶ原の戦いの功により黒田長政(ながまさ)が入封。2代目のときお家騒動が勃発するが、改易を免れた。

肥前《ひぜん》藩(鍋島《なべしま》家) 外様
佐賀藩ともいう。無嗣断絶となった龍造寺(りゅうぞうじ)家にかわり、家老の鍋島直茂(なおしげ)が藩主となった。

熊本《くまもと》藩(細川《ほそかわ》家) 外様
豊臣家に縁の深い加藤清正(かとうきよまさ)が藩主となるが、子の代に改易。かわって細川家が入封。

薩摩《さつま》藩(島津《しまづ》家) 外様
島津氏は関ヶ原の戦いで西軍に味方するが、強兵で知られる島津を恐れた徳川家康により本領安堵された。加賀藩に次ぐ73万石を有する。

土佐《とさ》藩(山内《やまうち》家) 外様
関ヶ原の戦い後、山内一豊(かずとよ)が入封。以後、山内系の家臣(上士)と、旧藩主長宗我部(ちょうそかべ)系の家臣(郷士)が対立し続けた。

尾張《おわり》藩(徳川《とくがわ》家) 御三家
徳川家康の九男義直(よしなお)が藩祖。御三家筆頭として、諸大名のなかで最高の格式をもつ。

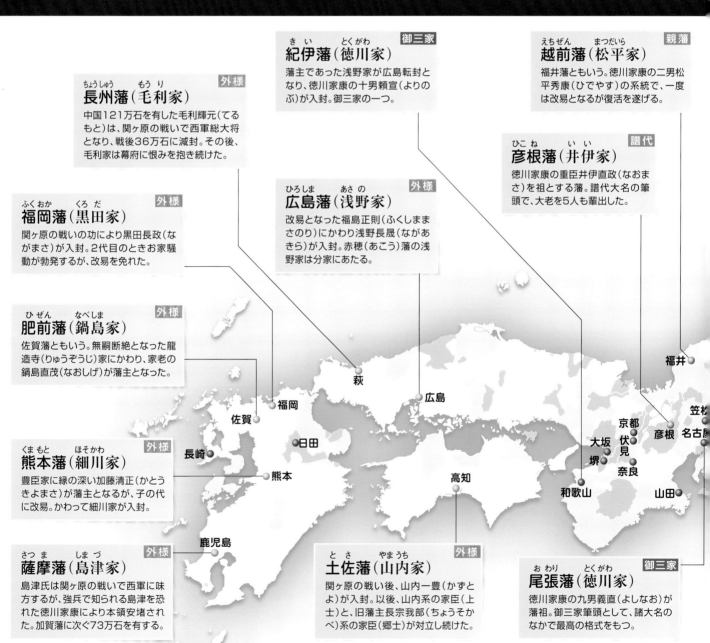

53 江戸幕府の成立

「忍耐の人」家康がついに天下を掌握！

少年時代を人質として過ごし、織田信長、豊臣秀吉の時代を耐え忍んだ徳川家康が、ついに江戸幕府を開いた。

徳川家の勢力の変遷
❶〜❻ 徳川家康の動き
1562年ごろ
1564年ごろ
本能寺の変後（1582年）
関東転封後（1590年）
1600年
❻ 関ヶ原の戦いで石田三成（みつなり）を破って対抗勢力を駆逐し、覇権を確立。
1584年
❹ 信長の二男信雄（のぶかつ）を擁して秀吉と戦う（小牧・長久手の戦い）。
本能寺の変後、織田家の領土を侵略。
東海地方より関東地方へ領地替えとなる。
1590年
❺ 豊臣秀吉が北条氏を滅ぼしたのち、関東に転封となり、本拠を江戸へ移す。
三河の一向一揆を鎮め、三河を統一。
越後
越中
越前
飛騨
信濃
上野
下野
常陸
武蔵
美濃
甲斐
下総
近江
尾張
三河
相模
上総
駿河
遠江
伊豆
安房
江戸
1590年以降の本拠地。
小田原
岡崎
1570年までの本拠地。
駿府
1586〜90年の本拠地。
浜松
1570〜86年の本拠地。
1560年
❶ 桶狭間で今川義元が織田信長に討たれると、今川氏から独立して岡崎城に入城。
1570年
❷ 三河統一後、遠江の大半を攻め取り、本拠地を浜松城に移す。
1572年
❸ 京都を目ざして遠江に侵入した武田信玄（しんげん）に、三方ヶ原（みかたがはら）の戦いで大敗。

朝廷権威を利用して武家のトップの地位を確保

1542年、三河《みかわ》（愛知県）の小大名松平広忠《まつだいらひろただ》の長男として生まれた**徳川家康《とくがわいえやす》**は、6歳で織田《おだ》家、次いで今川《いまがわ》家に送られ、長い人質生活を強いられた。1560年の桶狭間《おけはざま》の戦いで今川義元《いまがわよしもと》が討《う》たれると、ようやく独立。以後は織《お》田信長《だのぶなが》と同盟を結び、今川氏や一向一《いっこういっ》揆《き》と戦って三河を統一した。

三河統一後、譜代の家臣団を組織して遠江《とおとうみ》、駿河《するが》と支配地域を広げた家康は、本能寺《ほんのうじ》の変の直後、武田《たけだ》氏旧領の甲斐《かい》・南信濃《しなの》も併呑《へいどん》する。豊臣《とよとみ》政権では関東へ転封《てんぽう》されるが、江戸を拠点に実力を蓄えた。そして豊臣秀吉《とよとみひでよし》の死後、**関ヶ原《せきがはら》の戦い**に勝利して実質的に天下を掌握したのである。

戦後処理として、家康は西軍方の大名を**改易《かいえき》**（領地没収）や**減封《げんぽう》**（領地削減）などに処した。そして、没収した領地を一門や譜代《ふだい》の家臣などに与え、親藩《しんぱん》・譜代大名を創出したほか、佐渡金山《さどきんざん》や重要都市を直轄地とする。また、1603年には朝廷から**征夷大将軍《せいいたいしょうぐん》**の宣下《せんげ》を受けて全大名に対する指揮権を確保し、**江戸幕府**を開いた。265年続く**江戸時代**の幕開きである。

さらに家康は、諸大名に江戸城や江戸市街の普請《ふしん》を命じ、国絵図《くにえず》や郷帳《ごうちょう》（石高《こくだか》の帳簿）をつくらせて天下の支配者であることを示した。1605年に将軍を嫡男《ちゃくなん》の**徳川秀忠《ひでただ》**に譲ったのも、将軍職が徳川氏の世襲であることを示すためであり、自身は駿府《すんぷ》に移り、大御所《おおごしょ》（前将軍）として実権を握り続けた。

江戸城天守閣の復元模型。（兵庫県立歴史博物館所蔵）

幻の江戸城大天守

江戸城の歴史は、平安時代末に江戸氏が構えた居館《きょかん》に始まる。1457年、扇谷上杉《おうぎがやつうえすぎ》氏の家臣太田道灌《おおたどうかん》がこの居館跡に江戸城を築くが、1590年に徳川家康が入城したときには荒廃していた。

その後、徐々に進められた江戸城の整備・拡張は、江戸幕府成立後に家康が諸大名に命じた「天下普請《てんかぶしん》」によって一気に進む。1607年には壮大な天守《てんしゅ》（慶長《けいちょう》度天守）も築かれたが、本丸御殿《ほんまるごてん》拡張などのため、その後短期間で解体・建設が繰り返された。特に、1638年に3代将軍家光《いえみつ》が築いた3代目の寛永《かんえい》度天守は、5層6階、高さ約58mという史上最大の天守だったが、1657年の明暦《めいれき》の大火によって焼失。以後、財政難などにより天守が再建されることはなかった。

人物 本多正信《ほんだまさのぶ》［1538〜1616年］
安土桃山〜江戸時代の武将。一向一揆に味方して徳川家康と対立するが、のちに臣従。以後、家康の参謀として辣腕（らつわん）を振るった。関東総奉行の一人に任ぜられ、江戸市街地の造成工事に活躍したほか、大坂の役では大坂城の堀埋め立てにも一役買っている。家康の深い信頼を得、後世「水魚の交わり」と評された。

1614・1615年

平成 昭和 大正 明治 江戸 安土桃山 室町 鎌倉 平安 奈良 古墳・飛鳥 弥生 縄文

54 大坂の役

家康の謀略により豊臣家が滅亡

一大名に転落した豊臣家だが、その影響力を恐れる徳川家康の謀略により、ついに最期を迎えた。

大坂城に入城したおもな牢人

大坂の役で獅子奮迅の働きをみせ、徳川軍を苦しめた下記5人の牢人(浪人)は、特に大坂城五人衆とよばれる。

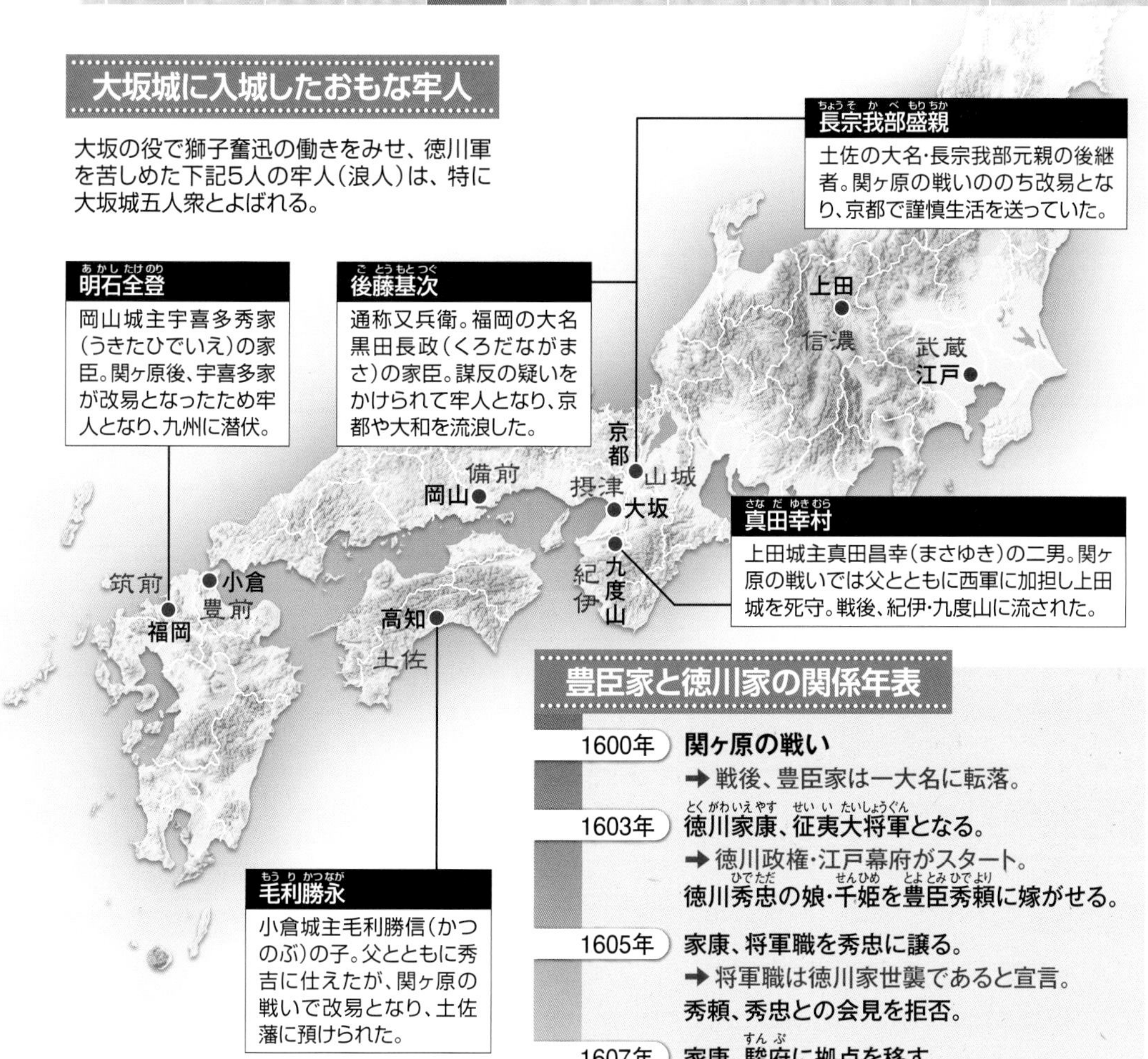
長宗我部盛親《ちょうそかべもりちか》
土佐の大名・長宗我部元親の後継者。関ヶ原の戦いののち改易となり、京都で謹慎生活を送っていた。
明石全登《あかしたけのり》
岡山城主宇喜多秀家(うきたひでいえ)の家臣。関ヶ原後、宇喜多家が改易となったため牢人となり、九州に潜伏。
後藤基次《ごとうもとつぐ》
通称又兵衛。福岡の大名黒田長政(くろだながまさ)の家臣。謀反の疑いをかけられて牢人となり、京都や大和を流浪した。
真田幸村《さなだゆきむら》
上田城主真田昌幸(まさゆき)の二男。関ヶ原の戦いでは父とともに西軍に加担し上田城を死守。戦後、紀伊・九度山に流された。
毛利勝永《もうりかつなが》
小倉城主毛利勝信(かつのぶ)の子。父とともに秀吉に仕えたが、関ヶ原の戦いで改易となり、土佐藩に預けられた。
上田
信濃
武蔵
江戸
京都
山城
備前
岡山
摂津
大坂
紀伊
九度山
筑前
小倉
豊前
福岡
高知
土佐

豊臣家と徳川家の関係年表

1600年	**関ヶ原の戦い** ➡ 戦後、豊臣家は一大名に転落。
1603年	徳川家康《とくがわいえやす》、征夷大将軍《せいいたいしょうぐん》となる。 ➡ 徳川政権・江戸幕府がスタート。 徳川秀忠《ひでただ》の娘・千姫《せんひめ》を豊臣秀頼《とよとみひでより》に嫁がせる。
1605年	家康、将軍職を秀忠に譲る。 ➡ 将軍職は徳川家世襲であると宣言。 秀頼、秀忠との会見を拒否。
1607年	家康、駿府《すんぷ》に拠点を移す。
1611年	京都・二条城で家康と秀頼が会見。 加藤清正《かとうきよまさ》死去。
1613年	浅野幸長《あさのよしなが》死去。
1614年	家康、方広寺の鐘銘《しょうめい》に難癖《なんくせ》をつける。 **大坂冬の陣** ➡ 徳川軍が大坂城の堀を埋める。
1615年	**大坂夏の陣** ➡ 秀頼が自害し、豊臣家滅亡。
	▼ **戦国時代より続いた戦乱がおさまる(元和偃武《げんなえんぶ》)。**
1616年	徳川家康死去。

豊臣家は後ろ盾の有力大名を失う。

「元和」は当時の年号、「偃武」は武力行使をやめるという意味。

鐘銘に難癖をつけた家康の豊臣家滅亡計画

関ヶ原《せきがはら》の戦いの戦後処理により、徳《とく》川《がわ》家康《いえやす》は豊臣《とよとみ》家を摂津《せっつ》、河内《かわち》、和泉《いずみ》の3カ国60万石を領する一大名に転落させた。それでも、**豊臣秀頼**《とよとみひでより》が難攻不落の**大坂城**におり、秀吉の時代から蓄えられた金銀財宝や武器弾薬、そして何より豊臣家の威光は、徳川政権の安泰を脅かしかねない存在だった。

豊臣家滅亡をねらう家康は、財力を削ぐため、淀殿《よどどの》・秀頼の母子にしきりに寺社造営を勧めた。そして、秀吉が建立した方広寺《ほうこうじ》大仏殿が再建されると、梵鐘《ぼんしょう》に刻まれた銘文《めいぶん》(鐘銘)のなかに「国家安康《こっかあんこう》」「君臣豊楽《くんしんほうらく》」という文字を見つける。これが「家」と「康」を切り離して徳川家を呪い、「臣」と「豊」をつなげて豊臣家の繁栄を願うものだと難癖をつけたのだ。

さらに、大坂城の明け渡し、あるいは秀頼か淀殿を人質として江戸に送る、という難題を突きつけられた豊臣家は、1614年10月、ついに挙兵した(**大坂冬の陣**)。

牢人衆の奮戦むなしく大坂城が落城

攻める徳川軍30万に対し豊臣方の兵は10万。集まったのは**真田幸村**《さなだゆきむら》(**信繁**《のぶしげ》)、**後藤基次**《ごとうもとつぐ》ら秀吉に恩を受けた者など、関ヶ原以後に没落した**牢人**《ろうにん》(**浪人**)衆だったが、士気の高い彼らが守る大坂城はなかなか落ちなかった。

そこで家康は、ひとまず講和を結ぶ。その講和の条件の一つである大坂城の外堀を埋める際、本多正信《ほんだまさのぶ》に命じて二の丸、三の丸の堀まで埋めさせ、大坂城を裸同然にしてしまった。そして豊臣方が城を旧に復そうとしたことを理由に、翌1615年4月、15万の大軍で大坂城を攻撃した(**大坂夏の陣**)。

豊臣方の牢人衆は奮戦するが、裸城となった大坂城を守るすべはない。次つぎと討《う》ち死にし、大坂城も炎上すると、淀殿・秀頼の母子は自害。秀吉が天下を統一してから25年後、こうして豊臣家は滅亡したのであった。

人物 真田幸村《さなだゆきむら》 [1567～1615年]

安土桃山～江戸時代の武将。関ヶ原の戦いでは兄信之(のぶゆき)と別れて父昌幸(まさゆき)とともに西軍につき、上田城で徳川秀忠の軍勢を足止めする。戦後、紀伊国九度山(くどやま)に配流されるが大坂の役に参戦。冬の陣では出城(真田丸)を築いて徳川軍を悩ませる。夏の陣では徳川本陣への突撃を敢行。死を覚悟した家康に「日本(ひのもと)一の兵(つわもの)」と評されたが、一歩及ばず戦死した。

55 幕藩体制の確立

長期安定政権 江戸幕府の仕組み

江戸幕府は、大名の力を抑える巧妙なシステムをつくり上げ、260年以上に及ぶ長期支配を実現した。

徳川将軍家の系図

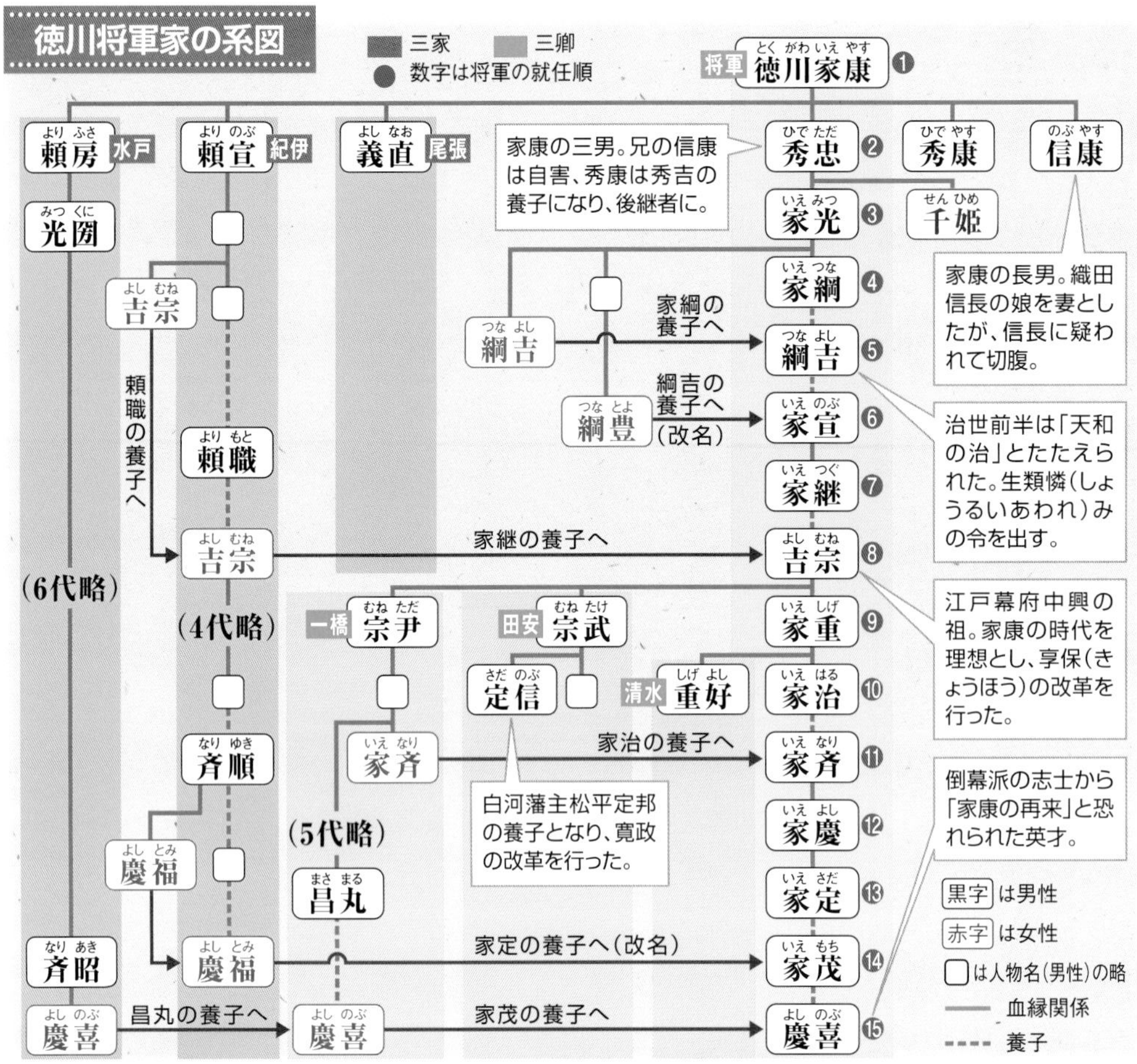
三家
三卿
数字は将軍の就任順
将軍 徳川家康《とくがわいえやす》 1
頼房《よりふさ》 水戸
頼宣《よりのぶ》 紀伊
義直《よしなお》 尾張
家康の三男。兄の信康は自害、秀康は秀吉の養子になり、後継者に。
秀忠《ひでただ》 2
秀康《ひでやす》
信康《のぶやす》
光圀《みつくに》
家光《いえみつ》 3
千姫《せんひめ》
家康の長男。織田信長の娘を妻としたが、信長に疑われて切腹。
吉宗《よしむね》
家綱《いえつな》 4
綱吉《つなよし》
家綱の養子へ
綱吉《つなよし》 5
頼職の養子へ
綱豊《つなとよ》
綱吉の養子へ（改名）
家宣《いえのぶ》 6
治世前半は「天和の治」とたたえられた。生類憐（しょうるいあわれ）みの令を出す。
頼職《よりもと》
家継《いえつぐ》 7
吉宗《よしむね》
家継の養子へ
吉宗《よしむね》 8
江戸幕府中興の祖。家康の時代を理想とし、享保（きょうほう）の改革を行った。
（6代略）
（4代略）
一橋 宗尹《むねただ》
田安 宗武《むねたけ》
家重《いえしげ》 9
定信《さだのぶ》
清水 重好《しげよし》
家治《いえはる》 10
斉順《なりゆき》
家斉《いえなり》
家治の養子へ
家斉《いえなり》 11
倒幕派の志士から「家康の再来」と恐れられた英才。
白河藩主松平定邦の養子となり、寛政の改革を行った。
（5代略）
家慶《いえよし》 12
慶福《よしとみ》
昌丸《まさまる》
家定《いえさだ》 13
黒字は男性
赤字は女性
斉昭《なりあき》
慶福《よしとみ》
家定の養子へ（改名）
家茂《いえもち》 14
は人物名（男性）の略
慶喜《よしのぶ》
昌丸の養子へ
慶喜《よしのぶ》
家茂の養子へ
慶喜《よしのぶ》 15
血縁関係
養子

幕藩体制

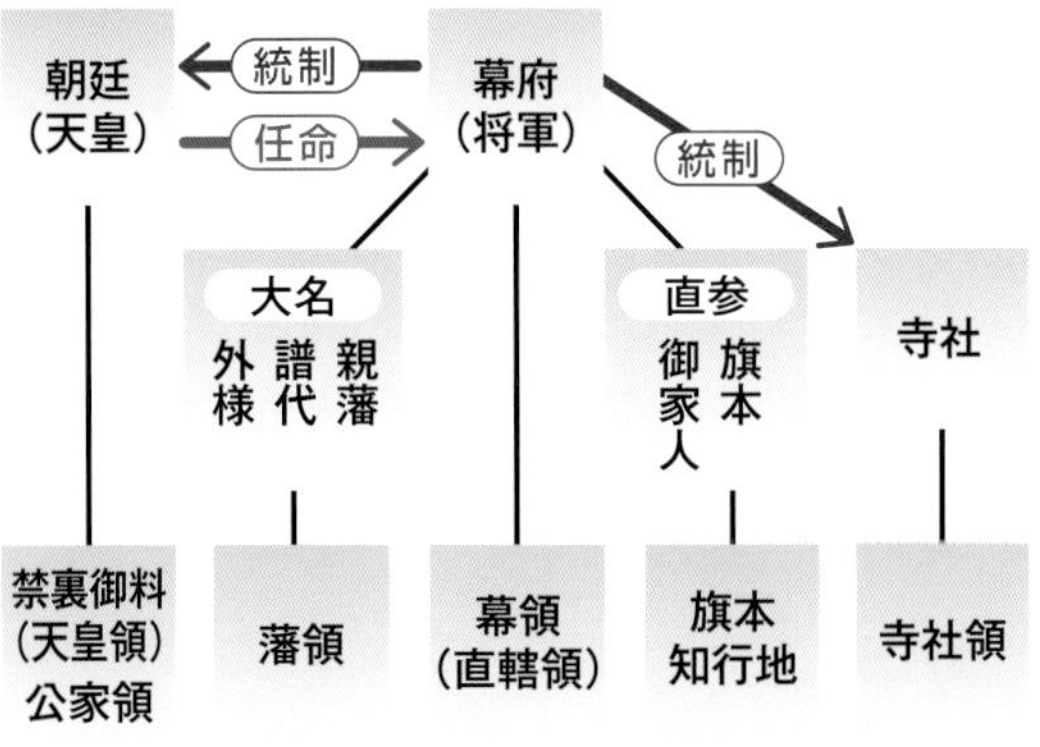
朝廷（天皇）
統制
任命
幕府（将軍）
統制
大名
親藩
譜代
外様
直参
旗本
御家人
寺社
禁裏御料（天皇領）公家領
藩領
幕領（直轄領）
旗本知行地
寺社領

※御家人は俸禄

大名・人民を統制する幕藩体制の確立

豊臣《とよとみ》家を滅ぼした**徳川家康**《とくがわいえやす》は、その直後に**武家諸法度**《ぶけしょはっと》（元和令《げんなれい》）を制定する。政治上の訓戒に加え、城郭《じょうかく》の無断修築や私婚《しこん》の禁止などを定めた、大名を統制するための法令だ。また、関ケ原《せきがはら》の戦い以降に臣従した外様《とざま》大名の大半を辺境の地へと移し、その領国周辺に幕府直轄領や親藩《しんぱん》・譜代《ふだい》大名を配置して監視体制を強化した。

3代将軍**家光**《いえみつ》は、1635年に新たな武家諸法度（寛永令《かんえいれい》）を発布。大名が1年おきに領国と江戸に移り住む**参勤**《さんきん》**交代**《こうたい》を制度化して諸藩の財政を圧迫して力を削いだ。その一方で、将軍のもとに**老中**《ろうじゅう》や**若年寄**《わかどしより》、**三奉行**《さんぶぎょう》（寺社奉行《じしゃぶぎょう》、町奉行《まちぶぎょう》、勘定奉行《かんじょうぶぎょう》）など幕府の職制を整備し、それぞれに譜代大名や旗本《はたもと》（1万石未満の将軍直属の家臣）をあてて幕政を運営させた。

こうして、将軍と諸大名（幕府と藩）の主従関係を基礎に全国を支配する**幕**《ばく》**藩**《はん》**体制**が確立されたのである。

朝廷にも及んだ幕府の厳しい統制

幕府の統制の対象は大名にとどまらない。将軍宣下で利用した朝廷の権威は、他大名にも利用されかねない諸刃の剣だ。そこで幕府は、1615年に**禁中**《きんちゅう》**並**《ならびに》**公家諸法度**《くげしょはっと》を制定して朝廷運営の基準を明らかにした。さらに、1620年に**徳川秀忠**《ひでただ》の娘**和子**《まさこ》を**後水尾天皇**《ごみずのお》に入内《じゅだい》させると、以後は官位制度や改元など、朝廷のもつ権能にも制限を加えた。

幕府に対する朝廷の不満が高まるなか、1627年には**紫衣事件**《しえ》が起きる。後水尾天皇が、幕府の承諾なしで高僧が着る紫衣着用の勅許を出したところ、幕府は法度違反として無効にさせたのだ。さらに、これに反対した**沢庵**《たくあん》などの僧を流罪にすると、1629年、後水尾天皇は抗議の意を示すために譲位した。しかし、この譲位も幕府の承諾なしに行われたことから、幕府は摂家《せっけ》や**武家伝奏**《ぶけてんそう》（幕府との折衝窓口）に厳しく朝廷の統制を命じた。以後、この体制が幕末まで続くことになる。

人物 徳川家光《とくがわいえみつ》［1604～1651年］

江戸幕府第3代将軍。1623年に将軍職を継ぐが、実権は大御所となった父秀忠が掌握。1632年、秀忠が没し幕政の実権を握ると、若年寄、奉行の制度を定め、大名に参勤交代を義務づけたほか、改易や転封を強行し、幕藩体制を確立させた。祖父家康を崇拝し、日光東照宮の大改築、10回にわたる日光参拝を行っている。

1639年

平成 昭和 大正 明治 江戸 安土桃山 室町 鎌倉 平安 奈良 古墳・飛鳥 弥生 縄文

56 江戸幕府の対外政策

禁教政策と貿易統制でいわゆる「鎖国」が完成

最初期の対外姿勢を改めた江戸幕府は、キリスト教の禁教政策と貿易の統制強化を進めた。

「鎖国」時代の対外関係

「鎖国」政策がとられていた時代に国外との接触が許されたのは、長崎、薩摩、対馬、松前の4カ所のみだった。

松前藩《まつまえはん》
アイヌが居住する蝦夷地との交易を許され、昆布、鮭などの海産物や熊皮、鷹の交易がさかんに行われた。
蝦夷地《えぞち》
p.88
松前
北京
朝鮮
(1392～1910年)
対馬藩《つしまはん》
朝鮮からの通信使は江戸時代に12回派遣され、対馬藩はその先導役を務めた。釜山に倭館を設置し、貿易も行った。
漢城
清《しん》
(1644～1912年)
黄海
日本海
江戸
京都
対馬
長崎
日本
太平洋
長崎
幕府の直轄領で、東インドに拠点をもつオランダ、中国との貿易拠点として繁栄。西洋の学問や技術の輸入窓口にもなった。
鹿児島
薩摩藩《さつま》
1609年に琉球王国を征服して以来、琉球使節の窓口となった。また密貿易を行い、大きな利益をあげた。
東南アジアより
東シナ海
琉球王国《りゅうきゅうおうこく》
(1429～1879年)
p.89

江戸幕府の対外政策の変遷

徳川家康《とくがわいえやす》は、幕府を開いた1603年にアンナン(ベトナム)やルソン、カンボジアに修好《しゅうこう》を求める文書を送るなど、外交には積極的だった。また、**南蛮《なんばん》貿易**にも前向きだったが、中国産生糸の独占貿易で巨利をあげていたポルトガルに対しては、特定商人に生糸を一括購入させる**糸割符制度《いとわっぷせいど》**を導入し、安値で買い叩かせている。

一方、豊臣《とよとみ》政権時代からさかんだった日本人貿易商の活動には、海外渡航を許可する**朱印状《しゅいんじょう》**を与え、東南アジア地域への進出を後押ししている。

しかし、幕藩《ばくはん》体制が確立するにつれ、幕府の対外政策は統制強化へと転換していく。その目的は、スペイン、ポルトガルによる侵略やキリスト教信徒の団結に対する懸念から行われた禁教政策推進と、貿易による西国大名の強大化や大名と外国との直接交渉を防ぐことにあった。つまり、大半が幕府による国内統制強化策の一環だったといえる。

この傾向は2代将軍**秀忠《ひでただ》**、3代将軍**家光《いえみつ》**と進むにつれて強まった。外国船寄港地の制限や日本人の海外渡航禁止などを経て、**島原《しまばら》の乱(島原・天草一揆《あまくさいっき》)**後は最後に残ったポルトガル船の入港も禁止して、いわゆる「**鎖国《さこく》**」が完成。出《で》島《じま》のオランダ商館や中国船、琉球《りゅうきゅう》王国、朝鮮、アイヌ民族以外との対外交渉を閉ざすこととなったのである。

「鎖国」が完成するまで

1612年 直轄領に禁教令を発布。

1613年 全国に禁教令を発布。
➡翌年キリスト教徒300余人を国外追放。

1616年 欧州船の入港地を平戸、長崎に制限。

1622年 **元和《げんな》の大殉教《だいじゅんきょう》**
長崎で55人のキリスト教徒らが火刑、斬首。

1623年 イギリスが日本から撤退。

1624年 スペイン船の来航禁止。

1629年 絵踏《えぶみ》が始まる。

1630年 キリスト教図書の輸入禁止。

1633年 奉書船《ほうしょせん》(朱印状に加え、老中《ろうじゅう》の許可証をもった船)以外の海外渡航禁止。
海外に居住する日本人の帰国を制限。

1635年 外国船の入港地を長崎に制限。
日本船の海外渡航を全面禁止。

1637年 **島原の乱(島原・天草一揆)**
島原、唐津藩のキリスト教弾圧と暴政に対する、キリスト教徒と農民の反乱。

1639年 ポルトガル船の来航禁止。

▼

以後、200年に及ぶ「鎖国」体制が完成。

1641年 オランダ人を出島に移す。

人物 **天草四郎時貞《あまくさしろうときさだ》** [1623?～1638年]
江戸時代前期のキリスト教徒。本名は益田時貞(ますだときさだ)という。父はキリシタン大名小西行長(こにしゆきなが)の遺臣とされる。1637年、天草や島原の農民が過酷な租税、キリスト教弾圧に反抗して反乱(島原の乱)を起こした際、総大将に推されて全軍を指揮した。原城に籠って奮戦するが、幕府軍の総攻撃により討ち死に。死後、キリスト教徒の間で神格化された。

改易で牢人が激増！幕政は方針転換へ

幕府による大名統制は厳しく、多くの大名が改易となった。しかし、それにより牢人が激増。幕府は政策の転換を迫られた。

改易になったおもな大名

大名が改易（領地没収）となるおもな理由は、跡継ぎ断絶、武家諸法度違反、乱行であった。

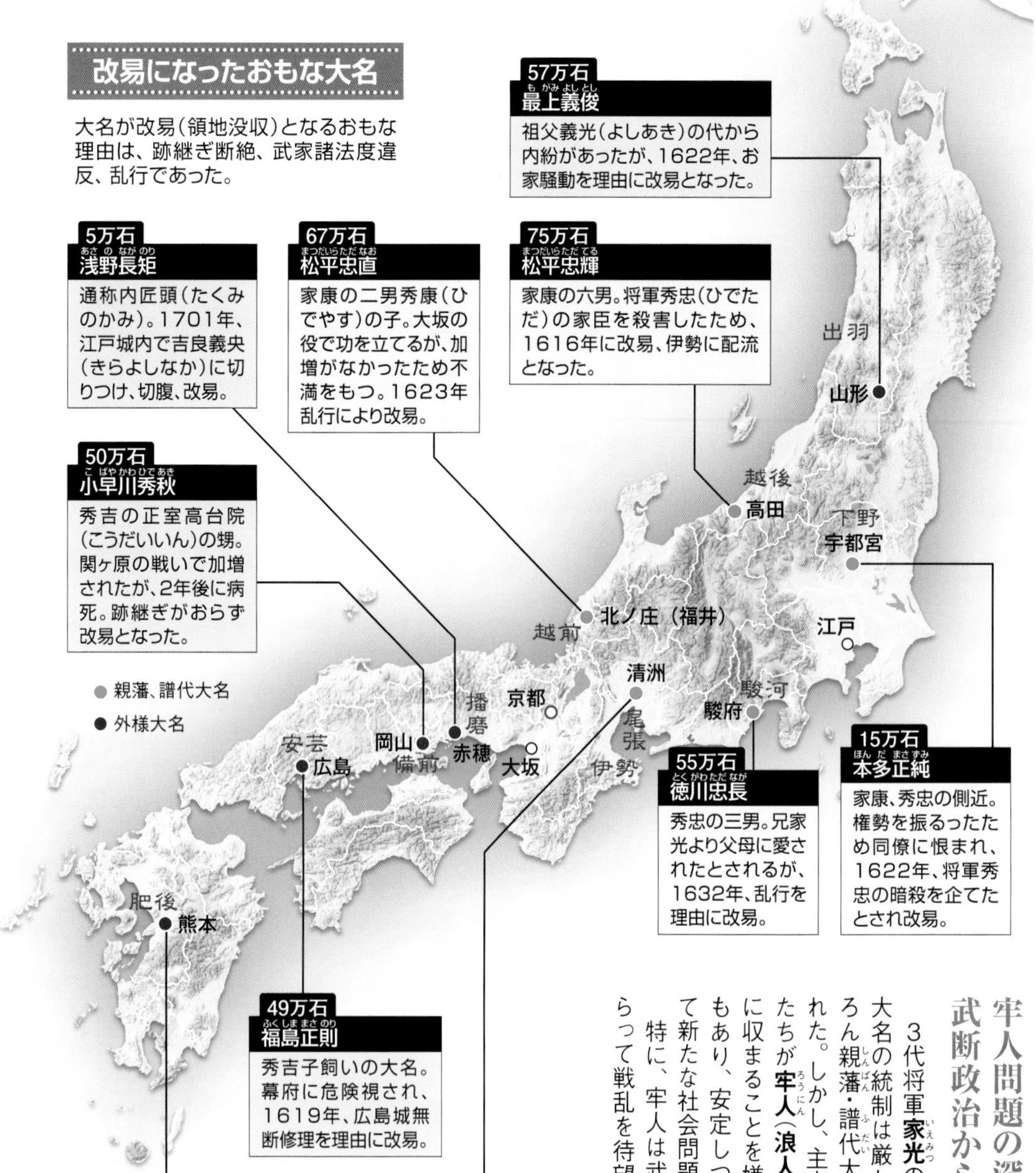
出羽
山形
越後
高田
下野
宇都宮
江戸
越前
北ノ庄（福井）
清洲
駿河
駿府
尾張
伊勢
京都
大坂
播磨
赤穂
備前
岡山
安芸
広島
肥後
熊本
● 親藩、譜代大名
● 外様大名

57万石　最上義俊《もがみよしとし》
祖父義光（よしあき）の代から内紛があったが、1622年、お家騒動を理由に改易となった。

5万石　浅野長矩《あさのながのり》
通称内匠頭（たくみのかみ）。1701年、江戸城内で吉良義央（きらよしなか）に切りつけ、切腹、改易。

67万石　松平忠直《まつだいらただなお》
家康の二男秀康（ひでやす）の子。大坂の役で功を立てるが、加増がなかったため不満をもつ。1623年乱行により改易。

75万石　松平忠輝《まつだいらただてる》
家康の六男。将軍秀忠（ひでただ）の家臣を殺害したため、1616年に改易、伊勢に配流となった。

50万石　小早川秀秋《こばやかわひであき》
秀吉の正室高台院（こうだいいん）の甥。関ヶ原の戦いで加増されたが、2年後に病死。跡継ぎがおらず改易となった。

55万石　徳川忠長《とくがわただなが》
秀忠の三男。兄家光より父母に愛されたとされるが、1632年、乱行を理由に改易。

15万石　本多正純《ほんだまさずみ》
家康、秀忠の側近。権勢を振るったため同僚に恨まれ、1622年、将軍秀忠の暗殺を企てたとされ改易。

49万石　福島正則《ふくしままさのり》
秀吉子飼いの大名。幕府に危険視され、1619年、広島城無断修理を理由に改易。

52万石　加藤忠広《かとうただひろ》
秀吉の子飼い大名・加藤清正（きよまさ）の子。幕府に警戒され、1632年に改易。理由は不明。

52万石　松平忠吉《まつだいらただよし》
家康の四男。1607年に死去し、無嗣のため改易。領地は新設の尾張藩に編入された。

牢人問題の深刻化で武断政治から文治政治へ

3代将軍**家光《いえみつ》**の時代まで幕府による大名の統制は厳しく、外様《とざま》大名はもちろん親藩《しんぱん》・譜代《ふだい》大名も容赦なく**改易《かいえき》**された。しかし、主家を失った多数の武士たちが**牢人《ろうにん》（浪人）**となったほか、秩序に収まることを嫌う「かぶき者」の横行もあり、安定しつつあった幕政にとって新たな社会問題となった。

特に、牢人は武士としての復権をねらって戦乱を待望するなど危険な存在で、**徳川家綱《いえつな》**が4代将軍となった1651年には、牢人で兵学者《へいがくしゃ》の**由井正雪《ゆいしょうせつ》**らが幕府転覆を図る事件が発覚する（**慶安《けいあん》の変**）。幕府は従来の**武断《ぶだん》政治**ではかえって秩序の安定を阻害すると考え、**文治《ぶんち》政治**へと方針を転換した。

末期養子の禁の緩和と殉死の禁止

文治政治を主導したのは、家光の弟で、甥にあたる幼少の家綱を支えた会《あい》津《づ》藩主の**保科正之《ほしなまさゆき》**らだった。

彼らが慶安の変の直後に取り組んだのは、**末期養子《まつごようし》の禁**の緩和だ。末期養子とは、実子のいない武家の当主が死の直前に養嗣子《ようしし》をとることで、これを禁じたことによる無嗣《むし》断絶での改易は多かった。つまり、改易の原因を除去して牢人の増加を防ぐ措置だったが、同時に大名家の安定度を高めることにもつながった。

続く改革が**殉死《じゅんし》の禁止**だ。殉死は戦国時代の遺風ではなく、命がけの戦働きに負けない忠誠心の示し方として、平和が定着してきた17世紀前半に流行した。家綱はこれを無益として禁じ、家臣には跡継ぎの新しい主君に奉公することを義務づけたのだ。これは、家臣は主人個人ではなく主家に奉公するものであることを明示したもので、主家は代々奉公される側、家臣は代々奉公する側という主従関係を永続的なものとすることにもなった。

家綱から始まった文治政治は、学問を奨励した5代**綱吉《つなよし》**や、**新井白石《あらいはくせき》**らに支えられて**正徳《しょうとく》の治**といわれた6代**家《いえ》宣《のぶ》**、7代**家継《いえつぐ》**の時代にも受け継がれた。

人物　由井正雪《ゆいしょうせつ》［1605?～1651年］
江戸時代前期の兵学者。江戸で楠木正成（くすのきまさしげ）の子孫という楠木正辰（まさたつ）に兵学を学ぶ。のち楠木家の養子となり、兵学塾を開いて旗本や牢人から絶大な支持を得た。1651年、3代将軍家光の死に乗じて、牢人丸橋忠弥（まるばしちゅうや）らとともに幕府転覆を企てるが、事前に露見。幕府の追捕を受け、駿府（すんぷ）で自害した。

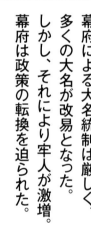

17〜18世紀
平成　昭和　大正　明治　江戸　安土桃山　室町　鎌倉　平安　奈良　古墳・飛鳥　弥生　縄文

58 市場経済の発達

武家の支配力をしのぐ庶民の経済活動

全国の水陸交通網が整備され、商品流通の増大が経済発展を助長。商品作物や手工業製品など各種産業もおおいに発展した。

江戸時代の流通機構

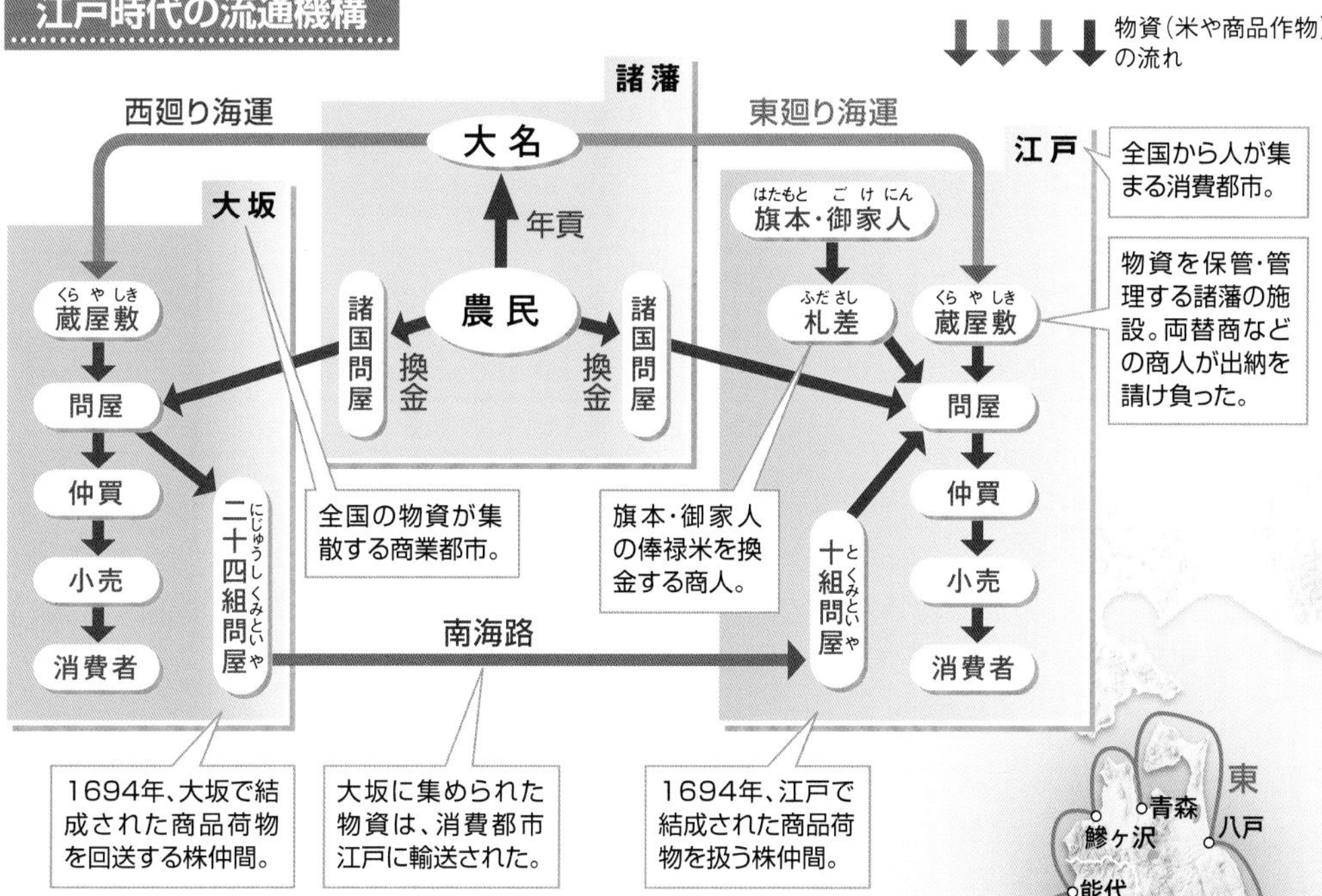
物資（米や商品作物）の流れ
諸藩
大名
年貢
農民
諸国問屋
換金
諸国問屋
換金
西廻り海運
東廻り海運
大坂
蔵屋敷《くらやしき》
問屋
仲買
小売
消費者
二十四組問屋《にじゅうしくみといや》
全国の物資が集散する商業都市。
南海路
江戸
全国から人が集まる消費都市。
旗本《はたもと》・御家人《ごけにん》
札差《ふださし》
蔵屋敷《くらやしき》
物資を保管・管理する諸藩の施設。両替商などの商人が出納を請け負った。
旗本・御家人の俸禄米を換金する商人。
十組問屋《とくみといや》
問屋
仲買
小売
消費者
1694年、大坂で結成された商品荷物を回送する株仲間。
大坂に集められた物資は、消費都市江戸に輸送された。
1694年、江戸で結成された商品荷物を扱う株仲間。

江戸時代の交通網

陸路では主要幹線道路の五街道とその枝道が全国を覆った。また、街道だけでなく、河川を利用した水運も各地で整備され、開削された高瀬川から淀川を使った京都—大坂間ルートなども人や物資の往来でにぎわった。

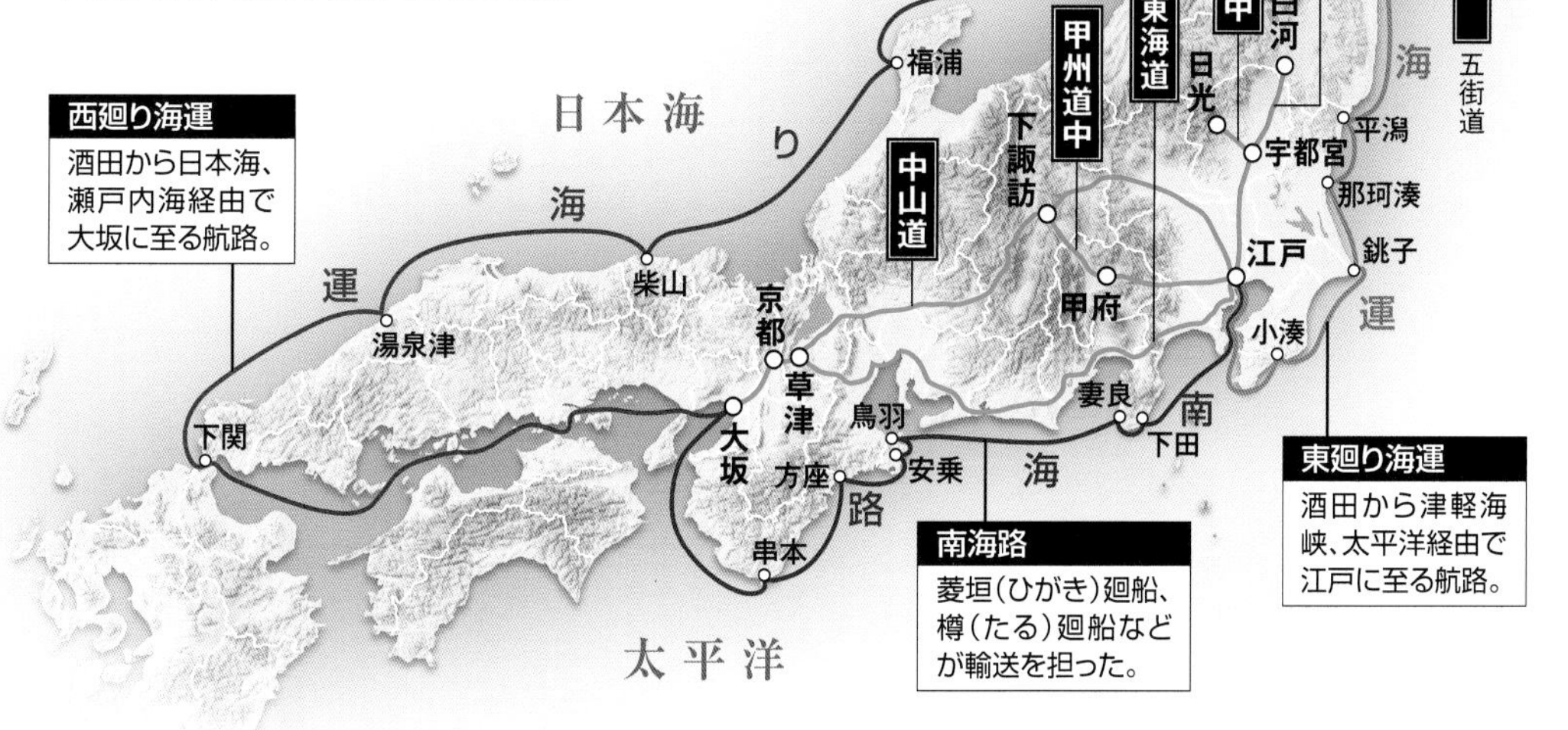
青森
八戸
鰺ヶ沢
能代
土崎
宮古
酒田
石巻
塩竈
荒浜
奥州道中
日光道中
白河
日光
宇都宮
平潟
那珂湊
銚子
江戸
小湊
東海道
甲州道中
下諏訪
甲府
中山道
小木
福浦
柴山
京都
草津
大坂
鳥羽
安乗
方座
串本
妻良
下田
湯泉津
下関
日本海
太平洋
東廻り海運
西廻り海運
南海路
五街道
西廻り海運
酒田から日本海、瀬戸内海経由で大坂に至る航路。
東廻り海運
酒田から津軽海峡、太平洋経由で江戸に至る航路。
南海路
菱垣（ひがき）廻船、樽（たる）廻船などが輸送を担った。

大坂・江戸を中心に交通網が発達

幕府は全国支配を強化するため、水陸交通網の整備に力を入れた。

陸路では、**日本橋**を基点とした**五街《ごかい》道《どう》**を中心に脇街道《わきかいどう》（脇往還《わきおうかん》）も整備。各街道には**宿駅《しゅくえき》**を設け、武士が泊まる**本《ほん》陣《じん》**や**脇本陣《わきほんじん》**、庶民が泊まる旅籠屋《はたごや》が置かれたほか、公用の人馬を用意する**問《とい》屋場《やば》**や**飛脚《ひきゃく》**も整備された。

物資の輸送はおもに水路が利用され、海路では、江戸の商人**河村瑞賢《かわむらずいけん》**によって**西廻《にしまわ》り海運**と**東廻《ひがしまわ》り海運**が開かれた。また、河川を利用した内水面交通も発達し、京都の豪商**角倉了以《すみのくらりょうい》**によって高瀬《たかせ》川などが開削されている。

世界初の先物取引も誕生 市場経済の成長力

こうした物流網の発達は商品経済の発展を促した。農村部では余剰米や各種商品作物の生産がさかんになったほか、漁業や林業、織物や陶磁器、漆器などの諸産業も各地で発達した。

これらの商品は、卸売商である問屋によって全国の城下町や港町に集められ、市場が形成された。各市場は江戸や大坂を中心に全国的に結ばれ、海運はさらに活性化。江戸の十組問屋《とくみどいや》や大坂の二十四組問屋《にじゅうしくみどいや》といった廻船問屋の組合もつくられた。

また、問屋からは両替商を兼ねた豪商が現れたほか、米市場では世界初の本格的な先物取引も始まった。こうした活発な経済活動は、幕府や大名の支配も及ばないほど強く成長していった。

人物　三井高利《みついたかとし》　［1622〜1694年］
江戸時代前期の商人。伊勢国松坂の生まれで、若いころ、江戸にいた兄の店で奉公。1649年に松坂に戻って金融業を営んだ。1673年、江戸に呉服店・越後屋（のちの三越）を開業。「現金掛値なし」とよばれる現金払い、薄利多売の新商法で繁盛した。のち江戸、京都にも両替商を開き、幕府御用達（ごようたし）の豪商として活躍。のちの三井財閥の祖となった。

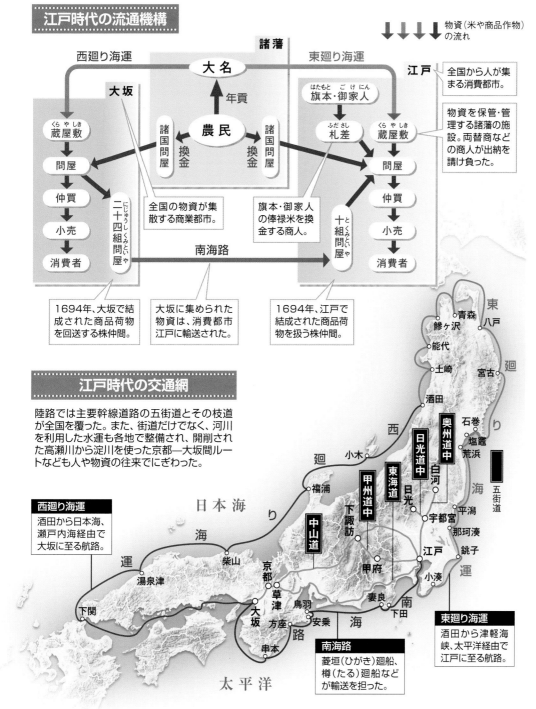

59 江戸とその城下町

世界最大級の都市「将軍のお膝元」江戸の発展

徳川家康が関東に転封されるまで、北条氏の一支城にすぎなかった江戸は、政治の中心となったことで急発展。現在の首都・東京の基礎が築かれた。

家康から始まった江戸の大改造工事

1590年、江戸を本拠と定めた**徳《とく》川《がわ》家康《いえやす》**は、低湿地の埋め立てや城郭《じょうかく》の拡張に着手する。江戸開府後は諸大名に江戸城と城下町の普請《ふしん》(天下普請《てんかぶしん》)を指示。江戸湾に流れていた利根《とね》川を銚《ちょう》子《し》に付け替える東遷《とうせん》事業や、多数の人口を支える神田上水《かんだじょうすい》の開削も行っている。そして、30年に及ぶ大工事の結果、3代将軍**家光《いえみつ》**の時代には「将軍のお膝元」江戸の城下町が完成した。

この時期には**参勤交代《さんきんこうたい》**や大名妻子の江戸定府《えどじょうふ》も制度化されており、大名やその家臣、直参《じきさん》の旗本《はたもと》や御家人《ごけにん》が江戸に居住するようになった。さらに、その人口を目的に商工業者が集まったことで、江戸は政治都市のみならず、日本最大の消費都市になった。

人口の急増が進むと、江戸はたびたび大火に見舞われ、特に1657年の**明暦《めいれき》の大火**では江戸の3分の2が焼失した。しかし、その後の復興で市域はしだいに拡大。18世紀中ごろには江戸の人口は100万人に達していたとされ、同時期のロンドンやパリをしのぐ、世界最大級の都市に成長したのである。

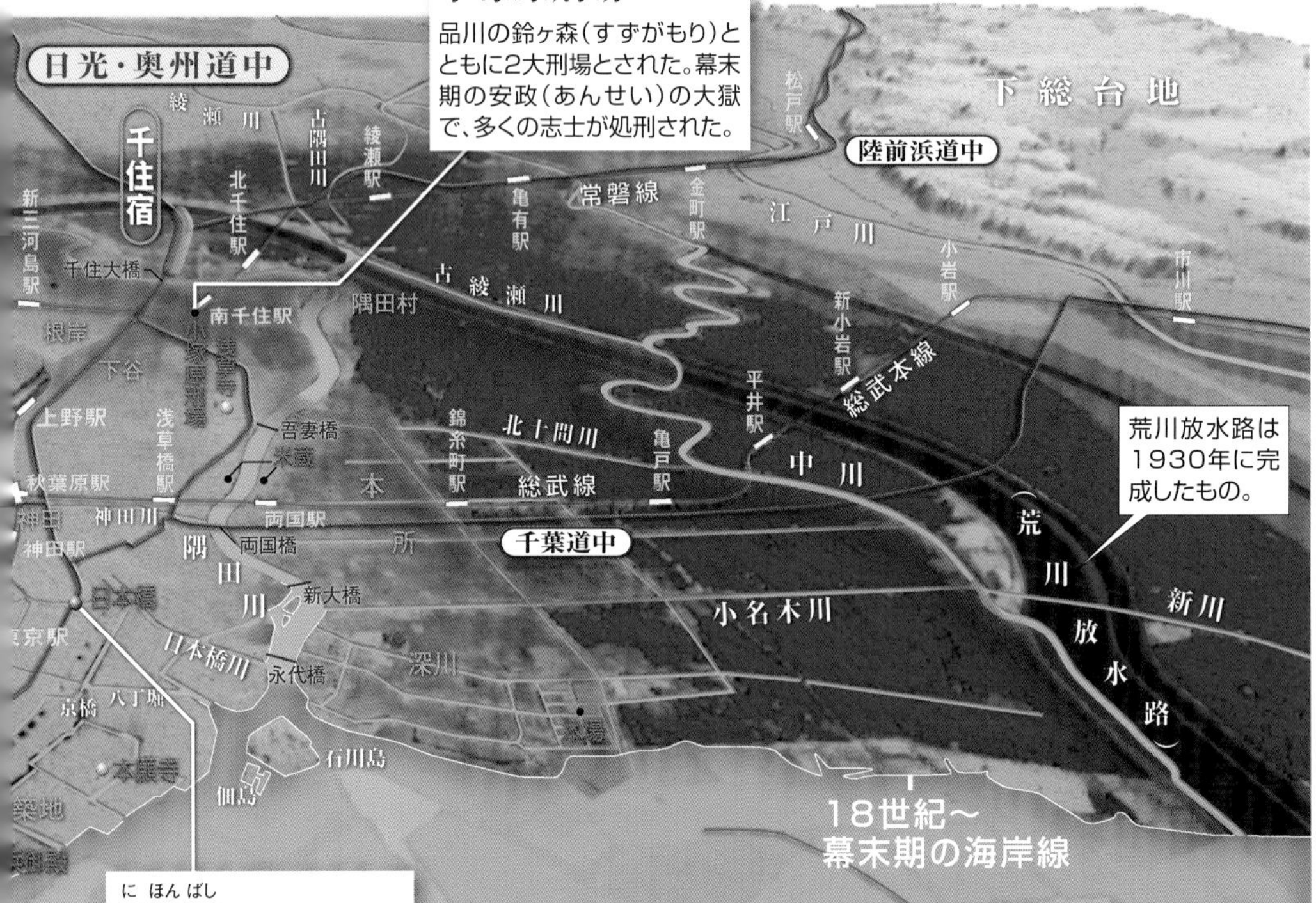
日光・奥州道中
綾瀬川
古隅田川
綾瀬駅
北千住駅
千住宿
新三河島駅
千住大橋
南千住駅
根岸
下谷
上野駅
浅草橋駅
秋葉原駅
神田
神田川
吾妻橋
米蔵
両国駅
両国橋
隅田川
新大橋
日本橋
東京駅
日本橋川
永代橋
深川
京橋
八丁堀
本願寺
石川島
佃島
築地
御台場砲台群
亀有駅
常磐線
金町駅
松戸駅
江戸川
陸前浜道中
下総台地
小岩駅
市川駅
新小岩駅
総武本線
古綾瀬川
隅田村
平井駅
亀戸駅
中川
錦糸町駅
北十間川
総武線
本所
千葉道中
小名木川
新川
荒川放水路は1930年に完成したもの。
(荒川放水路)
18世紀～幕末期の海岸線

小塚原刑場《こづかっぱらけいじょう》

品川の鈴ヶ森(すずがもり)とともに2大刑場とされた。幕末期の安政(あんせい)の大獄で、多くの志士が処刑された。

日本橋《にほんばし》

五街道の起点とされる地域。日本橋川沿いには魚河岸が並び、江戸の商業の中心地として栄えた。

寛永寺
浅草寺
不忍池
神田川
小石川門
水道橋
神田明神
筋違橋門
浅草橋門
米蔵
隅田川
牛込門
清水門
田安門
番町
雉子橋門
竹橋門
常盤橋門
神田
市谷門
天守
平河門
大手門
本丸
和田倉門
日本橋
四谷門
半蔵門
呉服橋門
八丁堀舟入
小名木川
赤坂門
西御丸
馬場先門
桜田門
霊岸島
日比谷門
鍛冶橋門
虎ノ門
山下門
数寄屋橋門
溜池
幸橋門
18世紀～幕末ころの海岸線
増上寺
日比谷入り江
麻布
武家地
町人地
寺社地
田畑
その他・不明
0 1km

江戸の町割り(17世紀前半)

当初、日比谷(ひびや)付近や小名木川(おなぎがわ)南岸は海だったが、家康が埋め立てを行い、平地を拡大して城下町をつくった。武家地、町人地、寺社地と、身分ごとに居住する区域が定められていて、その大半は武家町だった。

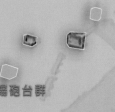

59 江戸とその城下町

明暦の大火の様子。この火事で江戸城天守閣は消失した。

家光の時代の江戸の町を描いた『江戸図屏風』。5層の天守閣がそびえる。

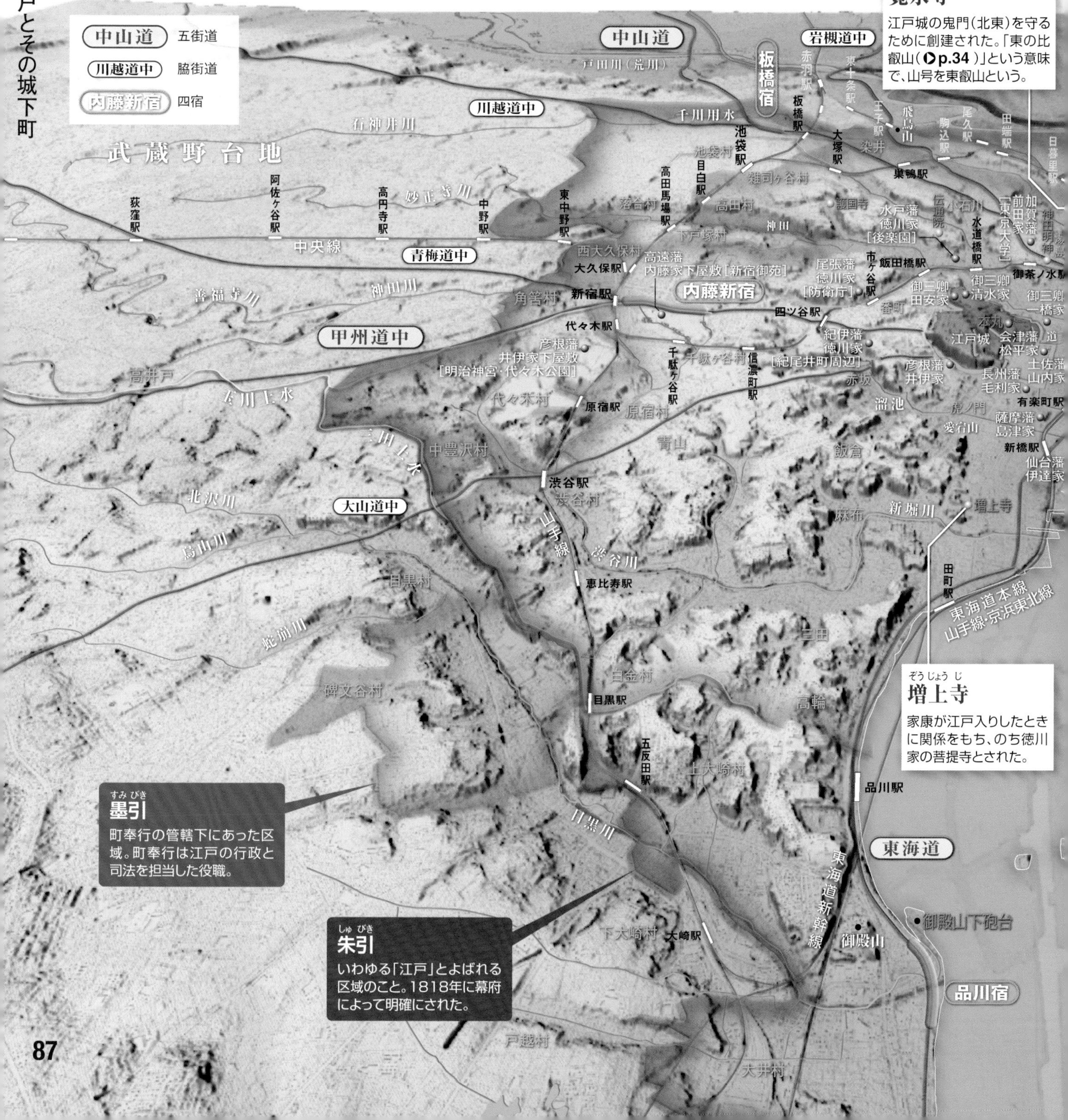
中山道 五街道
川越道中 脇街道
内藤新宿 四宿
中山道
岩槻道中
板橋宿
戸田川（荒川）
赤羽駅
東十条駅
王子駅
飛鳥山
尾久駅
田端駅
日暮里駅
川越道中
千川用水
板橋駅
池袋駅
大塚駅
駒込駅
染井
石神井川
武蔵野台地
巣鴨駅
池袋村
雑司ヶ谷村
高田馬場駅
目白駅
護国寺
水戸藩徳川家［後楽園］
伝通院
小石川
水道橋駅
加賀藩前田家［東京大学］
神田明神
湯島
荻窪駅
阿佐ヶ谷駅
高円寺駅
妙正寺川
中野駅
東中野駅
落合村
高田村
神田
下戸塚村
中央線
西大久保村
青梅道中
大久保駅
高遠藩内藤家下屋敷［新宿御苑］
尾張藩徳川家［防衛庁］
市ヶ谷駅
飯田橋駅
御茶ノ水駅
御三卿田安家
御三卿清水家
御三卿一橋家
善福寺川
神田川
角筈村
新宿駅
内藤新宿
四ツ谷駅
番町
本丸
江戸城
代々木駅
甲州道中
彦根藩井伊家下屋敷［明治神宮・代々木公園］
千駄ヶ谷村
千駄ヶ谷駅
信濃町駅
紀伊藩徳川家
［紀尾井町周辺］
彦根藩井伊家
会津藩松平家
土佐藩山内家
長州藩毛利家
有楽町駅
高井戸
玉川上水
代々木村
原宿駅
原宿村
赤坂
溜池
虎ノ門
薩摩藩島津家
愛宕山
三田上水
中豊沢村
青山
飯倉
新橋駅
仙台藩伊達家
渋谷駅
渋谷村
北沢川
大山道中
山手線
麻布
新堀川
増上寺
烏山川
渋谷川
恵比寿駅
田町駅
東海道本線
山手線・京浜東北線
目黒村
蛇崩川
三田
白金村
碑文谷村
目黒駅
高輪
五反田駅
上大崎村
品川駅
目黒川
東海道
東海道新幹線
下大崎村
大崎駅
御殿山
御殿山下砲台
品川宿
戸越村
大井村

寛永寺《かんえいじ》

江戸城の鬼門（北東）を守るために創建された。「東の比叡山（▶p.34）」という意味で、山号を東叡山という。

増上寺《ぞうじょうじ》

家康が江戸入りしたときに関係をもち、のち徳川家の菩提寺とされた。

墨引《すみびき》

町奉行の管轄下にあった区域。町奉行は江戸の行政と司法を担当した役職。

朱引《しゅびき》

いわゆる「江戸」とよばれる区域のこと。1818年に幕府によって明確にされた。

「蝦夷ヶ島」に生まれた独特の文化と歴史

「蝦夷ヶ島」とよばれた北海道は、古代以来独自の文化を形成。中世以降は、アイヌと和人との交流と対立が続いた。

15～19世紀の北海道と北方探検

北海道は幕府にとって未開の地だった。ロシア船の来航が相次いだ18世紀末から19世紀初め、北方警備のため、幕府はたびたび北海道に探検隊を派遣した。

ニコライエフスク
ナニオー
間宮林蔵《まみやりんぞう》の第2回行路(1808～09年)
アムール川
ノテト
間宮林蔵《まみやりんぞう》の第1回行路(1808年)
デレン
沿海州
樺太
1669年 シャクシャインの戦い
アイヌの首長シャクシャインが指揮をとり、各地のアイヌとともに一斉蜂起。和睦の宴席で謀殺され鎮圧された。
1789年 クナシリ・メナシの戦い
国後(くなしり)島のアイヌが蜂起して和人商人を襲撃。目梨(めなし)地方のアイヌもこれに呼応したが、松前藩によって武力鎮圧された。
オホーツク海
最上徳内《もがみとくない》の行路(1786年)
クシュンコタン(大泊)
トコタン
得撫島《うるっぷ》
白主
宗谷
国後島
択捉島《えとろふ》
近藤重蔵《こんどうじゅうぞう》の推定路(1807年)
西蝦夷地
目梨(標津町)
厚岸
シベチャリ(新ひだか町)
1457年 コシャマインの戦い
アイヌの首長コシャマインが和人の圧迫に抗して蜂起。道南の館を次つぎ陥落させるが、鎮圧された。
東蝦夷地
箱館
松前

北海道の歴史年表

紀元前3～7世紀	**続縄文時代** 北海道には弥生文化が伝わらず、狩猟、漁労中心の文化が続いた。
7～13世紀	**擦文《さつもん》時代** 刷毛目(はけめ)の文様のついた擦文式土器が使用された。
13世紀	アイヌ文化が形成される。
15世紀	和人が北海道に移住し始める。➡アイヌと和人の抗争が始まる。
1457年	**コシャマインの戦い**
1593年	蠣崎《かきざき》氏が秀吉より北海道の支配権を認められる。
1604年	松前氏(蠣崎氏が改姓)が家康よりアイヌとの交易独占権を認められる。➡松前藩が成立。
1669年	**シャクシャインの戦い** ➡松前藩の支配が北海道全土に及ぶ。
18世紀前半	和人商人によるアイヌの搾取《さくしゅ》が始まる。
1789年	**クナシリ・メナシの戦い**
1799年	幕府が東蝦夷地《えぞち》を直轄化。(ロシアの接近を受けて直轄化。)
1807年	幕府が西蝦夷地を直轄化。(ロシアの接近を受けて直轄化。)
1821年	幕府が松前氏に蝦夷地復領。

シャクシャインの戦いで、アイヌ側の最大の拠点となったシベチャリチャシ跡。チャシは砦を意味するアイヌ語で、現在は公園として整備されている。

独自のアイヌ文化と和人の進出

「蝦夷ヶ島《えぞがしま》」とよばれた北海道では、縄文《じょうもん》文化に続く「続縄文《ぞくじょうもん》文化」を経て「擦文《さつもん》文化」が形成され、オホーツク海沿岸に分布する「オホーツク文化」と並存していた。このなかから13世紀にはアイヌ文化が生まれる。

14世紀末～15世紀になると、本州以南に住む「和人《わじん》」が海産物などを求めて渡島《おしま》半島南部沿岸に移住し、**アイヌ**とも交易を行った。しかし、和人の進出がアイヌを圧迫するようになったため、1457年にはアイヌの大首長《しゅちょう》**コシャマイン**らが蜂起する。これを鎮圧した和人の蠣崎《かきざき》氏(のち**松前《まつまえ》氏**と改姓)が、以後、道南地域の支配を進めた。

江戸時代になり、幕府からアイヌとの交易独占権を保障された**松前藩《まつまえはん》**は、家臣に知行《ちぎょう》として特定地域での交易権を与えた(**商場知行制《あきないばちぎょうせい》**)。この交易地域を商場または場所とよぶ。1669年には、和人による不正交易への不満などから**シャクシャインの戦い**が起きるが、敗北したアイヌは、松前藩への全面的な服従を余儀なくされる。

18世紀に入ると、松前藩は交易や漁業を和人商人に請け負わせる「**場所請《ばしょうけ》負《おい》制《せい》**」をとった。このころには、アイヌは自立した交易相手から、漁場での労務者という立場に立たされていた。

1789年には国後島《くなしりとう》と目梨《めなし》地方のアイヌが蜂起(クナシリ・メナシの戦い)するが、松前藩に鎮圧され、以後、アイヌの組織的蜂起はなくなった。19世紀に入ると、ロシアの南下を警戒する幕府が蝦夷地《えぞち》を直轄地としている。

人物 シャクシャイン [?～1669年]
江戸時代前期のアイヌで、シベチャリ(新ひだか町静内)の首長。漁場をめぐってハエ(日高町門別)の首長オニビシと長年対立し、1668年にオニビシを殺害。翌年、松前藩に助けを求めたハエの使者の死が松前藩の毒殺によるものという噂が広まり、アイヌの一斉蜂起をよびかけた戦いを挑む。戦闘は2カ月に及んだが、和議と偽った松前藩に宴会の席で誅殺された。

61 沖縄の歴史

琉球王国の繁栄と薩摩藩による支配

北海道と同様、独自の文化を育んできた沖縄の琉球王国は、島津氏によって武力征服され、薩摩藩に服属することとなった。

日中双方に服属した南海貿易の重要拠点

独自の「貝塚文化《かいづか》」を経て12世紀ごろから農耕生活に入った沖縄島では、各地の首長である按司《あじ》が勢力を広げ、14世紀には**山北《さんほく》**(北山《ほくざん》)、**中山《ちゅうざん》**、**山南《さんなん》**(南山《なんざん》)の3勢力に統合された。1429年、この三山を中山《ちゅうざん》王の**尚巴志《しょうはし》**が統一して**琉《りゅう》球《きゅう》王国**が成立する。1470年、王国は家臣の金丸《かなまる》(のちの尚円《しょうえん》)によるクーデターで王統が交代したが、中国、朝鮮、東南アジアを結ぶ中継貿易によって栄え、最盛期を迎える。

16世紀末には、**豊臣秀吉《とよとみひでよし》**から朝鮮出兵の兵糧提供を課されたが、その一方で中国の明《みん》に出兵情報を流していた。続く江戸時代、明との国交回復がならなかった幕府は琉球を介した明との間接貿易を画策する。琉球がこれを拒否すると、1609年、徳川家康《とくがわいえやす》の許可を得た**薩摩《さつま》藩島津《しまづ》氏**が琉球を征服。以後、琉球は薩摩藩に服属しながら中国との朝《ちょう》貢《こう》貿易を継続し、幕府には**慶賀使《けいがし》**や**謝《しゃ》恩使《おんし》**を派遣する日中両属状態となった。

幕末の1847年、琉球は日本に先立ち英・仏によって開港され、1854年には**ペリー**と**琉米修好条約《りゅうべいしゅうこうじょうやく》**を結んでいる。

沖縄の歴史年表

- 紀元前3〜12世紀 **貝塚時代** 沖縄には弥生文化が伝わらず、貝塚を形成する独特の文化を築く。
- 12〜13世紀 **グスク時代** 按司《あじ》とよばれる豪族が石垣で囲まれたグスク(城)を築いた。
- 14世紀 **三山《さんざん》時代** 各地の按司が3つの国(山北《さんほく》、中山《ちゅうざん》、山南《さんなん》)に統合された。
- 1425年 シャムへの琉球《りゅうきゅう》船派遣が始まる。➡東南アジアとの貿易開始。
- 1429年 尚巴志《しょうはし》が三山を統一し、琉球王国を建国。
- 1470年 尚円《しょうえん》がクーデタにより王位に就く。(これ以後を第二尚氏王朝とよぶ。)
- 1477年 尚真《しょうしん》が即位。中央集権化が進み、琉球王国は最盛期を迎える。
- 16世紀中ごろ ポルトガルの進出により、琉球による中継貿易が衰退する。
- 1609年 薩摩藩が侵攻し、降伏する。
- 1611年 奄美諸島を薩摩藩に割譲。
- 1634年 将軍代替わりの慶賀使《けいがし》を初めて派遣。
- 1644年 国王代替わりの謝恩使《しゃおんし》を初めて派遣。
- 1853年 ペリーが琉球に来航。

山北の居城だった今帰仁城。世界遺産に登録されている。

尚巴志による琉球統一

三山による分立支配は100年余り続いたが、1429年、中山王・尚巴志によって統一され、琉球王国が建国された。

今帰仁城《なきじん》
山北《さんほく》
名護
座喜味《ざきみ》城
中山《ちゅうざん》
勝連《かつれん》城
中城《なかぐすく》城
那覇
首里《しゅり》城
島添大里《しましいおおざと》城
島尻大里《しまじりおおざと》城
山南《さんなん》
1416年 ❸ 尚巴志が山北王の今帰仁城を攻め山北を支配下に置く。
1406年 ❷ 中山王の武寧(ぶねい)を倒し、中山を支配。父、思紹(ししょう)が中山王になる。
❺ 三山の統一後に尚巴志が首里城を整備し、居城となる。
1429年 ❹ 山南の他魯毎(たるみい)の居城島尻大里城を攻め落とし、三山を統一した。
❶ 尚巴志が、島添大里城を攻め勢力を拡大。

薩摩藩の琉球出兵(1609年)

薩摩藩は3000の兵を率いて琉球に出兵。戦国乱世を生き抜いた島津の鉄砲隊に、琉球はなす術もなく敗れた。

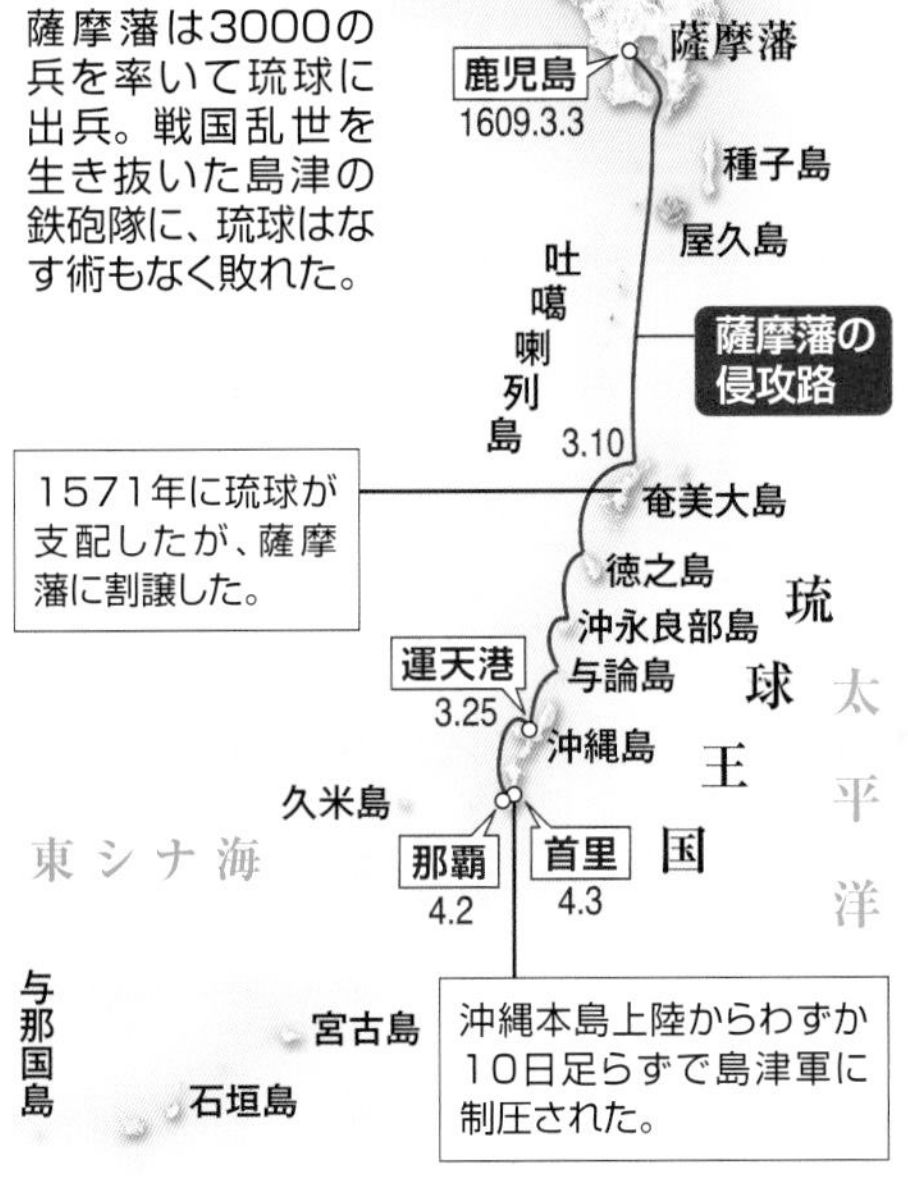
薩摩藩
鹿児島 1609.3.3
種子島
屋久島
吐噶喇列島
薩摩藩の侵攻路
3.10
奄美大島
1571年に琉球が支配したが、薩摩藩に割譲した。
徳之島
沖永良部島
与論島
運天港 3.25
沖縄島
久米島
那覇 4.2
首里 4.3
琉球王国
東シナ海
太平洋
与那国島
宮古島
石垣島
沖縄本島上陸からわずか10日足らずで島津軍に制圧された。

首里城の城内へ入る1つ目門、歓会門(かんかいもん)。中国皇帝の使者などを歓迎するという意味から名づけられた。

人物 尚寧《しょうねい》 [1564〜1620年]
琉球第二尚氏王朝の第7代国王。1589年に即位し、明の冊封(さくほう)体制下に置かれた。1609年、薩摩藩の侵攻を受け、琉球を占拠される。捕虜として本州に抑留され、駿府で家康に、江戸で将軍秀忠に謁見した。2年後に帰国を許されたが、奄美大島以下5島の割譲と貢租を強要され、以後琉球は事実上、薩摩藩に服属することになった。

62 三大幕政改革

幕府財政を立て直せ！三大改革の効果

幕藩体制確立からまもなく、早くも幕府財政は逼迫する。財政再建を目ざした三大改革も、十分な成果は挙げられなかった。

江戸時代中期～後期の政治史

■ 三大改革

18世紀初め 年貢の徴収高が停滞し、旗本・御家人などの武士は生活が困窮。農村では、経済の発展が階層分化を促し、農地を手放す農民が相次いだ。
→ 農村を土台に、武士が支配身分として頂点に立つ構造の幕藩体制は、農民と武士の困窮により存続の危機を迎える。

1716～45年 徳川吉宗《とくがわよしむね》 **享保《きょうほう》の改革**
家康の時代を理想とし、将軍が先頭に立って改革を断行。財政再建のため、上げ米の実施や新田開発、税率の引き上げを行った。
→ 財政が安定し、幕府の権威が回復。

1767～86年 田沼意次《たぬまおきつぐ》
吉宗の改革路線を受け継ぎ、重商主義を積極化。株仲間を奨励するなど、商人を保護したほか、殖産興業の推進に努めた。
→ 財政改革に成功するが、災害の発生や急激な変化への反発などで頓挫。
（子の意知（おきとも）の暗殺や将軍家治（いえはる）の死で失権した。）

1787～93年 松平定信《まつだいらさだのぶ》 **寛政《かんせい》の改革**
重商主義を否定して復古的な重農主義に転換。農村の復興を重点とし、江戸における下層民対策をも講じ、打ちこわしの防止を図った。
→ 時代の流れに逆行する政策により、改革の効果は挙がらず。
（天保の飢饉が起こり、一揆や打ちこわしが頻発した。）

1793～1841年 徳川家斉《とくがわいえなり》（大御所政治）
失脚した定信にかわって実権を握るが熱意に欠け、華美な生活を送って幕政を混乱させた。
→ 大塩平八郎《おおしおへいはちろう》の乱（1837年）などにより、幕府の権威が失墜。

1841～43年 水野忠邦《みずのただくに》 **天保《てんぽう》の改革**
農民の離村や出稼ぎを禁じ、株仲間を解散させた。幕府の権力強化を図り、江戸、大坂周辺の土地直轄化を計画するが失敗。
→ 幕政の専制化に対する各方面からの反発により失脚。

▼

幕府の権力衰退

幕藩体制の基盤を揺るがす社会構造の変化

幕藩《ばくはん》体制を支えたのは、人口の約8割を占める百姓《ひゃくしょう》だ。幕府は1643年に**田畑永代売買禁止令《でんばたえいだいばいばいきんしれい》**を出すなど、百姓にさまざまな規制をかけた。彼らの自給自足的な農業経営の安定が、財政基盤である年貢収入の安定につながったからだ。そのため、百姓が貨幣経済に巻き込まれることも嫌ったが、商品経済の発達により、村々ではさかんに商品作物が栽培されるようになる。

貨幣経済が浸透すると、有力百姓のなかには田畑を担保に資金を融資する者も現れ、彼らは質にとった田畑を集めて地主となった。一方、田畑を奪われた百姓は小作人《こさくにん》となるか、都市部へ流出した。百姓流出の傾向は**飢饉《ききん》**などのたびに強まり、やがて人口が減少した農村は荒廃。武家の財政基盤を根底から揺るがしたのである。

財政再建策に悩まされ続けた幕府

幕府財政も、明暦《めいれき》の大火の復興費用などの支出に加え、17世紀末には佐渡《さど》や石見《いわみ》など直轄鉱山からの金銀産出が減少したこともあって逼迫《ひっぱく》した。

1716年、8代将軍に就任した**徳《とく》川吉宗《がわよしむね》**は先頭に立って「**享保《きょうほう》の改革**」を始めたが、その主目的も財政再建だった。そのため、改革は倹約令《けんやくれい》のほか、定《じょう》免法《めんぽう》の実施や上《あ》げ米《まい》といった増税策、新田《しんでん》開発が中心となった。

享保の改革は一定の成果を挙げ、幕府財政はやや持ち直す。続いて、老中**田沼意次《たぬまおきつぐ》**は商人の経済活動を財政再建に利用しようとしたが、後ろ盾だった10代将軍**家治《いえはる》**の死去で失脚する。以後、享保の改革と並んで三大改革といわれた**松平定信《まつだいらさだのぶ》**の「**寛政《かんせい》の改革**」、**水野忠邦《みずのただくに》**の「**天保《てんぽう》の改革**」も、倹約令を中心とした財政再建策だったが、どちらも十分な成果を挙げられないまま、時代は幕末へと進んでいくのであった。

江戸幕府によるマクロ経済政策

5代将軍綱吉《つなよし》の時代、勘定吟味役《かんじょうぎんみやく》の荻原重秀《おぎわらしげひで》は、財政再建策として金の含《がん》有量《ゆうりょう》を減らした小判を発行した。この貨幣改鋳《かへいかいちゅう》で物価は急騰したが、莫大な貨幣発行益で財政が潤ったほか、不足していた貨幣流通量を増やして景気を好転させる大胆な金融緩和策にもなった。しかし、反対派の新井白石《あらいはくせき》により金の含有量はもとに戻される。

吉宗も、大岡忠相《おおおかただすけ》らの意見を容《い》れて「元文《げんぶん》の改鋳《かいちゅう》」を行ったが、一方で倹約令や実質的な増税という景気冷却政策をとっている。つまり、経済のアクセルとブレーキを同時に踏むような政策だったため、景気好転と財政再建は中途半端に終わったとみられている。どこかで聞いたような話だ。

人物 新井白石《あらいはくせき》［1657～1725年］
江戸時代中期の儒学者、政治家。大老堀田正俊（ほったまさとし）などに仕えたのちに牢人し、儒学者木下順庵（じゅんあん）に入門。推挙されて徳川綱豊（つなとよ）に仕え、綱豊が6代将軍家宣（いえのぶ）になると、幕政の中枢に参画した。「正徳（しょうとく）の治」とよばれる理想主義的政策を推進するが、家宣死後は反発が強まり、吉宗が8代将軍に就任すると失脚した。

63 一揆と打ちこわし

我慢の限界を超えた！民衆による直接行動

税負担や飢饉に苦しんだ民衆は、しばしば命がけの直接行動に出た。幕藩体制の歪みが進むにつれ、行動はエスカレートしていく。

江戸時代の一揆の分布

江戸時代の一揆は、はじめは代表者による直訴が多かったが、しだいに集団による蜂起へと発展した。

百姓一揆の発生件数
（1590〜1877年）
101件〜
51〜100件
26〜50件
1〜25件
弘前
陸奥
出羽
仙台
越後
柏崎
上野
沼田
信濃
浅間山
（1783年噴火）
武蔵
下総
佐倉
摂津
大坂
長門
山口
周防
伊予
久留米
筑後
肥後
1754年
久留米一揆《くるめいっき》
8歳以上の男女に課した過酷な人頭税に反対した一揆。参加者は16万人ともいわれる。
1831年
防長一揆《ぼうちょういっき》
長州藩による統制と米価高騰に反発して、防長2州に広がった一揆。
1837年
生田万《いくたよろず》の乱
大塩平八郎の乱に共鳴した国学者生田万が、同志、窮民らとともに柏崎の桑名（くわな）藩陣屋を襲撃するが敗死した。
1837年
大塩《おおしお》の乱
天保の飢饉のさなか、米の買い占めを図った豪商を攻撃。「救民」をうたい、大坂城の占拠を図ったが、半日で鎮圧された。
1681年
磔《はりつけ》 茂左衛門《もざえもん》一揆
杉木茂左衛門が沼田藩の悪政を直訴し、磔刑になったが、沼田藩は改易となった。
1652年
佐倉惣五郎一揆《さくらそうごろういっき》
名主惣五郎が佐倉藩の苛政を将軍に直訴し、租税の軽減に成功するが、妻子ともに処刑された。

命をかけた訴え 百姓たちの直接行動

市場経済の発展にともなう社会構造の変化により、18世紀に入るころには幕藩《ばくはん》体制の歪みが各所で顕在化した。

たとえば、地主と小作人という階層分化が起きた農村では、村役人を兼ねた地主による村落運営の不正に対して小作人や百姓が抗議する「**村方騒動**《むらかたそうどう》」が頻発する。村単位で結集した百姓が領主に新税や年貢増徴の停止を求める「**百姓一揆**《ひゃくしょういっき》」も増えた。

17世紀の百姓一揆は、村々の代表者が領主に直訴《じきそ》する代表越訴型《だいひょうおっそがた》一揆が多かったが、その後はより広域にわたる惣百姓《そうびゃくしょう》一揆や、藩全域に及ぶ全藩一揆もみられるようになる。幕府や藩は、これら一揆を武力で鎮圧し、指導者を死罪に処すなど厳しく弾圧したが、凶作や飢饉《ききん》のたびに一揆は頻発した。

支配層に衝撃を与えた幕府元役人の反乱

都市部でも、凶作や飢饉などで米価が高騰すると、その原因をつくったとして町民たちが米屋などを襲撃する「**打ちこわし**」が発生。１７８７年の**天《てん》明《めい》の打ちこわし**では、江戸の米屋約１０００軒が襲撃され、江戸は数日間にわたって無政府状態になったという。

また、１８３７年には、大坂町奉行所の元与力《よりき》**大塩平八郎**《おおしおへいはちろう》が窮民《きゅうみん》救済を訴えて蜂起。反乱は半日で鎮圧されたものの、幕府の元役人が公然と反旗を翻《ひるがえ》した事実に支配層は衝撃を受けた。

未曾有の災害となった天明の飢饉

江戸時代は頻繁に飢饉が起きたが、なかでも最大だったのが天明の飢饉だ。

１７８３年７月に浅間山《あさまやま》が破局的な大噴火を起こした。北麓の鎌原《かんばら》村（現群馬県嬬恋《つまごい》村）は、岩屑《がんせつ》なだれにより村民５７０人中４７７人が死亡。高台の観音堂に避難した者だけが助かった。

この直接被害に加え、降灰《こうはい》は信州、北関東の広範囲に及んだ。さらに、東北では前年からの冷害が続いたことで、東日本の広範囲が大飢饉となった。その後も１７８７年まで断続的に凶作が続き、１７８２〜87年の間で、全国で90万人以上の餓死《がし》・病死者が出ている。

浅間山噴火の際、避難所となった鎌原（かんばら）観音堂（群馬県嬬恋村）。50段余あったとされる石段は泥流に飲み込まれ、15段が残る。

人物 大塩平八郎《おおしおへいはちろう》 ［1793〜1837年］

江戸時代後期の儒学者。大坂町奉行所で与力として活躍。陽明学を学び、私塾「洗心洞（せんしんどう）」を開いて後進の教育にも力を入れた。天保の飢饉に際して、奉行所に窮民救済策を出すが、受け入れられず、蔵書を売却して救済にあたる。その後、奉行所の態度に業を煮やして挙兵するが失敗。1カ月以上の潜伏生活のすえ、幕吏に包囲され自害した。

64 雄藩のおこり

改革に成功して強大化した雄藩

幕府同様、財政難の諸藩も、天保期の藩政改革に乗り出した。これに成功した「雄藩」は、幕末政局で発言力を強める。

薩長の財政再建策は借金の踏み倒し!?

財政難の幕府が**天保《てんぽう》の改革**を行っていた前後、諸藩でも藩政改革が断行された。そして、幕政改革の頓挫《とんざ》を尻目に、藩政の立て直しに成功した**薩摩《さつま》**（**鹿児島**）**藩**や**長州《ちょうしゅう》**（**萩《はぎ》**）**藩**などは「**雄藩《ゆうはん》**」として台頭。幕末・維新の政局で重要な役割を果たすことになる。

成功した藩政改革にはある程度の共通点があった。身分にこだわらない人材登用や特産品の専売による重商《じゅうしょう》政策、そして強引な債務処理だ。

たとえば、茶坊主の**調所広郷《ずしょひろさと》**を抜擢《ばってき》した薩摩藩では、500万両もの借金を無利子250年賦《ねんぷ》で返済するという実質的な踏み倒し策を宣言。黒糖などの専売制や琉球《りゅうきゅう》王国を介した中国との密貿易などで藩財政を立て直した。

長州藩でも、下級武士の**村田清風《むらたせいふう》**が、元金の3％を37年間払えば完済とみなす、という手法で債務を整理。紙や蝋《ろう》の専売に加え、下関《しものせき》に入港する廻船《かいせん》の積荷（越荷《こしに》）を購入して委託販売する越荷方《こしにかた》を設置して利益を上げた。

天保期の藩政改革の成功例と失敗例

このほかにも、藩主**鍋島直正《なべしまなおまさ》**（閑叟《かんそう》）自身が、小作地の召し上げなどによる本百姓《ほんびゃくしょう》体制の再建や陶器の専売化を図った**肥前《ひぜん》**（**佐賀**）**藩**、**山内豊信《やまうちとよしげ》**（容堂《ようどう》）に起用された吉田東洋《よしだとうよう》が改革を進めた**土佐藩**、**松平慶永《まつだいらよしなが》**（春嶽《しゅんがく》）のもと、橋本《はしもと》左内《さない》や由利公正《ゆりきみまさ》、肥後《ひご》藩士横井小楠《よこいしょうなん》らが活躍した**越前《えちぜん》藩**などが改革の成功例とされる。

その一方で、保守派の反動で藩主徳《とく》川斉昭《がわなりあき》が隠居させられた水戸藩のように、改革が頓挫した例もあった。

列島に忍び寄る欧米列強の影

18世紀末以降の内憂とともに進んだのが、列強の進出という外患だ。

ロシアは、1792年に使節のラクスマンが通商を求めて根室に来航。1804年には、幕府が長崎に来航したロシア使節を追い返したことをきっかけに、ロシア船が樺太《からふと》や択捉《えとろふ》島を攻撃する事件が起きた。1808年にはイギリス船が長崎で薪水《しんすい》を強奪するフェートン号事件が発生。1824年にもイギリス船が紛争を起こすと、幕府は1825年に異国船打払令《いこくせんうちはらいれい》を発布した。しかし、その後も外国船の来航が絶えることはなかった。

諸藩の藩政改革

江戸時代中期以降、全国諸藩で財政が逼迫。名君が登場した藩は改革を断行し、この危機を乗り切った。

西南雄藩
その他
長門
萩
周防
肥前
佐賀
福井
越前
京都
大坂
常陸
水戸
江戸
伊予
宇和島
土佐
高知
薩摩
鹿児島

肥前藩主 鍋島直正《なべしまなおまさ》（閑叟《かんそう》）
極度の倹約令を敷き、負債を2割の返済で処理して殖産事業を指導。反射炉を建設し、大砲を鋳造するなど、洋式軍備強化に努めた。

越前藩主 松平慶永《まつだいらよしなが》（春嶽《しゅんがく》）
熊本藩士横井小楠（しょうなん）を招き、重商主義による富国強兵論で藩政を改革した。

長州藩主 毛利敬親《もうりたかちか》
村田清風（せいふう）を抜擢して重商主義を推進させた。人材登用によって中堅藩士を藩政に参加させ、先進的な発想を取り上げた。

宇和島藩主 伊達宗城《だてむねなり》
洋学を重んじて殖産興業を発展させる。長州藩の村田蔵六（のちの大村益次郎）を招き、軍艦を建造した。

水戸藩主 徳川斉昭《とくがわなりあき》
藤田東湖（とうこ）、会沢安（やすし）を中心に、均田政策と専売制を強行。

薩摩藩主 島津斉彬《しまづなりあきら》
調所広郷（ずしょひろさと）の財政立て直し策を受け、藩を産業国家に改造しようとし、反射炉、溶鉱炉、鉄工所、造船所などを操業させた。

土佐藩主 山内豊信《やまうちとよしげ》（容堂《ようどう》）
吉田東洋を抜擢し、藩政改革を断行させた。東洋は改革派を率いて、門閥政治の打破、専売の強化、洋式兵器の採用による軍事力強化を図った。

肥前藩が築いた反射炉（溶解炉の一種、図左）と大砲の製造所（図右）。
『築地反射炉絵図』（公益財団法人鍋島報效会所蔵）

第6章 幕末維新の革命の時代

第6章に登場する主な人物の生没年

江戸時代 / 明治時代

1800年　1850年　1900年

生年	人物	没年
1815年	井伊直弼	1860年（暗殺）
1823年	勝海舟	1899年（病死）
1827年	西郷隆盛	1877年（自殺）
1830年	吉田松陰	1859年（刑死）
1830年	大久保利通	1878年（暗殺）
1833年	木戸孝允	1877年（病死）
1835年	坂本龍馬	1867年（暗殺）
1837年	徳川慶喜	1913年（病死）
1838年	中岡慎太郎	1867年（暗殺）
1839年	高杉晋作	1867年（病死）

将軍・幕臣
薩摩藩出身
長州藩出身
土佐藩出身

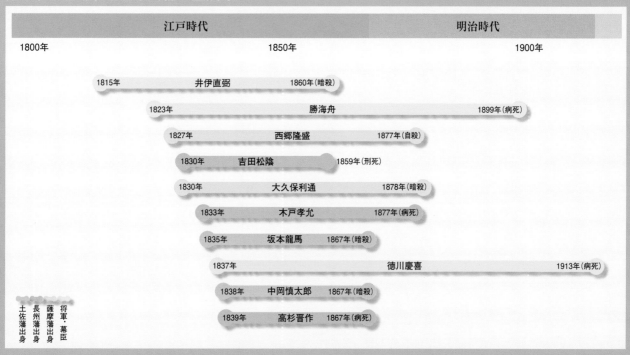

幕末維新の革命の時代

10大ニュース

江戸時代

年	出来事	
1853年	❶ **ペリーが浦賀《うらが》に来航**	p.96
1854年	日米和親条約締結	
1856年	アメリカ総領事のハリスが下田に着任	
1858年	❷ **日米修好通商条約締結**	p.97
	安政《あんせい》の大獄《たいごく》が始まる	
1860年	❸ **桜田門外《さくらだもんがい》の変**	p.98
1862年	皇女和宮《かずのみや》が14代将軍家茂《いえもち》に降嫁《こうか》	
	一橋慶喜《ひとつばしよしのぶ》が将軍後見職に就任	
	生麦《なまむぎ》事件	
1863年	薩英《さつえい》戦争	
	八月十八日の政変	
1864年	天狗党の乱	
	池田屋事件	
1864年	❹ **禁門の変**	p.100
	第1次長州《ちょうしゅう》征討	
	四国艦隊下関砲撃事件	
1866年	❺ **薩長《さっちょう》同盟成立**	p.101
	第2次長州征討	

幕末維新の群雄

1867年、265年も続いた江戸幕府は終わりを告げ、日本は新たに近代国家としての道を歩み始めた。この激動の幕末期をリードし、幕府を倒す原動力となったのは、薩摩《さつま》・長州《ちょうしゅう》を中心とする西南雄藩であり、とりわけ土佐《とさ》の坂本龍馬《さかもとりょうま》をはじめとする多くの若者たちであった。それらの多くは下級武士の出身だったが、西洋の文化に触れて海外へと目を向け、倒幕そして明治維新へと道を開いていったのである。

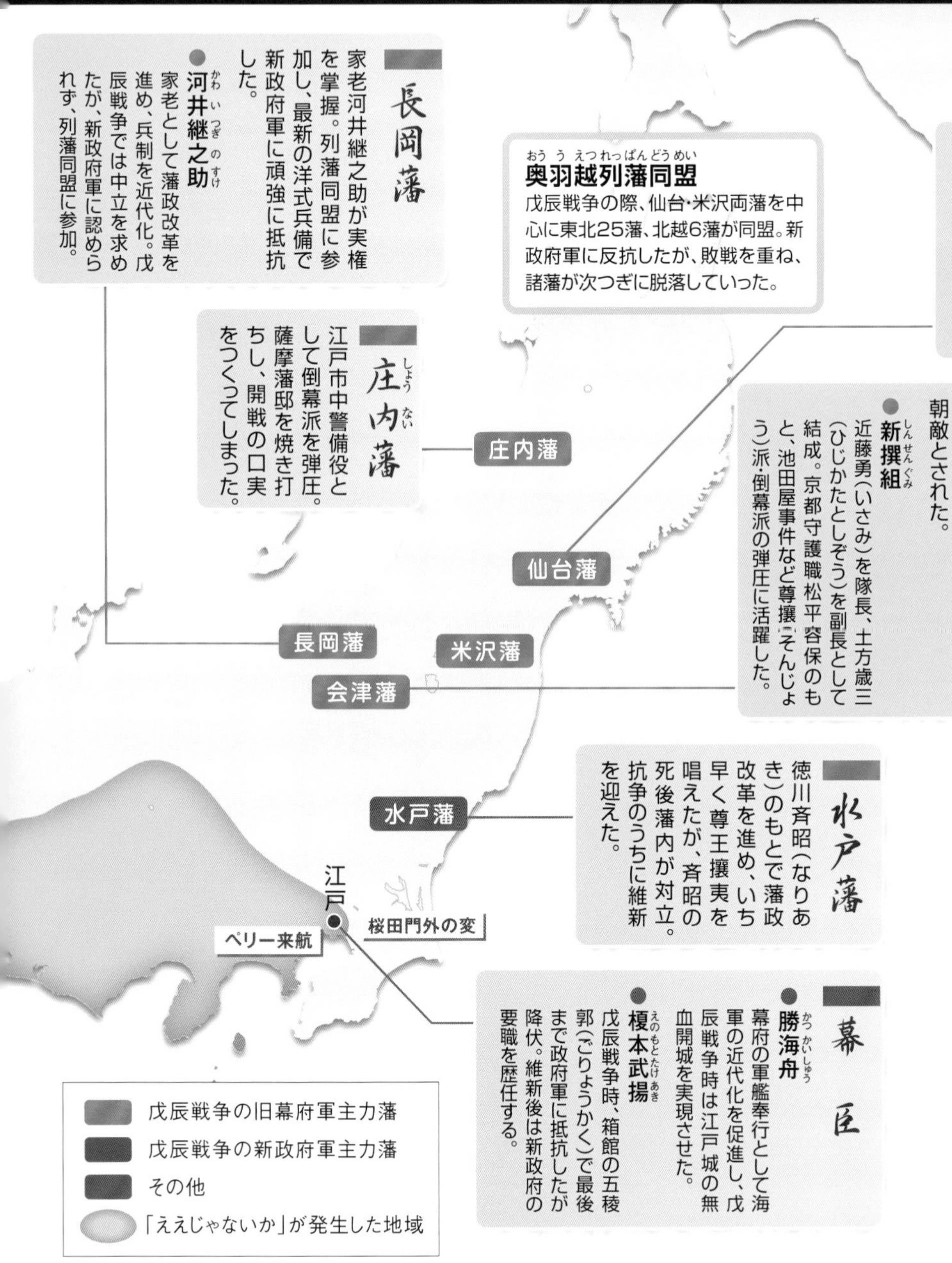

庄内藩
仙台藩
長岡藩
米沢藩
会津藩
水戸藩
江戸
桜田門外の変
ペリー来航
戊辰戦争の旧幕府軍主力藩
戊辰戦争の新政府軍主力藩
その他
「ええじゃないか」が発生した地域

仙台藩

新政府軍の会津追討令に対し、処罰の軽減を嘆願。拒否されたため、列藩同盟の結成をよびかける。

会津《あいづ》藩

藩主松平容保(かたもり)が尊王攘夷(そんのうじょうい)派などを取り締まった京都守護職にあり、また、鳥羽・伏見の戦いで旧幕府軍の中心勢力だったため、まっ先に朝敵とされた。

● **新撰組《しんせんぐみ》**
近藤勇(いさみ)を隊長、土方歳三(ひじかたとしぞう)を副長として結成。京都守護職松平容保のもと、池田屋事件など尊攘(そんじょう)派・倒幕派の弾圧に活躍した。

奥羽越列藩同盟《おううえつれっぱんどうめい》

戊辰戦争の際、仙台・米沢両藩を中心に東北25藩、北越6藩が同盟。新政府軍に反抗したが、敗戦を重ね、諸藩が次つぎに脱落していった。

長岡藩

家老河井継之助が実権を掌握。列藩同盟に参加し、最新の洋式兵備で新政府軍に頑強に抵抗した。

● **河井継之助《かわいつぎのすけ》**
家老として藩政改革を進め、兵制を近代化。戊辰戦争では中立を求めたが、新政府軍に認められず、列藩同盟に参加。

庄内《しょうない》藩

江戸市中警備役として倒幕派を弾圧。薩摩藩邸を焼き打ちし、開戦の口実をつくってしまった。

水戸藩

徳川斉昭(なりあき)のもとで藩政改革を進め、いち早く尊王攘夷を唱えたが、斉昭の死後藩内が対立。抗争のうちに維新を迎えた。

幕臣

● **勝海舟《かつかいしゅう》**
幕府の軍艦奉行として海軍の近代化を促進し、戊辰戦争時は江戸城の無血開城を実現させた。

● **榎本武揚《えのもとたけあき》**
戊辰戦争時、箱館の五稜郭(ごりょうかく)で最後まで政府軍に抵抗したが降伏。維新後は新政府の要職を歴任する。

明治時代

1868年

- 1867年　一橋（徳川）慶喜が15代将軍に就任
- 1867年　**⑥徳川慶喜、大政奉還《たいせいほうかん》を奏上**　p.102
- 1867年　**⑦王政復古の大号令**　p.103
- 1868年　**⑧鳥羽《とば》・伏見《ふしみ》の戦い（戊辰《ぼしん》戦争開戦）**　p.104
- 1869年　五稜郭《ごりょうかく》の戦い（戊辰戦争終結）
  版籍《はんせき》奉還
- 1871年　**⑨廃藩置県《はいはんちけん》**　p.106
  岩倉《いわくら》使節団を欧米に派遣
- 1872年　鉄道が開業（新橋－横浜間）
  学制《がくせい》公布
  官営富岡《とみおか》製糸場開業
  太陽暦採用
- 1873年　徴兵令公布
  地租改正条例公布
  明治六年の政変（征韓論争）
- 1874年　佐賀の乱
- 1876年　秩禄《ちつろく》処分
  敬神党《けいしんとう》の乱、秋月《あきづき》の乱、萩《はぎ》の乱
- 1877年　**⑩西南《せいなん》戦争**　p.107

越前《えちぜん》藩

藩主松平慶永（春嶽）が幕政に参画し、公武合体を進める。鳥羽・伏見の戦い後は新政府に恭順。

● **由利公正《ゆりきみまさ》（三岡八郎《みつおかはちろう》）**
藩政改革を推進。維新後は新政府の参与となり、「五箇条の誓文（せいもん）」の草稿を作成。

土佐《とさ》藩

藩主山内豊信（容堂）のもと藩政改革に成功し、雄藩として台頭。公武合体派の中心として奔走し、大政奉還建白書を幕府に提出した。

● **武市瑞山《たけちずいざん》**
土佐勤王党を組織し、一時藩を尊攘論に傾けたが、弾圧され切腹。

● **坂本龍馬《さかもとりょうま》**
土佐勤王党に参加後、勝海舟・西郷隆盛らと交わり、薩長同盟を締結させる。大政奉還の立案者。

● **中岡慎太郎《なかおかしんたろう》**
坂本龍馬とともに薩長同盟締結に尽力。「陸援隊」を組織して倒幕運動を進めた。

● **板垣退助《いたがきたいすけ》**
戊辰戦争では政府軍の参謀を務め、明治政府の参議となるが、征韓論争に敗れて下野。

公家《くげ》

● **岩倉具視《いわくらともみ》**
公武合体を進めたが、尊王攘夷に転じ、薩長倒幕派と結んで王政復古を実現。

長州《ちょうしゅう》藩

尊王攘夷運動の中核を担ったが、下関砲撃事件、長州征討を経て開国・倒幕に傾き、薩摩藩と結んで幕府を倒した。

● **高杉晋作《たかすぎしんさく》**
尊攘運動の中心として活躍し、英国公使館を焼き打ち。奇兵隊を組織して藩の佐幕派を退け、倒幕運動を進めた。

● **木戸孝允《きどたかよし》（桂小五郎《かつらこごろう》）**
坂本・中岡らの仲介で西郷らと薩長同盟を結び、倒幕に奔走。維新後は政府で版籍奉還や廃藩置県を進めた。

● **伊藤博文《いとうひろぶみ》**
高杉に従って倒幕を進め、維新後は憲法制定・議会開設に尽力。

肥前《ひぜん》藩

藩主鍋島直正（閑叟）のもと、西洋技術を導入して軍備を近代化。戊辰戦争では新政府軍勝利に貢献した。

● **江藤新平《えとうしんぺい》**
脱藩して尊攘運動に参加。新政府の司法制度確立に尽力したが、征韓論争に敗れ、佐賀の乱を起こした。

● **大隈重信《おおくましげのぶ》**
尊攘派として活躍。新政府の財政を支えたが、伊藤博文らと対立して失脚。

薩摩《さつま》藩

初め公武合体を進めたが、武力倒幕に転じ、長州と結んで幕府を倒す。新政府の中心として薩摩閥を形成し、権勢を振るった。

● **西郷隆盛《さいごうたかもり》**
藩を主導して薩長同盟を締結し、倒幕運動をリードした。新政府に招かれたが征韓論争に敗れて帰郷、西南戦争を起こした。

● **大久保利通《おおくぼとしみち》**
西郷とともに倒幕を進め、王政復古を実現。維新後は征韓派を退けて実権を握り、富国強兵・殖産興業を推進。

越前藩
尾張藩
京都
鳥羽・伏見の戦い
禁門の変
長州藩
肥前藩
薩長同盟
土佐藩
紀伊藩
薩摩藩
西南戦争

「ええじゃないか」騒動

1867年7月、三河吉田（愛知県豊橋市）で伊勢神宮のお札が降ったのを機に始まった「ええじゃないか」の乱舞は、翌年春にかけて各地に広がった。世直しを訴える民衆運動ともいわれ、その熱狂に幕府が手を焼いている隙に、倒幕運動が進んだ。

65 ペリー来航

外圧に屈した幕府「鎖国」政策を転換

ペリー率いる黒船の開国要求で200余年続く「鎖国」を断念した幕府。「太平の 眠りを覚ます 上喜撰（蒸気船） たった4杯で 夜も眠れず」と揶揄された。

ペリー艦隊の航路
沖縄を訪れたペリーは首里城に入城し、琉球国王に大統領の親書を手渡した。
ノーフォーク 1852.11.24
マデイラ諸島 12.12～15
アメリカ合衆国
大西洋
アメリカの東インド艦隊司令長官に就任したペリーは、大統領フィルモアに日本を開国させるよう命じられた。
セントヘレナ島 1853.1.10～11
ケープタウン 1.24～2.3
モーリシャス島 2.18～25
インド洋
セイロン島（コロンボ） 3.10～15
シンガポール 3.25～29
マカオ・香港 4.7～28
上海 5.4～16
琉球 5.26～7.2
江戸湾 1853.7.8
小笠原諸島 6.14～18
小笠原諸島を探検し、小笠原のアメリカ領有を宣言したのち、沖縄経由で日本に向かった。
青字は到着・滞在した日付
（日付は太陽暦による）

江戸城
品川御台場
1853年の進路
江戸湾
横浜
1854年の進路
浦賀

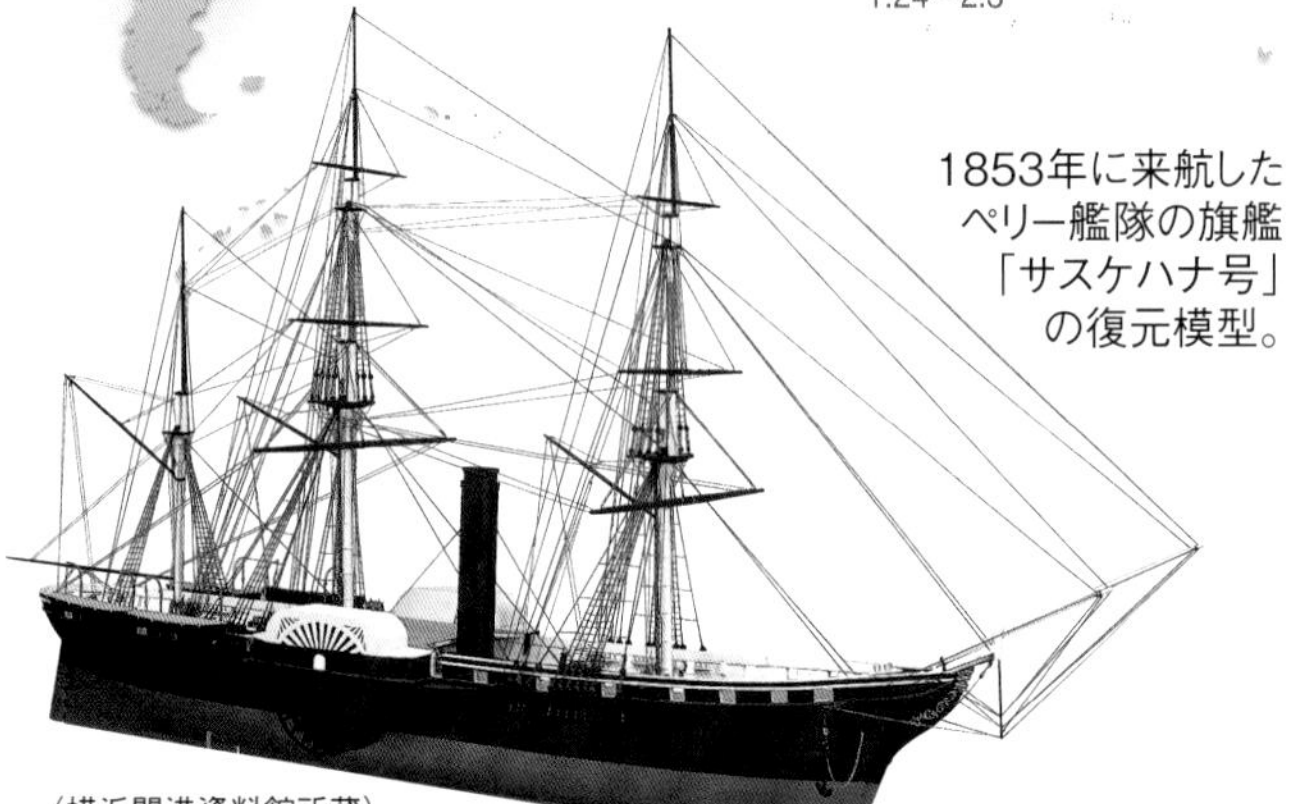

1853年に来航したペリー艦隊の旗艦「サスケハナ号」の復元模型。

（横浜開港資料館所蔵）

太平の眠りを覚ました4隻の黒船

1853年、アメリカ東インド艦隊司令長官**ペリー**が4隻の黒船（軍艦）を率いて浦賀沖に現れた。友好通商や薪《しん》水《すい》の供給、難破民《なんばみん》の保護を求める**フィルモア大統領**の国書を携えての来航であった。1848年のカリフォルニア割譲《かつじょう》で太平洋岸に進出していたアメリカは、捕鯨船《ほげいせん》や対清国貿易船の寄港地として日本の開国を求めていたのだ。

長崎行きを拒否した艦隊は江戸湾深くに侵入。時折、時報がわりの大砲を撃つなど強硬姿勢を崩さない。やむを得ず国書を受け取った幕府は、翌年の返答を約束して黒船を去らせた。

黒船の来航に驚き、沿岸の防備に奔走する武士。

『米船渡来旧諸藩士固之図』（東京大学史料編纂所所蔵）

下田・箱館の2港を開く日米和親条約を締結

わずかな猶予を得た老中首座《ろうじゅうしゅざ》の**阿部《あべ》正弘《まさひろ》**は、品川台場設置などの海防強化を進める一方、国書を公開して諸大名や幕臣、庶民にまで意見を求めた。また、**勝海舟《かつかいしゅう》**ら下級武士を抜擢したほか、薩摩藩主**島津斉彬《しまづなりあきら》**や越前藩主**松平慶永《まつだいらよしなが》**ら開明派大名との連携を強めた。阿部のねらいは挙国一致体制での難局打開だったとされるが、以後、幕政の外に追いやられていた外様雄藩《とざまゆうはん》や下級武士、朝廷の発言力は増していく。

肝心の開国については、海防参与となった前水戸藩主**徳川斉昭《とくがわなりあき》**が強力な攘《じょう》夷《い》論を主張する一方、譜代《ふだい》の重鎮である彦根藩主**井伊直弼《いいなおすけ》**らは積極開国を唱えるなどまとまらない。そうこうしているうちに、翌1854年、今度は7隻の黒船でペリーが再来航。強硬な開国要求に屈した幕府は、通商要求は退けたものの、アメリカ船への燃料・食料などの供給、難破民の救助、下田・箱館《はこだて》（函館）の開港と領事の駐在、そして片務的《へんむてき》な最恵国《さいけいこく》待遇などを定めた**日米和親条約**を締結した。

日本開国の報はまたたく間に列強に広まり、幕府はイギリス、ロシア、オランダなどとも和親《わしん》条約を締結。「**鎖国《さこく》**」政策は完全に転換されたのである。

人物 阿部正弘《あべまさひろ》 ［1819～1857年］

幕末期の大名。第7代福山藩主。1843年、天保の改革に失敗した水野忠邦にかわり老中となり、1845年には老中首座となる。ペリー来航の際には、諸大名や幕臣から幅広く意見を求め、1854年に日米和親条約を締結。身分にとらわれない大胆な人材登用を行ったほか、品川沖に台場を築き、大船建造の禁を解くなど、「安政の改革」とよばれる幕政改革を推進した。

66 日米修好通商条約

通商と将軍継嗣をめぐる保革の対立

通商条約をめぐる対立が将軍継嗣問題と結びつくなか、大老に就任した井伊直弼が勅許を得ぬまま条約に調印した。

将軍家定との謁見に向かうハリス（中央）とその一行。
『亜米利加人登城大目付下田奉行案内図』（東京大学史料編纂所所蔵）

幕末の条約と開市・開港

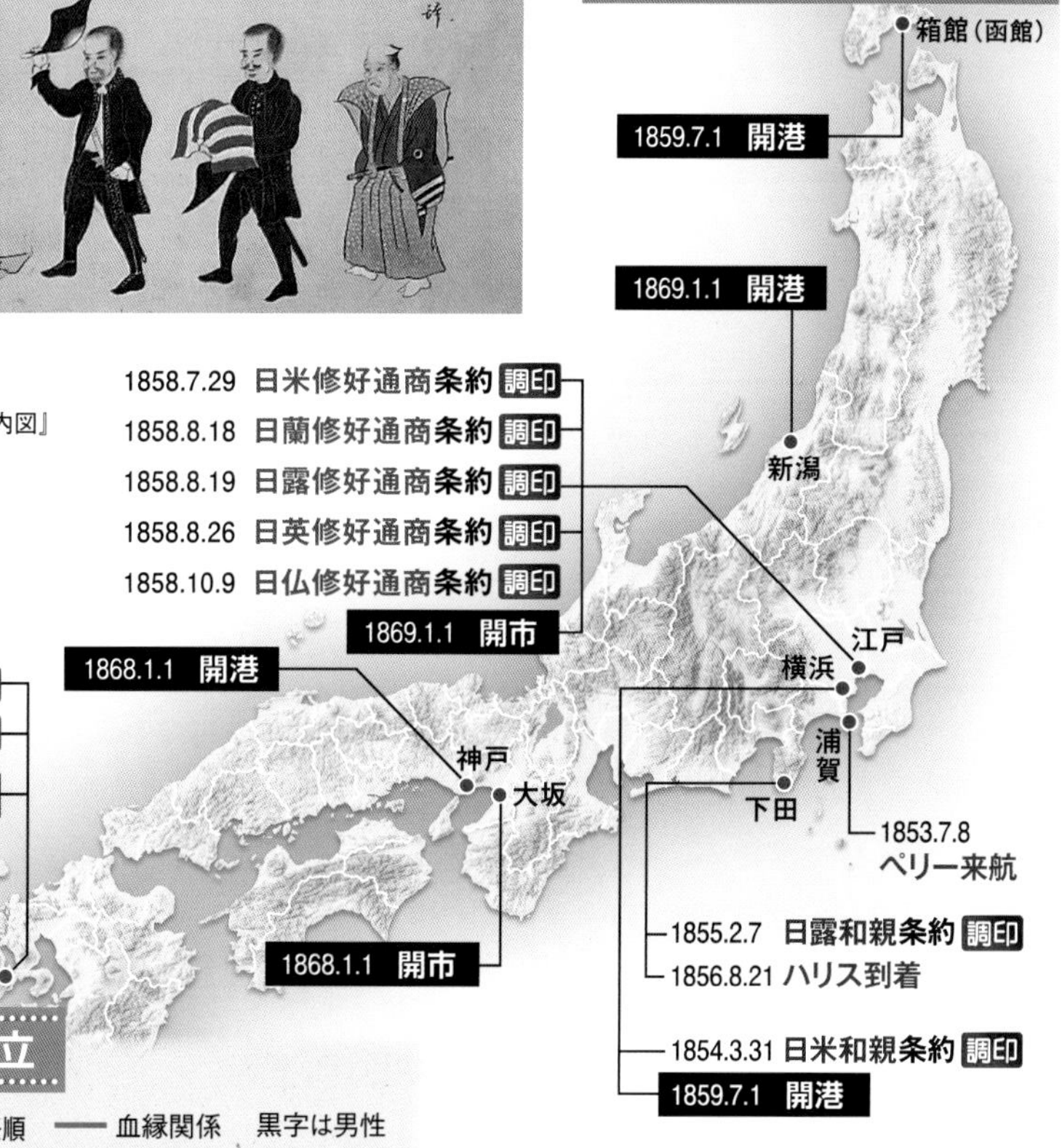
箱館（函館）
1859.7.1 開港
1869.1.1 開港
新潟
1858.7.29 日米修好通商条約 調印
1858.8.18 日蘭修好通商条約 調印
1858.8.19 日露修好通商条約 調印
1858.8.26 日英修好通商条約 調印
1858.10.9 日仏修好通商条約 調印
1869.1.1 開市
江戸
横浜
浦賀
下田
1853.7.8
ペリー来航
1868.1.1 開港
神戸
大坂
1854.10.14 日英和親条約 調印
1856.1.30 日蘭和親条約 調印
1859.7.1 開港
長崎
1868.1.1 開市
1855.2.7 日露和親条約 調印
1856.8.21 ハリス到着
1854.3.31 日米和親条約 調印
1859.7.1 開港

日付は太陽暦による

将軍継嗣をめぐる対立

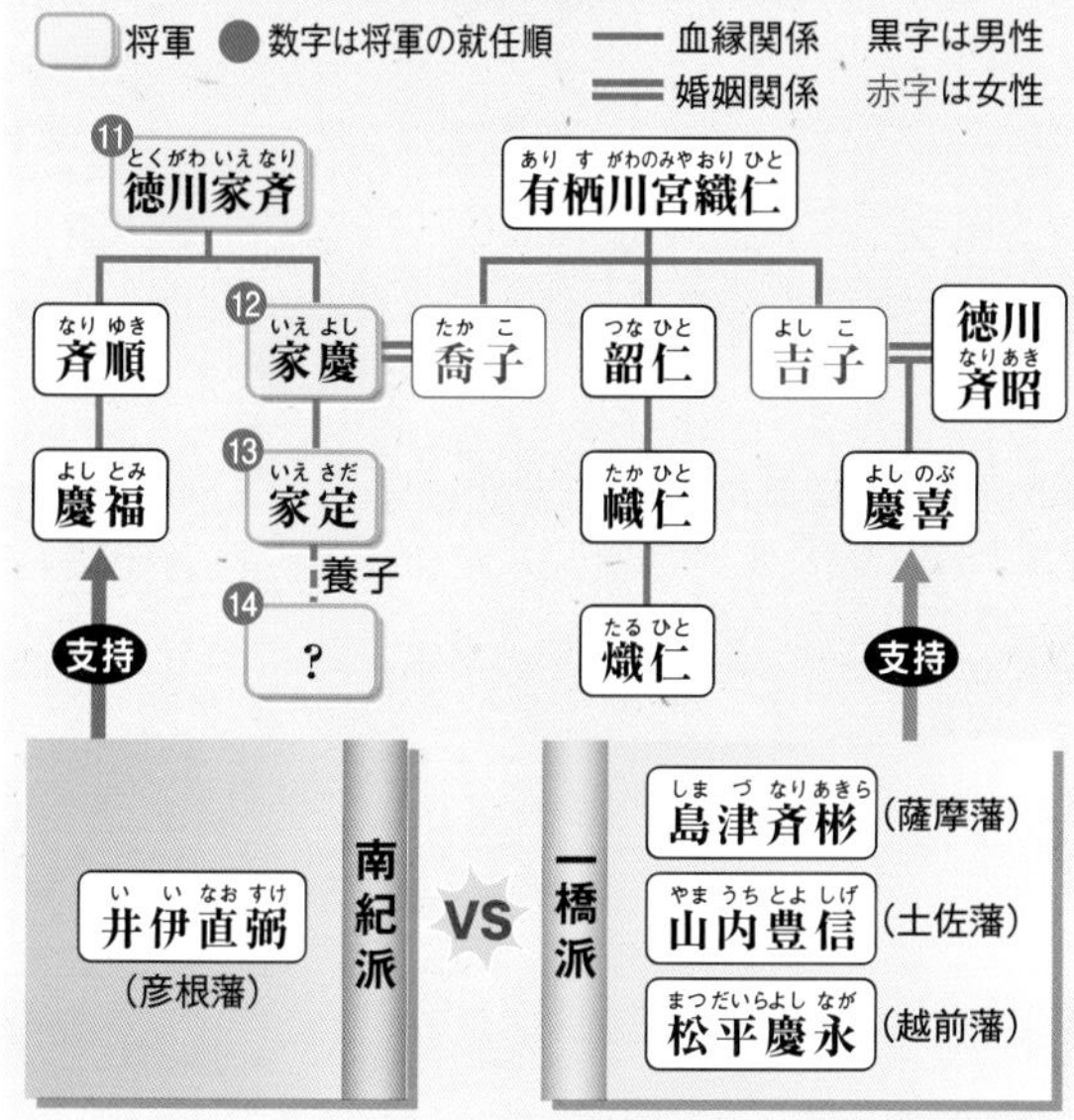
将軍 ●数字は将軍の就任順 ― 血縁関係 ＝ 婚姻関係 黒字は男性 赤字は女性
11 徳川家斉《とくがわいえなり》
有栖川宮織仁《ありすがわのみやおりひと》
斉順《なりゆき》
12 家慶《いえよし》
喬子《たかこ》
韶仁《つなひと》
吉子《よしこ》
徳川斉昭《なりあき》
慶福《よしとみ》
13 家定《いえさだ》
幟仁《たかひと》
慶喜《よしのぶ》
養子
14 ？
熾仁《たるひと》
支持
支持
南紀派
VS
一橋派
井伊直弼《いいなおすけ》
（彦根藩）
島津斉彬《しまづなりあきら》（薩摩藩）
山内豊信《やまうちとよしげ》（土佐藩）
松平慶永《まつだいらよしなが》（越前藩）

大老井伊直弼が通商条約締結を強行

日米和親条約にもとづいて下田に着任したアメリカ総領事**ハリス**は、1857年10月に江戸に入城し、幕府に通商条約締結を求めた。時の老中首座《ろうじゅうしゅざ》**堀《ほっ》田正睦《たまさよし》**が積極開国派だったこともあって条約交渉は進み、1858年1月には妥結する。ただし、幕府が近代国際法を十分に理解していなかったこともあって、日本側に関税自主権がなく、治《ち》外《がい》法権を認める不平等条約であった。

交渉妥結を受けた堀田は、2月、条約締結の勅許《ちょっきょ》を得るため上京した。勅許を得ることで、根強い攘夷《じょうい》論を抑えて国論を統一する目的だったが、強力な攘夷論者である**孝明《こうめい》天皇**に拒否されてしまう。堀田のねらいはもろくも崩れ去ったが、4月に突如として大老《たいろう》に就任した**井伊直弼《いいなおすけ》**は、勅許がないまま**日米修好通商条約**に調印した。

幕政改革派と保守派の対立だった将軍継嗣問題

このころ、病弱で子がいなかった13代将軍**家定《いえさだ》**の後継問題が浮上しており、御三卿《ごさんきょう》・一橋《ひとつばし》家の**慶喜《よしのぶ》**を推す**一橋派**と、御三家《ごさんけ》・紀伊藩の徳川**慶福《よしとみ》**を推す**南《なん》紀《き》派**が対立していた。一橋派には慶喜の実父**徳川斉昭《なりあき》**をはじめ、**松平慶永《よしなが》**や**島津斉彬《しまづなりあきら》**、土佐藩主**山内豊信《やまうちとよしげ》**ら**阿部正《あべまさ》弘《ひろ》**に近い開明派大名が名を連ね、慶喜を将軍に据え、雄藩《ゆうはん》大名も加えた新たな幕政運営を目ざしていた。

一方、将軍家の血筋を重視する南紀派は、譜代《ふだい》大名による幕政の独占という従来政治の維持を目ざす守旧派で、その筆頭が譜代《ふだい》の重鎮井伊だった。つまり、将軍継嗣問題の内実は幕政改革派と保守派の対立だったのだ。

井伊の電撃的な大老就任は、慶喜や斉昭が家定や大奥に嫌われていたため、あるいは斉昭の権力伸長を恐れた幕閣の画策ともいわれる。いずれにしろ、井伊は大老就任直後から将軍継嗣を慶福（のちの**家茂《いえもち》**）と定め、違勅調印《いちょくちょういん》を強行するなど、幕府伝統の独断・強権政治を貫いたのである。

人物
徳川斉昭《とくがわなりあき》
［1800～1860年］

幕末期の大名。徳川慶喜の実父。1829年、水戸藩主となると、藤田東湖（とうこ）、会沢安（やすし）を登用して藩政改革を実施。また、藩校弘道館を設立して、「水戸学」とよばれる尊王思想を教授し、志士たちに強い影響を与えた。ペリー来航の際、請われて幕政に参与し、強硬な攘夷論を展開。条約調印、将軍継嗣問題をめぐり井伊直弼と激しく対立した。

67 安政の大獄と桜田門外の変

白昼堂々の大老暗殺！幕府の権威にかげり

大老になった井伊直弼は、一橋派への大弾圧を開始する。これが尊王攘夷派の憤激をよび、井伊は桜田門外で暗殺された。

吉田松陰

橋本左内

安政の大獄によるおもな処罰者

大老井伊直弼による弾圧は、一橋派の大名、公家をはじめ、尊王攘夷派の志士にまで及んだ。

松平慶永《まつだいらよしなが》 ▶ 隠居
越前藩主。一橋慶喜を擁立し、隠居後は春嶽（しゅんがく）と号した。

橋本左内《はしもとさない》 ▶ 死罪
越前藩士。松平慶永の側近として一橋慶喜擁立運動を行う。

吉田松陰《よしだしょういん》 ▶ 死罪
長州藩出身。幕府の方針を強く非難し、老中暗殺を企図。

山内豊信《やまうちとよしげ》 ▶ 隠居
土佐藩主。一橋慶喜を擁立し、隠居後は容堂（ようどう）と号した。

徳川斉昭《とくがわなりあき》 ▶ 永蟄居《えいちっきょ》
前水戸藩主。一橋慶喜の実父。尊王攘夷を強硬に主張した。

※「永蟄居」とは、終身、謹慎させられる刑のこと。

一橋慶喜《ひとつばしよしのぶ》 ▶ 隠居
一橋家当主。徳川斉昭の実子で、「家康の再来」と評された。

徳川慶勝《とくがわよしかつ》 ▶ 隠居
尾張藩主。のちの第1次長州征討で幕府軍総督となった。

伊達宗城《だてむねなり》 ▶ 隠居
宇和島藩主。藩政改革を進め、明治維新後も要職を歴任した。

近衛忠熙《このえただひろ》 ▶ 辞官
左大臣。薩摩藩出身の妻をもつ。のち孝明天皇の関白として復帰。

梅田雲浜《うめだうんぴん》 ▶ 獄死
元小浜藩士。尊王攘夷を唱え、藩籍を剥奪されて京都に潜伏していた。

頼三樹三郎《らいみきさぶろう》 ▶ 死罪
京都の儒学者。尊王攘夷と一橋慶喜擁立のため奔走した。

『桜田門外之変図』（茨城県立図書館所蔵）

桜田門外の変を描いた絵図。白いたすきをかけているのが尊王攘夷派の浪士。

井伊直弼

最も苛烈な弾圧を受けた尊王攘夷の総本山・水戸藩

日米修好通商条約調印の5日後、**一《ひとつ》橋《ばし》派**の**松平慶永《よしなが》**や**徳川斉昭《なりあき》**、**一橋慶喜《よしのぶ》**、水戸藩主**徳川慶篤《よしあつ》**、尾張藩主**徳川慶勝《よしかつ》**らが江戸城に登城した。**井伊《いい》直弼《なおすけ》**らに違《い》勅調印《ちょくちょういん》の責任を問いただすためだ。しかし、井伊は逆に違法な登城をしたとして一橋派を処罰する。

さらに、**孝明《こうめい》天皇**が井伊らへの不満を示す密勅《みっちょく》を水戸藩へ下すと、井伊は密勅にかかわった尊王攘《そんのうじょう》夷《い》派と一橋派への大弾圧に乗り出す。**安政の大獄**だ。

弾圧は公家や諸藩士、学者に及んだが、尊王攘夷思想の総本山であり、密勅を降下された水戸藩への弾圧が最も苛烈《かれつ》だった。そのため、井伊への恨みを最も強く抱いたのも水戸藩であった。

武家のリーダーが武力で倒された衝撃

1860年3月3日（旧暦）、季節はずれの雪が降るなか、彦根藩邸を出た大老一行が桜田門外に差しかかった。そのとき、銃声を合図に抜刀した一団が行列に襲いかかったのである。水戸脱藩《だっぱん》浪士ら18人による襲撃であった。

弾丸に腰を撃ち抜かれた井伊は、駕《か》籠《ご》から引きずり出され首をかかれた。護衛の彦根藩士たちは、雪のため雨合羽を着て、刀には柄袋《つかぶくろ》をつけていたため、急な襲撃に対処できなかったという。

いずれにしろ、武家の政治的リーダーが武力で倒されるというこの**桜《さくら》田《だ》門外《もんがい》の変**を契機に、幕府の権威は急速に低下していくのである。

人物 吉田松陰《よしだしょういん》［1830～1859年］
幕末期の思想家。長州藩の兵学師範吉田家の養子となり、9歳のときに藩校明倫館の教授見習となる。1854年、再来航した黒船への密航と米国留学を企むが失敗。のち叔父の玉木文之進（ぶんのしん）が主宰する松下村塾を継ぎ、高杉晋作、久坂玄瑞（げんずい）、前原一誠、伊藤博文らを育てた。尊王攘夷を主張して安政の大獄で投獄され、老中暗殺計画が露見して処刑された。

1861年～1864年

平成 昭和 大正 明治 江戸 安土桃山 室町 鎌倉 平安 奈良 古墳・飛鳥 弥生 縄文

68 攘夷運動と八月十八日の政変

尊王攘夷派の台頭に宮中クーデターで対処

井伊暗殺以後、尊王攘夷派は幕臣や外国人を次つぎと襲撃。エスカレートする彼らに公武合体派は政変を仕掛けた。

島津久光の幕政改革要求で朝幕の力関係が逆転

桜田門外《さくらだもんがい》の変以後、幕府は**公武合体《こうぶがったい》**、すなわち朝廷（公）と幕府（武）の融和で難局を乗り切ろうとし、その象徴として、1862年には14代将軍家茂《いえもち》に孝明《こうめい》天皇の妹**和宮《かずのみや》**を降嫁《こうか》させた。一方、勢いづく**尊王攘夷派《そんのうじょういは》**（尊攘派）は幕府による朝廷利用を強く批判し、和宮降嫁を進めた老中安藤信正《あんどうのぶまさ》を襲撃する**坂下門外《さかしたもんがい》の変**を起こす。

これで幕府の権威が完全に失墜すると、同じ1862年には、島津斉彬《なりあきら》の異母弟で、国父（藩主の父）として薩摩藩政を主導していた**島津久光《ひさみつ》**が勅使《ちょくし》を奉じて江戸へ下向《げこう》。勅命《ちょくめい》を名分として、一橋《ひとつばし》慶喜《よしのぶ》を将軍後見職《こうけんしょく》に、松平慶永《よしなが》（春嶽《しゅんがく》）を大老に相当する政事総裁職《せいじそうさいしょく》に就ける幕政改革を断行させた。こうして、安政《あんせい》の大獄《たいごく》で頓挫した一橋派による幕政運営が実現するとともに、朝幕の力関係は完全に逆転した。以後、政局の中心は京都へと移っていく。

八月十八日の政変で尊攘派が都落ち

その一方で、1859年7月には開港されたばかりの横浜でロシア兵が殺害された。これを皮切りに、各地で外国人襲撃事件が相次いだほか、京都では**天誅《てんちゅう》**と称するテロ事件が頻発した。犯人は**久坂玄瑞《くさかげんずい》**ら長州藩士や、**武市瑞山《たけちずいざん》**率いる土佐勤王《とさきんのう》党などの**尊攘《そんじょう》派志士**である。彼らは尊攘派公家と結んで朝廷政治を動かし、ついには、孝明天皇自身が軍を率いて外国人排撃を行う「攘夷親征」や倒幕《とうばく》まで計画する。

これに危機感を抱いたのが、久光のもとで公武合体を推進していた薩摩藩や、京都守護職に就任していた会津藩主松平容保《かたもり》らだ。彼らは公武合体派公家と宮中クーデターを画策。1863年8月18日未明、会津藩兵や薩摩藩兵らが御所に通じる9門を封鎖し、尊攘派公家を締め出して朝議を開催した。この会議で尊攘派公家の参内《さんだい》禁止や長州藩の堺町御門警護役《さかいまちごもんけいごやく》の解任が決定する。

この電撃的なクーデター（**八月十八日の政変**）に尊攘派はなすすべもなく、**三条実美《さんじょうさねとみ》**ら7人の尊攘派公家は、志士らと長州に下った（**七卿落《しちきょうお》ち**）。

尊王攘夷派による過激事件

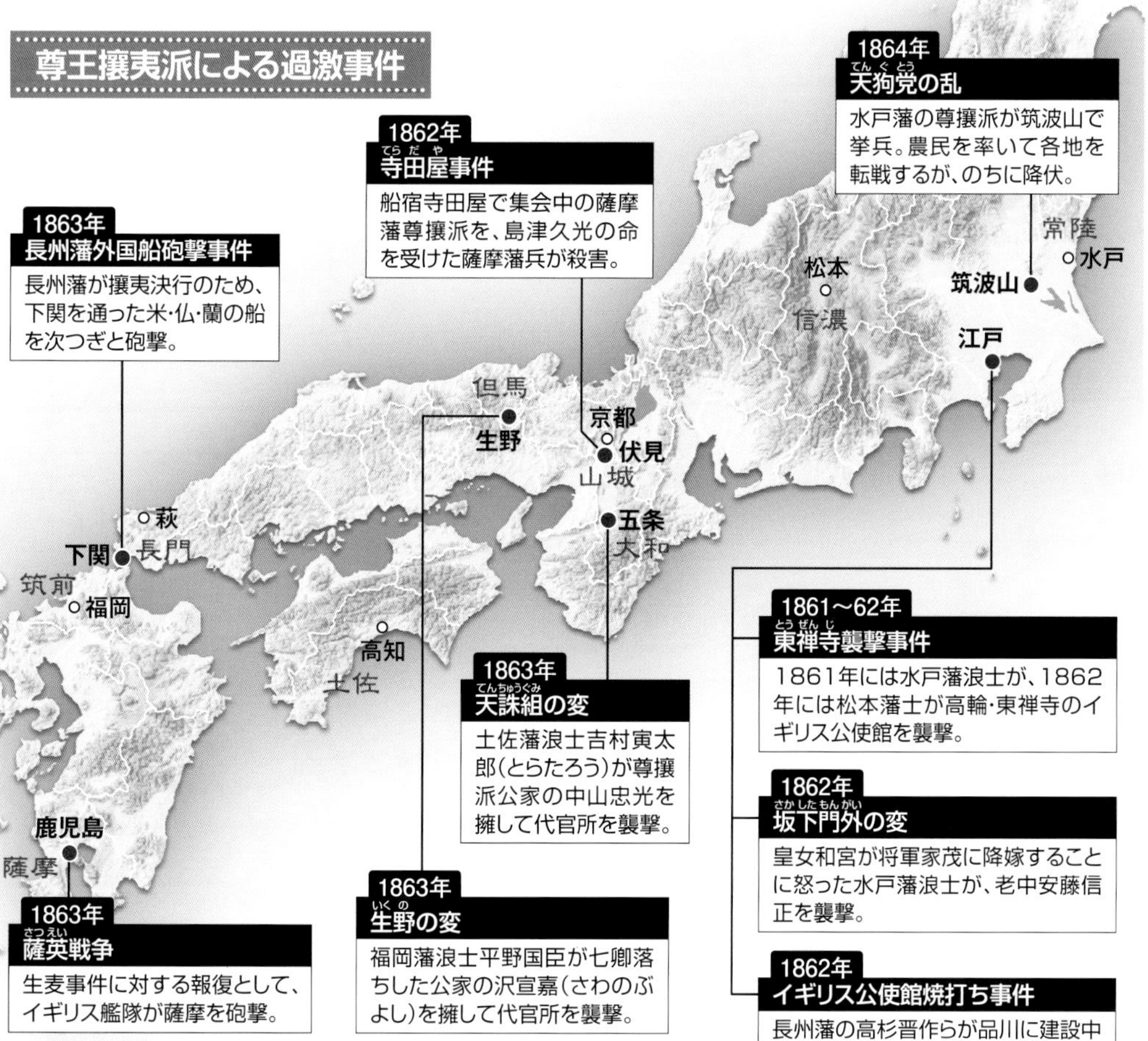
1864年
天狗党《てんぐとう》の乱
水戸藩の尊攘派が筑波山で挙兵。農民を率いて各地を転戦するが、のちに降伏。
1862年
寺田屋《てらだや》事件
船宿寺田屋で集会中の薩摩藩尊攘派を、島津久光の命を受けた薩摩藩兵が殺害。
1863年
長州藩外国船砲撃事件
長州藩が攘夷決行のため、下関を通った米・仏・蘭の船を次つぎと砲撃。
常陸
水戸
松本
筑波山
信濃
江戸
但馬
生野
京都
伏見
山城
萩
長門
下関
五条
大和
筑前
福岡
高知
土佐
鹿児島
薩摩
1861～62年
東禅寺《とうぜんじ》襲撃事件
1861年には水戸藩浪士が、1862年には松本藩士が高輪・東禅寺のイギリス公使館を襲撃。
1863年
天誅組《てんちゅうぐみ》の変
土佐藩浪士吉村寅太郎（とらたろう）が尊攘派公家の中山忠光を擁して代官所を襲撃。
1862年
坂下門外《さかしたもんがい》の変
皇女和宮が将軍家茂に降嫁することに怒った水戸藩浪士が、老中安藤信正を襲撃。
1863年
薩英《さつえい》戦争
生麦事件に対する報復として、イギリス艦隊が薩摩を砲撃。
1863年
生野《いくの》の変
福岡藩浪士平野国臣が七卿落ちした公家の沢宣嘉（さわのぶよし）を擁して代官所を襲撃。
1862年
イギリス公使館焼打ち事件
長州藩の高杉晋作らが品川に建設中のイギリス公使館を焼打ち。

京都の天誅事件のおもな犠牲者

1862年7月	島田左近《しまださこん》 佐幕派公家九条尚忠（くじょうひさただ）の家臣
1862年8月	宇郷玄蕃《うごうげんば》 九条家家臣。島田左近らと安政の大獄にかかわる
1862年閏8月	文吉《ぶんきち》 島田左近配下の岡っ引き
1862年11月	多田帯刀《ただたてわき》 金閣寺の寺侍。安政の大獄で情報係を担当
1863年1月	賀川肇《かがわはじめ》 和宮降嫁に尽力した公家の家臣
1863年5月	姉小路公知《あねがこうじきんとも》 開国派に転じたとみなされた尊攘派公家

人物 島津久光《しまづひさみつ》 ［1817～1887年］
幕末期の政治家。薩摩藩主島津斉興（なりおき）の三男。実子忠義が藩主になると、国父として藩の実権を掌握した。1862年に上洛し、寺田屋で薩摩藩尊攘派を弾圧。その後、公武合体推進のために江戸に向かって幕政改革を提案し、一橋慶喜、松平慶永を重職につけることに成功した。その帰路で生麦事件を起こしている。維新後は新政府で左大臣となった。

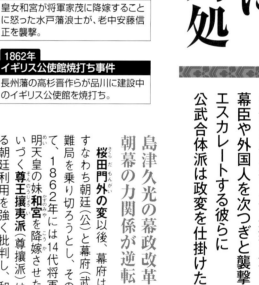

尊攘派の暴走で窮地に陥った長州藩

八月十八日の政変で追われ、京都での復権を図る長州藩は、新撰組に藩士を殺害されると、ついに御所襲撃の暴挙に出た。

公武合体派と尊王攘夷派の動き

幕府・公武合体派

1862年

- 7月 幕府、一橋慶喜《よしのぶ》を将軍後見職、松平慶永《よしなが》(春嶽《しゅんがく》)を政事総裁職に任命。
- 8月 薩摩藩の島津久光一行、生麦村でイギリス人を殺傷(薩英戦争の原因)。
- 閏8月 幕府、参勤交代制を緩和。

1863年

- 7月 **薩英戦争** 薩摩藩、鹿児島湾でイギリス艦隊と交戦。

長州藩・尊王攘夷派

1862年

- 6月 長州藩、公武合体派の重臣長井雅楽《うた》に謹慎を命ず(藩論を尊王攘夷に転換)。
- 12月 長州藩士高杉晋作ら、品川御殿山《ごてんやま》に建設中のイギリス公使館を焼打ち。

1863年

- 5月 長州藩が下関でアメリカ商船、フランス軍艦などを砲撃。
- 6月 高杉晋作が奇兵隊を創設。

1863年

- 8月 **八月十八日の政変** …… 公武合体派のクーデターにより尊王攘夷派公家を京都から追放。三条実美《さねとみ》ら7人の公家が、長州へ都落ち(七卿《しちきょう》落ち)。
- 12月 朝廷、公武合体派の一橋慶喜、松平慶永、山内豊信《とよしげ》(容堂《ようどう》)らを参預《さんよ》に任命し、参預会議が発足。

1864年

- 3月 参預会議解体(公武合体運動の挫折)。
- 6月 新撰組が池田屋で謀議中の尊王攘夷派を襲撃し殺傷(禁門の変の誘因)。
- 7月 **禁門の変** …… 長州藩兵が京都に攻めのぼるが、薩摩、会津藩兵に惨敗。
  第1次長州征討 …… 幕府が西南諸藩に長州征討の出兵を命じる。
- 8月 4国連合艦隊、下関を砲撃、占領。
- 10月 長州藩、幕府に恭順謝罪。

禁門の変の戦火は市街に広がり、京都の町は焼け野原となった。右図は禁門の変の各軍の配置と動きを示している。
『甲子兵燹図』(京都大学付属図書館所蔵)

禁門の変(1864年)

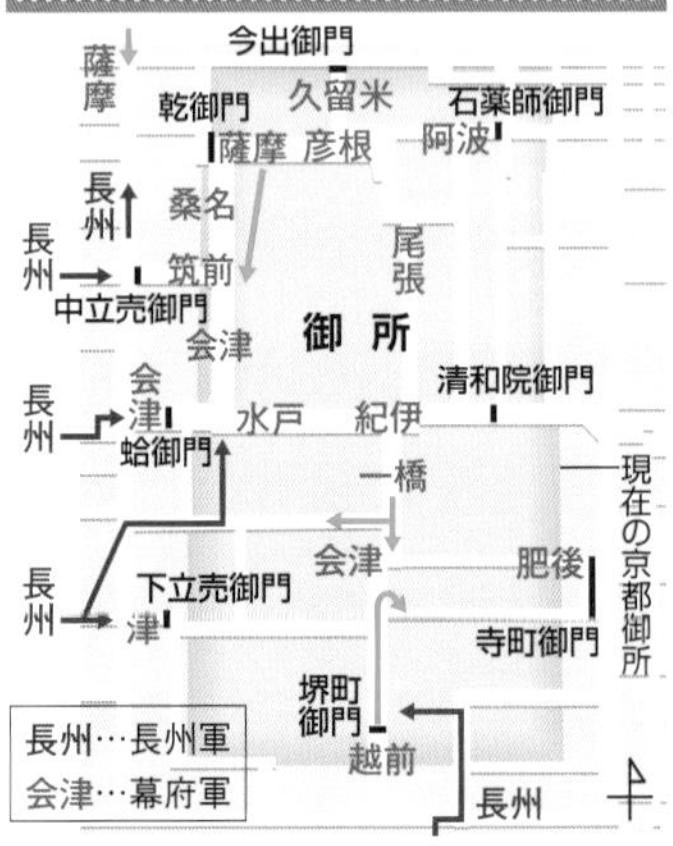
今出御門
薩摩
乾御門
久留米
石薬師御門
薩摩 彦根
阿波
長州
桑名
長州
筑前
尾張
中立売御門
会津
御所
会津
清和院御門
長州
水戸
紀伊
蛤御門
一橋
現在の京都御所
会津
肥後
長州
下立売御門
津
寺町御門
堺町御門
越前
長州
長州…長州軍
会津…幕府軍

池田屋事件をきっかけに長州藩過激派が暴走

1864年6月、京都で決起を画策していた長州藩士ら**尊王攘夷派**《そんのうじょうい》(尊攘派)が、**近藤勇**《こんどういさみ》率いる**新撰組**《しんせんぐみ》に殺害される**池田屋事件**が起きた。**八月十八日の政変**で失脚した尊攘派は、長州藩を中心に復権の機会をうかがっていたのだ。事件を知った長州藩では、武力で**公武**《こうぶ》**合体**《がったい》**派**を退け、長州藩の無実を訴えるという進発《しんぱつ》論が大勢を占めた。

翌7月、約2000の長州軍と御所《ごしょ》を守る幕府軍との間で戦端が開かれた。**禁門**《きんもん》**の変**(**蛤御門**《はまぐりごもん》**の変**)である。長州軍は会津藩が守る蛤御門へと殺到したが、**西郷隆盛**《さいごうたかもり》率いる薩摩藩兵の援軍で押し返され、敗北した。

存亡の危機に立つ長州藩で幕府への徹底恭順派が台頭

幕府は、前尾張藩主徳川慶勝《よしかつ》を総督、西郷を参謀《さんぼう》とした**長州征討**《ちょうしゅうせいとう》軍を組織し、15万の軍勢を長州に派遣した。その幕府軍が迫る8月、長州藩は前年に下関海峡で砲撃した英・米・仏・蘭4国の連合艦隊による報復(**下関**《しものせき》**戦争**)を受け、全砲門を奪われるなど完敗する。

存亡の危機に立った長州藩では、尊攘派にかわって佐幕《さばく》派が実権を掌握《しょうあく》。禁門の変の責任者である3家老を切腹させるなど徹底恭順姿勢をみせた。幕府内には長州撃滅の意見もあったが、幕臣**勝海舟**《かつかいしゅう》に征長の無益を説かれた西郷の進言で幕府軍は解散した。

こうして長州藩は生き残ったが、尊攘派は事実上壊滅したのである。

人物 高杉晋作《たかすぎしんさく》 [1839〜1867年]
幕末期の志士。長州藩の上級武士の家に生まれる。松下村塾(しょうかそんじゅく)に入って吉田松陰(しょういん)に師事。1862年、上海に渡り列強の中国侵略をみて、攘夷運動に身を投じる。1863年、民兵による画期的な軍隊「奇兵隊」を創設。第1次長州征討後、佐幕に傾いた藩論を倒幕へと転換し、1866年の第2次長州征討では、司令官として藩を勝利に導いた。翌年肺結核のため、維新をみずに死去。

70 薩長同盟と第2次長州征討

二大雄藩の同盟成立で幕府征長軍を撃退！

坂本龍馬、中岡慎太郎らの尽力で薩長同盟が成立。時代は尊王攘夷から倒幕へと大きく動き出した。

薩長同盟の成立（1866年）

土佐藩浪士坂本龍馬と中岡慎太郎の活躍で、敵対関係にあった薩摩、長州両藩は、同盟を結び、武力倒幕へと進んでいった。

高杉晋作らとともに、藩論を幕府軍との徹底抗戦に導く。坂本、中岡らの説得で薩摩藩への不信感を払拭。
桂小五郎《かつらこごろう》
長州藩（萩）
同盟
仲介
土佐藩（高知）
新体制実現のためには薩長両藩の連合が不可欠と感じ、両者の会談を斡旋。
中岡慎太郎《なかおかしんたろう》
坂本龍馬《さかもとりょうま》
西郷隆盛《さいごうたかもり》
一時長州藩撃滅に傾くが、坂本、中岡らの説得で、長州藩との同盟による倒幕へと向かう。
薩摩藩（鹿児島）

薩長同盟の控書。裏には坂本が同盟の確かなことを朱筆で保証した。

西郷隆盛肖像画、中岡慎太郎、坂本龍馬、桂小五郎写真は国立国会図書館ホームページより転載

倒幕に傾いた二大雄藩が土佐浪士の仲介で同盟

八月十八日の政変後、京都では**島津久光《ひさみつ》**や**一橋慶喜《ひとつばしよしのぶ》**らによる参預《さんよ》会議が開催された。一橋派念願の雄藩《ゆうはん》を含めた国政運営会議だ。ところが、外様雄藩《とざまゆうはん》の発言力拡大を嫌う慶喜が久光らと対立し、会議は瓦解《がかい》。以後、薩摩藩は倒幕《とうばく》へと傾いていく。一方、長州藩では高杉《たかすぎ》晋作《しんさく》が佐幕派から実権を奪い、軍備増強を始めていた。また、両藩には薩英《さつえい》戦争や下関《しものせき》戦争で攘夷《じょうい》の不可を悟ったという共通点もあった。

しかし、**禁門《きんもん》の変**で激突した薩長は犬猿の仲だ。そんな両藩を結びつけたのが土佐脱藩《だっぱん》浪士の**坂本龍馬《さかもとりょうま》**と**中岡慎《なかおかしん》太郎《たろう》**だった。1865年、幕府が慶喜の朝廷工作で長州再征討の勅許《ちょっきょ》を得ると、彼らは和解工作を始める。兵器輸入を禁じられていた長州藩にかわり、坂本が薩摩藩名義で兵器を購入したことなどで両藩は接近。1866年1月、長州藩の**桂小五郎《かつらこごろう》**（**木戸孝允《きどたかよし》**）と薩摩藩の**西郷隆盛《さいごうたかもり》**の間で**薩長《さっちょう》同盟**が成立した。

内容は、幕長開戦時の薩摩藩の不戦や、長州赦免への尽力、それを「一会桑《いちかいそう》（一橋家、会津藩、桑名藩）」が阻む場合は薩摩も決戦に及ぶことなどで、反幕府の立場を鮮明にしていた。

第2次長州征討で新生長州軍が勝利！

1866年6月、薩長同盟の存在を知らない幕府は、総勢15万の兵で長州攻撃を開始した。**第2次長州征討《ちょうしゅうせいとう》**である。対する長州藩は有志の民兵組織である**奇兵隊《きへいたい》**など数千の兵力だが、彼らは最新の洋式兵器を備え、**大村益次郎《おおむらますじろう》**の軍制改革で精鋭に育っていた。

幕府軍の西国諸藩兵は戦国以来の旧式兵制であるうえ、戦争特需による米価高騰で全国的に一揆《いっき》が頻発しており、領国が心配で戦どころではない。そのため各地で長州軍に圧倒された。

そして7月、連戦連敗の報告が届く大坂城で将軍**家茂《いえもち》**が急死。翌8月に小《こ》倉《くら》城《じょう》が陥落すると、慶喜は勝海舟《かつかいしゅう》を派遣して講和を結んだ。こうして第2次長州征討は幕府軍の完敗に終わり、その威信は地に落ちたのである。

第2次長州征討（1866年）

大村益次郎率いる長州軍は浜田藩領に侵攻し、浜田城を奪取。
浜田
石州口の戦い
石見
幕府軍主力が配されたが、長州軍の奮戦で戦線は膠着。
萩
長門
広島
安芸
山口
周防
小倉口の戦い
岩国
芸州口の戦い
下関
小倉
豊前
高杉晋作率いる奇兵隊は小倉に上陸し、幕府軍を撃退。
大島口の戦い
大島を占領されるが、高杉晋作の活躍で奪還を果たす。
長州軍 幕府軍の動き

倒幕に待ったをかける土佐藩の大政奉還論

薩長による倒幕気運が高まるなか、土佐藩の重臣後藤象二郎は、坂本龍馬に示された「船中八策」をもとに大政奉還を幕府に提案した。

倒幕派の出鼻をくじく慶喜の大胆な一手

1866年、**徳川慶喜**《よしのぶ》が15代将軍に就任すると、翌年、参預《さんよ》会議の再現を試みる四侯《しこう》会議が開催された。しかし、やはり慶喜の専断的な姿勢で会議が紛糾すると、薩摩藩の**西郷隆盛**《さいごうたかもり》や**大久保利通**《おおくぼとしみち》は、公家の**岩倉具視**《いわくらともみ》らと倒幕《とうばく》を画策する。

ここで武力倒幕回避に動いたのが土佐藩だ。重臣の**後藤象二郎**《ごとうしょうじろう》は、**坂本龍馬**《さかもとりょうま》に示された新国家構想「**船中八策**《せんちゅうはっさく》」をもとに、幕府に**大政奉還**《たいせいほうかん》や、大名の合議にもとづく**公議政体**《こうぎせいたい》**論**を提示。さらに、薩摩藩と大政奉還実現を目ざす**薩土**《さつど》**盟約**を結んで武力行使の動きを牽制《けんせい》した。

一方、すでに岩倉と「討幕《とうばく》の密勅《みっちょく》」降下に動いていた薩摩藩は、慶喜が大政奉還を拒否することで武力倒幕の大義名分が得られると考えた。

そして1867年10月13日、ついに薩摩藩に「討幕の密勅」が降下される。まさにその同じ13日、慶喜は朝廷に大政奉還を奏上したのだ。慶喜のねらいは、一旦朝廷に政権を返上したうえで、新たな政権で盟主となって実権を掌握することにあった。

この慶喜の大胆な一手で名分を失った倒幕派は動きを封じられ、「討幕の密勅」も取り消されたのである。

大政奉還までの動き

欧米列強の力を知った尊王攘夷派は、幕府を倒し、新政府のもとで改革を進め、近代化を進めようとした。

倒幕派

長州藩　薩摩藩　土佐藩郷士

幕府を倒し、天皇の絶対的権威のもとで新しい国家体制を構築しようとする考え。

公武合体派

土佐藩上士　会津藩　幕府

朝廷の権力と幕府または西南雄藩を結びつけ、幕府再建を図ろうとする考え。当初薩摩藩もこれを進めた。

公議政体論

土佐藩：坂本龍馬《りょうま》の船中八策にもとづき、徳川家の大政奉還後、天皇のもとで徳川を盟主とする列藩会議を旨とする折衷案を提案。

幕府：天皇を棚上げし、大君（将軍）を実質的盟主とする政権樹立を目ざした、将軍慶喜の構想。

1866年 1月
薩摩藩・長州藩 間で反幕を約した薩長同盟が締結される。

1867年 5月
薩摩藩・土佐藩 が薩土盟約を結び、土佐藩の折衷論支持を密約。

倒幕派の公家岩倉具視《ともみ》、中山忠能《ただやす》、正親町三条実愛《おおぎまちさんじょうさねなる》らと 薩摩藩 、長州藩 が討幕の密勅降下を画策。

1867年10月 3日
土佐藩 が大政奉還を将軍慶喜に建白する。

1867年10月13日
薩摩藩 に対して討幕の密勅下る。

1867年10月13日
慶喜が大政奉還を朝廷へ奏上。

1867年10月14日
長州藩 に対して討幕の密勅下る。

1867年10月21日
大政奉還を受け討幕の密勅取り消しを布達。

1867年10月13日の前日、将軍慶喜は二条城にて大政奉還を諸大名に発表し、意見を求めた。
『大政奉還』邨田丹陵作／聖徳記念絵画館所蔵

72 明治新政府の誕生

徳川政権を終わらせた宮中クーデター

機先を制された倒幕派は、王政復古の大号令により、江戸幕府２６０余年の歴史を閉じ、新たな政府を樹立した。

明治政府の中央官制

1867年12月〜

総裁《そうさい》、議定《ぎじょう》、参与《さんよ》の三職のもとに、神祇《じんぎ》、内国、外国、陸海軍、会計、刑法、制度の7科が置かれた。

- 天皇
  - **議定**《ぎじょう》(事務方を総裁し、政策を議決)
    - 皇族や公家、藩主などから10人が任じられた。
  - **総裁**《そうさい》(万機を統括し、天皇を補佐) —— **副総裁**(総裁を補佐)
    - 有栖川宮熾仁(ありすがわのみやたるひと)親王が就任。
    - (副総裁)1868年1月に新設され、三条実美(さねとみ)、岩倉具視(ともみ)が就任。
  - **参与**《さんよ》(政策の評議と議決に参与)
    - 公家、藩士のなかから西郷隆盛、大久保利通ら計20人が任じられた。

1871年7月〜

1868年閏4月、律令制の役職(▶p.29)を復活させた太政官制を採用。1871年7月に三院制(下記)が確立され、内閣制度が発足するまで基本官制として続いた。

- 天皇 —— **太政官**《だじょうかん》
  - **左院**《さいん》(立法機関)
  - **正院**《せいいん》(行政機関)
    - 正院の役職
      - **左大臣**《さだいじん》
      - **太政大臣**《だじょうだいじん》 —— **参議**《さんぎ》
      - **右大臣**《うだいじん》
    - (参議)薩長土肥各藩から1人(下記写真の人物)が任じられた。
    - 太政大臣には三条実美が、右大臣には岩倉具視が就任した。
    - **神祇省**《じんぎ》(天皇の側近事務、仏事)
    - **外務省**(外交)
    - **大蔵省**《おおくら》(財政、租税の管理)
    - **兵部省**《ひょうぶ》(軍政、軍令)
    - **文部省**(学術、教育)
    - **工部省**(殖産興業の推進)
    - **司法省**(訴訟、刑罰)
    - **宮内省**《くない》(宮中の庶務)
  - **右院**《ういん》(調整機関)

藩閥政府の形成

維新の功労者である薩長土肥4藩の実力者が政府の実権を掌握したことから、「藩閥政府」とよばれた。

薩摩藩

維新三傑の西郷隆盛、大久保利通が中心。その後西郷は鹿児島に帰り、大久保が残った。

西郷隆盛《さいごうたかもり》

長州藩

維新三傑の一人、木戸孝允を筆頭に、井上馨、山県有朋、伊藤博文らが政府に名を連ねた。

木戸孝允《きどたかよし》

土佐藩

坂本龍馬をはじめ、維新前に多くの人材が失われた。維新後の中心人物は板垣退助。

板垣退助《いたがきたいすけ》

肥前藩

別名佐賀藩。戊辰(ぼしん)戦争で新政府軍の勝利に貢献。大隈重信、江藤新平らが政府に参加した。

大隈重信《おおくましげのぶ》

王政復古の大号令でついに江戸幕府が滅亡

大政奉還《たいせいほうかん》で追い詰められたのは、**倒幕派**《とうばくは》だった。大義名分を失ったうえ、**徳川慶喜**《よしのぶ》のねらいどおり、大政奉還後も実質的な政権は徳川家が運営した。

そこで倒幕派は、慶喜の追い落としを画策する。１８６７年12月9日、佐《さ》幕派《ばくは》の公家が退出したのち、**西郷隆盛**《さいごうたかもり》率いる諸藩兵が御所《ごしょ》9門を封鎖。**岩倉具視**《いわくらともみ》が「**王政復古の大号令**」を発し、摂政《せっしょう》や関白《かんぱく》、そして幕府を廃止し、天皇のもとに**総裁**《そうさい》、**議定**《ぎじょう》、**参与**《さんよ》の三職を設ける新政府の樹立を宣言した。ここに、江戸幕府２６０余年の歴史は正式に幕を閉じたのである。

慶喜の徹底排除策に旧幕臣たちが激怒

引き続いて**小御所**《こごしょ》で行われた三職会議では、慶喜の「**辞官納地**《じかんのうち》(官職辞任と領地返上)」が議論された。露骨な慶喜排除の企みに公議政体派《こうぎせいたいは》の**山内豊信**《やまうちとよしげ》らは反対したものの、強硬姿勢の岩倉らに押し切られた。

一方、辞官納地を受けた慶喜が旧幕臣の暴発を恐れて二条城から大坂城へと退去すると、諸藩からは徳川同情論が浮上する。改めて武力倒幕の必要性を感じた西郷は、江戸で騒擾《そうじょう》事件を起こす挑発作戦に出た。これに乗せられた江戸警護役の庄内藩が薩摩藩邸を砲撃すると、勢いづいた大坂城の旧幕臣らは薩摩討伐を主張。気圧《けお》された慶喜が１８６８年１月１日に「討薩の表」を発すると、旧幕府軍は京都へ進発した。

人物 坂本龍馬《さかもとりょうま》 [1835〜1867年]

幕末期の志士。土佐藩郷士の子として生まれる。藩内の尊王攘夷運動に身を投じるが、のちに脱藩して幕臣勝海舟に師事。日本初の株式会社「亀山社中」(のちの海援隊)を設立して貿易を行うかたわら、薩長同盟締結に貢献するなど倒幕運動にも奔走した。前土佐藩主山内豊信を通じて大政奉還を実現させるが、新政府樹立をみることなく、中岡慎太郎とともに暗殺された。

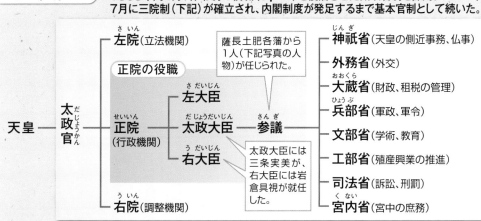

73 戊辰戦争

朝敵として追われた旧幕府軍最後の抵抗

鳥羽・伏見の戦いで錦の御旗が翻ると、朝敵になることを恐れた徳川慶喜が逃亡。これで戊辰戦争の帰趨は決し、旧幕府軍は箱館まで転戦したのち瓦解した。

1年半に及んだ旧幕府軍と新政府軍の戦い

1868年1月3日、京都南部で旧幕府軍約1万5000と薩長《さっちょう》中心の新政府軍約5000が激突（**鳥羽《とば》・伏見《ふしみ》の戦い**）、**戊辰《ぼしん》戦争**が始まった。第2次長《ちょう》州征討《しゅうせいとう》後、最新兵器を導入した旧幕府軍や、会津《あいづ》・桑名《くわな》両藩兵の士気は高かったが、岩倉具視《いわくらともみ》が用意した錦《にしき》の御旗《みはた》が戦場に翻《ひるがえ》ると動揺が走る。そして、朝《ちょう》敵《てき》になることを恐れた**徳川慶喜《よしのぶ》**が大坂城を脱出すると旧幕府軍は総崩れになった。

これで、様子見を決めていた諸藩の支持も取り付けた新政府軍は、江戸へ迫る。3月にも総攻撃が噂されるなか、新政府の**西郷隆盛《さいごうたかもり》**と旧幕府の**勝海舟《かつかいしゅう》**が会談。慶喜も恭順《きょうじゅん》の意を示したことで江戸城無血開城が実現する。

次いで新政府軍は会津追討《ついとう》に乗り出す。東北諸藩は**奥羽越列藩同盟《おううえつれっぱん》**を結んで抵抗したが、大村益次郎《おおむらますじろう》が指揮する新政府軍の戦略で次つぎと切り崩され、9月には会津藩も降伏した。

残るは旧幕府艦隊を率いて**箱館《はこだて》**（函館）に入った**榎本武揚《えのもとたけあき》**や元新撰組《しんせんぐみ》副長**土《ひじ》方歳三《かたとしぞう》**らだが、1869年5月には彼らの篭《こも》る**五稜郭《ごりょうかく》**も攻略され、1年半に及んだ戊辰戦争は終結したのであった。

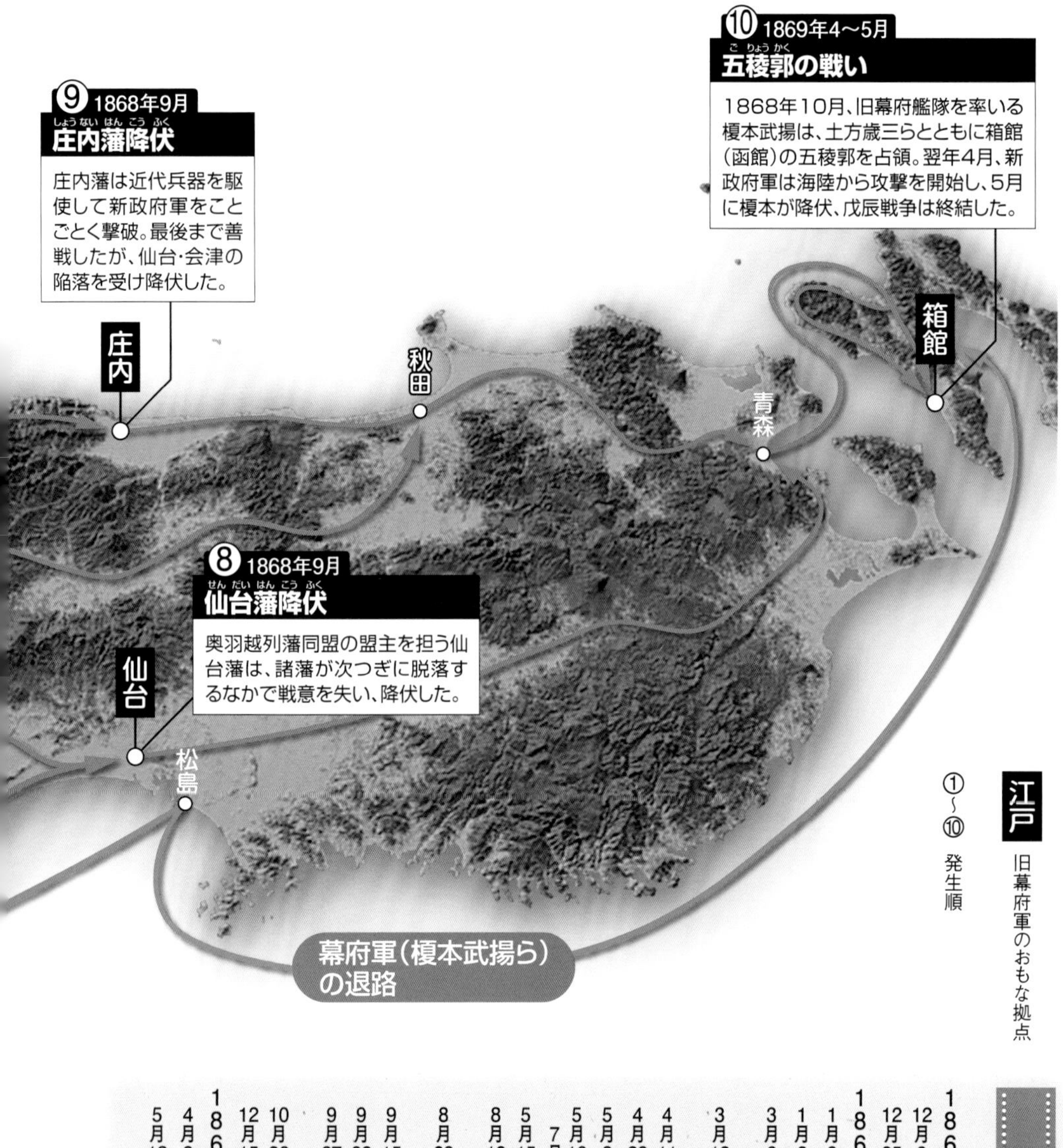
⑩1869年4〜5月
五稜郭《ごりょうかく》の戦い
1868年10月、旧幕府艦隊を率いる榎本武揚は、土方歳三らとともに箱館（函館）の五稜郭を占領。翌年4月、新政府軍は海陸から攻撃を開始し、5月に榎本が降伏、戊辰戦争は終結した。
⑨1868年9月
庄内藩降伏《しょうないはんこうふく》
庄内藩は近代兵器を駆使して新政府軍をことごとく撃破。最後まで善戦したが、仙台・会津の陥落を受け降伏した。
庄内
秋田
青森
箱館
⑧1868年9月
仙台藩降伏《せんだいはんこうふく》
奥羽越列藩同盟の盟主を担う仙台藩は、諸藩が次つぎに脱落するなかで戦意を失い、降伏した。
仙台
松島
幕府軍（榎本武揚ら）の退路
江戸 旧幕府軍のおもな拠点
①〜⑩ 発生順

戊辰戦争の経過（1867〜1869年）

1867年	
12月9日	王政復古の大号令→明治新政府成立
12月25日	庄内藩兵らが江戸の薩摩藩邸を焼打ち
1868年	
1月3日	①鳥羽・伏見の戦い（戊辰戦争始まる）
1月6日	徳川慶喜が大坂城を脱出
3月6日	②甲陽鎮撫隊が勝沼で新政府軍に敗北
3月13〜14日	西郷隆盛と勝海舟が江戸開城について会談
4月11日	③江戸城無血開城、慶喜が水戸へ退去
4月23日	④宇都宮の旧幕府軍が新政府軍に敗北
5月3日	奥羽越列藩同盟確立
5月10日〜7月29日	⑤長岡の戦い
5月15日	⑥彰義隊、上野で新政府軍に敗北
8月19日	榎本武揚、旧幕府艦隊を率いて江戸を脱出
8月23日	⑦新政府軍が会津若松城を包囲、白虎隊が自刃
9月15日	⑧仙台藩が新政府に降伏
9月22日	⑦会津藩が新政府に降伏
9月27日	⑨庄内藩が新政府に降伏し、本州での戦闘がほぼ終結
10月26日	榎本らが箱館・五稜郭を占拠
12月15日	榎本らが蝦夷地に新政権を樹立
1869年	
4月9日	新政府軍が蝦夷地攻撃を開始
5月18日	⑩榎本らが新政府に降伏（戊辰戦争終わる）

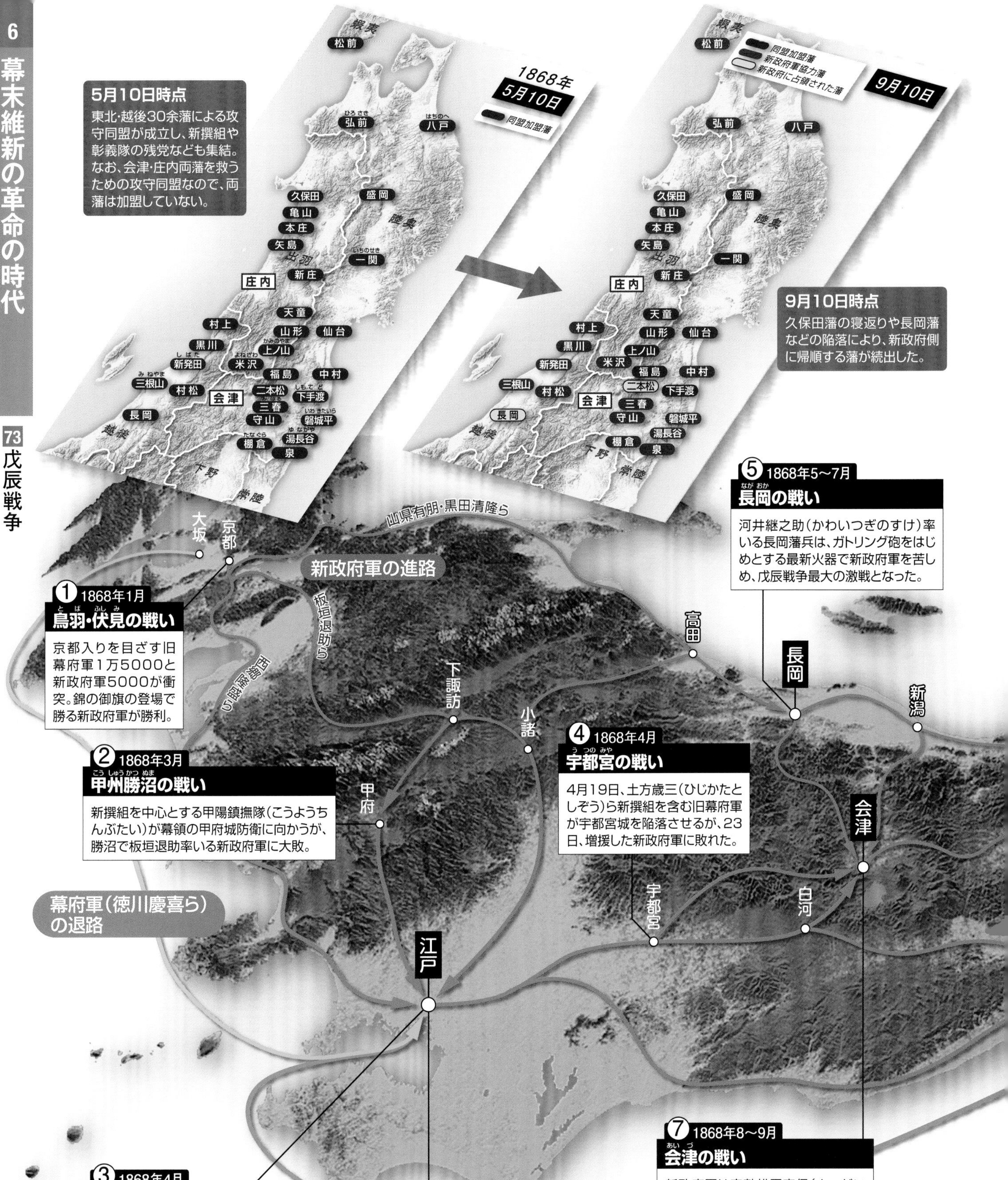
1868年
5月10日
同盟加盟藩
蝦夷
松前
弘前《ひろさき》
八戸《はちのへ》
久保田
盛岡
亀山
本庄
陸奥
矢島
出羽
一関《いちのせき》
庄内
新庄
天童
村上
山形
仙台
黒川
上ノ山《かみのやま》
新発田《しばた》
米沢《よねざわ》
三根山《みねやま》
福島
中村
村松
会津
二本松
下手渡《しもてど》
三春《みはる》
長岡
守山
磐城平《いわきたいら》
越後
湯長谷《ゆながや》
棚倉《たなぐら》
泉
下野
常陸
同盟加盟藩
新政府軍協力藩
新政府に占領された藩
9月10日
山県有朋・黒田清隆ら
大坂
京都
新政府軍の進路
板垣退助ら
西郷隆盛ら
高田
長岡
新潟
下諏訪
小諸
甲府
会津
宇都宮
白河
幕府軍（徳川慶喜ら）の退路
江戸

5月10日時点

東北・越後30余藩による攻守同盟が成立し、新撰組や彰義隊の残党なども集結。なお、会津・庄内両藩を救うための攻守同盟なので、両藩は加盟していない。

9月10日時点

久保田藩の寝返りや長岡藩などの陥落により、新政府側に帰順する藩が続出した。

① 1868年1月

鳥羽《とば》・伏見《ふしみ》の戦い

京都入りを目ざす旧幕府軍1万5000と新政府軍5000が衝突。錦の御旗の登場で勝る新政府軍が勝利。

② 1868年3月

甲州勝沼《こうしゅうかつぬま》の戦い

新撰組を中心とする甲陽鎮撫隊（こうようちんぶたい）が幕領の甲府城防衛に向かうが、勝沼で板垣退助率いる新政府軍に大敗。

③ 1868年4月

江戸城無血開城《えどじょうむけつかいじょう》

3月13～14日、新政府軍参謀西郷隆盛と旧幕府陸軍総裁勝海舟が会談し、新政府軍は徳川慶喜の謹慎などを条件に江戸総攻撃を中止。4月11日、江戸城は新政府に明け渡された。

④ 1868年4月

宇都宮《うつのみや》の戦い

4月19日、土方歳三（ひじかたとしぞう）ら新撰組を含む旧幕府軍が宇都宮城を陥落させるが、23日、増援した新政府軍に敗れた。

⑤ 1868年5～7月

長岡《ながおか》の戦い

河井継之助（かわいつぎのすけ）率いる長岡藩兵は、ガトリング砲をはじめとする最新火器で新政府軍を苦しめ、戊辰戦争最大の激戦となった。

⑥ 1868年5月

上野《うえの》の戦い

旧幕臣ら約3000人が彰義隊（しょうぎたい）を結成し、上野・寛永寺を本拠に抵抗するが、大村益次郎（おおむらますじろう）が指揮する新政府軍の総攻撃で壊滅。

⑦ 1868年8～9月

会津《あいづ》の戦い

新政府軍は宿敵松平容保（まつだいらかたもり）討伐のため、約3万の大軍で四方から会津若松城を猛攻撃。白虎隊（びゃっこたい）の悲劇などもあり、1カ月の籠城のすえ、降伏した。

城下の煙火を会津若松城炎上と誤認して、自刃する白虎隊の隊士。

74 廃藩置県と地租改正

中央集権国家建設へ！藩を廃止する大改革

欧米列強に追いつくため、中央集権化を図る新政府は、幕藩体制を完全崩壊させる大改革を断行した。

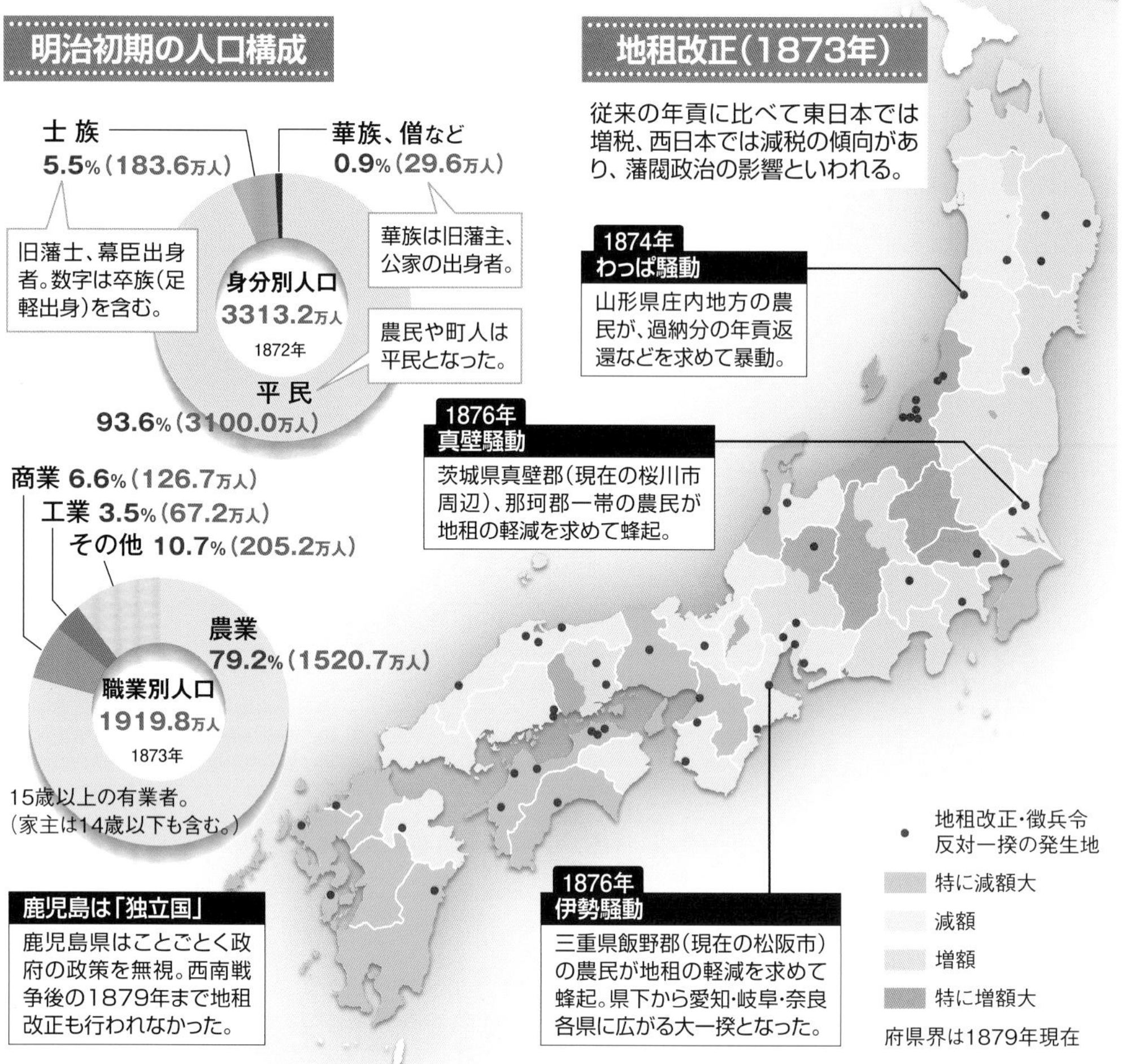
明治初期の人口構成
士族
5.5%（183.6万人）
華族、僧など
0.9%（29.6万人）
旧藩士、幕臣出身者。数字は卒族（足軽出身）を含む。
華族は旧藩主、公家の出身者。
身分別人口
3313.2万人
1872年
農民や町人は平民となった。
平民
93.6%（3100.0万人）
商業 6.6%（126.7万人）
工業 3.5%（67.2万人）
その他 10.7%（205.2万人）
農業
79.2%（1520.7万人）
職業別人口
1919.8万人
1873年
15歳以上の有業者。（家主は14歳以下も含む。）
鹿児島は「独立国」
鹿児島県はことごとく政府の政策を無視。西南戦争後の1879年まで地租改正も行われなかった。
地租改正（1873年）
従来の年貢に比べて東日本では増税、西日本では減税の傾向があり、藩閥政治の影響といわれる。
1874年
わっぱ騒動
山形県庄内地方の農民が、過納分の年貢返還などを求めて暴動。
1876年
真壁騒動
茨城県真壁郡（現在の桜川市周辺）、那珂郡一帯の農民が地租の軽減を求めて蜂起。
1876年
伊勢騒動
三重県飯野郡（現在の松阪市）の農民が地租の軽減を求めて蜂起。県下から愛知・岐阜・奈良各県に広がる大一揆となった。
地租改正・徴兵令反対一揆の発生地
特に減額大
減額
増額
特に増額大
府県界は1879年現在

すべての藩を廃す！新政府のクーデター

明治政府発足後も、諸藩の領地や領民は諸大名が治めており、幕府はなくなったものの、幕藩封建《ばくはんほうけん》体制の基本は変わっていなかった。そこで1869年1月、政府は薩長土肥《さっちょうどひ》の各藩主を説得し、領地と領民を政府に返上させた（**版籍奉還**《はんせきほうかん》）。諸藩もこれに追随し、6月には全国の土地と人民が政府の支配下に置かれる形式が整えられる。

しかし、旧藩主は**知藩事**《ちはんじ》として藩政を執《と》ったため、実質的には維新《いしん》前と何も変わらない。強力な中央集権国家建設には藩の一挙全廃が不可欠と考えた政府は、1871年7月に**廃藩置県**《はいはんちけん》**の詔**《みことのり》を発布。知藩事を廃して中央から知事や県令を派遣した。これに先立ち、**西**《さい》**郷隆盛**《ごうたかもり》は薩長土3藩約1万人からなる御親兵《ごしんぺい》を率いて諸藩の抵抗に備えている。政府にとって、廃藩置県はまさにクーデターといえる大改革だったのだ。

だが、予想に反して抵抗はほとんどなかった。多くの藩が極端な財政難に苦しんでおり、債務も政府に帰すことを歓迎する向きもあったのだ。そのため、逆に廃藩置県後の政府財政は火の車で、諸藩から引き継いだ債務は、当時の歳入の2倍に上ったという。

安定財源を確保する年貢から地租への税制改革

安定財源が必須となった政府は、廃藩置県直後から税制改革に取り組む。その骨子《こっし》は、作柄によって歳入が変化する年貢《ねんぐ》制度にかわる、土地に課税する制度の導入だ。そこで政府は、田畑《でんばた》勝手作《かってづく》りを認めて田畑永代売買禁止令《でんばたえいだいばいばいきんしれい》を解いたうえで、1873年に**地券**《ちけん》を交付して**地価**《ちか》を定め、金納・定額で地価の3%を**地租**《ちそ》として納めさせた。これにより、政府は安定財源の確保と近代的な土地所有制度の確立に成功した。

「地価の3%」は従来の年貢と同等か、負担増の地域もあった。そのため各地で地租改正反対一揆《いっき》が起き、1877年には地租比率を2・5%に下げている。

近代日本のお手本探し 岩倉使節団の派遣

廃藩置県で初期の大改革を終えた明治政府は、1871年11月、岩倉具視《いわくらともみ》を全権大使、大久保利通《おおくぼとしみち》、木戸孝允《きどたかよし》、伊藤《いとう》博文《ひろぶみ》らを副使とした岩倉使節団を欧米に派遣した。目的は、近代国家建設のモデルケースを探ることと、不平等条約の改正交渉の打診にあった。前者は富国強兵策などとして結実するが、条約改正はアメリカに冷たくあしらわれるなど頓挫した。

また、大久保、木戸という薩長両藩閥の領袖《りょうしゅう》が外遊に出たことで、留守政府では土肥閥が伸張。明治六年の政変につながる火種を生むことになった。

人物 木戸孝允《きどたかよし》［1833～1877年］
幕末～明治時代の政治家。長州藩医の家に生まれるが、上級藩士・桂家の養子となって桂小五郎を名乗る。江戸で剣術、砲術を学んだのち、藩政に参加。尊王攘夷運動の中核となったほか、1866年薩長同盟を締結して明治維新を実現させた。維新後は版籍奉還、廃藩置県を行い、新政府の基礎を固めた。1874年台湾出兵に反対して下野し、のちに復帰したが西南戦争中に病死した。

75 不平士族の反乱

リストラ武士による最後の国内反乱

武士の特権を次つぎに奪う新政府に、士族の不満は頂点に達した。収入もプライドも失った士族は、武力に訴える最後の抵抗に出た。

明治六年の政変で征韓派がいっせいに下野

岩倉《いわくら》使節団の外遊中、**西郷隆盛**《さいごうたかもり》(薩摩)や**板垣退助**《いたがきたいすけ》(土佐)、**江藤新平**《えとうしんぺい》(肥前)らの留守政府内では**征韓《せいかん》論**が高まっていた。明治政府を認めない朝鮮を武力で開国させるという主張だ。

これを抑えていた井上馨《いのうえかおる》(長州)が1873年5月に汚職で辞任すると、翌6月からは**大久保利通**《おおくぼとしみち》(薩摩)や**木戸孝允**《きどたかよし》(長州)らが帰国。内治優先を唱えて征韓論に反対したため、政府は分裂した。その内実は土肥閥と薩長閥の主導権争いで、薩長閥の巻き返しにより閣議決定していた西郷の朝鮮派遣が覆されると、征韓派はいっせいに下野《げや》したのである(**明治六年の政変**)。

特権も収入も奪われた士族の不満が大爆発

征韓論には、士族(旧武士階級)の不満をそらす目的もあった。新政府は廃刀令などで彼らの特権を次つぎと奪っていったが、なかでも1876年の**秩禄処分**《ちつろくしょぶん》は多くの士族を困窮させた。

廃藩置県《はいはんちけん》後も華族・士族には秩禄(家禄《かろく》・賞典禄《しょうてんろく》)が支給されたが、歳出の約30%を占め、国家財政を圧迫した。そこで政府は、禄高《ろくだか》の5～14年分の額面の「金禄公債《きんろくこうさい》証書」を交付して秩禄を全廃。かわりに公債額に応じた利子が士族の収入となった。しかし、下級士族の公債額はわずかだったためたちまち困窮。公債を元手に商売を始めるものの、いわゆる「士族の商法」で没落する者も多かったのだ。

こうして不満を募らせた士族により、西日本で反政府反乱が頻発する。維新《いしん》の立役者を自負する旧西南雄藩の下級士族の怒りが強かったためだ。しかし、西郷を首領とした最大の反乱・**西南《せいなん》戦争**が鎮圧されたのを最後に、武力による士族の抵抗は途絶えた。

征韓論をめぐる政府内の対立

征韓派 士族の不満を解消するため**朝鮮へ出兵**すべき

	明治六年の政変後の動向
西郷隆盛《さいごうたかもり》	鹿児島で西南戦争を起こす。
江藤新平《えとうしんぺい》	佐賀の乱の指導者となる。
板垣退助《いたがきたいすけ》	高知で自由民権運動を開始。

VS 内治派が勝利し、1873年10月、征韓派は下野。

内治派 出兵よりも、まず**国内政治**を優先すべき

	明治六年の政変後の動向
大久保利通《おおくぼとしみち》	独裁的権力を握るが、暗殺。
岩倉具視《いわくらともみ》	不平士族に襲撃され負傷。
伊藤博文《いとうひろぶみ》	大久保暗殺後、内務卿に就任。

奪われた武士の特権

- 1870年 **平民の苗字を許可** 中世以来、苗字を名乗るのは武士や貴族だけに許された特権だった。
- 1873年 **徴兵令公布** 満20歳以上の男子に兵役の義務を課し、武士の軍事特権を否定。
- 1876年 **廃刀令公布** 軍人・警官以外の帯刀を禁止。「武士の魂」が取り上げられた。
  秩禄《ちつろく》処分 華族、士族への秩禄支給を廃止。士族の経済的基盤が失われた。

おもな士族の反乱

❶～❺ 発生順
府県界は1877年現在

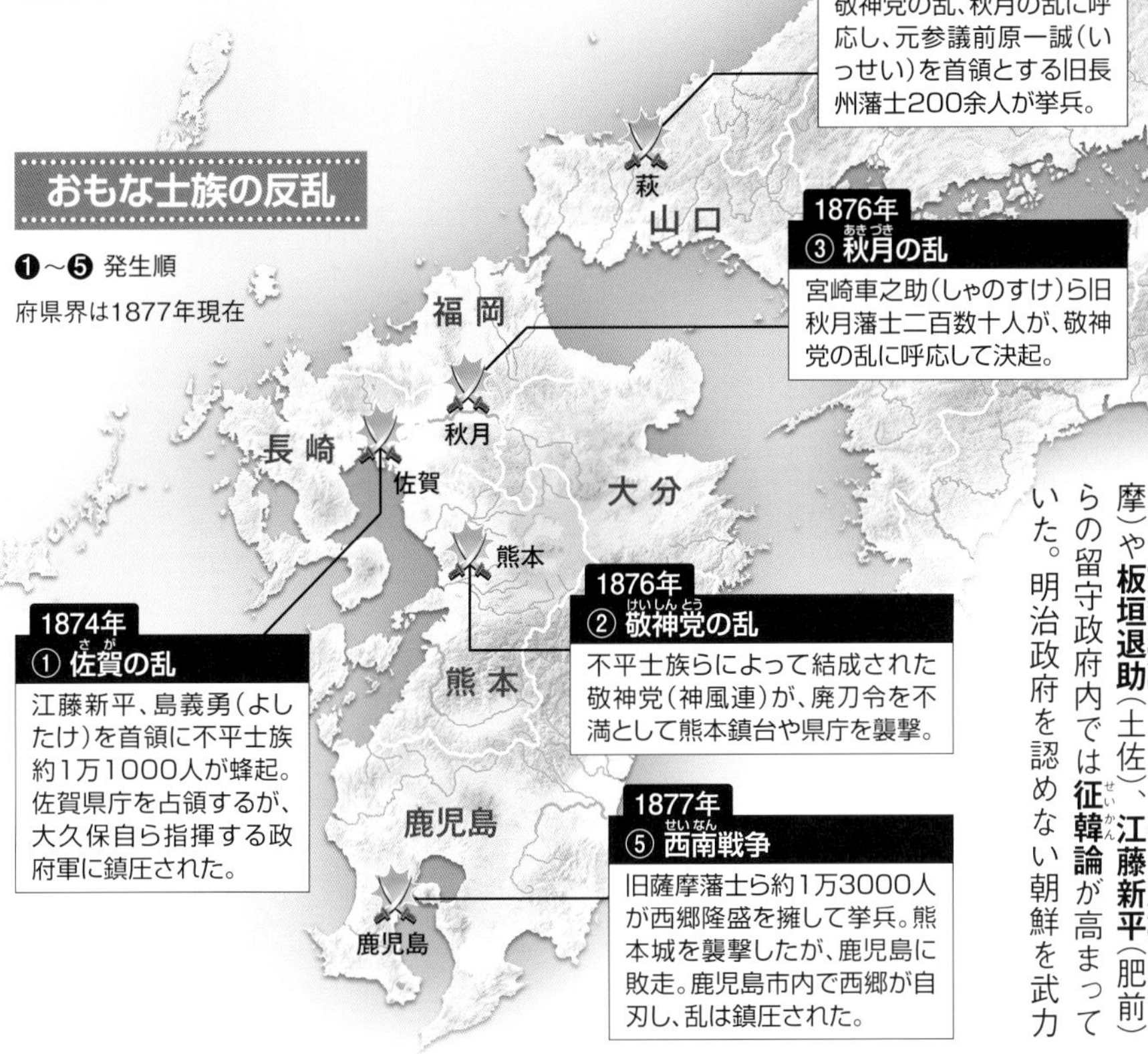
1876年
④ 萩《はぎ》の乱
敬神党の乱、秋月の乱に呼応し、元参議前原一誠(いっせい)を首領とする旧長州藩士200余人が挙兵。
萩
山口
1876年
③ 秋月《あきづき》の乱
宮崎車之助(しゃのすけ)ら旧秋月藩士二百数十人が、敬神党の乱に呼応して決起。
福岡
秋月
長崎
佐賀
大分
熊本
1876年
② 敬神党《けいしんとう》の乱
不平士族らによって結成された敬神党(神風連)が、廃刀令を不満として熊本鎮台や県庁を襲撃。
1874年
① 佐賀《さが》の乱
江藤新平、島義勇(よしたけ)を首領に不平士族約1万1000人が蜂起。佐賀県庁を占領するが、大久保自ら指揮する政府軍に鎮圧された。
熊本
鹿児島
1877年
⑤ 西南《せいなん》戦争
旧薩摩藩士ら約1万3000人が西郷隆盛を擁して挙兵。熊本城を襲撃したが、鹿児島に敗走。鹿児島市内で西郷が自刃し、乱は鎮圧された。
鹿児島

人物 西郷隆盛《さいごうたかもり》 [1827～1877年]
幕末～明治時代の政治家。薩摩藩主島津斉彬(なりあきら)に抜擢されて一橋慶喜(ひとつばしよしのぶ)の将軍擁立に動くが、安政の大獄で追われ遠島となる。赦免後、禁門の変などで活躍するが、慶喜への不信感から倒幕に転じ、薩長同盟を締結。戊辰(ぼしん)戦争では新政府軍を率い、江戸城無血開城などを実現した。維新後は征韓論争に敗れて下野。西南戦争の首領となるが、敗れて自刃した。

欧米列強に追いつけ！上からの近代化政策

新政府は世界の国ぐにを知るにつれ、日本の遅れを思い知らされた。富国強兵を目ざし、欧米をモデルとした上からの近代国家建設が始まった。

工部省を中心に進められた近代産業の育成

富国強兵を目ざす明治政府は、近代産業を育成する**殖産興業**《しょくさんこうぎょう》を急いだ。

その中心となったのが1870年に設置された工部省で、いわゆるお雇《やと》い外国人の指導を受けながら、旧幕府が運営していた鉱山や炭鉱、造船所を接収して官営事業としている。また、**富岡**《とみおか》**製糸場**をはじめとする官営**模範工場**も設立し、技術導入や人材育成に努めた。

インフラ整備も急ピッチで進められ、飛脚《ひきゃく》にかわる官営の**郵便制度**や**電信**などの通信網を築いたほか、**鉄道**の敷設も進めている。また、円・銭・厘を単位とした**新貨**《しんか》**条例**を定めたうえで、1872年には**渋沢栄一**《しぶさわえいいち》らを中心に**国立銀行条例**を定め、兌換紙幣《だかんしへい》制度の確立に尽力して経済基盤を整えた。

文明開化の象徴「ざんぎり頭」が登場

近代化政策は社会制度や産業技術にとどまらず、思想・学問、生活様式にまで西洋文明が取り入れられた。

たとえば、思想では自由主義や天賦人権の考えが**福沢諭吉**《ふくざわゆきち》などによって紹介され、封建的な思想からの転換を促した。教育面では1872年に近代学校制度を定めた**学制**を公布して義務教育の徹底を図っている。ただし、学校設立の負担を民間に強いたこともあって、反発は強かった。また、同年には太陰暦《たいいんれき》を廃して**太陽暦**《たいようれき》を採用し、旧暦1872年12月2日の翌日を1873年1月1日としたため、人びとを混乱させた。

洋服の着用は官吏などから民間に広がり、街には髷《まげ》を切った「ざんぎり頭」が増えたほか、牛鍋が流行した。ただし、こうした**文明開化**の波が広がったのは大都市に限られ、地方の農村にまで洋風生活が定着するのは、昭和に入ってからのことであった。

文明開化の流れ

1867年	王政復古の大号令、新政府発足
1868年	初のホテル開業（築地ホテル館）
1869年	乗合馬車開業（東京―横浜間） 電信開通（東京―横浜間）
1870年	初の日刊新聞創刊（『横浜毎日新聞』）
1871年	郵便事業開始（東京―大阪間） 廃刀令公布
1872年	福沢諭吉著『学問のすゝめ』発行 学制公布 鉄道開通（新橋―横浜間） 太陽暦採用
1873年	キリスト教解禁
1874年	初の雑誌創刊（『明六雑誌』）
1877年	東京大学設立 銀座に煉瓦《れんが》街が完成
1878年	初めて電灯が点灯

おもな官営工場・鉱山と鉄道の発達

1887年までに開通
1897年までに開通
小樽
札幌
幌内
室蘭
青森
盛岡
仙台
福島
平
水戸
宇都宮
前橋
高崎
直江津
東京
横浜
国府津
静岡
名古屋
大垣
敦賀
福井
京都
大阪
奈良
神戸
姫路
岡山
広島
徳山
門司
博多
熊本
八代
明治初年のおもな官営の工場と鉱山
金属鉱山
炭鉱
造船所
紡績工場
砲兵工廠
富岡《とみおか》製糸場（群馬県富岡市）
1872年に設立された官営模範製糸工場。フランス人技師の指導のもと、高品質の生糸を生産した。
開智《かいち》学校（長野県松本市）
1876年に建設された洋風建築による小学校（写真）。
三池《みいけ》炭鉱（福岡県大牟田市）
1873年、三池・柳川両藩営から官営化され、国内最大の生産量を誇った。
長崎造船所（長崎県長崎市）
1868年、幕府の長崎製鉄所を官営化。1887年に三菱に払い下げられた。
鉄道開通
1872年、イギリス人技師の指導で新橋―横浜間に日本初の鉄道が開通した。
銀座煉瓦《れんが》街
1872年の大火事をきっかけに、銀座はロンドンを模倣した煉瓦街に生まれ変わった。

東京名所之内
銀坐通煉瓦造
鐵道馬車往復圖

明治初期の銀座の町並みを描いた絵。道路に敷かれた線路を鉄道馬車が走る。

第7章

近代日本の発展の時代

第7章に登場する主な人物の生没年

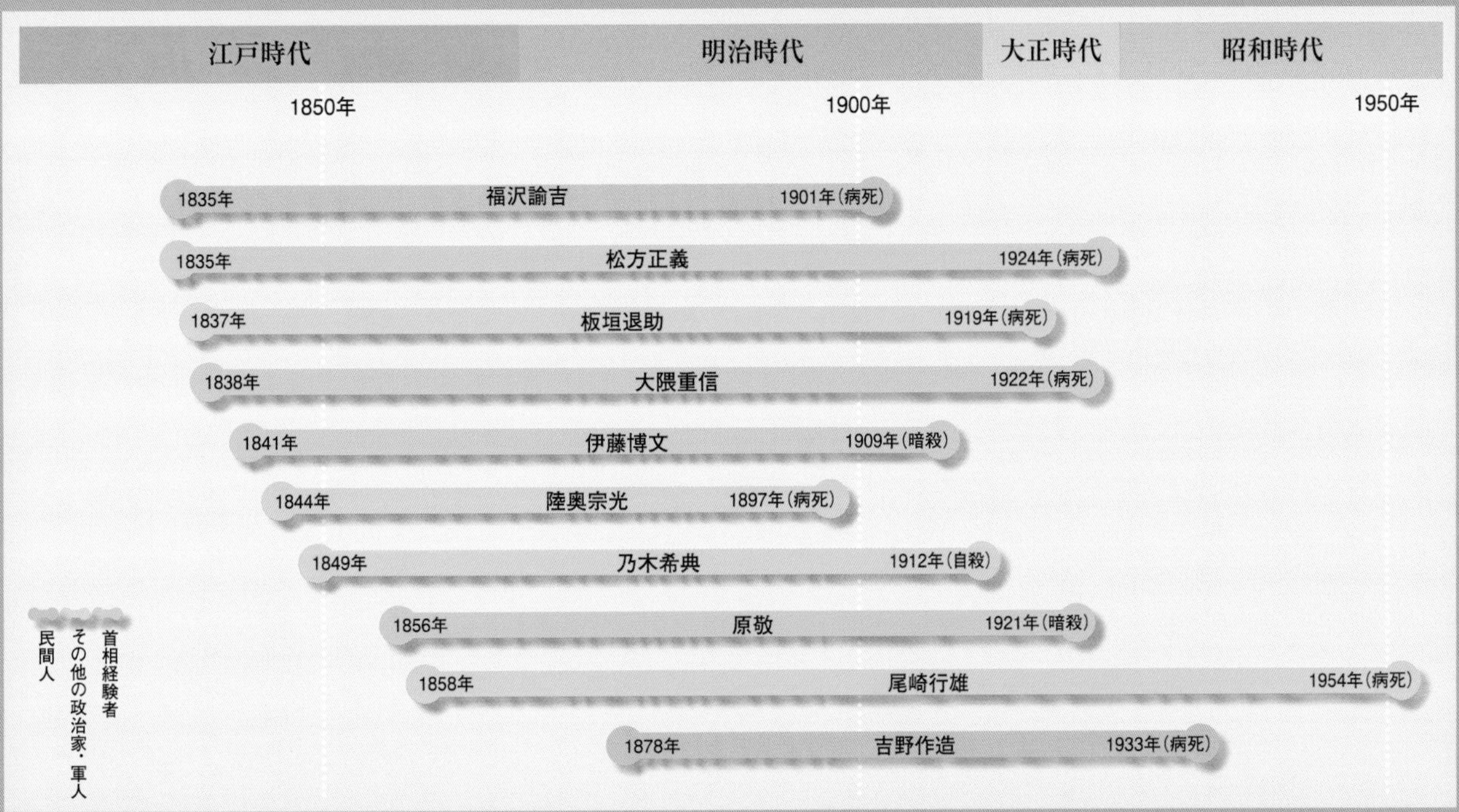

江戸時代
明治時代
大正時代
昭和時代
1850年
1900年
1950年
1835年 福沢諭吉 1901年(病死)
1835年 松方正義 1924年(病死)
1837年 板垣退助 1919年(病死)
1838年 大隈重信 1922年(病死)
1841年 伊藤博文 1909年(暗殺)
1844年 陸奥宗光 1897年(病死)
1849年 乃木希典 1912年(自殺)
1856年 原敬 1921年(暗殺)
1858年 尾崎行雄 1954年(病死)
1878年 吉野作造 1933年(病死)
首相経験者
その他の政治家・軍人
民間人

近代日本の発展の時代 10大ニュース

明治時代

1874年 ❶ **板垣退助《いたがきたいすけ》らが民撰議院《みんせんぎいん》設立の建白書を提出** p.112

1876年 日朝修好条規締結

1880年 国会期成同盟結成

1881年 明治十四年の政変

国会開設の勅諭《ちょくゆ》発表

自由党結党

1882年 立憲改進党結党

日本銀行が営業開始

1882年 ❷ **福島事件** p.113

1884年 秩父《ちちぶ》事件

1885年 内閣制度が発足

1886年 ノルマントン号事件

1887年 三大事件建白運動

1889年 ❸ **大日本帝国憲法発布** p.114

1890年 第1回衆議院議員総選挙

1894年 ❹ **治外法権の回復に成功** p.115

1894〜95年 ❺ **日清《にっしん》戦争** p.116

1895年 三国干渉により遼東《りょうとう》半島を清に返還

1897年 金本位制《きんほんいせい》確立

1900年 治安警察法成立

府県の変遷

1871年 3府72県

3府302県を3府72県に整理。原則として旧藩名は県名に使わない方針だったが、西南雄藩をはじめ有力藩は旧藩名が県名となり、領地も旧藩時とほぼ変わらなかった。

開拓使から北海道へ

1882年、開拓使を廃して札幌・函館・根室の3県が設置されたが、1886年に廃止。北海道庁が新設された。その後、本州からの移民が急増する。

開拓使

1869年に設置された北方開拓のための官庁。交通網の整備や鉱山開発、士族や屯田兵(とんでんへい)の集団移住が進められた。

鹿児島県・山口県・高知県

薩摩藩、長州藩、土佐藩の正式名称は鹿児島藩、山口藩、高知藩で、旧藩名がそのまま県名となった。

琉球王国

沖縄の王朝。江戸時代は薩摩藩と清国に両属する状態だったが、政府は1872年、王国を琉球藩と改め、国王を藩王とした。

明治政府は中央集権国家確立のため、1871年7月に廃藩置県を断行した。しかし、当初は旧藩の領地をほぼそのまま県としたため、3府302県にものぼり、飛び地などもあって管理が難しかった。

そこで、旧国界を基準に各県の規模の統一を図り、同年11月に3府72県に整理。その後、何度も分割・併合などを繰り返し、現在の47都道府県の原型が整えられた。

年	出来事	頁
	中国で義和団《ぎわだん》事件	
1901年	官営八幡《やはた》製鉄所が操業開始	
1902年	日英同盟締結	
1904〜05年	**❻ 日露戦争**	p.118
1905年	韓国統監府《とうかんふ》設置	
1909年	三井合名《みついごうめい》会社設立	
1910年	大逆《たいぎゃく》事件	
1910年	**❼ 韓国併合**	p.121
1911年	関税自主権の回復に成功	
1912〜13年	**❽ 第一次護憲運動(大正政変)**	p.124
1914〜18年	**❾ 第一次世界大戦**	p.122
1915年	中国に二十一カ条の要求	
	大戦景気が始まる	
1916年	吉野作造《よしのさくぞう》が民本《みんぽん》主義を唱える	
1918年	米騒動	
	シベリア出兵が始まる	
	原敬《はらたかし》内閣発足(初の本格的政党内閣)	
1919年	朝鮮で三・一《さんいち》独立運動、中国で五・四《ごし》運動	
1920年	戦後恐慌が始まる	
1923年	関東大震災	
1924年	第二次護憲運動	
1925年	**❿ 治安維持法・普通選挙法成立**	p.124

1912年 ▼ 大正時代 ▼ 1926年 昭和時代

琉球藩
青森
秋田
岩手
山形
宮城
新潟
福島
石川
群馬
栃木
長野
島根
山口
広島
岡山
兵庫
京都
大阪
滋賀
岐阜
埼玉
茨城
山梨
東京
千葉
福岡
長崎
大分
愛媛
高知
堺
三重
愛知
静岡
神奈川
熊本
和歌山
鹿児島

地図中の色分けは、現在の境界と大幅に異なる府県をさす。

1876年 3府35県

全国的に大規模な統廃合が行われ、県数が激減。その後、1881年に堺県が大阪府に吸収され、県数は最少となった。

琉球藩から沖縄県へ

1879年、軍隊を派遣して廃藩と沖縄県設置を強行し、日本の領土とする(琉球処分)。清国は琉球に対する宗主権を主張して反発した。

富山県

1872年、新川(にいかわ)県に七尾(ななお)県の一部を合わせ、富山県が成立したが、76年に石川県に合併。その後、83年に石川県より越中4郡を分与され、富山県が復活する。

福井県

1876年に越前7郡を石川県、越前1郡・若狭1郡を滋賀県に編入して消滅したが、81年に復活。

鳥取県

1876年に島根県と合併したが、81年に島根県から因幡(いなば)8郡と伯耆(ほうき)6郡を分けて復活。

堺《さかい》県

1881年、堺県は大阪府に合併されるが、87年に大和地方が奈良県として復活する。

佐賀県

1872年、伊万里(いまり)県が佐賀県となるが、76年4月に三潴(みづま)県に併合。さらに同年8月、三潴県は福岡県・長崎県に分割・吸収されたが、83年に長崎県より肥前10郡を分けて佐賀県が復活する。

宮崎県

1873年、美々津(みみつ)県・都城(みやこのじょう)県が合併して宮崎県が誕生するが、76年に鹿児島県に編入。のち83年に鹿児島から日向を分けて復活した。

香川県

1873年に名東(みょうどう)県に編入されるが、75年に復活。しかし翌年、今度は愛媛県と合併して廃止され、88年になって再度復活する。

徳島県

1871年に名東県が成立するが、76年に淡路(あわじ)を兵庫、阿波(あわ)を高知に編入して廃止。80年に高知から阿波を分けて復活した。

1888年 1道3府43県

廃止された県が復活し、北海道、沖縄県が成立して、ほぼ現在の県数、県域となる。1890年には府県制が公布され、中央集権的な地方自治制度が整えられた。

77 自由民権運動と政党の始まり

剣よりペンで対決！自由民権運動

藩閥官僚による専制政治に対抗すべく、板垣退助らは政治結社を率いて政府に国会開設を求めた。自由民権運動の始まりである。

立憲制移行をめぐる政府内外の対立

明治六年の政変で下野《げや》した者の一部が士族反乱を起こす一方、**板垣退助**《いたがきたいすけ》は1874年に国会開設を求める**民撰議院設立の建白書**《みんせんぎいんせつりつのけんぱくしょ》を政府に提出した。武力ではなく言論で**藩閥政府**《はんばつ》に対抗しようとしたのだ。この建白書は新聞などで全国に広まり、**自由民権運動**の火つけ役となった。同年、板垣は土佐で**立志社**《りっししゃ》を設立し、翌年には民権派の全国組織として**愛国社**《あいこくしゃ》を組織。これを母体として1880年には**国会期成同盟**《こっかいきせい》が結成され、国会開設請願書《せいがんしょ》を政府に提出した。

対する政府も立憲《りっけん》制への移行を決めていたが、それは政府主導の漸進《ぜんしん》的なものであるべきと考えていた。しかし、**大隈重信**《おおくましげのぶ》が議院内閣制の早期導入を主張して**伊藤博文**《いとうひろぶみ》らと対立。同時期に起きた開拓使官有物払下げ事件で政府批判の世論が高まると、大隈が世論喚起に関係しているとみた伊藤らは大隈を罷免《ひめん》した。その一方、民権派に対しては国会開設の勅諭で1890年の国会開設を約して批判をかわしている。

この勅諭を期に、国会期成同盟からは板垣を総理（党首）とする**自由党**が結成され、大隈も**立憲改進党**《りっけんかいしんとう》を設立して国会開設に向けた運動を開始した。

自由民権運動の展開①

年	政府	民権運動
1873年	**明治六年の政変** ▶p.107 …… 征韓論争に敗れた板垣退助《いたがきたいすけ》らが政府を去る。	
1874年		**民撰議院《みんせんぎいん》設立の建白書提出**（板垣ら） 官僚主導の閥藩政治を批判し、国会の設立を求めた。 **高知で立志社結成**（板垣ら）
1875年	**漸次《ぜんじ》立憲政体樹立《りっけんせいたいじゅりつ》の詔《みことのり》** **讒謗《ざんぼう》律公布** **新聞紙条例公布**	**大阪で愛国社結成**（板垣ら） 日本初の全国的政治結社。士族を主体としたが振るわず解体。1878年に再興され、民権運動を高揚させた。
1880年	**集会条例公布** （→弾圧）	**国会期成同盟結成** 2府22県、約10万人の委託を受けて、政府に国会開設請願書を提出した。
1881年	**明治十四年の政変** …… **開拓使官有物払下げ事件**を機に、伊藤博文《いとうひろぶみ》が大隈重信《おおくましげのぶ》を政府から追放。 薩摩閥の開拓長官黒田清隆が、官有物を不当廉価で同郷の政商五代友厚に払い下げ、民権派を中心に世論が政府批判を強めた。 **国会開設の勅諭《ちょくゆ》** 国会開設を政府主導で行うため。	**自由党結党** 板垣退助が総理（党首）。フランス流の急進的な自由主義を主張。農村部の地主や豪農層が支持基盤となった。
1882年	**立憲帝政党結党** 政府が自由党、立憲改進党に対抗して結成させた政党。	**立憲改進党結党** 総理大隈重信。イギリス流の穏健な立憲君主制を主張。支持基盤は都市部の知識人や実業家。

全国の政治結社

立志社を皮切りに、全国に政治結社（政社）が結成され、政府に建白書などが提出された。

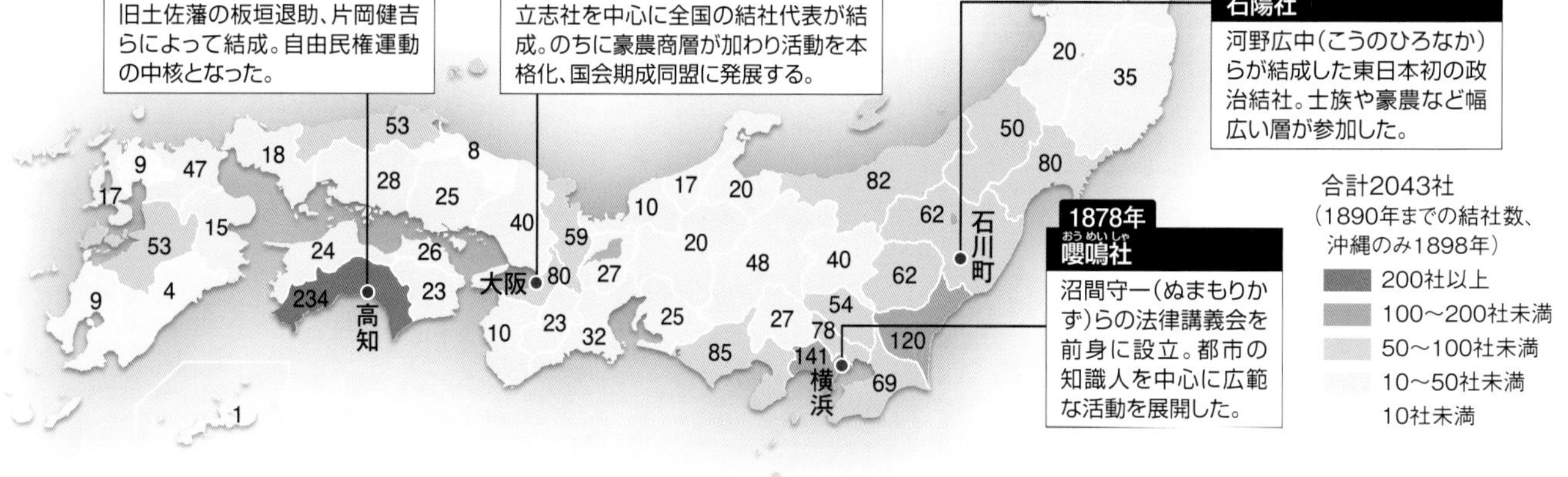
1874年
立志社《りっししゃ》
旧土佐藩の板垣退助、片岡健吉らによって結成。自由民権運動の中核となった。
1875年
愛国社《あいこくしゃ》
立志社を中心に全国の結社代表が結成。のちに豪農商層が加わり活動を本格化、国会期成同盟に発展する。
1875年
石陽社《せきようしゃ》
河野広中（こうのひろなか）らが結成した東日本初の政治結社。士族や豪農など幅広い層が参加した。
1878年
嚶鳴社《おうめいしゃ》
沼間守一（ぬまもりかず）らの法律講義会を前身に設立。都市の知識人を中心に広範な活動を展開した。
高知
大阪
石川町
横浜
7 26 20 35 50 80 82 62 62 40 54 120 69 141 78 27 85 48 20 10 17 20 25 32 23 10 80 59 27 40 53 8 18 28 25 26 23 24 234 15 53 47 9 17 4 9 1
合計2043社
（1890年までの結社数、沖縄のみ1898年）
200社以上
100～200社未満
50～100社未満
10～50社未満
10社未満

人物 大久保利通《おおくぼとしみち》 ［1830～1878年］

幕末～明治時代の政治家。薩摩藩の下級武士の家に生まれる。藩論を公武合体から倒幕に転向させ、西郷隆盛とともに薩長同盟を締結、明治維新を実現させた。維新後、岩倉使節団に随行し、帰国後は征韓派を退けて独裁的権力を握る。地租改正、殖産興業を主導して近代国家の基礎を築き、不平士族の反乱を次つぎと鎮圧したが、登庁の途中に暗殺された。

1882〜1886年
平成 昭和 大正 明治 江戸 安土桃山 室町 鎌倉 平安 奈良 古墳・飛鳥 弥生 縄文

78 自由民権運動の急進化

農民蜂起に呼応した自由党急進派の暴走

初期の「士族民権」から、しだいに変容した自由民権運動は、松方財政による困窮を背景に、急進化していった。

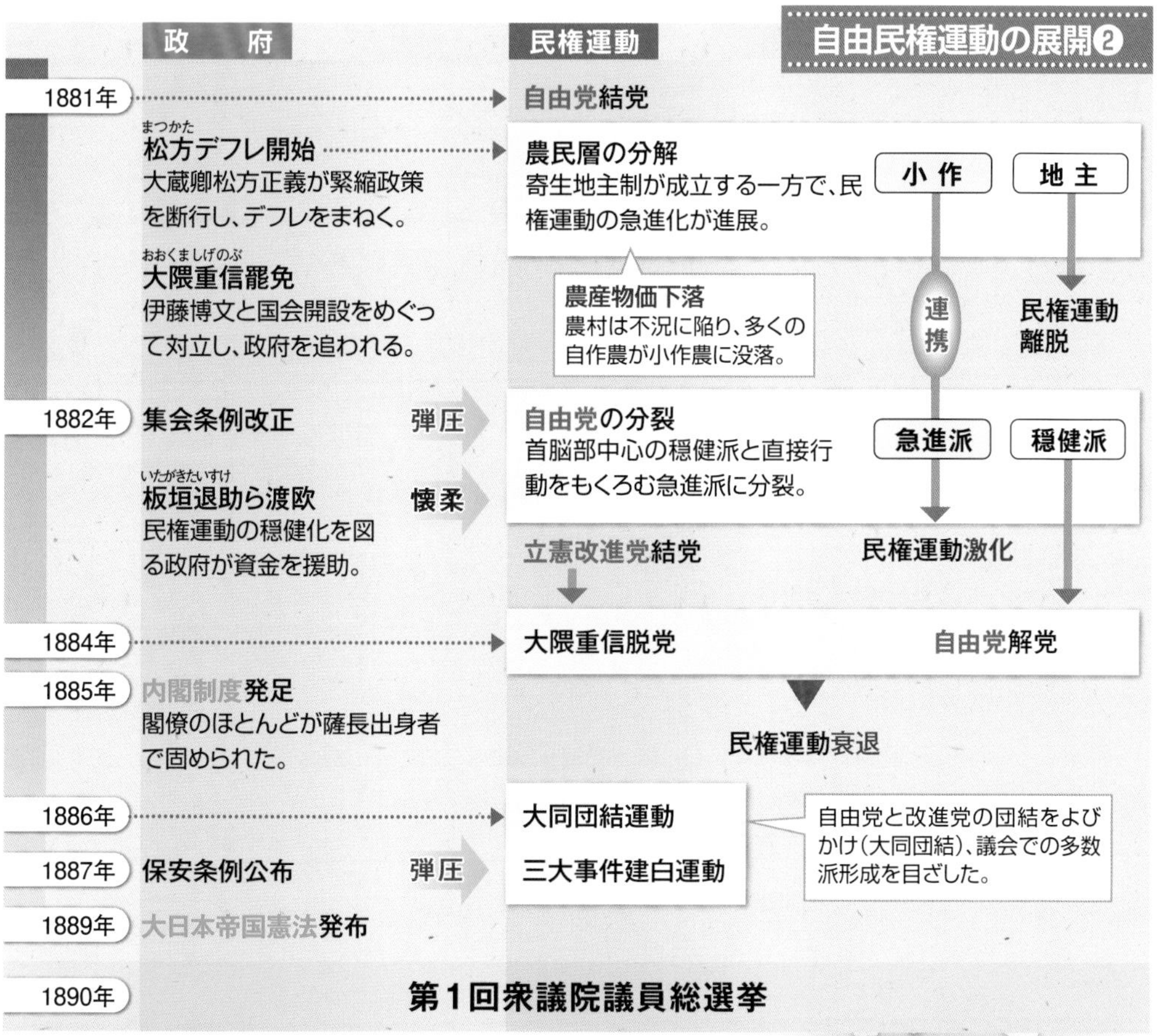
自由民権運動の展開❷
政　府
民権運動
1881年
自由党結党
松方《まつかた》デフレ開始
大蔵卿松方正義が緊縮政策を断行し、デフレをまねく。
大隈重信《おおくましげのぶ》罷免
伊藤博文と国会開設をめぐって対立し、政府を追われる。
農民層の分解
寄生地主制が成立する一方で、民権運動の急進化が進展。
農産物価下落
農村は不況に陥り、多くの自作農が小作農に没落。
小 作
地 主
連携
民権運動離脱
1882年
集会条例改正
弾圧
自由党の分裂
首脳部中心の穏健派と直接行動をもくろむ急進派に分裂。
急進派
穏健派
板垣退助《いたがきたいすけ》ら渡欧
懐柔
民権運動の穏健化を図る政府が資金を援助。
立憲改進党結党
民権運動激化
1884年
大隈重信脱党
自由党解党
1885年
内閣制度発足
閣僚のほとんどが薩長出身者で固められた。
民権運動衰退
1886年
大同団結運動
自由党と改進党の団結をよびかけ（大同団結）、議会での多数派形成を目ざした。
1887年
保安条例公布
弾圧
三大事件建白運動
1889年
大日本帝国憲法発布
1890年
第１回衆議院議員総選挙

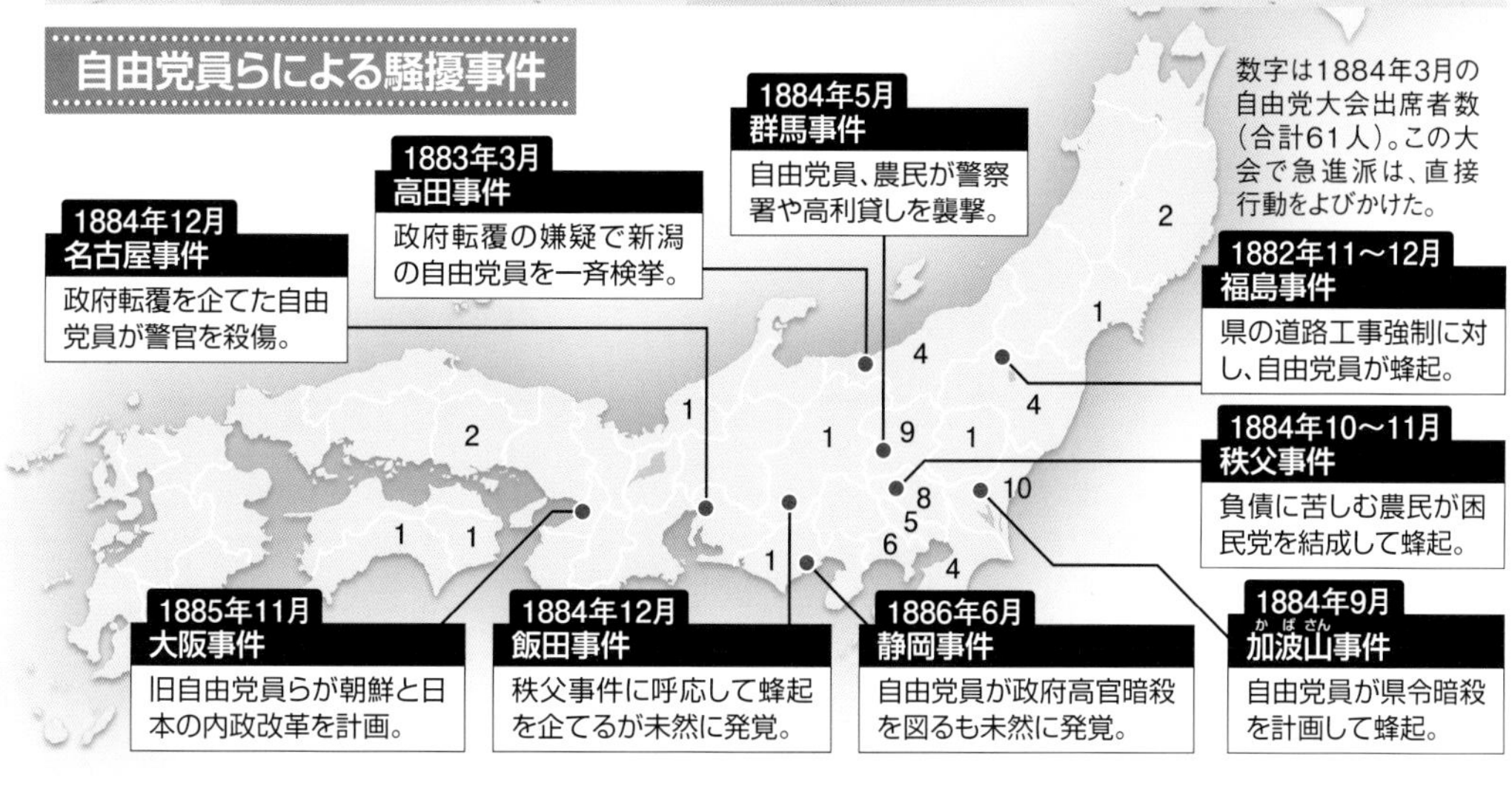
自由党員らによる騒擾事件
数字は1884年3月の自由党大会出席者数（合計61人）。この大会で急進派は、直接行動をよびかけた。
1884年5月
群馬事件
自由党員、農民が警察署や高利貸しを襲撃。
1883年3月
高田事件
政府転覆の嫌疑で新潟の自由党員を一斉検挙。
1884年12月
名古屋事件
政府転覆を企てた自由党員が警官を殺傷。
1882年11〜12月
福島事件
県の道路工事強制に対し、自由党員が蜂起。
1884年10〜11月
秩父事件
負債に苦しむ農民が困民党を結成して蜂起。
1885年11月
大阪事件
旧自由党員らが朝鮮と日本の内政改革を計画。
1884年12月
飯田事件
秩父事件に呼応して蜂起を企てるが未然に発覚。
1886年6月
静岡事件
自由党員が政府高官暗殺を図るも未然に発覚。
1884年9月
加波山《かばさん》事件
自由党員が県令暗殺を計画して蜂起。

経済不況がもたらした自由民権運動の変容

初期の自由民権運動は、士族中心の「士族民権」などとよばれた。その後、1878年に府県会《ふけんかい》などの地方制度が整備されると、地租《ちそ》軽減闘争などで政治意識を高めた豪農層が府県会を拠点に政治結社を設立するようになる。

このころ、政府が**西南《せいなん》戦争**の軍費捻《ねん》出《しゅつ》のために不換《ふかん》紙幣を増発したことで、激しい**インフレ**が起きていた。さらに、価値が下がった紙幣で定額の地租を納めるため、実質的な歳入減で財政は逼迫《ひっぱく》した。そこで、1881年に大蔵《おおくら》卿《きょう》に就任した**松方正義《まつかたまさよし》**は、増税と歳出削減を行ったうえで、不換紙幣を処分する**デフレ**政策を実行。このため、今度は米価が急落し、困窮した自作農が小作農に転落する例が相次いだ。

この間、政府は集会条例改正などで民権派を弾圧する一方、**自由党**総理**板《いた》垣退助《がきたいすけ》**の洋行を援助する懐柔策《かいじゅうさく》をとった。板垣の洋行には**立憲改進党《りっけんかいしんとう》**や自由党内からも批判が起こり、民権運動は分裂。困窮した農村部では運動を急進化させる者も現れ、1882年の**福島事件**以降、自由党員や農民による騒擾《そうじょう》事件が続発する。党員を統率できなくなった自由党は1884年に解党。立憲改進党も**大隈重信《おおくましげのぶ》**ら指導者が離党したことで事実上の解党に追い込まれた。

こうして民権運動は衰退したが、国会開設の時期が迫ると、旧自由党と立憲改進党の大同団結など再結集の動きが活発化。地租軽減、言論集会の自由、対等条約の実現を要求する**三大事件建《けん》白《ぱく》運動**なども起きた。

人物 松方正義《まつかたまさよし》［1835〜1924年］
明治時代の政治家。薩摩藩出身で、幕末期は島津久光の小姓として奔走した。1881年に大蔵卿に就任して財政再建に努めたが、不換紙幣の整理を推進したことで深刻なデフレをまねいた。その一方で銀兌換紙幣の日本銀行券を発行するなど貨幣制度を整備。以後、首相や大蔵大臣を歴任し、金本位制を確立するなど明治政府を経済・財政面で支えた。

79 大日本帝国憲法と帝国議会

アジア初となる近代的立憲国家の誕生

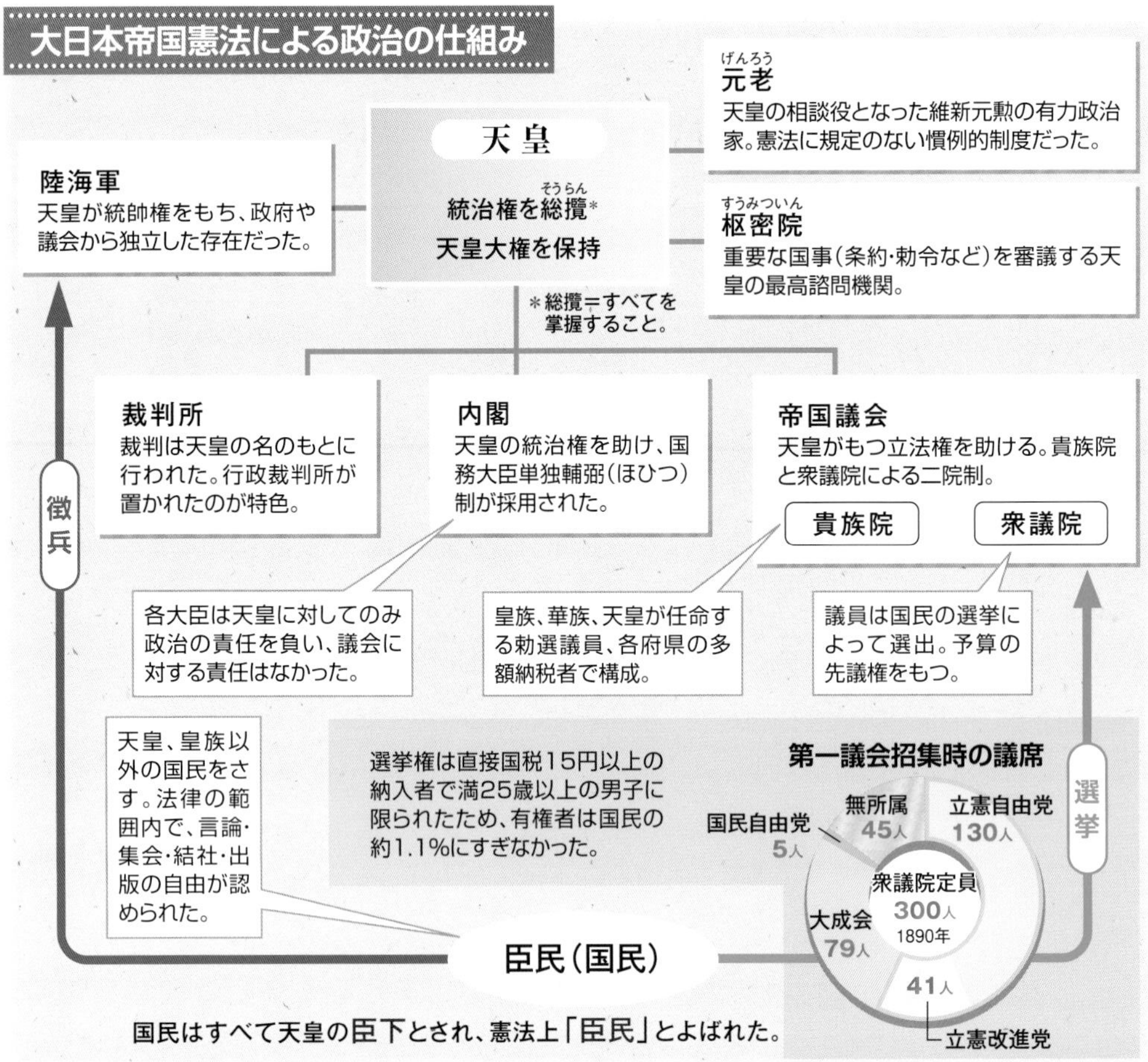
大日本帝国憲法による政治の仕組み
元老《げんろう》
天皇の相談役となった維新元勲の有力政治家。憲法に規定のない慣例的制度だった。
天皇
統治権を総攬《そうらん》＊
天皇大権を保持
＊総攬＝すべてを掌握すること。
陸海軍
天皇が統帥権をもち、政府や議会から独立した存在だった。
枢密院《すうみついん》
重要な国事（条約・勅令など）を審議する天皇の最高諮問機関。
裁判所
裁判は天皇の名のもとに行われた。行政裁判所が置かれたのが特色。
内閣
天皇の統治権を助け、国務大臣単独輔弼（ほひつ）制が採用された。
帝国議会
天皇がもつ立法権を助ける。貴族院と衆議院による二院制。
貴族院
衆議院
各大臣は天皇に対してのみ政治の責任を負い、議会に対する責任はなかった。
皇族、華族、天皇が任命する勅選議員、各府県の多額納税者で構成。
議員は国民の選挙によって選出。予算の先議権をもつ。
徴兵
選挙
天皇、皇族以外の国民をさす。法律の範囲内で、言論・集会・結社・出版の自由が認められた。
選挙権は直接国税15円以上の納入者で満25歳以上の男子に限られたため、有権者は国民の約1.1％にすぎなかった。
第一議会招集時の議席
国民自由党 5人
無所属 45人
立憲自由党 130人
衆議院定員 300人 1890年
大成会 79人
41人
立憲改進党
臣民（国民）
国民はすべて天皇の臣下とされ、憲法上「臣民」とよばれた。

国会開設の勅諭で公約した1890年の議会開設に向けて、伊藤博文は、内閣制度に次いで、憲法の作成に取り掛かった。

伊藤博文が奔走した内閣制度と憲法制定

1881年、政府が国会開設の勅諭《ちょくゆ》とともに憲法制定の基本方針を打ち出すと、**植木枝盛《うえきえもり》**の「東洋大日本国国憲按《とうようだいにほんこくこっけんあん》」など、民間からさまざまな**私擬《しぎ》憲法案**（憲法私案）が発表された。政府も1882年に**伊藤博文《いとうひろぶみ》**をヨーロッパに派遣し、おもにドイツ流の憲法理論を学ばせた。帰国した伊藤は、1885年に太政官制を廃して**内閣制度**を制定。自ら初代内閣総理大臣（首相）に就任すると、ドイツ人顧問**ロエスレル**の助言を受け、**井上毅《いのうえこわし》**らと憲法草案を起草した。

こうして、1889年に発布された**大日本帝国憲法**（**明治憲法**）は、神聖不可侵の天皇が統治権のすべてを掌握する（**天皇大権**）と定められていた。とはいえ、実際には天皇が積極的に政治に関与することはなく、伊藤や山県有朋《やまがたありとも》といった維新元勲《いしんげんくん》が、**元老《げんろう》**として後継首相の推薦などの助言を行った。また、立法、行政、司法の三権も、それぞれが天皇を補佐すると規定されている。

藩閥政府と政党は対決から妥協へ

明治憲法にもとづいて1890年に開設された**帝国議会**は、総選挙で選ばれた衆議院と、華族などからなる貴族院の**二院制**がとられた。しかし、両院の権限は対等だったため、衆議院の議決が貴族院で否決されることも多く、藩《はん》閥《ばつ》政府に対する民意の反映は限定的だった。また、議会開設を前に旧民権派の再結集が進むと、**黒田清隆《くろだきよたか》**首相は、政府は政党の意向に左右されないという「超然主義」を表明している。

こうしたなかで行われた第1回**総選挙**では、総議席300のうち、旧自由党勢力の**立憲自由党《りっけんじゆうとう》**が130、**立憲改進《りっけんかいしん》党《とう》**が41議席と民党（非政府系政党）が過半数を占め、吏党《りとう》（政府系政党）を圧倒した。権限が制限されていたとはいえ、予算や法律の成立には議会の同意が必要だったため、しだいに藩閥政府も民党との妥協を迫られる場面が増え、やがて政党政治の実現へとつながっていくのであった。

「憲法の発布」と「絹布のハッピ」

1889年2月11日、東京は憲法発布の祝典に沸きかえった。神輿を繰り出して天皇の行列を歓迎したほか、この日に備えて新たに洋服を注文する人も多かったという。しかし、国民のほとんどは憲法の内容を知らず、「絹布《けんぷ》のハッピ」がもらえると勘違いした人もいたというから驚きだ。

このときの記念式典で、東京帝国大学（現在の東京大学）の学生が天皇に「万歳三唱」を送った。これが「万歳三唱」の最初とされている。

人物 **伊藤博文《いとうひろぶみ》**［1841〜1909年］
明治時代の政治家。長州藩の農家に生まれる。松下村塾（しょうかそんじゅく）に学び、高杉晋作、井上馨らとともに尊王攘夷運動に参加。維新後は参議として国政の中枢にかかわり、大久保利通暗殺後は内務卿として政府の主導権を握った。1885年、初代内閣総理大臣に就任し、大日本帝国憲法起草の中心人物となった。のち韓国統監などを務めたが、韓国独立運動家に暗殺された。

80 不平等条約の改正

半世紀を費やした条約改正への道のり

日本の産業発展を阻害した列強との不平等条約の改正は、国家の独立と富国強兵を目指す明治政府最大の外交課題だった。

条約改正までの道のり

年	担当者・内容	結果
1858年	**安政の五カ国条約** 江戸幕府が米英仏蘭露5カ国と修好通商条約を締結。	諸外国の **領事裁判権** を認め、**関税自主権** の欠如した不平等条約を結ぶ。
1871～73年	**岩倉具視《いわくらともみ》（岩倉使節団）** 右大臣 欧米視察を兼ねてアメリカと予備交渉。	アメリカが拒否し、失敗。
1873～79年	**寺島宗則《てらじまむねのり》** 外務卿 関税自主権回復を目標にアメリカと交渉し、承諾を得る。	英・独の反対で失敗。 （批准されるも施行されず）
1879～87年	**井上馨《いのうえかおる》** 外務卿・外相 欧化政策を進め、各国の代表を東京に集めて、外国人判事の任用などを条件に領事裁判権撤廃などを交渉。	外国人の日本居住、外国人判事の任用といった条件への政府内外の反対、ノルマントン号事件や極端な欧化政策への国民の反発で交渉中止。
1888～89年	**大隈重信《おおくましげのぶ》** 外相 各国と個別に秘密交渉、条件つきで領事裁判権撤廃を認める改正条約を米・独・露との間に結ぶ。	外国人判事の大審院任用という条件が発覚し、国内世論が反発して失敗。
1889～91年	**青木周蔵《あおきしゅうぞう》** 外相 イギリスに接近し、領事裁判権撤廃の同意を得る。	大津事件のため、交渉中止。
1892～96年	**陸奥宗光《むつむねみつ》** 外相 1894年、日英通商航海条約に調印。 各国とも同様の条約を結び、領事裁判権撤廃と関税自主権の一部回復に成功。	**領事裁判権** 撤廃、**関税自主権** 一部回復に成功。
1908～11年	**小村寿太郎《こむらじゅたろう》** 外相 1911年、日米新通商航海条約に調印。 各国とも同様の条約を結び、関税自主権の完全回復に成功。	**関税自主権** 完全回復に成功。

1886年 ノルマントン号事件
難破した英貨物船の船長が日本人客を見殺しにするが、領事裁判権のため無罪に。

1891年 大津事件
大津を訪れたロシア皇太子を日本人巡査が襲撃、負傷させる。

独立国家として認知
条約上、列強諸国と対等の地位を得ることに成功した。

旧幕府が残した不平等条約の重荷

江戸幕府が列強と締結した**不平等条約**の改正は、明治政府にとって最大の外交課題だった。焦点となったのは**領《りょう》事《じ》裁《さい》判《ばん》権《けん》**（**治《ち》外《がい》法《ほう》権《けん》**）の容認と**関税自主権**の喪失だ。これにより、日本は独立国家としての主権の一部を欠き、産業保護政策の自由も奪われていた。

政府は、1871年に**岩倉《いわくら》使節団**を派遣して条約改正に挑んだが失敗。続いて外務卿**寺島宗則《てらじまむねのり》**がアメリカと交渉を進めたが、英独の反対で頓挫している。

1886年には、外務大臣の**井上馨《いのうえかおる》**が列強との正式な条約改正会議を開いた。しかし、その改正案には領事裁判権を撤廃するかわりに、外国人が被告の裁判では過半数の外国人判事を任用する、という条件がついていたため世論が反発。同年に起きた**ノルマントン号事件**の影響や、改正交渉促進をねらった極端な欧化政策への批判もあって、井上は外相辞任に追い込まれた。続く**大隈重《おおくましげ》信《のぶ》**も井上と同様の路線をとったため世論の反発を受け、改正交渉は挫折している。

非キリスト教国初！欧米列強と対等の立場に

転機が訪れたのは1890年代に入ってからだった。条約改正に難色を示していたイギリスが、東アジア進出を加速させるロシアへの警戒感から、対日姿勢を軟化させたのだ。1891年に交渉を開始した**青木周蔵《あおきしゅうぞう》**外相は、**大津事件**（日本人巡査によるロシア皇太子襲撃事件）で引責辞任したものの、後任の**陸奥宗光《むつむねみつ》**は1894年に領事裁判権の撤廃と関税自主権の一部回復を含む日英通商航海条約に調印。ほかの列強とも同様の条約を結んだ。

そして、1911年には**小村寿太郎《こむらじゅたろう》**外相が日米通商航海条約の締結で関税自主権の完全回復を実現。日本は非キリスト教国では初めて、列強と対等の立場に立ったのである。

鹿鳴館（ろくめいかん）での演奏会の様子。井上馨は日本の近代化を印象づけるため、極端な欧化政策を推進した。

人物　大隈重信《おおくましげのぶ》［1838～1922年］
明治時代の政治家。肥前（佐賀）藩出身。長崎で英学を学び、外交交渉などで頭角を現して参議へ進む。「明治十四年の政変」で下野後、立憲改進党を結成。外相時代の1889年に爆弾テロで右脚を失う。1898年、板垣退助と憲政党を結成し、初の政党内閣で首相となる。1914年に再登板して第一次世界大戦参戦を決めた。東京専門学校（現早稲田大学）創立者。

「眠れる獅子」清国と新興国日本が激突！

朝鮮の独立を支持する日本と宗主権を主張する清国が対立。近代化を推し進めていた日本が大国・清に勝利した。

日清戦争(1894〜95年)関係図

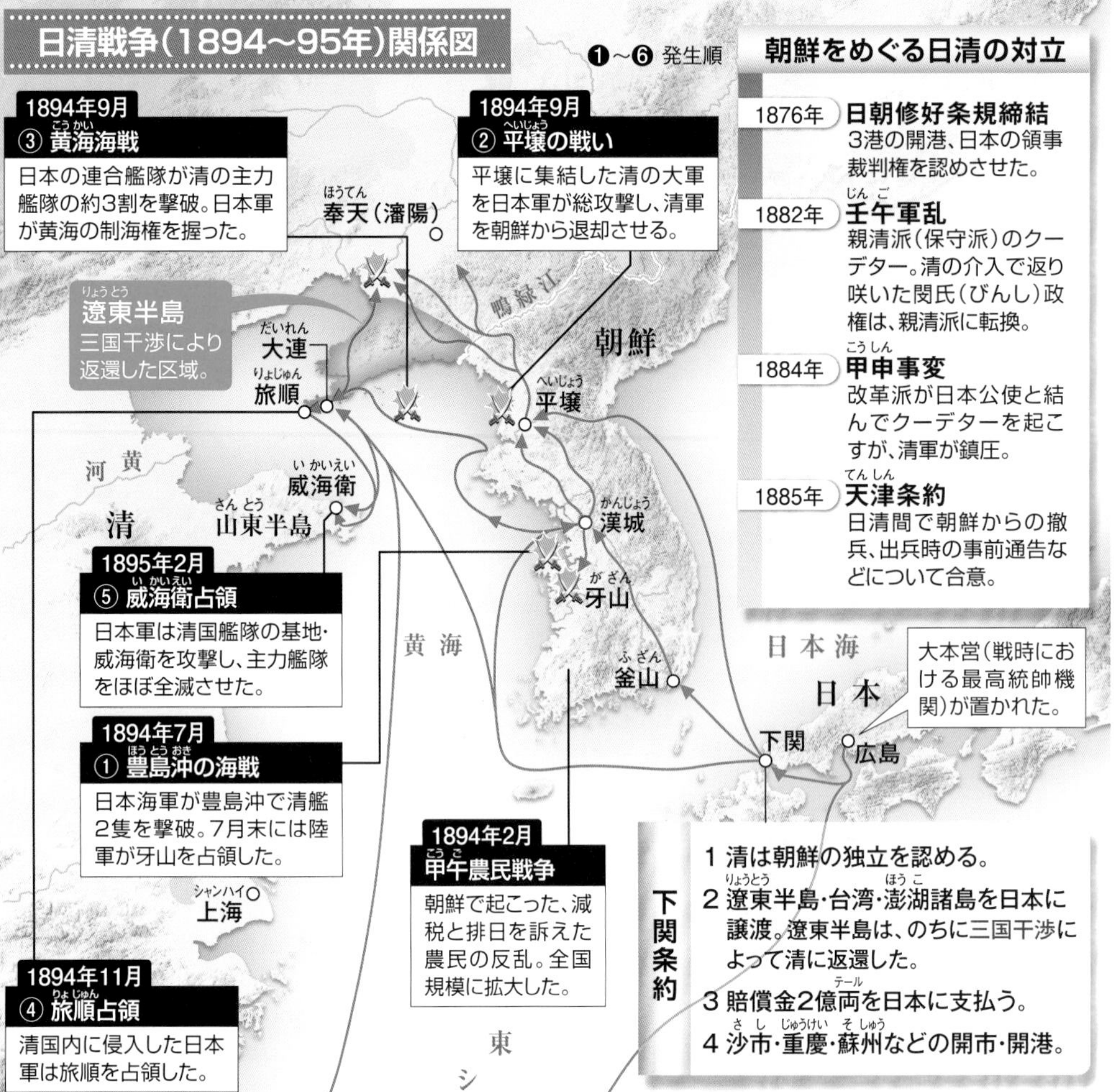
❶〜❻ 発生順
1894年9月
③ 黄海海戦《こうかい》
日本の連合艦隊が清の主力艦隊の約3割を撃破。日本軍が黄海の制海権を握った。
1894年9月
② 平壌《へいじょう》の戦い
平壌に集結した清の大軍を日本軍が総攻撃し、清軍を朝鮮から退却させる。
奉天《ほうてん》(瀋陽)
鴨緑江
朝鮮
遼東《りょうとう》半島
三国干渉により返還した区域。
大連《だいれん》
旅順《りょじゅん》
平壌《へいじょう》
黄河
清
威海衛《いかいえい》
山東《さんとう》半島
漢城《かんじょう》
牙山《がざん》
1895年2月
⑤ 威海衛《いかいえい》占領
日本軍は清国艦隊の基地·威海衛を攻撃し、主力艦隊をほぼ全滅させた。
黄海
釜山《ふざん》
日本海
日本
大本営(戦時における最高統帥機関)が置かれた。
下関
広島
1894年7月
① 豊島沖《ほうとうおき》の海戦
日本海軍が豊島沖で清艦2隻を撃破。7月末には陸軍が牙山を占領した。
1894年2月
甲午《こうご》農民戦争
朝鮮で起こった、減税と排日を訴えた農民の反乱。全国規模に拡大した。
上海《シャンハイ》
1894年11月
④ 旅順《りょじゅん》占領
清国内に侵入した日本軍は旅順を占領した。

東シナ海
日本軍の進路
台北《タイペイ》
澎湖《ほうこ》諸島
1895年5〜11月
⑥ 台湾《たいわん》平定
下関条約締結後、日本の領有に反発した島民を日本は武力で制圧した。
太平洋

朝鮮をめぐる日清の対立

1876年	**日朝修好条規締結** 3港の開港、日本の領事裁判権を認めさせた。
1882年	**壬午《じんご》軍乱** 親清派(保守派)のクーデター。清の介入で返り咲いた閔氏(びんし)政権は、親清派に転換。
1884年	**甲申《こうしん》事変** 改革派が日本公使と結んでクーデターを起こすが、清軍が鎮圧。
1885年	**天津《てんしん》条約** 日清間で朝鮮からの撤兵、出兵時の事前通告などについて合意。

下関条約

1 清は朝鮮の独立を認める。
2 遼東《りょうとう》半島·台湾·澎湖《ほうこ》諸島を日本に譲渡。遼東半島は、のちに三国干渉によって清に返還した。
3 賠償金2億両《テール》を日本に支払う。
4 沙市《さし》·重慶《じゅうけい》·蘇州《そしゅう》などの開市·開港。

周辺国を巻き込んだ朝鮮内部の政治闘争

明治政府にとって条約改正に次ぐ外交課題が朝鮮問題だった。南下を進めるロシアの朝鮮半島進出を警戒した日本は、朝鮮を**清**《しん》から独立させて日本の影響力を強めようと考え、朝鮮の宗主権を主張する清との軋轢《あつれき》を生む。

一方、朝鮮では、1873年に外戚《がいせき》の**閔**《びん》**氏**一派が**大院君**《たいいんくん》《(テウォングン)》(国王の実父)から実権を奪うクーデターが起きた。その後、1876年に**日朝修好条規**《しゅうこうじょうき》を締結した閔氏政権は、日本から軍事顧問を招いて軍制改革などを進める。しかし1882年、巻き返しを図る大院君のクーデター(**壬午軍乱**《じんごぐんらん》)が勃発。清軍を頼って大院君を退けた閔氏一派は、以後、急速に清への依存を強めた。

次いで1884年には、明治維新を範とした近代化を模索する**金玉均**《きんぎょくきん》《(キムオッキュン)》ら独立党が、日本の支援でクーデターを起こす。この**甲申**《こうしん》**事変**も清軍と朝鮮民衆によって鎮圧されたうえ、日本公使館が焼き払われ、多数の日本人が殺害された。このため日清関係は悪化したが、日本は1885年に清と**天津**《てんしん》**条約**を締結。朝鮮に出兵する際の事前通告などを取り決めて対決を避ける一方、国内では軍備増強を急いだ。

甲午農民戦争を機に日清戦争が勃発！

そして1894年、朝鮮で**甲午**《こうご》**農民戦争**が起き、朝鮮政府の要請を受けた清が軍を派遣すると、日本も対抗して派兵。農民軍鎮圧後も日清両軍は撤兵せず、朝鮮の内政改革をめぐって対立を深めると、豊島沖《ほうとうおき》の海戦を機に**日清**《にっしん》**戦争**が始まった。戦いは軍備増強に努めてきた日本の勝利に終わり、1895年には、朝鮮の独立承認や、遼東《りょうとう》半島、台湾、澎湖《ほうこ》諸島の日本への割譲などを決めた**下関条約**が結ばれている。

しかし、満州をねらうロシアは、独·仏と結んで遼東半島の返還を要求。この**三国干渉**《かんしょう》を受け入れざるを得なかった日本は、ロシアへの敵意を強めた。

人物 陸奥宗光《むつむねみつ》 [1844〜1897年]

明治時代の政治家。紀伊藩出身。尊王攘夷運動に加わり、坂本龍馬の海援隊に参加。維新後は元老院に入るが、西南戦争時、士族の挙兵計画にかかわったとして投獄される。その後、第1次伊藤博文内閣の外務大臣に就任。各国との条約改正に取り組み、領事裁判権の撤廃などに成功した。また、日清戦争時の外交を一手に引き受け、下関条約を締結させた。

82 列強による中国分割

「瀕死の獅子」に列強が襲い掛かる！

「眠れる獅子」と恐れられた清は、日清戦争で弱体ぶりを露呈した。これを機に列強による中国分割が進み、同時に日露間の緊張も高まっていった。

日清戦争を機に列強が中国を分割

日清《にっしん》戦争の敗北で**清**の弱体ぶりが露呈すると、欧米列強は次つぎに大陸へ進出。各地を租借《そしゃく》して鉄道建設などを進めた。この「中国分割」に対し、1899年には「扶清滅洋《ふしんめつよう》」をスローガンとした排外主義団体「**義和団《ぎわだん》**」が各地で外国人を襲撃（義和団事件）。翌1900年に北《ペ》京《キン》の外国公使館を襲撃すると、清政府も義和団に同調して列強に宣戦布告した（**北清《ほくしん》事変**）。対する列強は連合軍を派遣し、北京から義和団を駆逐して清を降伏させた。以後、清は列強の半植民地状態に陥る。

一方、**三国干渉《かんしょう》**で日本から返還させた遼東《りょうとう》半島の旅《りょ》順《じゅん》・大連《だいれん》を租借していたロシアは、北清事変後も満州に派遣した軍を撤退させず事実上の占領状態に置き、清に独占的権益を認めさせるなど東アジア進出を加速させた。

この事態に対し、**伊藤博文《いとうひろぶみ》**らはロシアに満州での権益を認めるかわりに、日本の韓国（1897年に改称）支配を認めさせようという「**満韓交換《まんかんこうかん》**」論（日露《にちろ》協商《きょうしょう》論）を主張する。一方、対露強硬派の**桂太郎《かつらたろう》**や**小村寿太郎《こむらじゅたろう》**は、イギリスと同盟してロシアに対抗する**日英同盟**案を唱えた。

そこで、日本政府はイギリスと同盟交渉を始めるとともに、ロシアとも協商の交渉に入った。これを知ったイギリスは、対ロシアで利害関係が一致する日本との同盟を急ぎ、1902年、日英同盟協約が結ばれたのである。

満州・韓国をめぐる日・露の動き

- 1895年 **三国干渉** … 露・仏・独3カ国が武力を背景に、遼東半島の返還を日本に要求。
- 1896年 **山県・ロバノフ協定** … 朝鮮財政の日露共同援助、派兵時の用兵地域などを規定。
- 1898年 ロシアが旅順・大連の租借、東清鉄道敷設権を獲得。（日本人の反露感情高まる。）
  西・ローゼン協定 … 日本の朝鮮における優越権、ロシアの旅順・大連租借を認める。
- 1900年 ロシアが義和団の乱に乗じて満州を軍事占領。清に独占的権益を認めさせる。
- 1902年 **日英同盟**
- 1903年 ロシアが韓国の鴨緑江（おうりょっこう）河口に軍事基地建設を開始。（日本国内で、開戦を望む「主戦論」が高まる。）
  日露協商 … 日本の韓国での優越権、ロシアの満州での権益を相互に認めあうことを提案したが、ロシアが拒絶。
- 1904年 **日露戦争開戦**

列強による中国分割

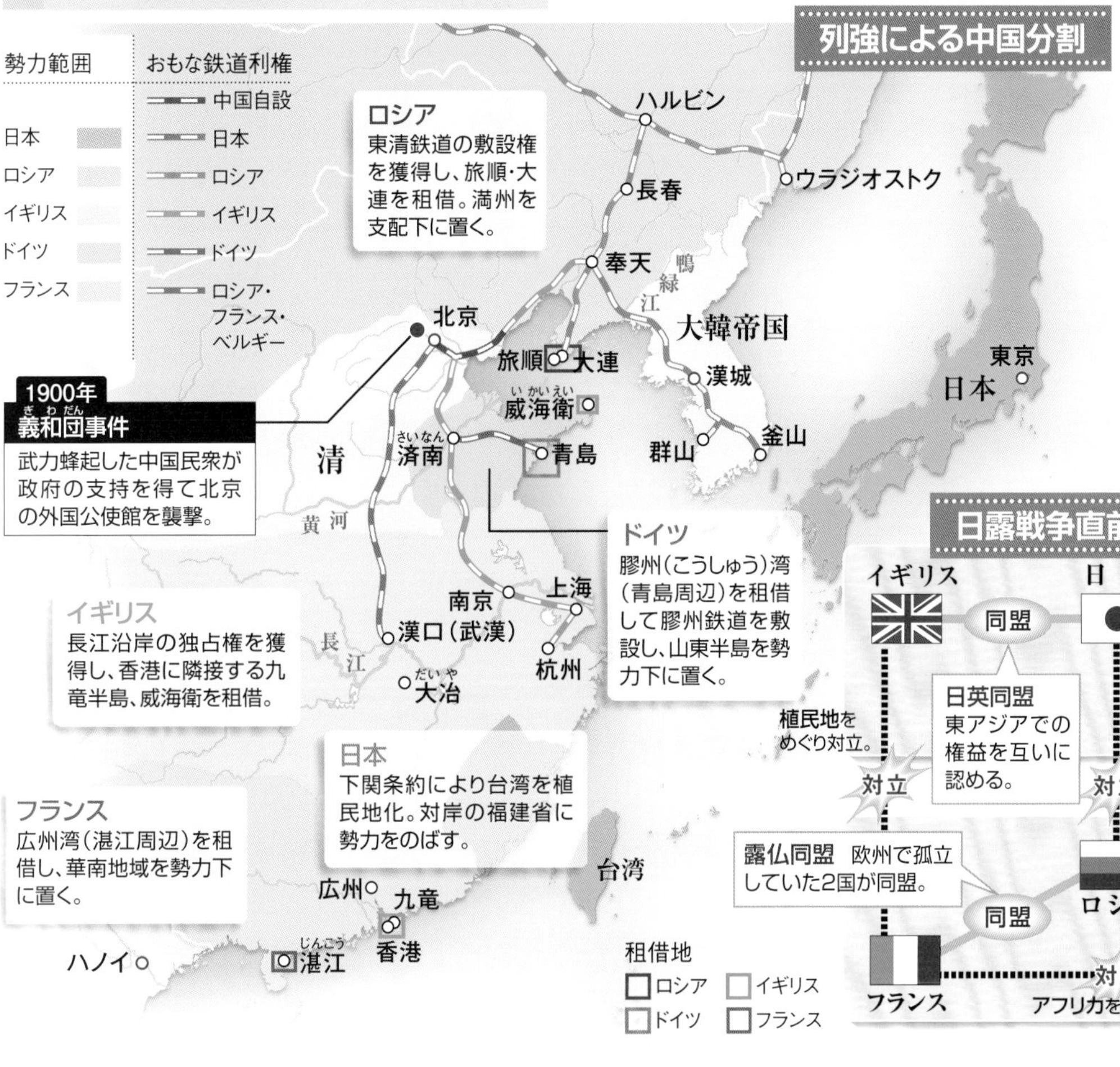
勢力範囲
日本
ロシア
イギリス
ドイツ
フランス
おもな鉄道利権
中国自設
日本
ロシア
イギリス
ドイツ
ロシア・フランス・ベルギー
ロシア
東清鉄道の敷設権を獲得し、旅順・大連を租借。満州を支配下に置く。
ハルビン
ウラジオストク
長春
奉天
鴨緑江
大韓帝国
北京
旅順
大連
漢城
東京
日本
1900年
義和《ぎわ》団《だん》事件
武力蜂起した中国民衆が政府の支持を得て北京の外国公使館を襲撃。
威海衛《いかいえい》
済南《さいなん》
青島
群山
釜山
清
黄河
ドイツ
膠州（こうしゅう）湾（青島周辺）を租借して膠州鉄道を敷設し、山東半島を勢力下に置く。
南京
上海
漢口（武漢）
杭州
長江
大冶《だいや》
イギリス
長江沿岸の独占権を獲得し、香港に隣接する九竜半島、威海衛を租借。
日本
下関条約により台湾を植民地化。対岸の福建省に勢力をのばす。
フランス
広州湾（湛江周辺）を租借し、華南地域を勢力下に置く。
台湾
広州
九竜
香港
ハノイ
湛江《じんこう》
租借地
ロシア
イギリス
ドイツ
フランス

日露戦争直前の国際関係

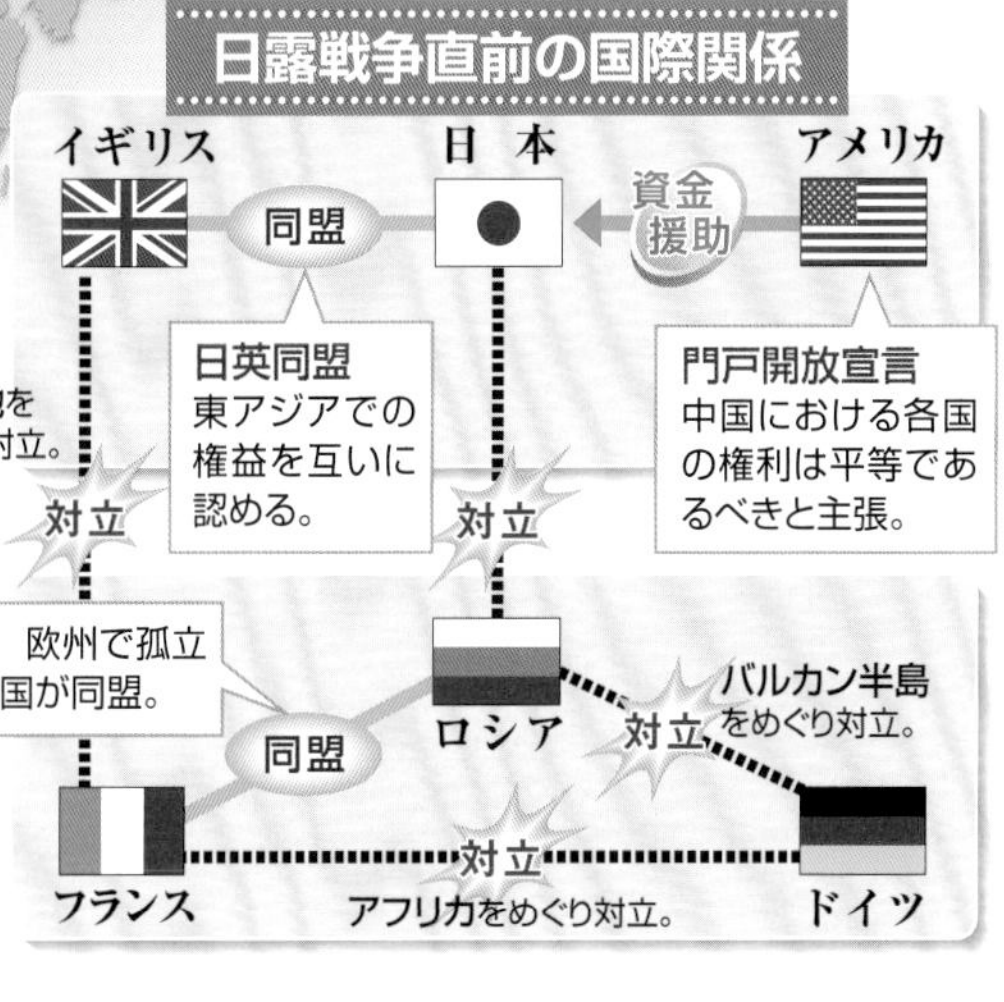
イギリス
日本
アメリカ
同盟
資金援助
日英同盟
東アジアでの権益を互いに認める。
門戸開放宣言
中国における各国の権利は平等であるべきと主張。
植民地をめぐり対立。
対立
対立
露仏同盟 欧州で孤立していた2国が同盟。
同盟
ロシア
対立
バルカン半島をめぐり対立。
フランス
対立
アフリカをめぐり対立。
ドイツ

人物 幸徳秋水《こうとくしゅうすい》 ［1871～1911年］
明治時代の社会主義者。自由民権運動の影響を受け、新聞『万朝報（よろずちょうほう）』の記者となる。のち社会主義思想に傾き、1901年に社会民主党を結党するが、即日禁止された。日露非戦論を展開し、『万朝報』が非戦論から開戦論に転向すると、同社を退社。開戦後も反戦運動を継続した。社会主義者による天皇暗殺未遂事件（大逆事件）に連座し、死刑となった。

ロシアの南下を阻止！日本が薄氷の勝利

東アジア進出を加速させるロシアに対し、危機感を強めた日本は急ピッチで軍備を拡張。イギリスの後ろ盾を得て全面戦争に突入し、苦戦のすえに宿敵を打ち破った。

全世界を驚かせた日本軍の勝利

三国干渉《かんしょう》以来、反露感情を高めた日本は「臥薪嘗胆《がしんしょうたん》」をスローガンに軍備拡張を進めた。その一方で、満州・朝鮮半島をめぐる緊張では、交渉で対立を回避しようと努力している。しかし、ロシアの強硬姿勢で交渉は決裂。全面対決を決意した日本は1904年2月4日にロシアと国交を断絶し、同10日に宣戦布告して**日露《にちろ》戦争**が始まった。

朝鮮半島および遼東《りょうとう》半島に上陸した日本軍は、苦戦しながらも北上。1905年1月には**乃木希典《のぎまれすけ》**率いる第3軍が、多大な犠牲のうえに難攻不落の旅《りょ》順要塞《じゅんようさい》を陥落させた。3月には一大決戦となった**奉天《ほうてん》会戦**でロシア軍を後退させ、5月には**日本海海戦**で連合艦隊がロシアのバルチック艦隊を撃滅し、日本の勝利がほぼ確定した。

ウラジオストク
ロシア
豆
満
会寧《かいねい》
鏡城《きょうじょう》
1

城津《じょうしん》

連合艦隊	VS	バルチック艦隊
東郷平八郎	司令長官	ロジェストウェンスキー
4隻	戦艦	8隻
29隻	巡洋艦	12隻
26隻	駆逐艦*	9隻
41隻	水雷艇	0隻
8隻	特務艦	9隻

*海防艦を含む

東郷平八郎写真は国立国会図書館ウェブサイトから転載

⑨ 1905年5月27〜28日
日本海海戦《にほんかいかいせん》 海軍
東郷平八郎率いる連合艦隊は、対馬沖でロシアの主力艦隊·バルチック艦隊を迎撃。敵前で回頭する大胆な戦法で圧勝し、バルチック艦隊を撃滅した。
宇品港《うじなこう》（広島市）
日清·日露戦争から太平洋戦争に至るまで、宇品港からは多くの兵士が前線に送られた。
漢
▶連合艦隊（日本）の進路
▶バルチック艦隊（ロシア）の進路
日本海
日本
京都《きょうと》
大阪《おおさか》
釜山《ふざん》
広島《ひろしま》
対馬《つしま》
下関《しものせき》
◀第1軍の進路
松山《まつやま》
1
松山俘虜収容所《まつやまふりょしゅうようじょ》
日本初の捕虜収容所が設けられ、日露戦争中に延べ6000人のロシア人が収容された。

講和条約に反対！日比谷焼打ち事件

日本軍は奉天会戦、日本海海戦に勝利したものの、これ以上戦争を続ける余力はなかった。そこで、アメリカの斡旋《あっせん》のもと、ロシアと講和した。

日本は講和条約（ポーツマス条約）で、韓国や遼東《りょうとう》半島での権益を獲得したが、賠償金《ばいしょうきん》をとることはできなかった。この内容に、莫大《ばくだい》な戦費を支えてきた日本国民は激怒。1905年9月5日、講和反対の国民大会が日比谷公園で開かれ、内相官邸や交番などを襲う暴動に発展した（日比谷焼打《やきう》ち事件）。

日露戦争の経過（1904〜1905年）

1904年
- 2月8〜9日 ①日本海軍、仁川沖でロシア艦隊を攻撃（仁川沖海戦）
- 2月10日 日本がロシアに宣戦布告
- 2〜5月 ②旅順港閉塞作戦
- 8月10日 ③黄海海戦（連合艦隊がロシア旅順艦隊を迎撃）
- 8月19〜24日 ④日本軍の第1回旅順総攻撃
- 9月4日 ⑤遼陽会戦で日本軍が遼陽を占領
- 10月10〜20日 ⑥沙河会戦
- 10月26〜31日 第2回旅順総攻撃
- 11月26日 第3回旅順総攻撃
- 12月5日 ⑦日本軍が203高地を占領

1905年
- 1月1日 旅順陥落
- 3月1〜10日 ⑧奉天会戦で日本軍が奉天を占領
- 5月27〜28日 ⑨日本海海戦
- 9月5日 日露講和条約（ポーツマス条約）調印

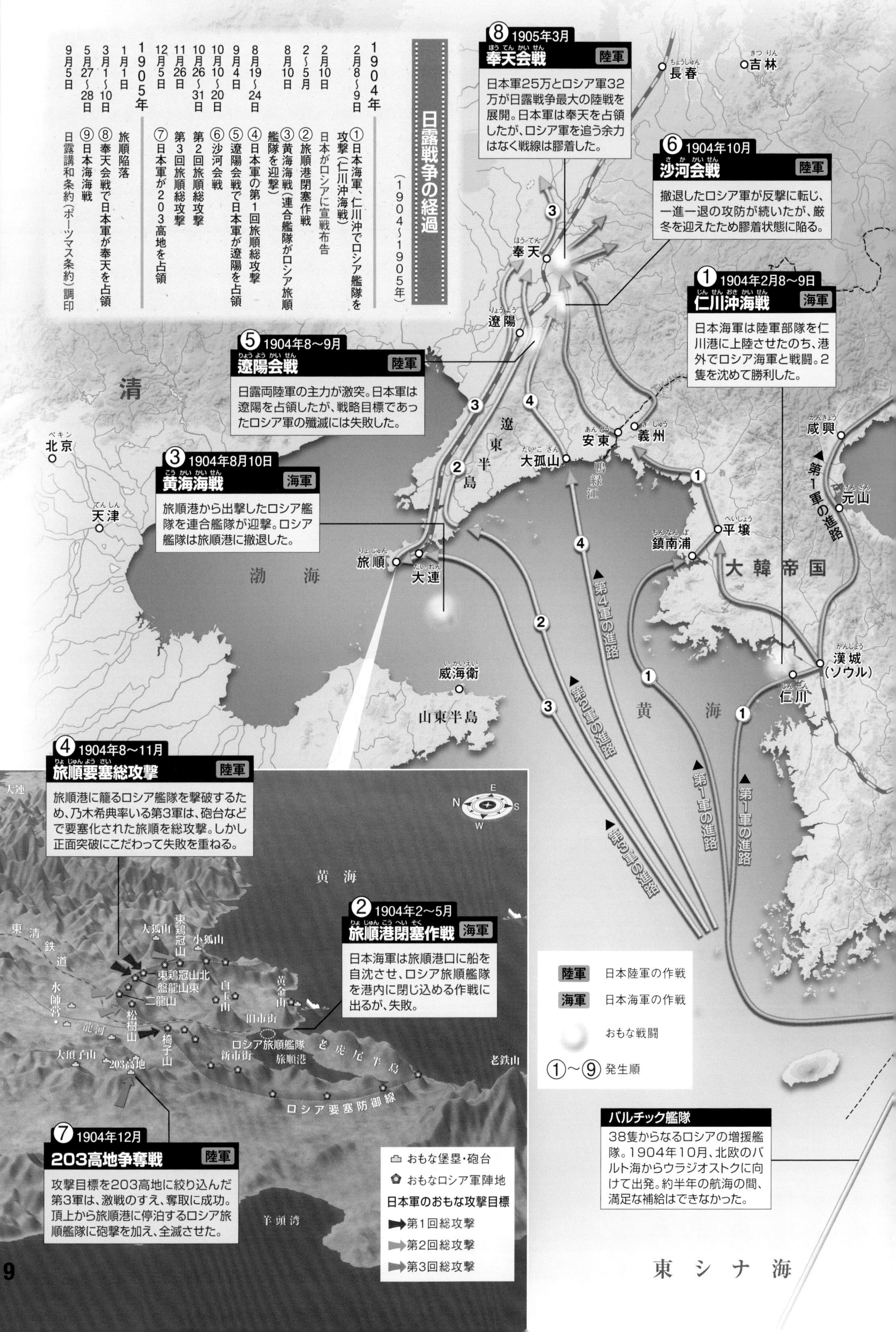
⑧ 1905年3月
奉天会戦《ほうてんかいせん》 陸軍
日本軍25万とロシア軍32万が日露戦争最大の陸戦を展開。日本軍は奉天を占領したが、ロシア軍を追う余力はなく戦線は膠着した。
⑥ 1904年10月
沙河会戦《さかかいせん》 陸軍
撤退したロシア軍が反撃に転じ、一進一退の攻防が続いたが、厳冬を迎えたため膠着状態に陥る。
① 1904年2月8〜9日
仁川沖海戦《じんせんおきかいせん》 海軍
日本海軍は陸軍部隊を仁川港に上陸させたのち、港外でロシア海軍と戦闘。2隻を沈めて勝利した。
⑤ 1904年8〜9月
遼陽会戦《りょうようかいせん》 陸軍
日露両陸軍の主力が激突。日本軍は遼陽を占領したが、戦略目標であったロシア軍の殲滅には失敗した。
③ 1904年8月10日
黄海海戦《こうかいかいせん》 海軍
旅順港から出撃したロシア艦隊を連合艦隊が迎撃。ロシア艦隊は旅順港に撤退した。
長春《ちょうしゅん》
吉林《きつりん》
奉天《ほうてん》
遼陽《りょうよう》
清
北京《ペキン》
天津《てんしん》
遼東半島
大孤山《たいこさん》
安東《あんとう》
義州《ぎしゅう》
鴨緑江
咸興《かんきょう》
元山《げんざん》
平壌《へいじょう》
鎮南浦《ちんなんぽ》
大韓帝国
漢城《かんじょう》（ソウル）
仁川《じんせん》
旅順《りょじゅん》
大連《だいれん》
渤海
威海衛《いかいえい》
山東半島
黄海
第1軍の進路
第2軍の進路
第3軍の進路
第4軍の進路
④ 1904年8〜11月
旅順要塞《りょじゅんようさい》総攻撃 陸軍
旅順港に籠るロシア艦隊を撃破するため、乃木希典率いる第3軍は、砲台などで要塞化された旅順を総攻撃。しかし正面突破にこだわって失敗を重ねる。
大連
N E S W
黄海
② 1904年2〜5月
旅順港閉塞《りょじゅんこうへいそく》作戦 海軍
日本海軍は旅順港口に船を自沈させ、ロシア旅順艦隊を港内に閉じ込める作戦に出るが、失敗。
東清鉄道
大狐山
東鶏冠山
小狐山
東鶏冠山北
盤龍山東
二龍山
白玉山
黄金山
水師営
松樹山
龍河
旧市街
椅子山
ロシア旅順艦隊
新市街
旅順港
老虎尾半島
大頂子山
203高地
老鉄山
ロシア要塞防御線
⑦ 1904年12月
203高地争奪戦 陸軍
攻撃目標を203高地に絞り込んだ第3軍は、激戦のすえ、奪取に成功。頂上から旅順港に停泊するロシア旅順艦隊に砲撃を加え、全滅させた。
羊頭湾
おもな堡塁・砲台
おもなロシア軍陣地
日本軍のおもな攻撃目標
第1回総攻撃
第2回総攻撃
第3回総攻撃
陸軍 日本陸軍の作戦
海軍 日本海軍の作戦
おもな戦闘
①〜⑨ 発生順
バルチック艦隊
38隻からなるロシアの増援艦隊。1904年10月、北欧のバルト海からウラジオストクに向けて出発。約半年の航海の間、満足な補給はできなかった。
東シナ海

84 資本主義の発達

後発ながら訪れた日本の産業革命

18世紀イギリスで始まった産業革命は、フランスやアメリカ、ドイツに波及。19世紀後半にはイタリアやロシアと並び、日本にも産業革命の波が訪れた。

軽工業と重工業の発達

蒸気力（製糸・紡績業）

- 1880年　**官営工場払下げ開始**
- 1882年　**日本銀行設立**　中央銀行。1886年には銀本位制が確立した。
- 1886～89年　**企業勃興**　会社設立がブームになる。
- 1889年　**東海道本線全通**
- 1894～95年　**日清戦争**
- 1897年　**金本位制実施**　日本の貨幣や商取引の国際的信用度が高まり、貿易が発展した。
- 1900年　**資本主義恐慌**　綿花の輸入増と金の海外流出が原因。
- 1901年　**八幡《やはた》製鉄所操業**

電力（製鉄・造船・機械）

- 1904～05年　**日露戦争**
- 1906年　**鉄道国有法**　軍事・政治上の理由から国有化。
- 1907年　**日露戦争後恐慌**　綿糸・生糸市場が暴落。**駒橋《こまはし》発電所完成**
- 1909年　**三井合名会社設立**

財閥の誕生
三井・三菱・住友などの大資本家は企業集中を進め、持株会社を中心とする財閥に成長した。

輸出入額の割合の変化

日清戦争前の輸出品は生糸や茶などの特産品が主だったが、日露戦争後、綿花を輸入し、綿製品を輸出する加工貿易がさかんになった。

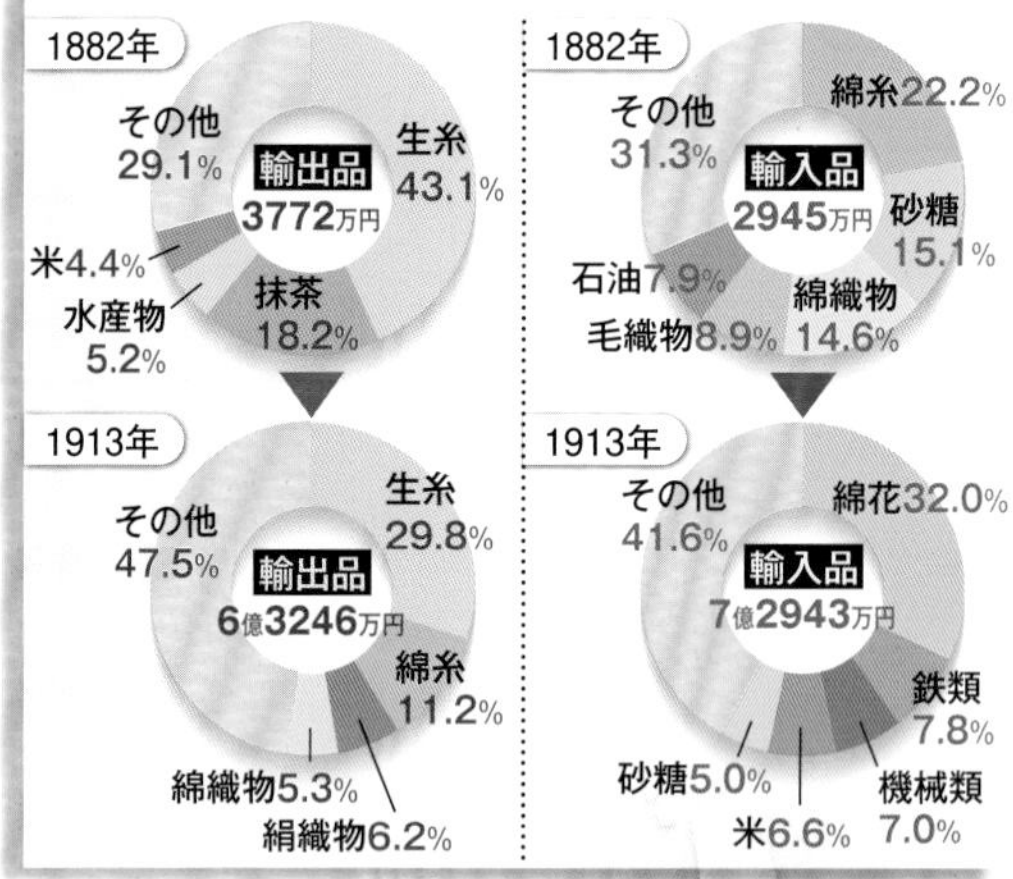
1882年
輸出品 3772万円
生糸 43.1%
抹茶 18.2%
水産物 5.2%
米4.4%
その他 29.1%
1882年
輸入品 2945万円
綿糸22.2%
砂糖 15.1%
綿織物 14.6%
毛織物8.9%
石油7.9%
その他 31.3%
1913年
輸出品 6億3246万円
生糸 29.8%
綿糸 11.2%
絹織物6.2%
綿織物5.3%
その他 47.5%
1913年
輸入品 7億2943万円
綿花32.0%
鉄類 7.8%
機械類 7.0%
米6.6%
砂糖5.0%
その他 41.6%

おもな工場・鉱山と鉄道網

足尾《あしお》銅山
古河が買収して発展するが、流出した鉱毒による足尾鉱毒事件が発生。
八幡《やはた》製鉄所
1901年操業開始。日露戦争後に生産が本格化し、重工業発達の基盤となる。
大阪紡績会社
1883年開業。イギリス製蒸気紡績機を導入し、民間紡績業のさきがけとなった。
芝浦《しばうら》製作所
田中製造所が三井傘下に入り改称。以後、機械の国産化が本格化した。
呉海軍工廠《くれかいぐんこうしょう》
海軍最大の製鋼工場をもち、軍艦の国産化を進めた。
駒橋《こまはし》発電所
当時日本最大の水力発電所。東京までの長距離送電を行った。
札幌
阿仁鉱山
院内銀山
仙台
富岡製糸場
東京
名古屋
京都
大阪
生野銀山
広島
博多
三池炭鉱
長崎造船所
高島炭鉱
国有化された民鉄路線
鉄道国有法以前からの官鉄路線

軽工業から始まった産業革命の時代

手工業生産から工場制生産への移行と、それにともなう経済・社会変革である「**産業革命**」の波が日本に訪れたのは、1880年代以降であった。

主役となったのは紡績《ぼうせき》・製糸業などの軽工業で、1883年には**渋沢栄一《しぶさわえいいち》**らが設立した**大阪紡績会社**が開業。蒸気機関を用いた輸入機械の導入などで成功すると、大規模紡績会社が次つぎに誕生し、**日清《にっしん》戦争**後には綿糸が輸出産業に成長した。開国以来、最大の外貨獲得産業だった**製糸業**でも、器械製糸が導入されて絹糸輸出量が増大する。

重工業では、日清戦争で得た賠償金が産業振興に充てられ、1901年には官営**八幡《やはた》製鉄所**が操業を開始。**日露《にちろ》戦争**後は機械や電気産業も発達し、造船技術は世界水準に達した。

財閥の誕生と労働問題の発生

三井《みつい》、**三菱《みつびし》**、**古河《ふるかわ》**など、政府とつながりの深い政商たちは、官営工場や優良鉱山の払下げを優先的に受け、鉱業、貿易、金融など多角的経営に乗り出して**財閥《ざいばつ》**を形成していった。

これに対し、**女工**（工女）をはじめとする労働者たちは低賃金で過酷な労働を強いられた。日清戦争前後には、待遇改善などを求める**ストライキ**などの労働運動が始まったが、政府は1900年に**治安警察法**を制定して運動を統制した。その一方で、1911年には初の労働者保護法である**工場法**も制定している。

人物　**岩崎弥太郎《いわさきやたろう》**［1834～1885年］
明治時代の実業家。土佐藩出身。幕末期、藩営土佐商会（開成館貨殖局長崎出張所）で海運・貿易業の腕を磨き、1870年、大阪に拠点を移していた土佐商会を引き継いで九十九（つくも）商会を設立。1873年には三菱商会と改称して本格的に海運業に身を投じた。1874年台湾出兵の軍事輸送委託を機に、政府の保護を受けて急成長。炭鉱や造船など事業を拡大し、三菱財閥の基礎を築いた。

7 近代日本の発展の時代
84 資本主義の発達
85 韓国併合

85 韓国併合

日清・日露戦争の争因 朝鮮半島を日本が併合

日露戦争中の第1次日韓協約で韓国の財政・外交を制限した日本は、戦後、米英の承認を得て保護国化を推進。1910年に韓国併合条約を結んだ。

再び周辺国を巻き込んだ朝鮮半島の政治不安

日清《にっしん》戦争後、**清**《しん》の後ろ盾を失った朝鮮の閔《びん（ミン）》氏一族はロシアに接近した。これに対し、長年の政敵だった大院君《たいいんくん（テウォングン）》は日本と結んで閔妃《びんひ（ミンヒ）》を殺害するが、閔妃の夫高宗《こうそう（コジョン）》はロシア公使館に逃れる。1897年、王宮に戻った高宗が国号を**大韓帝国**と改め、ロシアの後ろ盾で専制体制を固めると、ロシアは韓国の鉱山採掘権などを取得。危機感を強めた日本は**日露戦争**に突入する。

戦後、韓国の政情不安が日清・日露両戦争の原因とみた日本は、米・英に韓国の保護国化を承認させた。そのうえで韓国の外交権を奪う第2次日韓協約を結び、外交を統括する**統監府**《とうかんふ》を置いた。

これに対し1907年、高宗が万国平和会議に抗議の密使を送る**ハーグ密使事件**が起きると、日本は対抗して第3次日韓協約で韓国の内政権を掌握。以後、韓国では**義兵**《ぎへい》**運動**が本格化した。そして1909年、韓国併合に反対していた前統監**伊藤博文**《いとうひろぶみ》が民族運動家**安重根**《あんじゅうこん（アンチュングン）》に暗殺されると、翌年、寺内正毅《てらうちまさたけ》統監と李完用《りかんよう（イワンヨン）》首相の間で**韓国併合条約**が結ばれたのである。

韓国併合までの流れ

- 1897年 朝鮮(李朝)が国号を「大韓帝国」とする。
- 1904年 **日露戦争開戦**
  - **日韓議定書締結**
    韓国に日本政府・軍への協力を認めさせる。
  - **第1次日韓協約締結**
    韓国政府に日本人の財政・外交顧問を置く。
- 1905年 **ポーツマス条約**
  日本の韓国における優越権・支配権をロシアに認めさせる。（米・英とも同様の合意を得る。）
  - **第2次日韓協約締結**
    韓国の外交権を日本が握る。漢城(ソウル)に統監府設置。➡**保護国化**（統監は外交に限らず、韓国の政治・軍事に強い権限をもった。）
- 1907年 **ハーグ密使事件**
  韓国皇帝がオランダ・ハーグで行われていた万国平和会議に密使を派遣し、独立回復を訴えようとするが、列国に無視される。
  - **第3次日韓協約締結**
    ➡韓国の内政権を握り、韓国軍を解散。
    韓国各地で義兵運動(反日闘争)が激化。
- 1909年 伊藤博文《いとうひろぶみ》がハルビンで暗殺される。
- 1910年 **韓国併合条約締結**
  韓国を日本の領土とし、国号を朝鮮に、漢城を京城と改称。

韓国併合(1910年)時の日本の領土

関東都督府
1906年、関東州(遼東半島の日本租借地)と満鉄の統治機関として設置。大陸進出の拠点となった。
南満州鉄道株式会社
1906年に設立された半官半民の国策会社。日露戦争で得た旅順ー長春間の鉄道のほか、炭鉱や商社なども経営。
1905年 ポーツマス条約で獲得した領土。
漁業権
樺太
千島列島
沿海州
1875年 樺太・千島交換条約で獲得した領土。
満州
ハルビン
長春
ウラジオストク
漁業権
北京
清
旅順《りょじゅん》
大連《だいれん》
朝鮮
京城(漢城)
1910年 韓国併合で植民地化。
日本
東京
朝鮮総督府
1910年設置。総督は陸海軍大将が任命され、内政・軍事に絶対的な権力を振るった。
上海
台湾総督府
1895年設置。当初は軍政を敷いたが、のちに民政を実施。弾圧と懐柔により近代化を進めた。
台北
台湾
1895年 下関条約で植民地化。
日本の領土の割合
3.6万km² 台湾
4.0万km² 樺太
日本 38.3万km²
朝鮮 22.1万km²
面積比

韓国服姿の伊藤博文(写真中央)。1909年、ハルビンで韓国の民族運動家に暗殺された。
画像:山口県光市伊藤公資料館

86 第一次世界大戦

大戦に乗じた日本が世界の主要国の仲間入り

全ヨーロッパを巻き込んだ第一次世界大戦が勃発すると、欧米列強の隙をついた日本が、アジアでの影響力を拡大した。

「漁夫の利」で手に入れた大陸進出と好景気

1914年、ヨーロッパ諸国がドイツを中心とする**同盟国**とイギリスを中心とする**協商国**《きょうしょうこく》に分かれ、第一次世界大戦が始まった。日本は**日英同盟**を理由にドイツに宣戦したが、主戦場とはならず、ほとんど被害を受けなかった。

そこで、日本は青島《チンタオ》などドイツがもつ権益を接収すると、中国での利権拡大を図った。辛亥《しんがい》革命で成立した中華民国の**袁世凱**《えんせいがい》政権に**二十一カ条の要求**を突きつけ、これを承認させたのだ。さらに、イギリスとは、山東省と赤道以北の南洋諸島のドイツ権益を日本が引き継ぐことを支持する、という密約を交わしている。

また、大戦は、日露戦争以降の慢性的な不況に苦しんでいた日本に好景気をもたらした。ヨーロッパに軍需品を輸出したほか、戦争に忙殺《ぼうさつ》されている西欧諸国にかわり、中国向けの綿織物やアメリカ向けの生糸輸出を増大させたのだ。加えて、世界的な船舶不足を背景に海運・造船業は空前の好景気となり、多くの**成金**を生み出している。

1918年、連合国側の勝利で大戦が終わると、日本は翌年の**パリ講和会議**に五大連合国の一員として出席し、ほぼイギリスとの密約どおりの権益を確保した。また、同会議を機に発足した**国際連盟**では常任理事国となり、世界の主要国へと浮上したのである。

第一次世界大戦の経過

1914年
- 7月 **第一次世界大戦 開戦**
- 8月 **日本が日英同盟を名目にドイツに宣戦布告。**

1915年
- 1月 **日本が中国に「二十一カ条の要求」を出す。**
  - 山東省におけるドイツ権益の継承。
  - 旅順・大連の租借期限、南満州鉄道の利権の期限を99カ年延長。
  - 中国の製鉄会社、漢冶萍公司（かんやひょうコンス）の日中共同経営化。
  - 中国政府に日本人顧問を設置。
- 5月 **中国政府が日本人顧問設置などを除く、要求の大部分を承認。**

1917年
- 3月 **ロシア二月革命**
- 11月 **ロシア十月革命**
  石井・ランシング協定成立

帝政が崩壊し、ソヴィエト政権樹立。

1918年
- 8月 **日本、シベリア出兵を宣言。**
- 11月 **第一次世界大戦 終結**

1919年
- 1月 **パリ講和会議開催**
  アメリカ大統領、ウィルソンが14カ条の平和構想を発表
- 6月 **ヴェルサイユ条約調印**
  - ドイツとの講和。
  - 国際連盟設立（1920年発足）。
  - 日本の旧ドイツ権益継承の承認。

1920年 **国際連盟発足**
英・仏・伊・日の4カ国が常任理事国。

第一次大戦期の日本

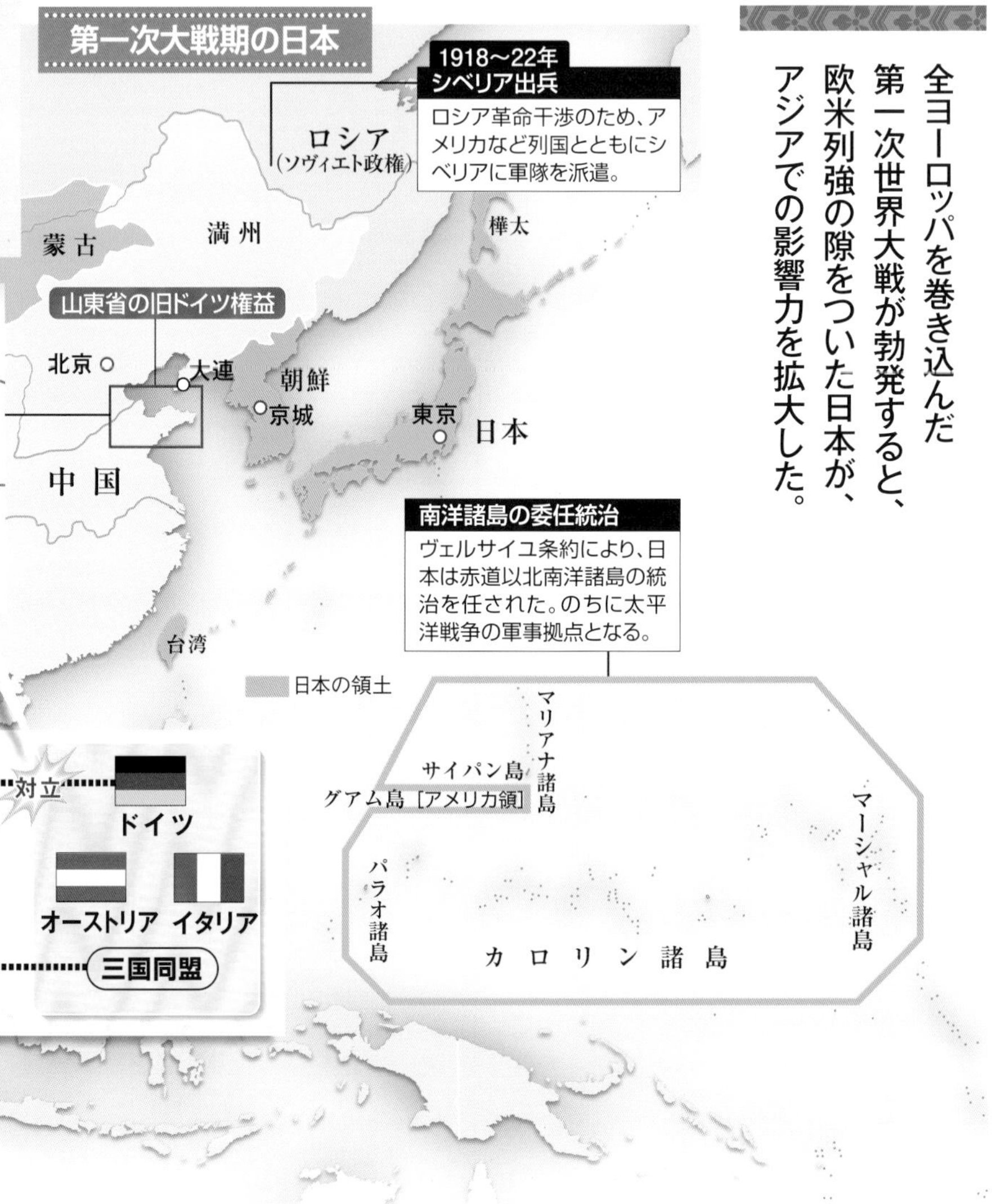
1918～22年
シベリア出兵
ロシア革命干渉のため、アメリカなど列国とともにシベリアに軍隊を派遣。
ロシア
（ソヴィエト政権）
蒙古
満州
樺太
山東省の旧ドイツ権益
北京
大連
朝鮮
京城
東京
日本
中国
台湾
南洋諸島の委任統治
ヴェルサイユ条約により、日本は赤道以北南洋諸島の統治を任された。のちに太平洋戦争の軍事拠点となる。
日本の領土
マリアナ諸島
サイパン島
グアム島［アメリカ領］
マーシャル諸島
パラオ諸島
カロリン諸島

日本軍の進路
黄
河
済南
山東《さんとう》半島
ドイツ租借地
青島
黄海
日本軍は山東省のドイツ権益を占領した。

第一次大戦期の国際関係

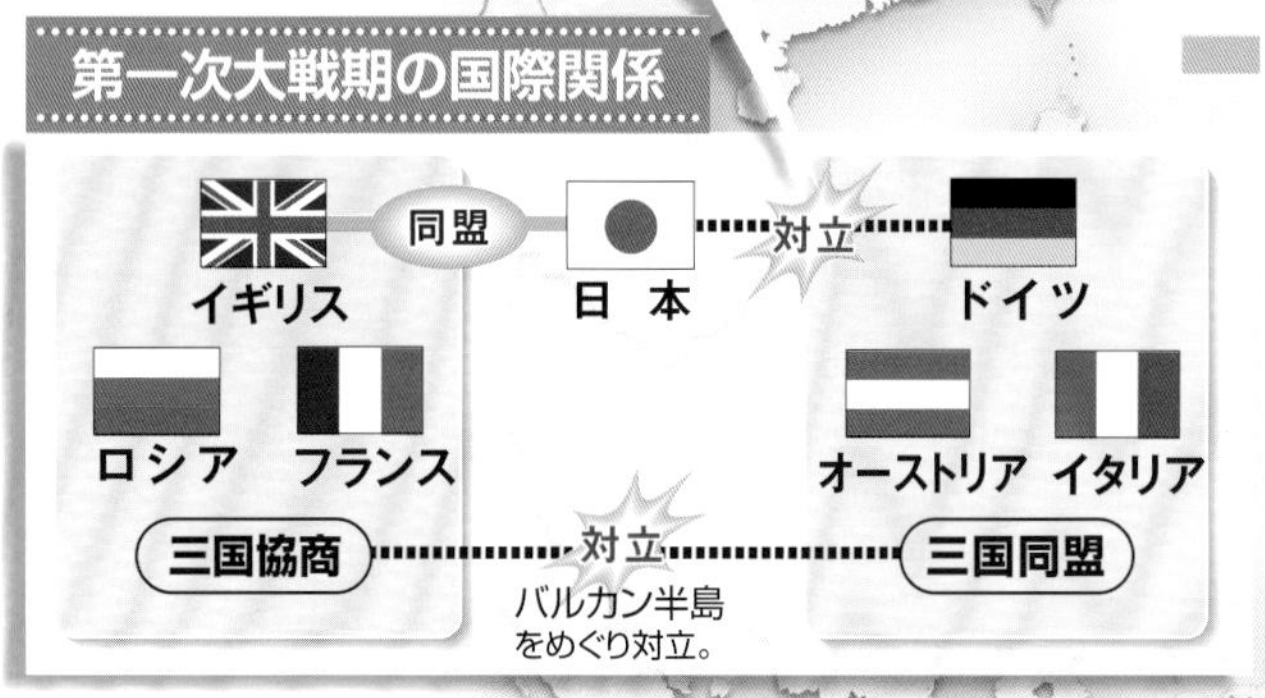
イギリス
同盟
日本
対立
ドイツ
ロシア
フランス
オーストリア
イタリア
三国協商
対立
三国同盟
バルカン半島をめぐり対立。

87 ワシントン体制と国際協調

日本の拡大を警戒したアメリカ主催の国際会議

アジア・太平洋地域の新国際秩序に対応する、ワシントン会議が開催。以後、国際協調の気運のなかで、世界はつかの間の平和を享受する。

第一次世界大戦後の世界
ヴェルサイユ体制
ヴェルサイユ条約で、ドイツは全植民地を失い、厳しい賠償金が課せられた。また旧ドイツ帝国と旧オーストリア=ハンガリー帝国の解体で東欧国家が誕生。この戦後国際体制はヴェルサイユ体制とよばれた。
ワシントン体制
1921～22年にかけて開かれたワシントン会議で、太平洋の平和に関する四カ国条約や中国に関する九カ国条約、主力艦保有量を制限するワシントン海軍軍縮条約が結ばれ、日・米・英による東アジアや太平洋地域での戦後国際秩序が確立された。
国際連盟本部
（スイス／ジュネーブ）
東欧国家の誕生
影響
旧ドイツ権益の中国への直接返還などを求め、学生や労働者に広がった反日国民運動。
五《ご》・四《し》運動
三《さん》・一《いち》独立運動
朝鮮独立を求める大衆運動で、国際的な民族自決の世論の高まりを背景に朝鮮各地に広まった。
孤立主義のアメリカ
ウィルソン大統領が「14カ条の平和原則」を提唱したが、議会の反発で国際連盟には加盟せず、孤立主義をとっていた。しかし、アメリカが権益をもつ東アジア、太平洋で影響力を拡大する日本への警戒を強め、軍縮会議を成功させた。
協調外交路線をとる日本
ワシントン会議では、中国山東半島の旧ドイツ権益の返還や、中国国内の門戸開放・機会均等を列強と同意。軍縮に反対する軍部を抑え、協調外交を目ざした。

民族自決の国際世論で反日運動が発生

第一次世界大戦中の1918年1月、アメリカの**ウィルソン大統領**は、秘密外交の廃止や経済的障壁の除去、民族自決の原則などを盛り込んだ14カ条の平和構想を発表して、和平の条件を世界に提示した。民族自決の原則は1917年の**ロシア革命**でも掲げられていたため国際的な世論となり、各地で民族運動が盛り上がった。

そんななかで開催された1919年の**パリ講和会議**で、日本に山東《さんとう》省の旧ドイツ権益の継承が認められると、中国では**五《ご》・四《し》運動**が起きて反日気運が高まった。同年には朝鮮で反日独立を訴える**三《さん》・一《いち》独立運動**も起きている。

軍縮や不戦を約束した国際協調の時代

14カ条を基盤とした**ヴェルサイユ条約**でヨーロッパに新たな国際秩序（**ヴェルサイユ体制**）が生まれる一方、ウィルソンのあとを受けたハーディング大統領は、1921年に**ワシントン会議**を開催した。その目的は、財政を圧迫する建艦競争の抑制に加え、東アジアにおける日本の膨張を抑えることだった。

翌1922年にかけて開催された会議では、**四カ国《しかこく》条約**や**九カ国条約**のほか、米・英・日・仏・伊の間で主力艦の保有比率を定めた**ワシントン海軍軍縮条約**が結ばれた。また、英・米の仲介で、日本が獲得した山東半島の旧ドイツ権益を中国へ返還する条約も結ばれている。こうして築かれたアジア・太平洋地域の新秩序を**ワシントン体制**とよぶ。

この体制を積極的に受け入れた日本は、ワシントン会議の全権委員でのちに外相になった**幣原喜重郎《しではらきじゅうろう》**らを中心に**協調外交**を展開。中国に対する内政不干渉を決めたほか、1925年にはソ連と国交を樹立。戦争放棄を規定した1928年のパリ不戦条約にも参加し、1930年代前半までは国際協調の時代となった。

首都圏を襲った関東大震災

1923年9月1日午前11時58分、南関東をマグニチュード7・9の大地震が襲った。この関東大震災で横浜と東京の大部分は壊滅的な被害を受け、死者・行方不明者は10万人を超えた。

発災直後の大混乱のなか、「朝鮮人が暴動を起こした」といった流言《りゅうげん》が飛び交うと、民間の自警団や官憲によって朝鮮人が殺傷される事態が起きた。大災害の極限状態に加え、三・一独立運動などの反日抵抗運動に対する警戒心が背景にあったとみられる。このほか、憲兵が無政府主義者を殺害する甘粕《あまかす》事件や、亀戸《かめいど》の労働組合幹部らが殺害された亀戸事件など、混乱に乗じた軍による粛清《しゅくせい》事件も起きている。

人物 **幣原喜重郎《しではらきじゅうろう》** [1872～1951年]
昭和の政治家。岩崎弥太郎の娘婿。1924年以後、各内閣で外相を歴任。ワシントン体制下で日本外交を主導し、親英米国際協調路線は「幣原外交」といわれた。しかし、軍部には弱腰と非難され、満州事変の収拾に失敗した31年に政界を退く。戦後の45年10月に首相として復帰。GHQの下で占領政策を推進し、日本国憲法制定にも立ち会った。

88 大正デモクラシー

打倒藩閥政治！高揚する護憲運動

大正デモクラシーの風潮のなか、政治に目覚めた民衆は社会運動を展開。政党政治と普通選挙を実現させるが、治安維持法の制定で弾圧も強まった。

大正時代の政治史と社会運動

内閣

- 第3次 桂《かつら》 太郎《たろう》
- 1913年2月
- 第1次 山本権兵衛《やまもとごんべえ》
- 1914年4月
- 第2次 大隈《おおくま》重信《しげのぶ》
- 1916年10月
- 寺内正毅《てらうちまさたけ》
- 1918年9月
- 原《はら》 敬《たかし》
- 1921年11月
- 高橋是清《たかはしこれきよ》
- 1922年6月
- 加藤友三郎《かとうともさぶろう》
- 1923年9月
- 第2次 山本権兵衛《やまもとごんべえ》
- 1924年1月
- 清浦奎吾《きようらけいご》
- 1924年6月
- 第1次 加藤高明《かとうたかあき》

◀1912年12月　**第3次桂内閣成立**

第一次護憲運動
尾崎行雄と犬養毅（いぬかいつよし）が中心となり、藩閥政治を非難。国民運動として広がり、桂内閣を倒す。

◀1914年 7月　**第一次世界大戦開戦**

◀1916年 1月

吉野作造《よしのさくぞう》の民本主義《みんぽんしゅぎ》
明治憲法を前提とした民主主義の徹底を唱え、普通選挙による政党内閣実現などを主張した。

社会運動の広がり

米騒動
シベリア出兵で米価が高騰し富山県の女性が暴動。全国に拡大し、軍隊により鎮圧された。

◀1918年 8月　**シベリア出兵を宣言**

◀1919年 5月　**選挙法改正**

普選運動
1920年にかけてピークに達するが、原内閣は導入に消極的だった。

選挙制度の変遷

改正年	有権者の資格		国民に対する有権者の割合
	直接国税	年齢・性別	
1889年	15円以上	25歳以上 男	1.1%
1900年	10円以上	25歳以上 男	2.2%
1919年	3円以上	25歳以上 男	5.5%
1925年	制限なし	25歳以上 男	20.8%
1945年	制限なし	20歳以上 男女	50.4%

納税額の制限はなくなったが、女性の参政権は認められなかった。

◀1923年 9月　**関東大震災**

◀1924年 1月　**清浦内閣成立**

第二次護憲運動
憲政会、政友会、革新倶楽部が、貴族院を基盤とした非政党内閣・清浦内閣を非難し、総選挙に勝利。

◀1925年 4月　**治安維持法公布**

◀1925年 5月　**普通選挙法公布**

普通選挙法と治安維持法
ついに普通選挙が実現したが、同時に治安維持法が制定され、天皇制打倒を唱える共産主義者は厳しく取り締まられるようになった。

社会主義運動
1920年に日本社会主義同盟が結成されたが、翌年に解散させられた。1922年には日本共産党が非合法組織として結成。

労働運動
1920年、第1回メーデーが行われ、翌年には日本労働総同盟が発足。

農民運動
1922年、賀川豊彦（かがわとよひこ）らが日本農民組合を結成。全国で小作争議が激化。

女性解放運動
1920年、平塚らいてうらは新婦人協会を設立し、女性参政権を要求。

部落解放運動
1922年、被差別部落の住民が差別撤廃を目的に全国水平社を結成。

政党政治を実現させた大正デモクラシー

大正時代（１９１２〜26年）を通じて、**普通選挙**による**政党政治**など、**民主主義**の実現を求める動きが加速した。この風潮を**大正デモクラシー**という。

明治末の約10年間、藩閥《はんばつ》政治家の**桂《かつら》太郎《たろう》**と立憲政友会《りっけんせいゆうかい》総裁**西園寺公望《さいおんじきんもち》**が交互に政権を担当する**桂園《けいえん》時代**が続いた。この藩閥と政党の妥協政治に対し、１９１２年末、政友会の**尾崎行雄《おざきゆきお》**らが「憲政擁護《けんせいようご》・閥族打破《ばつぞくだは》」を掲げて**第一次護《ご》憲《けん》運動**を起こすと、運動は民衆を巻き込んで全国に広がり、第３次桂内閣は53日で退陣した（大正政変）。

こうして政党が力を伸ばすなか、１９１８年には政友会総裁**原敬《はらたかし》**が、閣僚の大半を政友会党員から任命した初の本格的政党内閣を組織。華族でも藩閥出身でもない〝平民宰相《さいしょう》〟の登場に民衆は期待したが、政友会党員の汚職が相次ぎ、原は憤激した青年に暗殺される。

その後は非政党内閣が続いたが、１９２４年に**清浦奎吾《きようらけいご》**内閣が成立すると、憲政会、政友会、革新倶楽部の３党（護憲三派）が**第二次護憲運動**を展開。総選挙の結果、第一党となった憲政会総裁**加藤高明《かとうたかあき》**が３党連立内閣を組織した。以後、１９３２年の**五《ご》・一五《いちご》事件**まで、議会第一党の党首が組閣する「憲政《けんせい》の常道《じょうどう》」が続いた。

大正時代は各種の社会運動が花開いた時代でもあったが、それらを集約した普通選挙運動は、１９２５年の**普通選挙法**成立として結実した。しかし、同時に**治安維持法**も制定されており、共産主義者などへの弾圧も強まった。

人物　尾崎行雄《おざきゆきお》［1858〜1954年］
明治〜昭和期の政治家。新聞社勤務を経て政界に入り、1890年の第1回総選挙より25回連続で当選を果たす。第一次護憲運動では桂内閣を打倒するなど、普選運動を推進して「憲政の神様」とよばれた。また、2度の世界大戦を通じて軍国主義やファシズムに反対し、平和主義を貫いた。東京市長時代、アメリカに3000本の桜を贈ったことでも知られる。

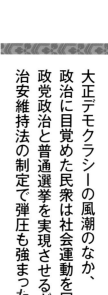

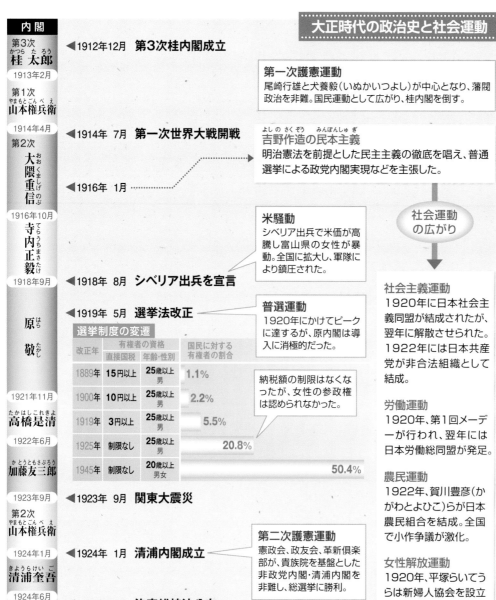

第8章 内外の危機と戦争の時代

第8章に登場する主な人物の生没年

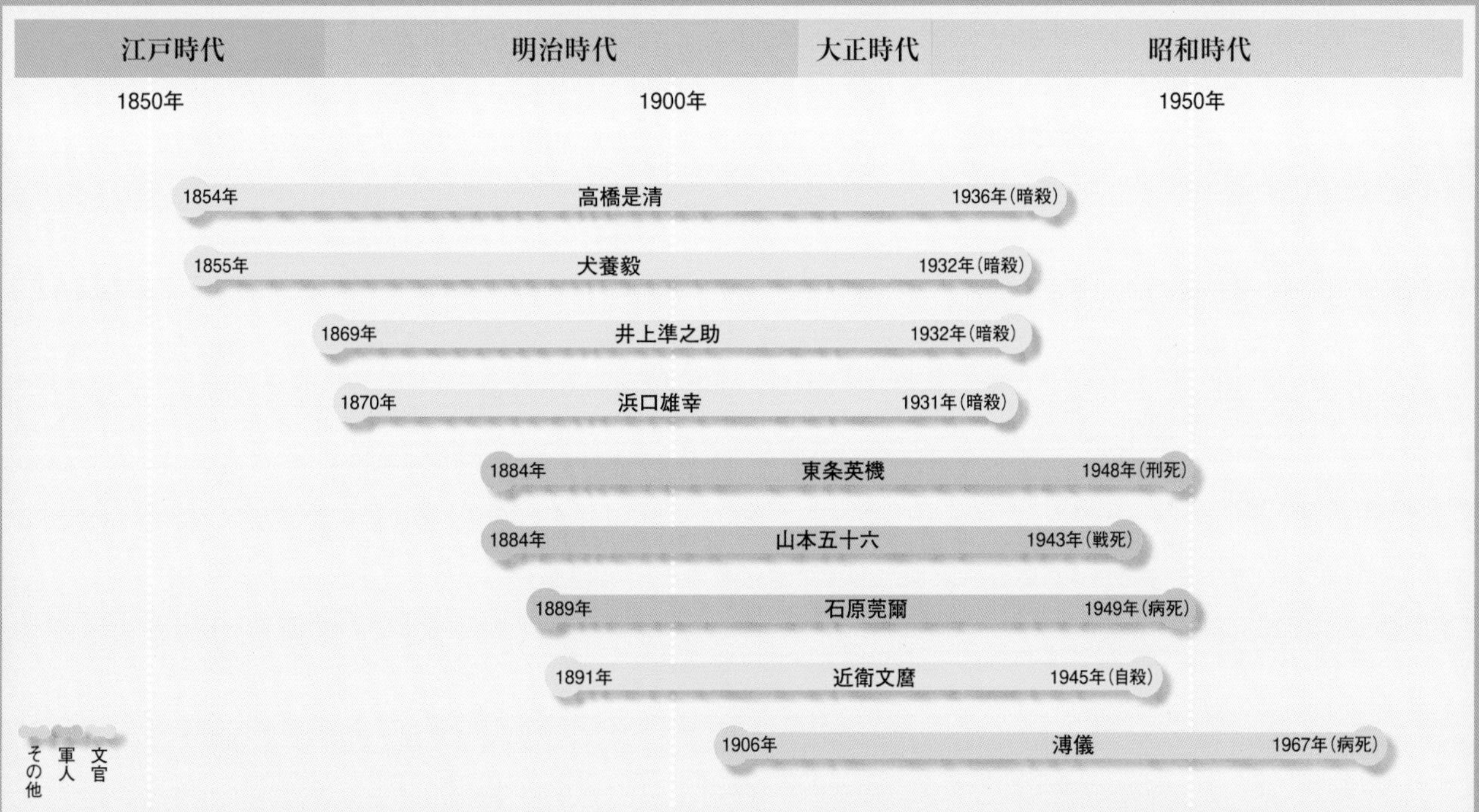
江戸時代
明治時代
大正時代
昭和時代
1850年
1900年
1950年
1854年 高橋是清 1936年(暗殺)
1855年 犬養毅 1932年(暗殺)
1869年 井上準之助 1932年(暗殺)
1870年 浜口雄幸 1931年(暗殺)
1884年 東条英機 1948年(刑死)
1884年 山本五十六 1943年(戦死)
1889年 石原莞爾 1949年(病死)
1891年 近衛文麿 1945年(自殺)
1906年 溥儀 1967年(病死)
文官
軍人
その他

内外の危機と戦争の時代

10大ニュース

1926年 大正時代 ／ 昭和時代

- 1927年　金融恐慌始まる
- 1928年　張作霖《ちょうさくりん》爆殺事件
- 　　　　全国に特別高等警察が設置される
- 1929年　ニューヨーク株式市場大暴落、世界恐慌始まる
- 1930年　❶ **金輸出解禁、昭和恐慌始まる**　p.128
- 1931年　❷ **柳条湖《りゅうじょうこ》事件、満州《まんしゅう》事変始まる**　p.129
- 1932年　リットン調査団来日
- 　　　　満州国《まんしゅうこく》建国宣言
- 　　　　五・一五事件（犬養毅《いぬかいつよし》首相暗殺）
- 1933年　国際連盟脱退を通告（35年発効）
- 1935年　天皇機関説事件
- 1936年　❸ **二・二六事件**　p.130
- 1937年　❹ **盧溝橋《ろこうきょう》事件、日中戦争始まる**　p.131
- 1938年　❺ **国家総動員法公布**　p.133

太平洋戦争直前の世界情勢

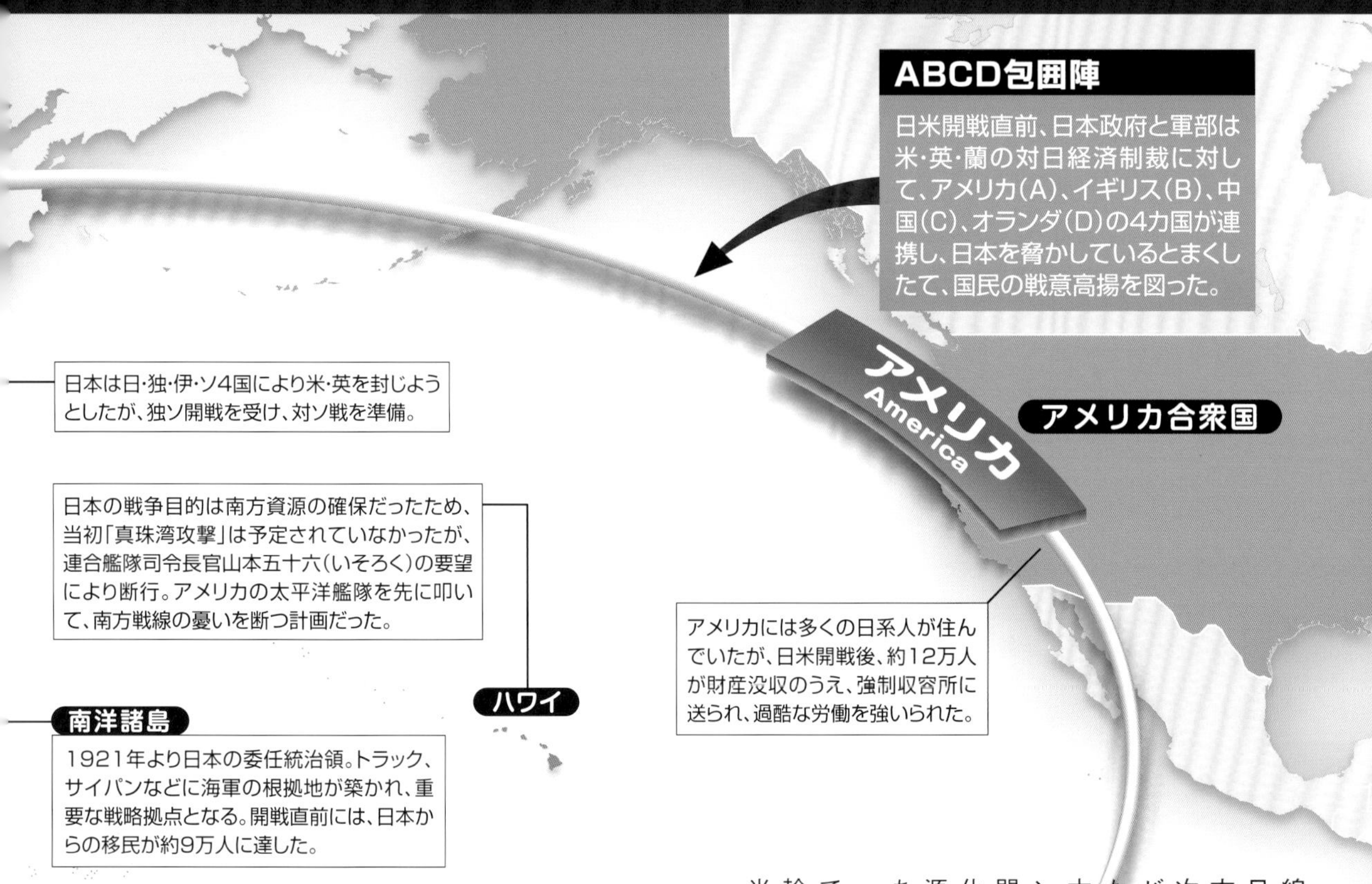

ABCD包囲陣

日米開戦直前、日本政府と軍部は米・英・蘭の対日経済制裁に対して、アメリカ(A)、イギリス(B)、中国(C)、オランダ(D)の4カ国が連携し、日本を脅かしているとまくしたて、国民の戦意高揚を図った。

日本は日・独・伊・ソ4国により米・英を封じようとしたが、独ソ開戦を受け、対ソ戦を準備。

日本の戦争目的は南方資源の確保だったため、当初「真珠湾攻撃」は予定されていなかったが、連合艦隊司令長官山本五十六（いそろく）の要望により断行。アメリカの太平洋艦隊を先に叩いて、南方戦線の憂いを断つ計画だった。

アメリカには多くの日系人が住んでいたが、日米開戦後、約12万人が財産没収のうえ、強制収容所に送られ、過酷な労働を強いられた。

南洋諸島

1921年より日本の委任統治領。トラック、サイパンなどに海軍の根拠地が築かれ、重要な戦略拠点となる。開戦直前には、日本からの移民が約9万人に達した。

海外に依存した日本の主要物資（1940年）

機械類	アメリカ 66%	ドイツ 25%	その他 9%
石　油	アメリカ 77%	蘭領東インド 14%	その他 9%
鉄　類	アメリカ 70%	中国 16%	その他 14%

　1937年に始まった日中戦争の戦線拡大は、欧米諸国の権益を脅《おびや》かし、日本と米・英との関係は悪化した。一方、ヨーロッパでは1939年に第二次世界大戦が勃発し、翌年にはドイツがほぼヨーロッパ全土を影響下に置いた。日中戦争の打開策を探っていた日本は、この機に乗じて北部仏印《ふついん》（仏領インドシナ北部）に侵攻し、日独伊三国同盟を締結した。アメリカとの関係が悪化するなかで、東南アジアの豊富な資源が是《ぜ》が非《ひ》でも必要と判断されたのである。

　しかし、こうした日本の動きに対して、1941年、アメリカは対日石油禁輸措置を断行。日米交渉も実らず、日米開戦へと進んでいく。

昭和時代

年	できごと	
1939年	第二次世界大戦始まる	
1940年	日本軍が北部仏印《ほくぶふついん》（仏領インドシナ北部）に進駐	
	日独伊三国同盟締結	
1941年	日ソ中立条約締結	
	日本軍が南部仏印に進駐	
1941年	**❻太平洋戦争始まる**	p.132
1942年	学徒勤労動員《がくときんろうどういん》始まる	
1942年	**❼ミッドウェー海戦で日本海軍大敗**	p.134
1943年	日本軍がガダルカナル島から撤退	
	絶対国防圏を設定し、戦線を縮小	
1944年	サイパン島の日本軍が玉砕	
	レイテ沖海戦で連合艦隊が壊滅	
	学童集団疎開始まる	
1945年	東京大空襲、以後本土空襲が激化	
1945年	**❽沖縄戦**	p.137
1945年	**❾広島・長崎に原爆投下**	p.137
	ソ連が対日宣戦布告	
1945年	**❿ポツダム宣言受諾、日本無条件降伏**	p.138

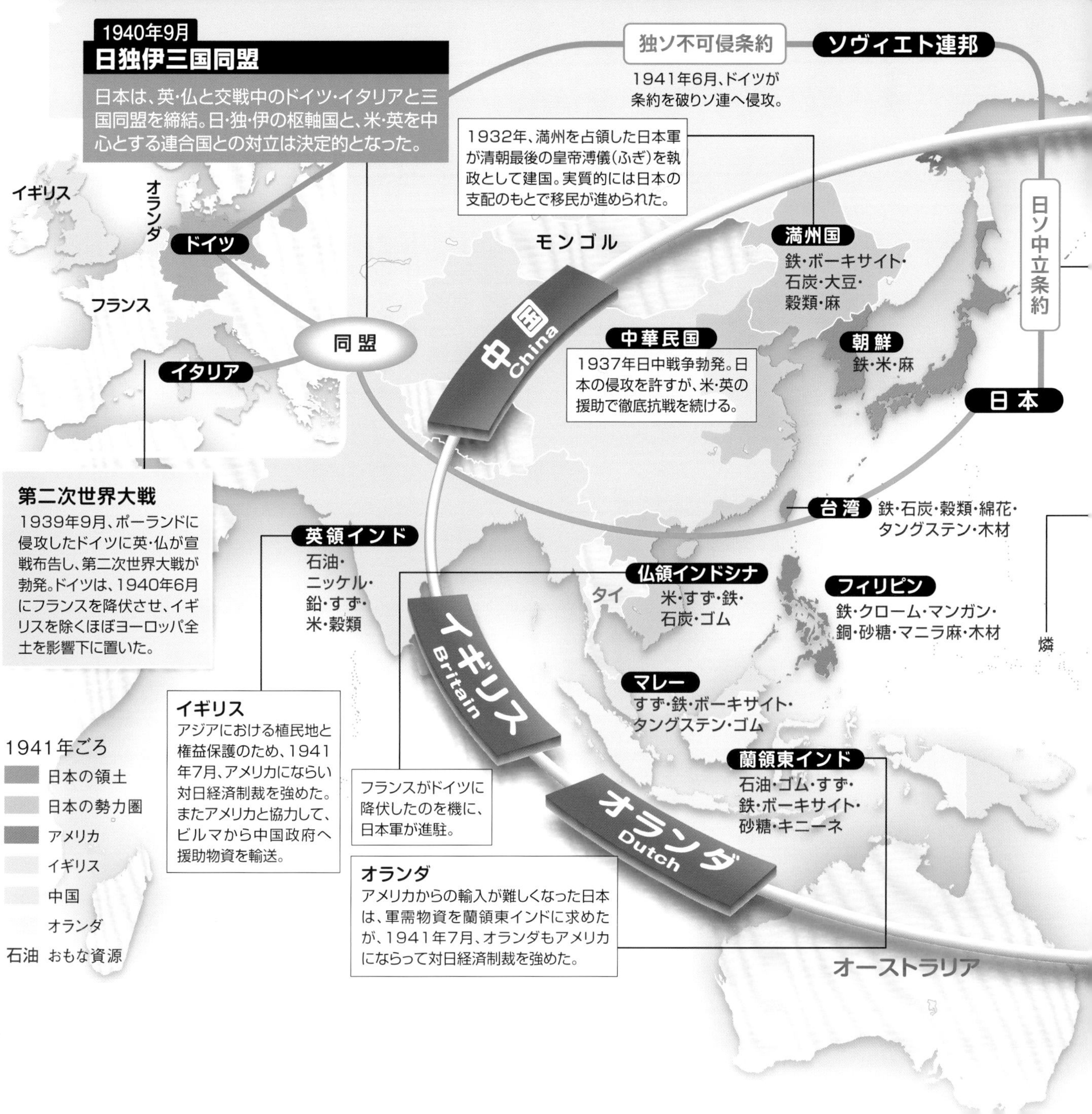
1940年9月
日独伊三国同盟
日本は、英・仏と交戦中のドイツ・イタリアと三国同盟を締結。日・独・伊の枢軸国と、米・英を中心とする連合国との対立は決定的となった。
独ソ不可侵条約
1941年6月、ドイツが条約を破りソ連へ侵攻。
ソヴィエト連邦
1932年、満州を占領した日本軍が清朝最後の皇帝溥儀（ふぎ）を執政として建国。実質的には日本の支配のもとで移民が進められた。
日ソ中立条約
イギリス
オランダ
ドイツ
フランス
モンゴル
満州国
鉄・ボーキサイト・石炭・大豆・穀類・麻
同盟
イタリア
中国 China
中華民国
1937年日中戦争勃発。日本の侵攻を許すが、米・英の援助で徹底抗戦を続ける。
朝鮮
鉄・米・麻
日本
第二次世界大戦
1939年9月、ポーランドに侵攻したドイツに英・仏が宣戦布告し、第二次世界大戦が勃発。ドイツは、1940年6月にフランスを降伏させ、イギリスを除くほぼヨーロッパ全土を影響下に置いた。
台湾
鉄・石炭・穀類・綿花・タングステン・木材
英領インド
石油・ニッケル・鉛・すず・米・穀類
仏領インドシナ
米・すず・鉄・石炭・ゴム
タイ
フィリピン
鉄・クローム・マンガン・銅・砂糖・マニラ麻・木材
イギリス Britain
マレー
すず・鉄・ボーキサイト・タングステン・ゴム
イギリス
アジアにおける植民地と権益保護のため、1941年7月、アメリカにならい対日経済制裁を強めた。またアメリカと協力して、ビルマから中国政府へ援助物資を輸送。
蘭領東インド
石油・ゴム・すず・鉄・ボーキサイト・砂糖・キニーネ
フランスがドイツに降伏したのを機に、日本軍が進駐。
オランダ Dutch
オランダ
アメリカからの輸入が難しくなった日本は、軍需物資を蘭領東インドに求めたが、1941年7月、オランダもアメリカにならって対日経済制裁を強めた。
オーストラリア
1941年ごろ
日本の領土
日本の勢力圏
アメリカ
イギリス
中国
オランダ
石油 おもな資源

89 昭和恐慌

政府の経済失策で不況が慢性化

大戦景気が終わると、実力以上に膨張した日本経済は反動不況に陥った。以後、政府の経済失策が重なり、慢性的な不況のなかで昭和を迎えた。

大正～昭和初期の恐慌

対策や影響

1920年 戦後恐慌
東京株式市場の大暴落により、恐慌に陥った。米、綿糸相場が暴落し、農村が困窮。中小企業の倒産が相次いだ。
→ 日本銀行が救済資金1億2000万円を貸し出し、沈静化。
（財閥系大企業への吸収合併が相次ぐ。）

1923年 震災恐慌
関東大震災により、被災地の企業は大きな打撃を受けた。
→ 政府はモラトリアムを公布したほか、震災で支払えなくなった手形（震災手形）は、日本銀行に特別融資させた。

1927年 金融恐慌
大蔵大臣片岡直温（なおはる）が帝国議会で「東京渡辺銀行が破綻」と失言。取付け騒ぎが起こり、続いて大戦中に急成長した鈴木商店が破綻した。
→ 政府は3週間のモラトリアムを公布し、沈静化。
（財閥系大銀行に資本が集中した。）

1930年 昭和恐慌
1930年1月の金輸出解禁後、前年10月に始まった世界恐慌の影響が日本に波及。大量の金が海外に流出し、輸出は激減、農産物の物価が急落した。企業の倒産やリストラも相次ぎ、失業者が増大。大凶作にみまわれた北海道、東北地方の農村では欠食児童、女子の身売りが急増した。
→ 財閥などは、ドル買いにより金輸出再禁止後に巨額の為替差益を獲得。しかし、こうした行為は財閥への非難を高め、血盟団事件などの発火点となった。

小作争議の発生件数

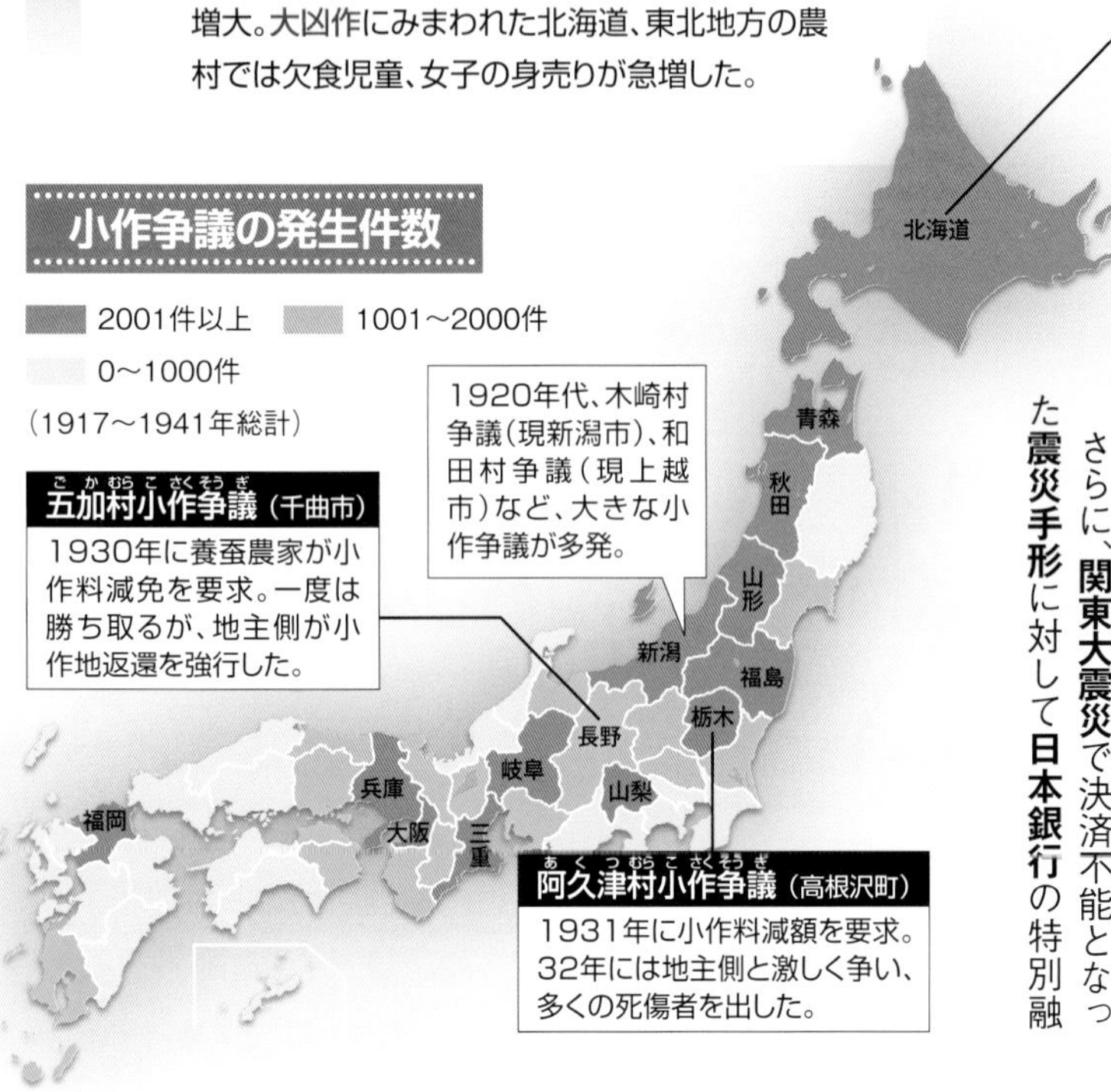
2001件以上
1001～2000件
0～1000件
（1917～1941年総計）
北海道
青森
秋田
山形
新潟
福島
栃木
長野
岐阜
山梨
兵庫
大阪
三重
福岡
1920年代、木崎村争議（現新潟市）、和田村争議（現上越市）など、大きな小作争議が多発。
五加村《ごかむら》小作争議《こさくそうぎ》（千曲市）
1930年に養蚕農家が小作料減免を要求。一度は勝ち取るが、地主側が小作地返還を強行した。
阿久津村《あくつむら》小作争議《こさくそうぎ》（高根沢町）
1931年に小作料減額を要求。32年には地主側と激しく争い、多くの死傷者を出した。
磯野《いその》小作争議《こさくそうぎ》（富良野市）
1927年、磯野商店が経営する農場で起きた大規模な小作争議。小林多喜二の小説『不在地主』のモデル。

閣僚の舌禍がまねいた取付け騒ぎ

第一次世界大戦後、ヨーロッパの製品がアジアなどの市場に戻ると、大戦景気で膨張していた日本経済は不況に陥った。そして、1920年には株価が暴落して**戦後恐慌**《きょうこう》が発生する。

さらに、**関東大震災**で決済不能となった**震災手形**に対して**日本銀行**の特別融資が実行されたが、その多くは不良債権と化した。1927年、この不良債権に関して、**若槻礼次郎**《わかつきれいじろう》**内閣**の片岡直温《かたおかなおはる》蔵相が議会で具体的な銀行名を出したことで**取付け騒ぎ**が発生。銀行の休業が相次ぐ**金融恐慌**に発展した。

かわった**田中義一**《たなかぎいち》**内閣**の蔵相**高橋是清**《たかはしこれきよ》は、3週間の支払い猶予令（**モラトリアム**）を発して恐慌を収めたが、これを機に三井《みつい》、三菱《みつびし》、住友《すみとも》、第一《だいいち》、安田《やすだ》の**五大銀行**の預貯金占有率が上昇。以後、**財閥**による産業支配が進んだ。

経済失策がまねいた二重の打撃

また、財界からは大戦後に金輸出を解禁した欧米にならい、日本も金輸出解禁で為替《かわせ》相場を安定させるべきとの要望が高まった。そこで1929年に成立した**浜口雄幸**《はまぐちおさち》**内閣**の蔵相**井上準之助**《いのうえじゅんのすけ》は、緊縮財政で物価の引き下げを図ったうえで**金輸出解禁**に踏み切る。ところが、当時の実勢より高いレートで解禁したことで為替相場は実質的な円の切り上げ（円高）となり、多くの輸出企業を苦しめた。

折りしも、1929年10月にニューヨークの株価暴落で始まった世界恐慌《せかいきょうこう》が日本にも波及し始めており、日本経済は二重の打撃で**昭和恐慌**へと突入した。

さらに、1931年、1934年と続発した北海道、東北地方での大凶作が追い討ちをかける。庶民の生活は破綻し、都市では**労働争議**《そうぎ》が、農村部では**小作争議**が激増。批判の矛先は失政と汚職を繰り返す政党政治へ向けられ、軍部が台頭する素地をつくったのである。

人物 浜口雄幸《はまぐちおさち》［1870～1931年］
大正～昭和初期の政治家。大蔵省を経て1915年に衆議院議員になり、蔵相、内相を歴任。1927年立憲民政党の初代総裁となり、2年後首相に就任した。緊縮財政を進め、1930年に金輸出解禁を断行。また、海軍や枢密院の反対を抑えてロンドン海軍軍縮条約に調印したため、軍部、右翼の反発をまねき、東京駅で右翼青年に狙撃される。翌年その傷がもとで死亡した。

90 満州事変

関東軍が満州で暴走 国際的孤立が深まる

中国で北伐が進むなか、旅順の日本陸軍（関東軍）は独断で行動。政府の方針をまったく無視して、満州の軍事占領を開始した。

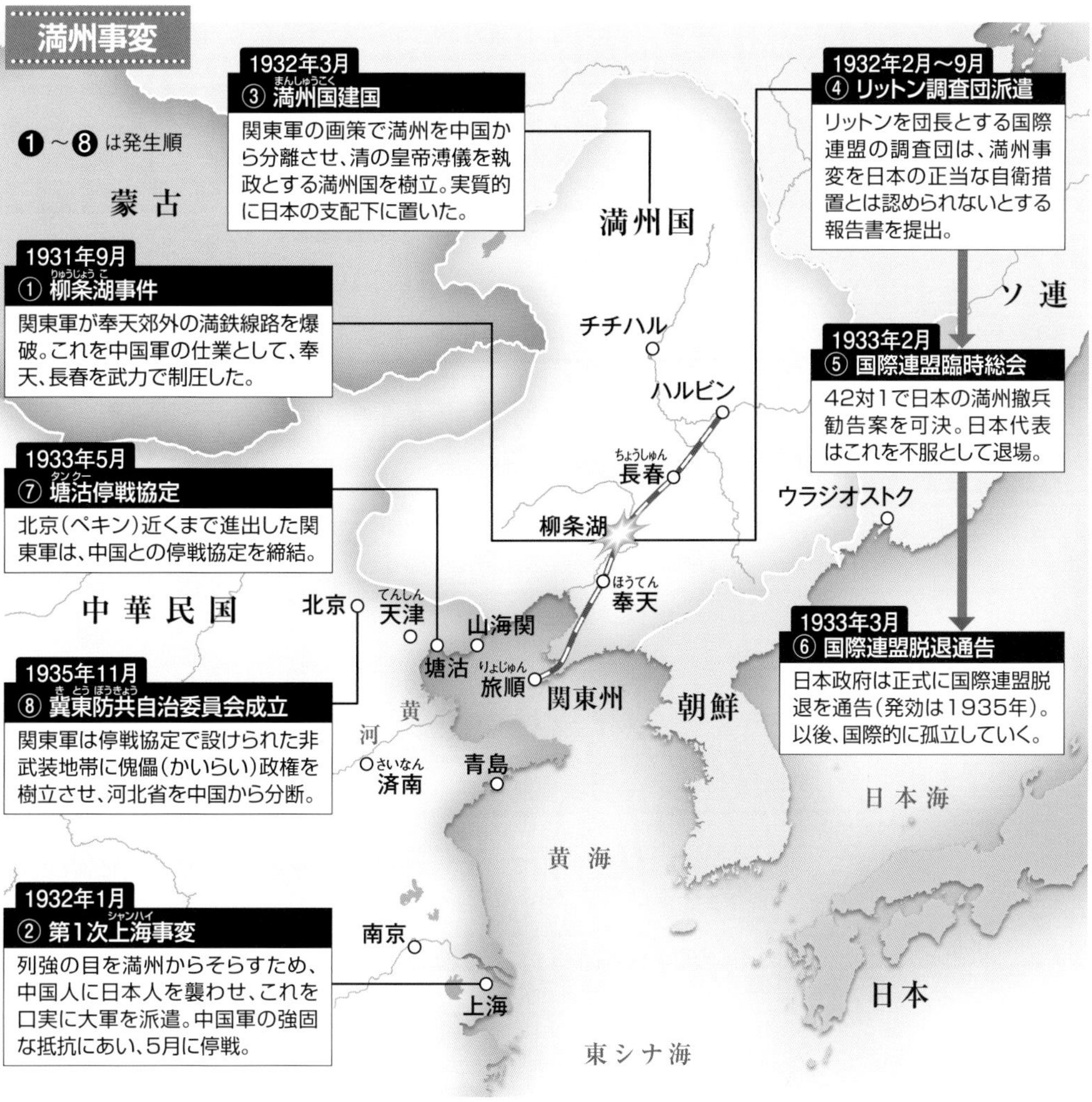
満州事変
❶～❽は発生順
1931年9月
① 柳条湖《りゅうじょうこ》事件
関東軍が奉天郊外の満鉄線路を爆破。これを中国軍の仕業として、奉天、長春を武力で制圧した。

1932年1月
② 第1次上海《シャンハイ》事変
列強の目を満州からそらすため、中国人に日本人を襲わせ、これを口実に大軍を派遣。中国軍の強固な抵抗にあい、5月に停戦。

1932年3月
③ 満州国《まんしゅうこく》建国
関東軍の画策で満州を中国から分離させ、清の皇帝溥儀を執政とする満州国を樹立。実質的に日本の支配下に置いた。

1932年2月～9月
④ リットン調査団派遣
リットンを団長とする国際連盟の調査団は、満州事変を日本の正当な自衛措置とは認められないとする報告書を提出。

1933年2月
⑤ 国際連盟臨時総会
42対1で日本の満州撤兵勧告案を可決。日本代表はこれを不服として退場。

1933年3月
⑥ 国際連盟脱退通告
日本政府は正式に国際連盟脱退を通告（発効は1935年）。以後、国際的に孤立していく。

1933年5月
⑦ 塘沽《タンクー》停戦協定
北京（ペキン）近くまで進出した関東軍は、中国との停戦協定を締結。

1935年11月
⑧ 冀東防共《きとうぼうきょう》自治委員会成立
関東軍は停戦協定で設けられた非武装地帯に傀儡（かいらい）政権を樹立させ、河北省を中国から分断。
蒙古
満州国
ソ連
チチハル
ハルビン
長春《ちょうしゅん》
柳条湖
ウラジオストク
奉天《ほうてん》
中華民国
北京
天津《てんしん》
山海関
塘沽
旅順《りょじゅん》
関東州
朝鮮
黄河
済南《さいなん》
青島
日本海
黄海
南京
上海
日本
東シナ海

文民統制が破綻 関東軍が満州を占領

1911年の**辛亥《しんがい》革命**で**中華民国**を建国した中国だが、各地に割拠《かっきょ》する**軍閥《ぐんばつ》**が中国統一の妨げとなっていた。そこで、1926年、中国国民党の**蔣介石《しょうかいせき》**は北方軍閥の討伐（**北伐《ほくばつ》**）を開始する。

これに対し、日本は邦人保護を名目に山東《さんとう》へ出兵し、北伐軍との武力衝突を起こす（**済南《さいなん》事件**）。また、日本が支援していた満州軍閥の**張作霖《ちょうさくりん》**が北伐軍に敗れると、関東軍は満州の直接支配を画策し、独断で張作霖を爆殺した。しかし、子の**張学良《ちょうがくりょう》**が国民党に帰順したため、中国統一が完了する。

危機感を覚えた関東軍は、1931年9月、参謀の**石原莞爾《いしはらかんじ》**らが奉天《ほうてん》郊外の**柳条湖《りゅうじょうこ》**で南満州鉄道の線路を爆破。これを中国軍の仕業として軍事行動を開始した（**満州事変**）。協調外交路線の**若槻礼次郎《わかつきれいじろう》内閣**は不拡大方針を発表したものの、マスコミや世論の支持を背景に、関東軍は占領地を広げていった。

満州国の建国と国際連盟からの脱退

1932年3月、満州の主要地域を占領した関東軍は、清《しん》朝最後の皇帝**溥《ふ》儀《ぎ》**を執政《しっせい》に迎え、満州国の建国を宣言させた。これに対し、中国の訴えでイギリスの**リットン**を団長とする国際連盟の調査団が派遣された。

一方、五・一五事件後に成立した**斎藤《さいとう》実《まこと》**内閣は、9月に**日満《にちまん》議定書**を交わして満州国を承認するなど既成事実を積み重ねようとした。しかし、1933年2月の国際連盟総会では、**リットン報告書**にもとづき、日本に満州国承認の撤回を求める勧告案が採択される。これを不服とした日本は、翌3月に国際連盟脱退を通告（1935年発効）。さらには第2次ロンドン海軍軍縮会議を脱退し、ワシントン海軍軍縮条約も破棄して国際的な孤立を深めるのであった。

内閣総辞職に追い込んだ昭和天皇の怒りと後悔

張作霖爆殺事件に際し、当初、田中義《ぎ》一《いち》首相は責任者を厳重処分にする旨を昭和天皇に奏上した。しかし、陸軍などの反対にあうと、首謀者の停職という軽い処分に変更する。これを奏上された天皇が厳しく叱責すると、恐縮した田中は内閣総辞職した。

自らの言動で首相を退陣させたことを悔やんだ天皇は、以後、政治に意見することが少なくなり、軍部の暴走はエスカレートしていったのである。

人物 蔣介石《しょうかいせき》［1887～1975年］
中国の政治家。浙江（せっこう）省の出身。日本留学中に孫文（そんぶん）らが設立した、反清朝を掲げる中国同盟会に加入、辛亥（しんがい）革命に身を投じた。中華民国の建国後、黄埔（こうほ）軍官学校の設立、革命軍の養成に尽力し、北伐を行った。のち国民政府主席となり反共政策を進めるが、抗日戦争では共産党と協力。第二次世界大戦後、国共内戦に敗れて台湾へ逃れた。

91

五・一五事件と二・二六事件

青年将校のクーデターで軍部の発言力が増大！

昭和恐慌に有効な対策を打てず腐敗する政党と富を独占する財閥。国民の苛立ちと不安は募り、軍人らによるテロが頻発した。

青年将校らによるテロとクーデター

1932年5月15日、武装した一団が首相官邸に乱入し、**犬養毅**《いぬかいつよし》首相を射殺した（**五・一五**《ごいちご》**事件**）。犯人は海軍青年将校や民間の右翼青年らで、彼らは、日本の行き詰まりの原因は政党や財閥の無策、腐敗にあると批判。軍中心の内閣で政治を刷新するという国家改造運動を掲げ、井上準之助《じゅんのすけ》前蔵相と団琢《だんたく》磨《ま》三井合名会社理事長を殺害する**血盟**《けつめい》**団**《だん》**事件**などを起こしていた。

これらのテロ事件は政党など既存支配層を脅《おびや》かし、犬養のあとには海軍大将**斎藤実**《さいとうまこと》を首相とする**挙国一致**《きょこくいっち》**内閣**が成立して政党政治は終焉した。

このころ、陸軍内部では**荒木貞夫**《あらきさだお》、**真**《ま》**崎甚三郎**《さきじんざぶろう》ら**皇道**《こうどう》**派**と**永田鉄山**《ながたてつざん》、**東条英**《とうじょうひで》**機**《き》ら**統制**《とうせい》**派**の対立があらわになっていた。天皇親政による国家改造を唱える皇道派が青年将校らに支持されたのに対し、軍部の統制による「高度国防国家」を目ざす統制派は、エリート幕僚将校らに支持されていた。

1935年、真崎の教育総監罷免《そうかんひめん》に怒った皇道派の相沢三郎《あいざわさぶろう》中佐が永田を惨殺。翌1936年に皇道派の牙城だった第1師団の満州派遣が決定すると、皇道派の青年将校らは約1400人の兵を率いて決起した（**二・二六事件**）。

クーデター部隊は、首相官邸や警視庁などを襲撃。**高橋是清**《たかはしこれきよ》蔵相、斎藤実内大臣、**渡辺錠太郎**《わたなべじょうたろう》教育総監を殺害し、**鈴木貫太郎**《すずきかんたろう》侍従《じじゅう》長に重傷を負わせた。青年将校らは荒木や真崎の工作による天皇親政の実現を期待していたものの、逆に反乱部隊として鎮圧された。以後、統制派を主体とする軍部は皇道派を一掃し、政治的発言力を強めていったのである。

陸軍の内部抗争

統制派

政財界と結び、合法的に総力戦体制の構築を目ざす現実派

永田鉄山《ながたてつざん》

東条英機《とうじょうひでき》

VS

皇道《こうどう》**派**

天皇親政による軍事国家樹立を画策する精神主義的急進派

荒木貞夫《あらきさだお》

真崎甚三郎《まさきじんざぶろう》

1935年8月、皇道派の将校に暗殺される。

↓

統制派は、皇道派の巣窟・第1師団の満州移駐を決定。それを機に、皇道派青年将校らが決起。

↓

二・二六事件（1936年）

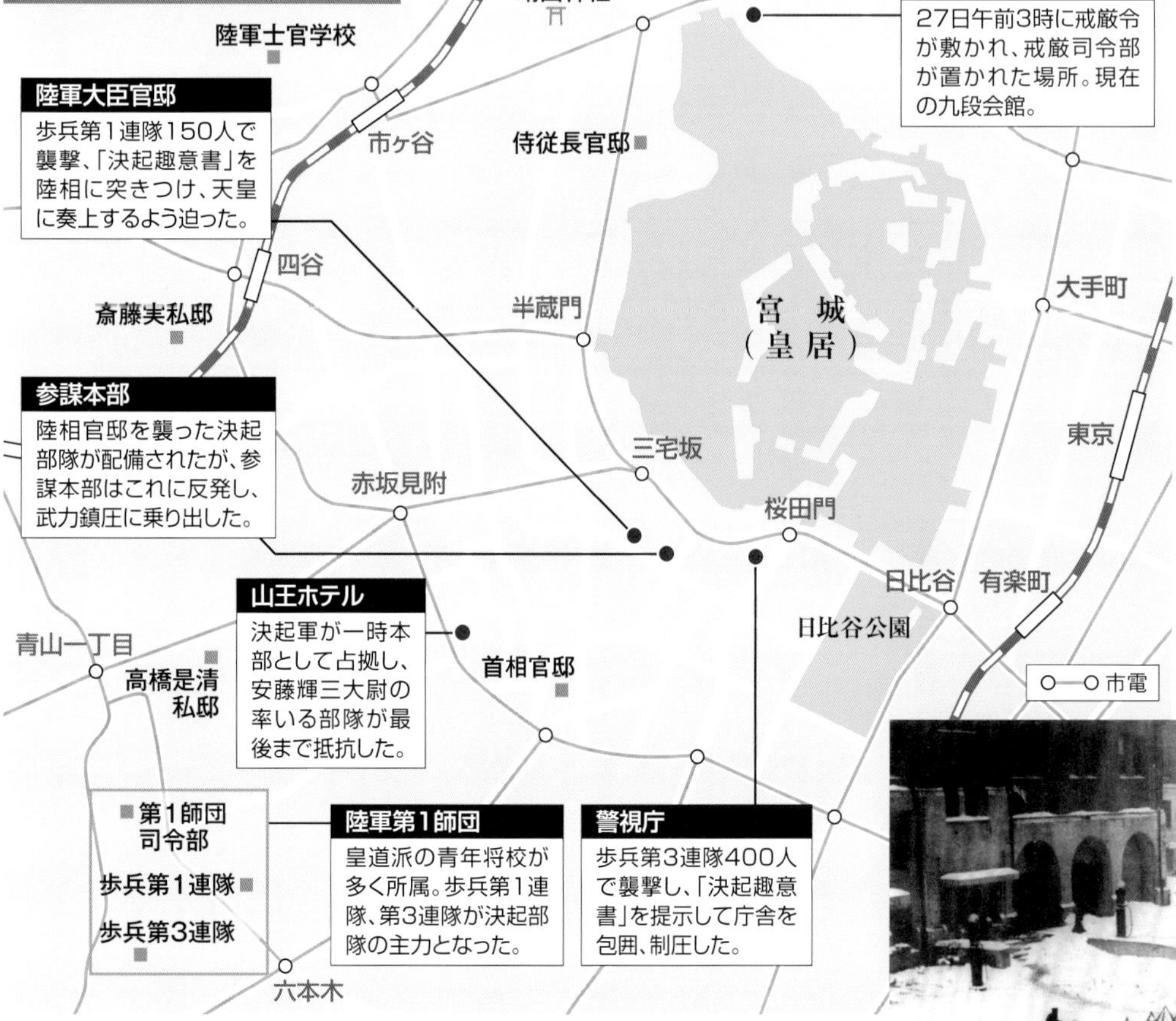
靖国神社
九段下
陸軍士官学校
軍人会館
27日午前3時に戒厳令が敷かれ、戒厳司令部が置かれた場所。現在の九段会館。
陸軍大臣官邸
歩兵第1連隊150人で襲撃、「決起趣意書」を陸相に突きつけ、天皇に奏上するよう迫った。
市ヶ谷
侍従長官邸
四谷
斎藤実私邸
半蔵門
宮城
（皇居）
大手町
参謀本部
陸相官邸を襲った決起部隊が配備されたが、参謀本部はこれに反発し、武力鎮圧に乗り出した。
三宅坂
東京
赤坂見附
桜田門
日比谷
有楽町
山王ホテル
決起軍が一時本部として占拠し、安藤輝三大尉の率いる部隊が最後まで抵抗した。
日比谷公園
青山一丁目
高橋是清私邸
首相官邸
市電
第1師団司令部
歩兵第1連隊
歩兵第3連隊
陸軍第1師団
皇道派の青年将校が多く所属。歩兵第1連隊、第3連隊が決起部隊の主力となった。
警視庁
歩兵第3連隊400人で襲撃し、「決起趣意書」を提示して庁舎を包囲、制圧した。
六本木

二・二六事件で、東京・桜田門の警視庁を占拠する反乱部隊。

92 日中戦争

長い戦争の時代へ 日中全面戦争勃発

1933年5月の停戦協定で、満州事変は一応の終結をみた。しかし、関東軍をはじめとする軍部は、華北分離工作を進展させていった。

日中戦争（1937～45年）

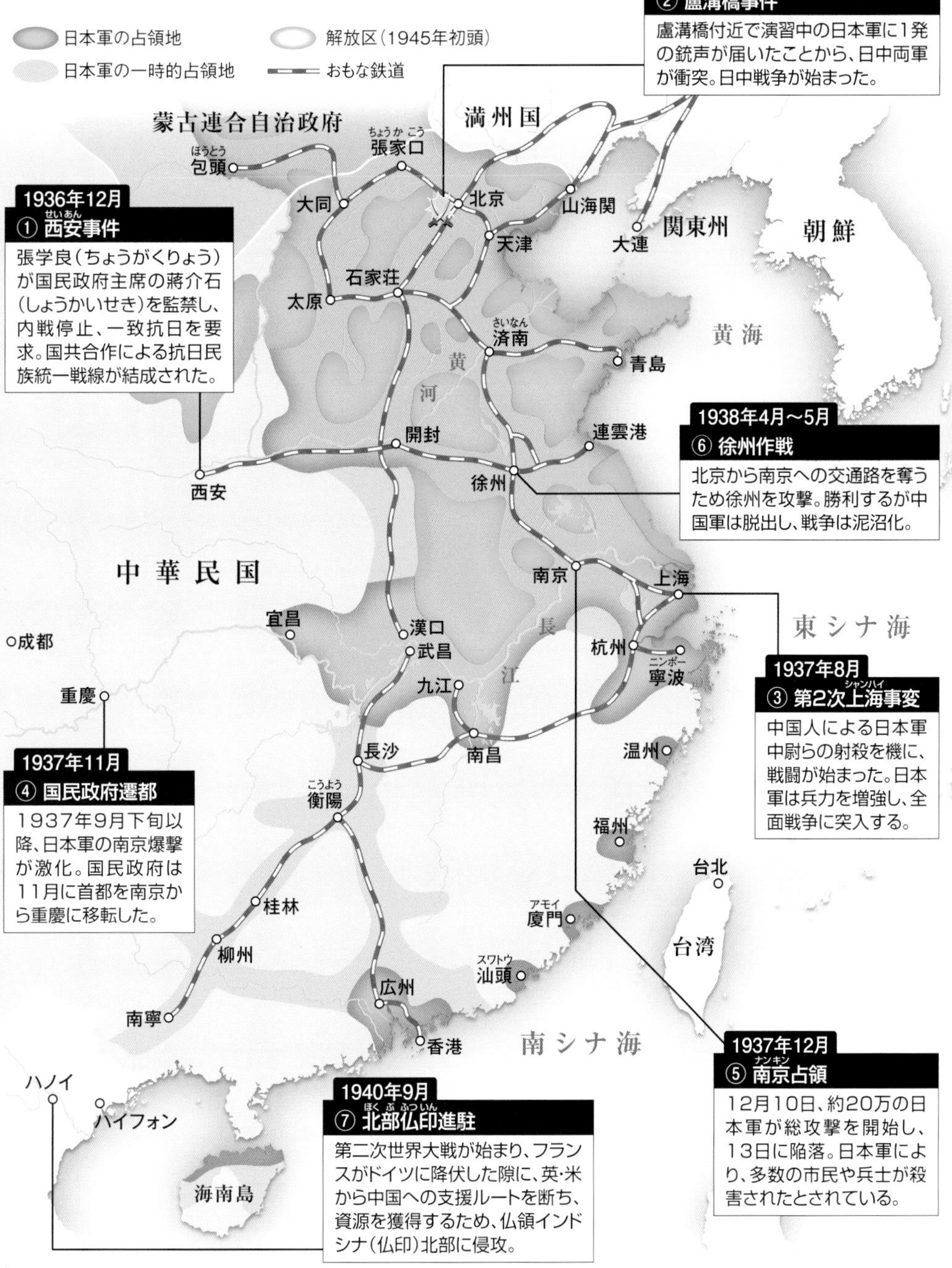
❶～❼ 発生順
日本軍の占領地
日本軍の一時的占領地
解放区（1945年初頭）
おもな鉄道
1936年12月
① 西安《せいあん》事件
張学良（ちょうがくりょう）が国民政府主席の蒋介石（しょうかいせき）を監禁し、内戦停止、一致抗日を要求。国共合作による抗日民族統一戦線が結成された。

1937年7月
② 盧溝橋《ろこうきょう》事件
盧溝橋付近で演習中の日本軍に1発の銃声が届いたことから、日中両軍が衝突。日中戦争が始まった。

1937年8月
③ 第2次上海《シャンハイ》事変
中国人による日本軍中尉らの射殺を機に、戦闘が始まった。日本軍は兵力を増強し、全面戦争に突入する。

1937年11月
④ 国民政府遷都
1937年9月下旬以降、日本軍の南京爆撃が激化。国民政府は11月に首都を南京から重慶に移転した。

1937年12月
⑤ 南京《ナンキン》占領
12月10日、約20万の日本軍が総攻撃を開始し、13日に陥落。日本軍により、多数の市民や兵士が殺害されたとされている。

1938年4月～5月
⑥ 徐州作戦
北京から南京への交通路を奪うため徐州を攻撃。勝利するが中国軍は脱出し、戦争は泥沼化。

1940年9月
⑦ 北部仏印《ほくぶふついん》進駐
第二次世界大戦が始まり、フランスがドイツに降伏した隙に、英・米から中国への支援ルートを断ち、資源を獲得するため、仏領インドシナ（仏印）北部に侵攻。
蒙古連合自治政府
満州国
包頭《ほうとう》
張家口《ちょうかこう》
大同
北京
山海関
関東州
朝鮮
大連
天津
石家荘
太原
済南《さいなん》
青島
黄海
黄河
開封
連雲港
西安
徐州
中華民国
南京
上海
東シナ海
宜昌
漢口
武昌
成都
杭州
寧波《ニンポー》
九江
長江
重慶
長沙
南昌
温州
衡陽《こうよう》
福州
台北
台湾
桂林
廈門《アモイ》
柳州
汕頭《スワトウ》
広州
南寧
香港
南シナ海
ハノイ
ハイフォン
海南島

泥沼化した日中戦争で日本の全体主義化が進展

北伐《ほくばつ》中の1927年、南京《なんきん》に**国民政府**を成立させた**中国国民党**の**蔣介石**《しょうかいせき》は、それまで協力関係にあった**中国共産党**と対立。**第1次国共内戦**《こっきょうないせん》が起きていた。これをみた日本軍は、華北に傀儡《かいらい》政権（**冀東防共**《きとうぼうきょう》**自治政府**）を樹立させて第2の満州国にしようとした。

対する共産党は、長征《ちょうせい》途上の1935年8月、抗日民族統一戦線の結成をよびかけた。国民政府の指揮下で共産党攻撃を命じられていた**張学良**《ちょうがくりょう》はこれに応え、翌年12月には西安《せいあん》を訪れた蔣介石を監禁し、「内戦停止、一致抗日」を説得。この**西安事件**で国共内戦は終結し、日本への徹底抗戦が始まった。

こうした状況下の1937年7月、北京《ペキン》郊外で日中両軍が衝突した**盧溝橋**《ろこうきょう》**事件**をきっかけに、**日中戦争**が始まった。軍部の圧力で不拡大方針を転換した日本は大軍を投入し、同年12月には国民政府の首都**南京**《ナンキン》を占領した。この際、日本軍によって多数の兵士や市民が殺害されたとされている。その後も戦線を拡大した日本軍は、武漢《ぶかん》（武昌《ぶしょう》、漢口《かんこう》）や広州《こうしゅう》などの主要都市を占領し、幹線鉄道を支配下に置いた。

しかし、首都を重慶《じゅうけい》に遷《うつ》した国民政府は「援蔣《えんしょう》ルート」を通じた米・英からの援助で抗戦を続け、共産党も各地の抗日根拠地でゲリラ戦を展開した。一方の日本軍は点（都市）と線（鉄道）の占領を維持することで手一杯となり、以後、戦況は泥沼化。傀儡政権として**汪兆銘**《おうちょうめい》を首班とする新国民政府を樹立させたが、事態は好転しなかった。

人物 近衛文麿《このえふみまろ》［1891～1945年］

昭和初期の政治家。五摂家の一つ近衛家に生まれ、1916年貴族院議員となる。1937年に内閣を組織し、日中戦争を開始するとともに国家総動員体制を確立。その後も2度にわたって組閣し、日独伊三国同盟の締結、南進政策の推進などにより、日米関係を悪化させた。戦後、憲法改正に着手しようとしたが、戦犯に指名されて自殺した。

93 太平洋戦争開戦

軍部の南進がまねいたアメリカとの全面戦争

日中戦争により、門戸開放を求めるアメリカとの関係が悪化した日本は、独・伊との三国同盟に踏み切り、対米開戦を決意した。

日米開戦までの流れ

年	月日	日本	月日	アメリカ
1937年		**日中戦争開戦** →		**中国の門戸開放を主張。**
1939年		→		**日米通商航海条約破棄を通告。** 経済制裁のため、日米間の自由貿易を停止（失効は1940年1月）。
	9月 1日	**第二次世界大戦開戦**		
1940年	9月23日	**北部仏印進駐** 米英による中国支援の断絶、資源確保のため。		
	9月27日	**日独伊三国同盟締結** アジア、ヨーロッパにおける支配を相互に承認。 →		**ヨーロッパ戦線を背景に、日本と米・英との敵対関係が決定的となる。**
1941年	4月16日	**日米交渉開始** 民間レベルでの下交渉のすえ、日本政府は「日米諒解案」を作成し、日米交渉を正式に開始。		
	7月28日	**南部仏印進駐** アメリカの輸出制限で不足した資源を求めて進駐。 →	8月 1日	**対日石油輸出の禁止** 石油の約8割をアメリカに頼る日本は大打撃を受けた。
	9月 6日	御前会議において、日米交渉期限を10月上旬までとし、決裂の場合は開戦に踏み切ることを決定。		
			11月26日	**「ハル=ノート」提出** 日本に対する最後通牒として、中国・仏印からの撤退などを要求。
	12月 1日	**御前会議で対米・英・蘭開戦決定** ← 交渉決裂		
	12月 8日	**日本海軍、ハワイ真珠湾を攻撃し、太平洋戦争開戦**		

軍部に引きずられ対米関係が極度に悪化

国際連盟脱退で孤立を深めた日本は、同様に連盟を脱退したドイツ・イタリアと**三国防共協定**《さんごくぼうきょうきょうてい》を結んでいた。第二次世界大戦開戦後、そのドイツが破竹の勢いでヨーロッパを席巻すると、日本は１９４０年に**日独伊**《にちどくい》**三国同盟**を締結し、北部仏印（フランス領インドシナ北部）への進駐を開始する。

日本は日中戦争で関係が悪化したアメリカに日米通商航海条約を破棄（１９３９年）にされており、南進は入手困難になった軍需物資を直接求めようという軍部の主張に沿った行動だった。しかし、これを自国の東アジア政策への深刻な挑戦と受け止めたアメリカは、航空機用燃料やくず鉄などの対日輸出禁止で経済制裁を本格化させた。

最後通告「ハル=ノート」で対米・英開戦を決意

日米衝突を回避したい**近衛文麿**《このえふみまろ》首相は対米交渉を開始したが、その一方で、対米・英戦を覚悟する軍部の意向により、日本軍は１９４１年７月に南部仏印進駐を開始する。これでさらに態度を硬化させたアメリカは、在米日本資産の凍結や対日石油輸出の禁止などの措置に出た。イギリスやオランダもこれに同調したため、軍部はもはや対米・英開戦は不可避だと主張し始めた。

同年11月、アメリカ国務長官**ハル**は、駐米大使野村吉三郎《のむらきちさぶろう》に最終提案として**「ハル=ノート」**を提示する。その内容は中国・仏印からの撤兵、日独伊三国同盟の破棄、中国を満州事変以前の状態に戻すなど最後通告に等しく、到底日本が飲めるものではなかった。近衛内閣のあとを受けた**東条英機**《とうじょうひでき》内閣は、御前《ごぜん》会議で対米・英・蘭開戦を決定。12月8日に日本陸軍が**英領マレー半島**に上陸し、海軍はハワイの**真珠湾**を攻撃して**太平洋戦争**へと突入したのである。

ハワイ真珠湾を攻撃する日本海軍の九七式艦上攻撃機。

94 戦時下の日本

「お国のために」奪われた国民生活

対米・英・蘭全面戦争の開戦で、戦時体制は強化されていった。戦争のためにすべてを捧げる、国民の窮乏生活が始まる。

国民の思想教化で国家主義体制を確立

1937年の日中戦争開戦直後、**近衛文麿**《このえふみまろ》首相は**国民精神総動員運動**を展開し、思想教化によって国民の戦争協力を促した。次いで1940年には内閣情報局を設置して、戦争遂行のための情報宣伝と言論思想の統制を開始。1941年には小学校を国民学校に改編し、「皇国《こうこく》の道」に則《のっと》った愛国教育を施した。

政治面では、1940年6月からドイツのナチス党やイタリアのファシスト党のような強力な指導政党をつくり、全国民を戦争協力に動員しようとする新体制運動を開始。同年10月には、第2次近衛内閣のもとで諸政党を糾合した**大政翼賛会**《たいせいよくさんかい》が成立して国家主義体制を強化した。

国家の統制下に置かれた国民生活の崩壊

一方、1938年には**国家総動員法**を制定し、政府が議会の承認なしで人的・物的資源を動員できるようにした。これにより、国民生活はあらゆる面で戦時体制に組み込まれ、日中戦争の長期化や**太平洋戦争**開戦により、国民生活の窮乏ぶりは深刻化していく。

1940年以降、砂糖やマッチなどが**切符制**に、米穀が**配給制**になったほか、塩や味噌《みそ》、衣類などあらゆる生活物資に点数切符による総合配給制が実施された。さらに、1941年の金属類回収令によって家庭から金属製品が姿を消し、木や竹、陶器製などの**代用品**がさかんに出回るようになった。

また、戦地での兵力や工場での労働力も不足するようになり、1943年には大学や高等専門学校在学中で徴兵適齢の文科学生を軍に召集する(**学徒**《がくと》**出陣**《しゅつじん》)一方で、残った学生・生徒を**勤労学徒**、未婚女性を**女子挺身隊**《ていしんたい》として、軍需工場で生産にあたらせた。

1944年後半からアメリカ軍による本土空襲が本格化すると、都市部では建築物の強制取り壊しや防空壕の設置が行われ、軍需工場の地方移転や**学童疎開**も始まった。このころには深刻な食糧難にも見舞われるようになっており、国民生活は完全に崩壊。厭戦《えんせん》気分が漂うようになっていった。

追い詰められた国民の生活

1938年
- 4月 **国家総動員法公布** 戦争のための人や物資を、政府が議会を通さず統制できる。
- **灯火管制規則公布** 家の明かりがもれないように、電灯が覆われた。
- この年、代用品が出回る。

1939年
- 7月 **国民徴用令公布** 国民が強制的に徴発され、軍需工場で働かされた。

1940年
- 6月 6大都市で**砂糖**、**マッチ**が配給制に。➡11月から全国で実施
- 7月 ぜいたく品の製造販売を制限。（町には「ぜいたくは敵だ!」という看板が立てられた。）
- 10月 **大政翼賛会発足**

1941年
- 3月 **国民学校令公布**（4月から小学校を国民学校へ改組。）
- 4月 **米**(約330g/1人1日)が配給制に。
- 10月 乗用車の**ガソリン**使用全面禁止。
- 12月 **太平洋戦争** 開戦

1942年
- 1月 **塩**が配給制に。
- 2月 **衣料品**が切符制に。**味噌**、**醤油**が配給制に。
- 5月 **金属類回収の強化**

1943年
- 1月 英米音楽の演奏禁止。（ジャズなどは敵性音楽として禁止、レコード演奏も禁じられた。）
- 10月 **明治神宮外苑で出陣学徒壮行会** 学生は兵役を免じられていたが、徴兵猶予年齢が引き下げられ、約7万人が軍に送られた。
- 12月 徴兵適齢を19歳に引き下げ。

1944年
- 8月 学童集団疎開の第1陣が出発。
- **学徒勤労令・女子挺身勤労令公布** 中等学校以上の全生徒、12～40歳の女性が強制的に工場へ動員されるようになった。

1945年
- 6月 **義勇兵役法公布** 15～60歳の男性、17～40歳の女性は国民義勇戦闘隊に編成された。

※配給の割合量は家族構成や年齢などにより異なる。

代用品のいろいろ

竹製ヘルメット

陶製アイロン（熱湯を入れて使用）

大政翼賛会の成立

大政翼賛会《たいせいよくさんかい》
- 大日本翼賛壮年団：大政翼賛運動の実戦部隊として結成。
- 大日本産業報国会：1938年に労働組合が改組され、職場ごとに産業報国会が組織、1940年に中央統一組織として大日本産業報国会がつくられた。
- 総裁（首相兼任）
  - 道府県支部長（知事）
    - 市町村支部長（市町村長）
      - 都市部：町内会－隣組《となりぐみ》
      - 農村部：部落会－隣組《となりぐみ》

人物 東条英機《とうじょうひでき》［1884～1948年］
昭和初期の軍人、政治家。関東軍参謀長などを歴任し、陸軍統制派の中心人物となる。1941年に首相となり、陸相、内相を兼任して太平洋戦争を開始。昭和天皇の信任を得て独裁的政治を進めたが、戦局が悪化すると総辞職した、戦後、A級戦犯として裁かれ、絞首刑に処せられた。東条が示達した「戦陣訓」は、敵への投降を戒め、玉砕や自決の悲劇を生み出した。

95 太平洋戦争の推移

最初の半年だけだった日本軍の快進撃

日中戦争に続いて太平洋戦争に突入した日本は、以後、絶望的な二正面作戦を展開する。緒戦の連戦連勝で国内は沸き立ったが、それはわずか半年の快進撃でしかなかった。

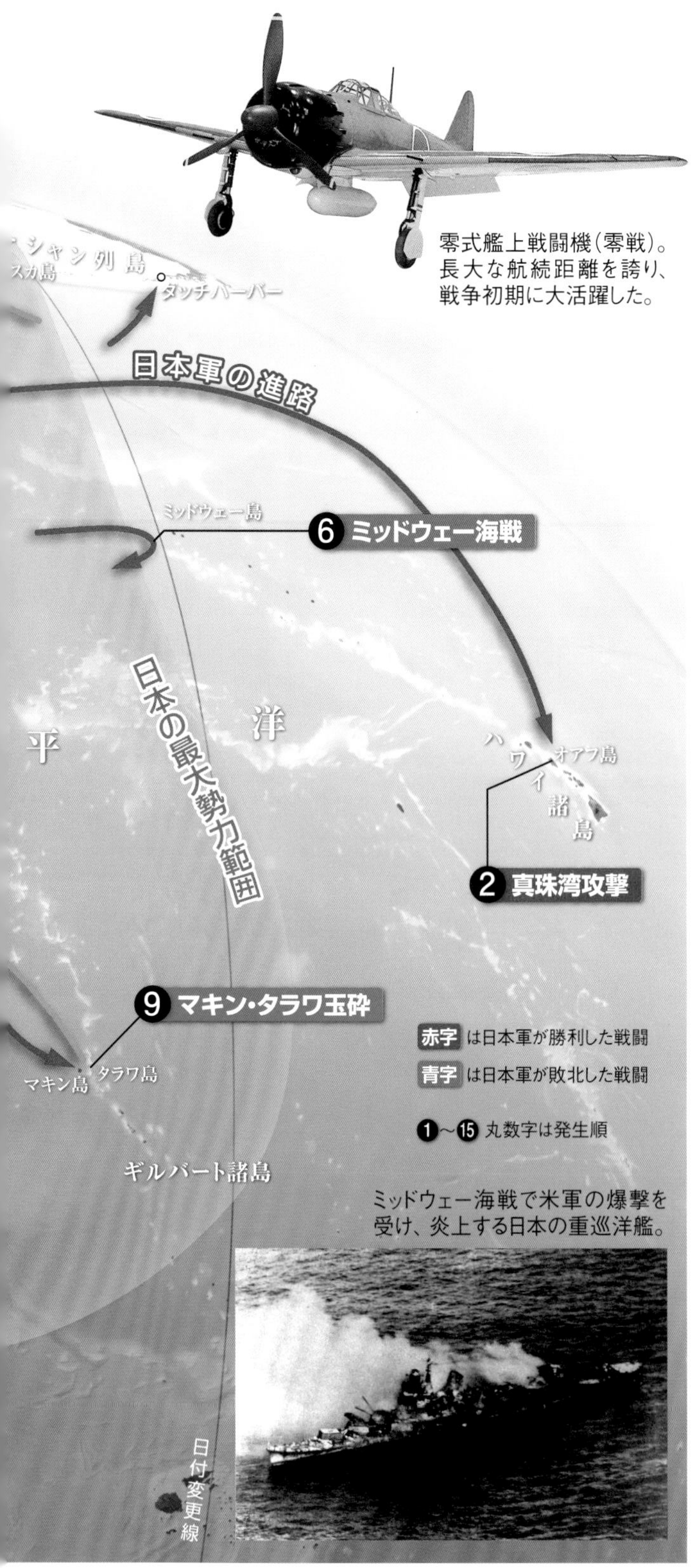

ダッチハーバー
日本軍の進路
ミッドウェー島
6 ミッドウェー海戦
日本の最大勢力範囲
平
洋
ハワイ諸島
オアフ島
2 真珠湾攻撃
9 マキン・タラワ玉砕
赤字 は日本軍が勝利した戦闘
青字 は日本軍が敗北した戦闘
❶～⑮ 丸数字は発生順
マキン島
タラワ島
ギルバート諸島
日付変更線

零式艦上戦闘機(零戦)。長大な航続距離を誇り、戦争初期に大活躍した。

ミッドウェー海戦で米軍の爆撃を受け、炎上する日本の重巡洋艦。

航空優位を示した日本軍がミッドウェーで空母4隻喪失

開戦直後の1941年12月10日、日本軍は**マレー沖海戦**でイギリス東洋艦隊の主力を撃滅した。この戦いで、日本軍は航空戦力のみで敵戦艦2隻を撃沈。海戦における航空優位を実証し、以後、戦術における航空母艦《こうくうぼかん》(空母)の重要性が増すこととなった。

その後、12月中にグアム、香港《ホンコン》を攻略した日本軍は、1942年5月までにマレー半島やシンガポール、現在のインドネシアにあたる蘭印《らんいん》(オランダ領東インド)、ビルマ(現ミャンマー)、フィリピン全土を占領。「**大東亜共栄圏**」の名のもと、開戦から約半年で東南アジアと太平洋島嶼《とうしょ》部のほぼ全域を勢力圏とした。

しかし、アメリカが圧倒的な物量を投じて反攻に転じると戦局は一変する。転機の一つとなったのが1942年6月の**ミッドウェー海戦**だ。この戦いで、日本海軍が空母4隻と艦載機約300機、そして多くの熟練パイロットを失う大敗を喫すると、以後、日本は次つぎに制海権・制空権を失っていった。

1941年

❶コタバル上陸 12月8日
日本陸軍が真珠湾攻撃の約1時間前に侵攻し、翌日市内を占領。10日には海軍がマレー沖海戦に勝利した。

❷真珠湾攻撃 12月8日
日本海軍航空隊が真珠湾を攻撃し、戦艦4隻を撃沈、航空機231機を破壊。しかし、燃料タンクなどの軍需施設をほぼ無傷で残した。

1942年

❸マニラ占領 1月2日
空爆で米空軍を一掃した日本軍はマニラに無血入城。その後、バターン半島に後退した米軍を撃破した。

❹シンガポール占領 2月15日
マレー半島を南下した日本陸軍に英軍が降伏。以後日本は、シンガポールを昭南島と改称。

❺ジャワ島占領 3月9日
日本海軍が蘭・英・米・豪の連合艦隊を破り、陸軍が蘭領東インドの最大拠点バンドンを攻略。

❻ミッドウェー海戦 6月5～7日
日本海軍は米軍の前線基地奪取と、米機動艦隊撃滅をねらったが、暗号を解読した米艦載機の返り討ちにあい、空母4隻、航空機約300機、多数の熟練兵を失う惨敗を喫した。

▼

以後、米軍の反攻が本格化する。

95 太平洋戦争の推移

米艦に体当たりする神風特別攻撃隊(写真上部)。特攻作戦はレイテ沖海戦で初めて採用された。

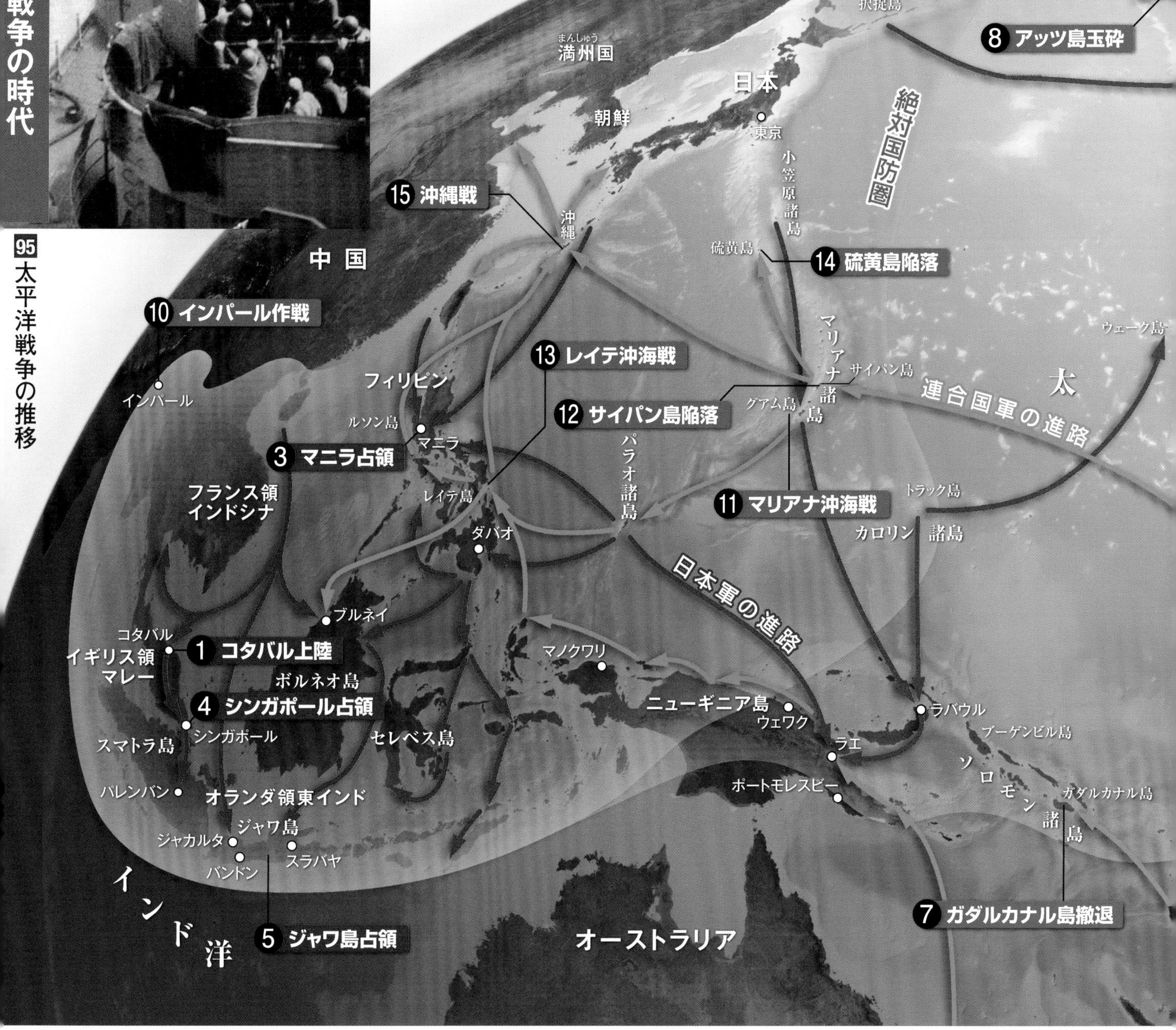
ソ連
カムチャツカ
アリ
アッツ島
千島列島
択捉島
8 アッツ島玉砕
満州国《まんしゅう》
日本
東京
朝鮮
絶対国防圏
小笠原諸島
15 沖縄戦
沖縄
中国
硫黄島
14 硫黄島陥落
10 インパール作戦
マリアナ諸島
サイパン島
ウェーク島
太
13 レイテ沖海戦
フィリピン
インパール
連合国軍の進路
12 サイパン島陥落
グアム島
ルソン島
マニラ
3 マニラ占領
パラオ諸島
フランス領インドシナ
レイテ島
11 マリアナ沖海戦
トラック島
カロリン諸島
ダバオ
日本軍の進路
ブルネイ
コタバル
1 コタバル上陸
イギリス領マレー
マノクワリ
ボルネオ島
4 シンガポール占領
ニューギニア島
ウェワク
ラバウル
シンガポール
スマトラ島
セレベス島
ブーゲンビル島
ラエ
ソロモン諸島
パレンバン
オランダ領東インド
ポートモレスビー
ガダルカナル島
ジャカルタ
ジャワ島
スラバヤ
バンドン
インド洋
5 ジャワ島占領
オーストラリア
7 ガダルカナル島撤退

1943年

❼ **ガダルカナル島撤退** 2月1～7日
前年8月に上陸した約6万の米軍が約3万の日本軍と激しい攻防戦を展開。補給を断たれた日本軍は2万人以上の死者を出して撤退。死因の6割以上は餓死と病死だった。

❽ **アッツ島玉砕** 5月29日
米軍が日本軍の占領下にあったアッツ・キスカ両島の奪還作戦を開始。アッツ島守備隊は徹底抗戦を選び、全滅。キスカ島守備隊は7月までに撤収に成功した。

❾ **マキン・タラワ玉砕** 11月23日
マキン・タラワ両島に米軍約2万5000が上陸。日本守備隊は奮戦したが、3日間で全滅。

1944年

❿ **インパール作戦** 3～7月
日本軍は「援蒋ルート」の遮断のためインド・インパール攻略を強行。英軍の圧倒的な戦力の前に、補給もない日本軍は撤退。約3万人が戦死し、4万人以上が飢えと病に倒れた。

⓫ **マリアナ沖海戦** 6月19～20日
日米艦隊が決戦、日本海軍は空母3隻と航空機約400機を失う完敗を喫した。

⓬ **サイパン島陥落** 7月9日(P136参照)
1カ月に及ぶ米軍との激戦のすえ、日本軍は全滅。以後、本土空襲が日常化した。

⓭ **レイテ沖海戦** 10月23～26日
日本海軍は総力を結集し、マッカーサー率いる米軍に決戦を挑んだが、「武蔵」ほかの艦艇と航空機のほとんどを失い、壊滅。

1945年

⓮ **硫黄島陥落** 3月26日
7万5000の大軍で上陸した米軍に対し、約2万2000の日本軍は頑強に抵抗したが、1カ月余の激戦のすえ、約2万人が戦死。

⓯ **沖縄戦** 3～6月(P137参照)
日本軍は市民を巻き込み抵抗するが敗北。

96 戦局の悪化

守勢に回った日本で本土空襲が始まった

ミッドウェー海戦の大敗後、日本軍はじりじりと戦線を後退。「絶対国防圏」を突破されると、ついに本土空襲が始まった。

絶対国防圏の崩壊

大本営は、千島列島からニューギニア島、ビルマを結ぶ線内を、死守すべき絶対国防圏に設定するが、マリアナ諸島の失陥により崩壊した。

マリアナ沖海戦
1944年6月、連合艦隊は航空隊で米機動部隊を襲撃したが、レーダーに捕捉されて撃墜され、空母3隻（飛鷹、翔鶴、大鳳）と航空機約400機を失った。
グアム島玉砕
1944年7月25日、米軍に総攻撃をかけるも失敗。ゲリラ戦を続けたが8月10日に陥落。
テニアン島玉砕
1944年7月24日に上陸した米軍に対し、日本軍は民間人を巻き込み防戦するが、8月3日陥落。
中華民国
台湾
日本
小笠原諸島
父島
母島
硫黄島
南鳥島
沖ノ鳥島
マリアナ諸島
サイパン島
テニアン島
グアム島
ルソン島
マニラ
フィリピン海
フィリピン
飛鷹《ひよう》沈没
翔鶴《しょうかく》沈没
大鳳《たいほう》沈没
日本軍の動き
アメリカ軍の動き
太平洋
ビキニ島
エニウェトク島
マーシャル諸島
トラック諸島
（チューク諸島）
ポンペイ島
カロリン諸島
ミンダナオ島
ダバオ
パラオ諸島
タウィタウィ島
セレベス海
ハルマヘラ島
セレベス島
（スラウェシ島）
モルッカ（マルク）諸島
ニューギニア島
バンダ海
絶対国防圏

サイパン攻防戦（1944年6〜7月）

日本軍約3万は、6月15日に上陸した米軍約7万に追われながら、必死の抵抗を続けた。

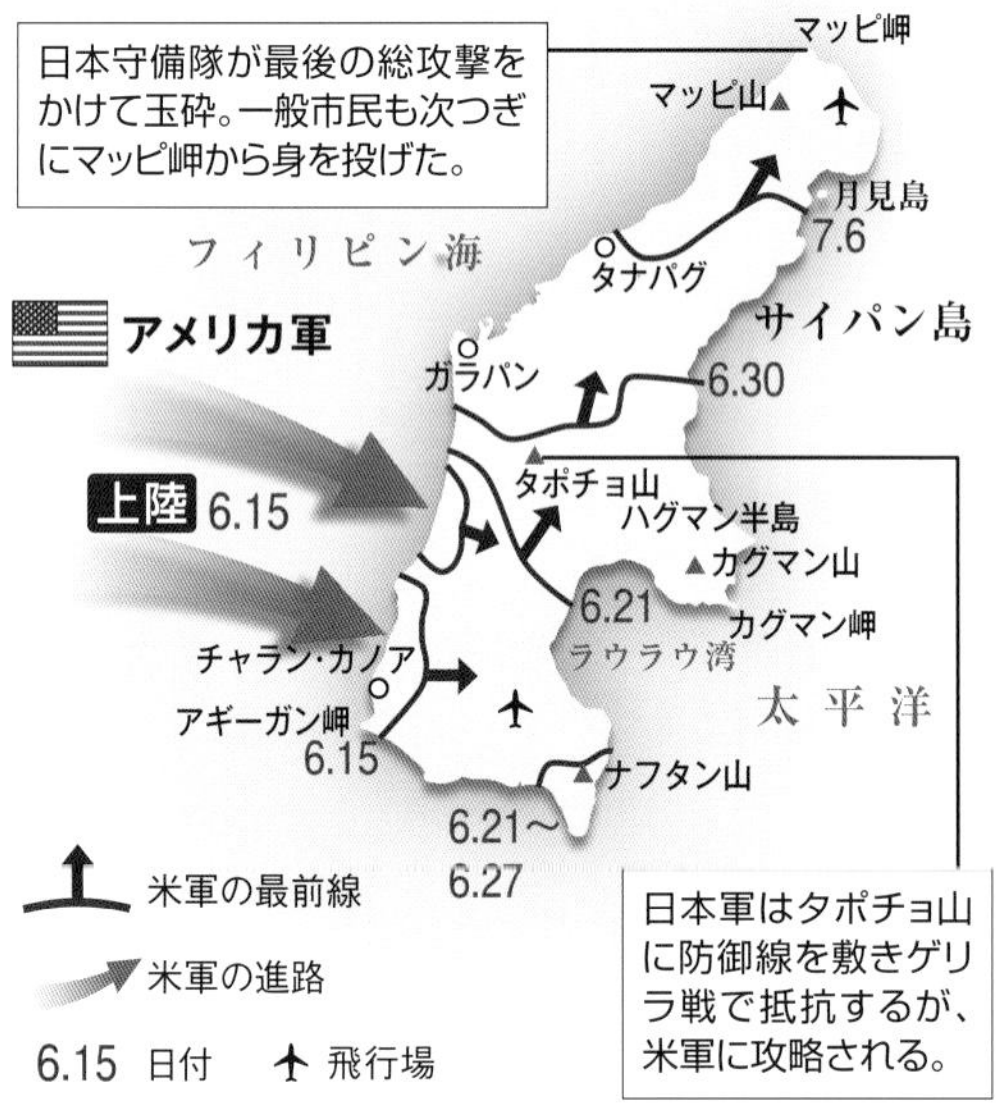
日本守備隊が最後の総攻撃をかけて玉砕。一般市民も次つぎにマッピ岬から身を投げた。
マッピ岬
マッピ山
月見島
7.6
タナパグ
フィリピン海
サイパン島
アメリカ軍
ガラパン
6.30
上陸 6.15
タポチョ山
ハグマン半島
カグマン山
6.21
カグマン岬
ラウラウ湾
チャラン・カノア
太平洋
アギーガン岬
6.15
ナフタン山
6.21〜
6.27
米軍の最前線
米軍の進路
6.15 日付
飛行場
日本軍はタポチョ山に防御線を敷きゲリラ戦で抵抗するが、米軍に攻略される。

「絶対国防圏」の崩壊で米軍による空襲が本格化

ミッドウェー海戦後も、新聞などは大本営《だいほんえい》発表どおりに大勝利を報じ続けたため、国民は真相を知らないままであった。しかし、前線では攻守が交代しており、反攻に転じたアメリカは1942年8月にソロモン諸島の**ガダルカナル島**に上陸。半年にわたる激戦のすえ、補給路を断たれた日本陸軍は2万人以上の死者を出して撤退している。

以後、**アッツ島**や**マキン島・タラワ島**などで日本軍の「**玉砕**《ぎょくさい》（**全滅**）」が続き、劣勢は明らかになった。そこで、日本は1943年9月に「**絶対国防圏**《ぜったいこくぼうけん》」を設定してアメリカを食い止めようとした。しかし、翌1944年2月には、その最前線であるトラック諸島の海軍基地が陥落し、6月にはアメリカ軍がマリアナ諸島の**サイパン島**へ上陸する。日本軍は、本土防衛の要であるマリアナ諸島を死守すべく連合艦隊の全力を投入したが、米機動部隊に惨敗（**マリアナ沖海戦**）。支援を失ったサイパン島守備軍は7月に玉砕し、グアム島やテニアン島を含むマリアナ諸島全域を失って絶対国防圏は崩壊した。

一方のアメリカは、制圧したサイパン島などに急ピッチで飛行場を建設。1944年11月からは、B29重爆撃機による日本本土への**空爆**を本格化させた。以後、連日のように空襲に見舞われた日本の諸都市は、次つぎに廃墟と化していったのである。

B29が並ぶサイパン島の米軍飛行基地。ほぼ本州全域が爆撃範囲となり、本土空襲が本格化した。

97 沖縄戦と原爆投下

アメリカの圧倒的な軍事力に追い詰められる日本

1945年、本土空襲が激化するなか、ついに沖縄本島も占領される。それでも無条件降伏に応じない日本に、アメリカは原子爆弾を投下した。

絶望的な総力戦のすえ沖縄はアメリカに占領される

空襲が激しさを増すなか、1945年3月9〜10日の**東京大空襲**《だいくうしゅう》では、約10万人の死者が出た。以後、空襲は全国の都市に拡大していく。

一方、4月には**沖縄本島**にアメリカ軍が上陸。対する日本軍は守備隊約10万に加え、現地住民を戦闘に駆り出して総力戦を展開した。しかし、沖縄周辺の制海権・制空権は完全に失われており、孤立無援のまま島の南部へ追い詰められた日本軍は6月23日に玉砕して組織的戦闘は終結。沖縄はアメリカに占領された。この沖縄戦で日本側は約19万人が命を失ったが、その半数以上は沖縄の民間人であった。

この間の5月、ヨーロッパで同盟国のドイツが降伏した。軍部はなおも本土決戦を唱えたが、**鈴木貫太郎**《すずきかんたろう》内閣は戦争終結の手段を模索し始める。鈴木首相は、日ソ中立条約を結んでいたソ連の仲介による和平交渉に期待し、連合国が提示した無条件降伏（**ポツダム宣言**）を黙殺する。これに対し、アメリカは8月6日広島に、9日長崎に**原子爆弾**を投下して町を壊滅させた。8日には和平仲介を期待していたソ連が対日参戦しており、日本は万事休すとなった。

全国を襲った無差別爆撃
1944年以降、アメリカ軍の本土空襲が本格化した。翌年からは全国の中小都市にまで無差別爆撃が行われ、終戦前夜まで続けられた。
空爆による死傷者・行方不明者
1万人以上
3000〜1万人未満
1000〜3000人未満
1000人未満
広島への原爆投下
1945年8月6日、史上初の原子爆弾が広島上空で炸裂。強烈な熱線と爆風は10万人以上の命を一瞬にして奪い、爆心地から半径4kmにわたって深刻な被害をもたらした。
愛知県
軍需産業の密集する名古屋は、1945年3月、ほぼ1週間おきに3度の無差別爆撃を受けた。
宮城県
1945年7月、仙台にB29が来襲。市の中心部は壊滅した。
福岡県
1944年6月に北九州で初空襲、翌年6月には福岡市街のほとんどが焦土となる大空襲にみまわれた。
兵庫県
1945年3月、5月、6月の大空襲を含め、120回以上の空爆を受けた。
東京大空襲
1945年3月10日未明、300機以上のB29が来襲、2時間余に及ぶ無差別爆撃で東京下町は火の海と化した。100万もの人びとが逃げ惑い、死者は10万人以上に及んだ。
神奈川県
1945年5月の大空襲で横浜は市街地が焼失。工業地帯である川崎も数多くの空爆にさらされた。
大阪府
1945年3月の大空襲後、50回もの空襲で市街は壊滅。
長崎への原爆投下
1945年8月9日、2つ目の原子爆弾が長崎に投下された。広島より強力な爆弾だったが、山間部のため爆心地付近に被害が集中。年末までに7万人以上が亡くなった。
宮城
仙台
富山
茨城
福井
東京
千葉
川崎
横浜
名古屋
神奈川
北九州
山口
広島
広島
岡山
兵庫
神戸
大阪
愛知
静岡
三重
福岡
愛媛
和歌山
長崎
長崎
鹿児島
沖縄戦（1945年3月〜6月）
4月3日の米軍占領地域
4.1 日付
米軍の最前線
飛行場
米軍の進路
❶〜❺ 沖縄戦の経過
4月16〜21日
❷ 飛行場防衛のため激しく米軍に応戦し、住民1500人を含む約4700人が戦死。集団自決を選ぶ住民も少なくなかった。
4月1日
❶ 米軍は上陸したその日のうちに読谷（よみたん）・嘉手納（かでな）両飛行場を占領。3日間で中部を制圧し、本島を南北に分断した。
4月6日〜5月29日
❸ 守備軍は司令部のある首里（しゅり）周辺で持久戦を展開したが、米軍の圧倒的な物量戦の前に、戦力のほとんどを失って南へ後退した。
6月18日
❹ 激しい戦闘の続くなか、従軍看護のひめゆり学徒隊に解散命令が出され、戦場に放り出された彼女たちの多くが犠牲となった。
6月23日
❺ 摩文仁（まぶに）に移った牛島満（うしじまみつる）司令官の自決で、組織的戦闘が終結。しかしその後も散発的な戦いが続いた。
辺戸《へど》
伊江島
備瀬《びせ》
占領 4.20
4.11
本部半島
占領
4.16〜21
4.8 名護
4.5
4.8
東シナ海
太平洋
4.1 上陸 読谷《よみたん》 4.3
嘉手納《かでな》
上陸 4.10
4.3
4.19
6.11 上陸
那覇
首里
5.29
津堅島《つけん》
慶良間列島
上陸
3.26
摩文仁《まぶに》
6.21
6.20

人物 島田叡《しまだあきら》［1901〜1945年］
敗戦時の沖縄県知事。兵庫県生まれ。警察官僚を経て1944年に大阪府内政部長に就任。米軍の沖縄上陸が迫った1945年1月、沖縄県知事に任命され、周囲の反対を押し切って単身赴任。以後、住民の疎開や食糧確保に奔走した。米軍上陸後も守備軍と行動をともにしつつ県民の安全に尽くしたが、守備軍壊滅後に消息を絶ち、自決したといわれている。

98 ヤルタ会談とポツダム会談

日独の敗戦後を見据えた連合国の首脳会議

第二次世界大戦を戦いながら、アメリカを中心とした連合国は、終戦後までを見越した首脳会議を開いていた。

第二次世界大戦中の連合国側の動き

1941年8月 大西洋会談
ローズヴェルト(米)、チャーチル(英)
領土不拡大、通商の自由、国際機構の再建などを定めた「大西洋憲章」を発表。

1941年12月〜1942年1月 ワシントン会談
ローズヴェルト(米)、チャーチル(英)
枢軸国に対する単独講和の禁止などを定めた「連合国共同宣言」を発表。

1943年11月 カイロ会談
ローズヴェルト(米)、チャーチル(英)、蔣介石(中)
対日戦争目的についての「カイロ宣言」を発表。
- 第一次世界大戦後に日本が獲得した太平洋島嶼部の接収
- 満州・台湾・澎湖諸島などの中華民国への返還
- 朝鮮の独立

など

1944年7月 ブレトン・ウッズ会議

1944年8月 ダンバートン・オークス会議

1945年2月 ヤルタ会談
ローズヴェルト(米)、チャーチル(英)、スターリン(ソ)
対独処分案の「ヤルタ協定」と対日「秘密協定」を締結。

1945年7〜8月 ポツダム会談
トルーマン[*1](米)、チャーチル[*2](英)、スターリン(ソ)
ドイツの戦後処理と、対日降伏勧告「ポツダム宣言」を発表。

日本の軍国主義の除去、日本領土の占領、日本軍の完全な武装解除、戦争犯罪人への厳重な処罰、軍需産業の廃止など

枢軸国側の動き

1939年9月 第二次世界大戦勃発
ヴェルサイユ条約で失ったドイツ領回復を大義名分に、ドイツがポーランド侵攻を開始。

1941年12月 太平洋戦争勃発

1943年9月 イタリアが降伏
米・英軍のシチリア上陸で、ムッソリーニが失脚、新たに樹立したバドリオ政権が無条件降伏。

1944年6月 ノルマンディー上陸作戦
ドイツに占領されたフランス・ノルマンディーから英・米・自由フランス軍が上陸、3カ月でフランスの大部分を奪還。

1945年5月 ドイツが降伏
4月にソ連軍がベルリンを包囲、ヒトラーが自殺後、ドイツは無条件降伏。

1945年8月 日本がポツダム宣言受諾
原爆投下後の8月15日に昭和天皇がラジオでポツダム宣言受諾を放送。

＊1 4月にローズヴェルトが死去し、副大統領のトルーマンが大統領に就任した。
＊2 イギリスで政権交代があり、途中でアトリー首相と交代。

半年も前に決まっていたソ連の対日参戦

鈴木貫太郎《すずきかんたろう》内閣が最後まで期待をかけていたソ連による和平仲介だが、実は、ソ連の対日参戦は約半年前に決定していた。

1945年2月、クリミア半島の**ヤルタ**で米大統領**ローズヴェルト**と英首相**チャーチル**、ソ連首相**スターリン**が会談し、ドイツ降伏後の処分や東欧の処理などが話し合われた。この**ヤルタ会談**では、ドイツ降伏後、ソ連が日ソ中立条約を破棄《はき》して日本に宣戦布告する、という秘密協定が結ばれていたのだ。

こうした連合国の首脳会談は、アメリカを中心にさかんに行われた。特に、日・独の不利が鮮明になった1943年以降は、早くも戦後処理に向けた話し合いを始めている。同年11月の**カイロ会談**では、米・英首脳と蔣介石《しょうかいせき》が対日徹底抗戦を約束するとともに、満州などの中国返還といった戦後処理を決めた「**カイロ宣言**」が出されているのだ。

そして、1945年7月からの**ポツダム会談**では、米・英・ソ首脳によってドイツの処分が話し合われた。同時に、米・英によって対日降伏勧告である「**ポツダム宣言**」が策定され、蔣介石の同意を得て7月26日に発表されている。

天皇の裁断という形でポツダム宣言受諾を決定

対する日本政府は、2度にわたる原爆投下とソ連の対日参戦で、ついにポツダム宣言を受け入れ、無条件降伏することを決意する。

ただし、政府・軍部首脳による最高戦争指導会議では、陸軍を中心に「本土決戦」「一億玉砕《ぎょくさい》」を主張する者もいた。そこで鈴木首相は、事前に**昭和天皇**に根回しをし、8月14日の御前《ごぜん》会議では、天皇による裁断という形でポツダム宣言受諾が決定したのだ。この決定は、同日夜に中立国のスイス政府を通じて連合国側に通知された。

太平洋戦争の公式なよび名はない!?

「太平洋戦争」の呼称で定着しているこの戦争だが、戦時中は開戦2日後の1941年12月10日に日本政府が決定した「大東亜《だいとうあ》戦争」とよばれていた。太平洋戦争は、「第二次世界大戦の太平洋戦線」を意味するアメリカ側の呼称であり、戦後GHQから大東亜戦争の呼称が禁止されたことで使用されるようになったよび方だ。

ただし、日本は太平洋だけではなく中国などでも戦争をしていたため、実情に合わせて「アジア・太平洋戦争」や「我が国にかかわる第二次世界大戦」などと記述する教科書もある。

なお、現在の日本政府は公式な名称をつけていない。そのため、首相の戦後談話や終戦記念日での天皇のお言葉では「先の大戦」と表現されている。

人物 昭和天皇《しょうわてんのう》 [1901〜1989年]
第124代天皇(在位1926〜89年)。名は裕仁(ひろひと)。大正天皇の第1皇子として生まれ、1926年に皇位を継ぐ。二・二六事件では反乱軍鎮圧を強く主張。1941年御前会議は対米・英・蘭開戦を決定した。1945年原爆投下、ソ連参戦に至り、天皇は降伏を決定した。戦後は「人間宣言」により自ら神格を否定し、「象徴天皇」として平和外交に努めた。

第9章 経済大国化する戦後日本

第9章に登場する主な人物の生没年

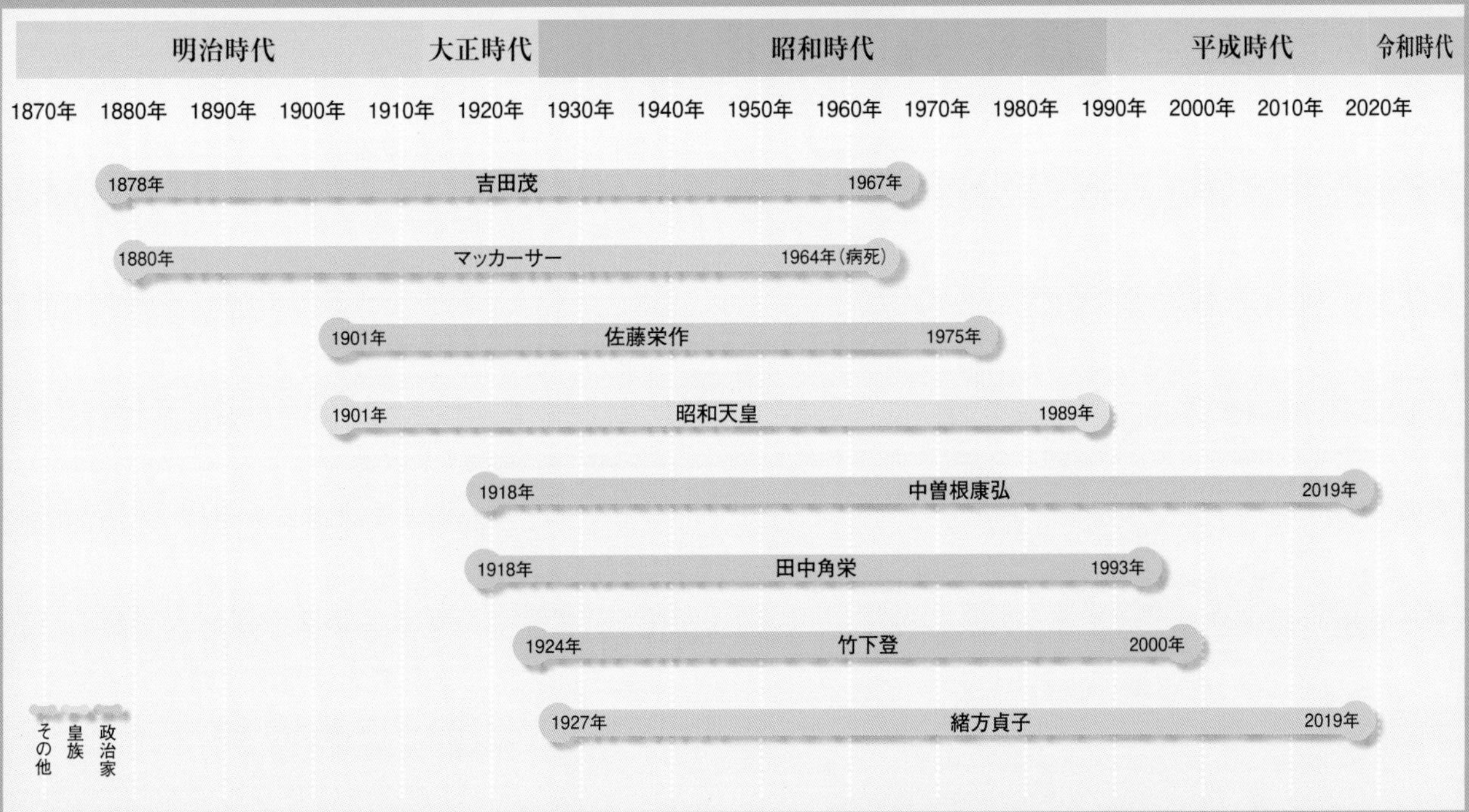

明治時代
大正時代
昭和時代
平成時代
令和時代
1870年 1880年 1890年 1900年 1910年 1920年 1930年 1940年 1950年 1960年 1970年 1980年 1990年 2000年 2010年 2020年
1878年 吉田茂 1967年
1880年 マッカーサー 1964年（病死）
1901年 佐藤栄作 1975年
1901年 昭和天皇 1989年
1918年 中曽根康弘 2019年
1918年 田中角栄 1993年
1924年 竹下登 2000年
1927年 緒方貞子 2019年
政治家
皇族
その他

経済大国化する戦後日本 10大ニュース

昭和時代

年	出来事	
1945年	❶ **第二次世界大戦の終結**	p.142
1946年	❷ **日本国憲法公布**	
1950年	朝鮮戦争勃発《ぼっぱつ》	
1951年	❸ **サンフランシスコ平和条約締結**	p.143
1954年	自衛隊が発足	
1955年	社会党統一、自由民主党結成（55年体制のはじまり）	
1956年	日ソ共同宣言／国連加盟	
1960年	日米相互協力及び安全保障条約、日米地位協定調印	
1964年	❹ **東京オリンピック開催**	p.145
1965年	日韓基本条約調印	
1967年	公害対策基本法公布	
1968～69年	東大闘争が全国の大学紛争に波及	
1970年	日本万国博覧会（大阪万博）開催	

国内インフラの大整備

戦後、どん底からの再スタートとなった日本だが、1955年から始まった高度経済成長の結果、世界2位の経済大国に躍進する。そんな戦後復興の象徴となった64年の東京オリンピックを機に開通したのが、東海道新幹線や首都高速道路、名神高速道路などだ。以後も、田中角栄《たなかかくえい》首相の「日本列島改造論」などに後押しされて各種国内インフラの整備は進み、日本史上かつてないほどの豊かさを享受《きょうじゅ》する現代日本の屋台骨を支えている。

高速道路
東北自動車道
1987年全線（弘前線）開通
本線の弘前線は川口―青森間の679.5kmを結ぶ。
関越自動車道
1985年全線開通
日本海側地域の工業化を大目的とした田中角栄の「日本列島改造論」にもとづき、上越新幹線などと並んで整備された。
北陸自動車道
名神高速道路
1965年全線開通
世界銀行から8000万ドルの融資を受けて建設。1963年7月、日本初の高速道路（高速自動車国道）として栗東―尼崎間71.7kmが開通した。
道央自動車道
東名高速道路
1969年全線開通
1965年起工。先行して建設された名神高速道路と接続され、日本の物流を支える大動脈となった。
豊富北
幌延
美深北
士別剣淵
名寄
留萌大和田
丸瀬布
小樽
深川
比布
札幌
夕張
黒松内
千歳恵庭
足寄
大沼公園
本別
阿寒
函館
日高門別
忠類大樹
青森
琴丘森岳
小坂
八戸
岩城
河辺
安代
酒田みなと
横手
花巻
荒川胎内
鶴岡
北上
月山
山形
新潟中央
登米東和
上越
長岡
亘理
福島
敦賀
更埴
郡山
相馬
米原
一宮
岡谷
佐久
高崎
岩舟
いわき
友部
名古屋
四日市
八王子
茨城
伊勢
三ケ日
新清水
御殿場
海老名北
おもな高速有料道路網（2018年度）
凡例
高速道路開通区間
おもな自動車専用道路・おもな有料道路開通区間
インターチェンジ／ジャンクション（予定を含む）
（国土交通省「高速道路ナンバリング」）

令和時代　平成時代

2019年　1989年

1971年	⑤沖縄返還協定調印	p.146
1972年	⑥日中国交正常化	p.147
1973年	第1次オイルショック	
1985年	⑦プラザ合意	p.149
1989年	昭和《しょうわ》天皇崩御《ほうぎょ》	
1989年	消費税実施（3%）	
1990年	⑧バブル崩壊	p.150
1992年	PKO協力法成立	
1993年	55年体制崩壊	
1995年	阪神《はんしん》・淡路《あわじ》大震災が発生	
2001年	アメリカで同時多発テロ発生	
2008年	リーマン＝ショックが発生	
2011年	⑨東日本大震災が発生	p.154
2015年	公職選挙法改正で18歳以上に選挙権	
2019年	⑩元号が平成から令和へ	p.156
2020年	新型コロナウイルスのパンデミックが発生	

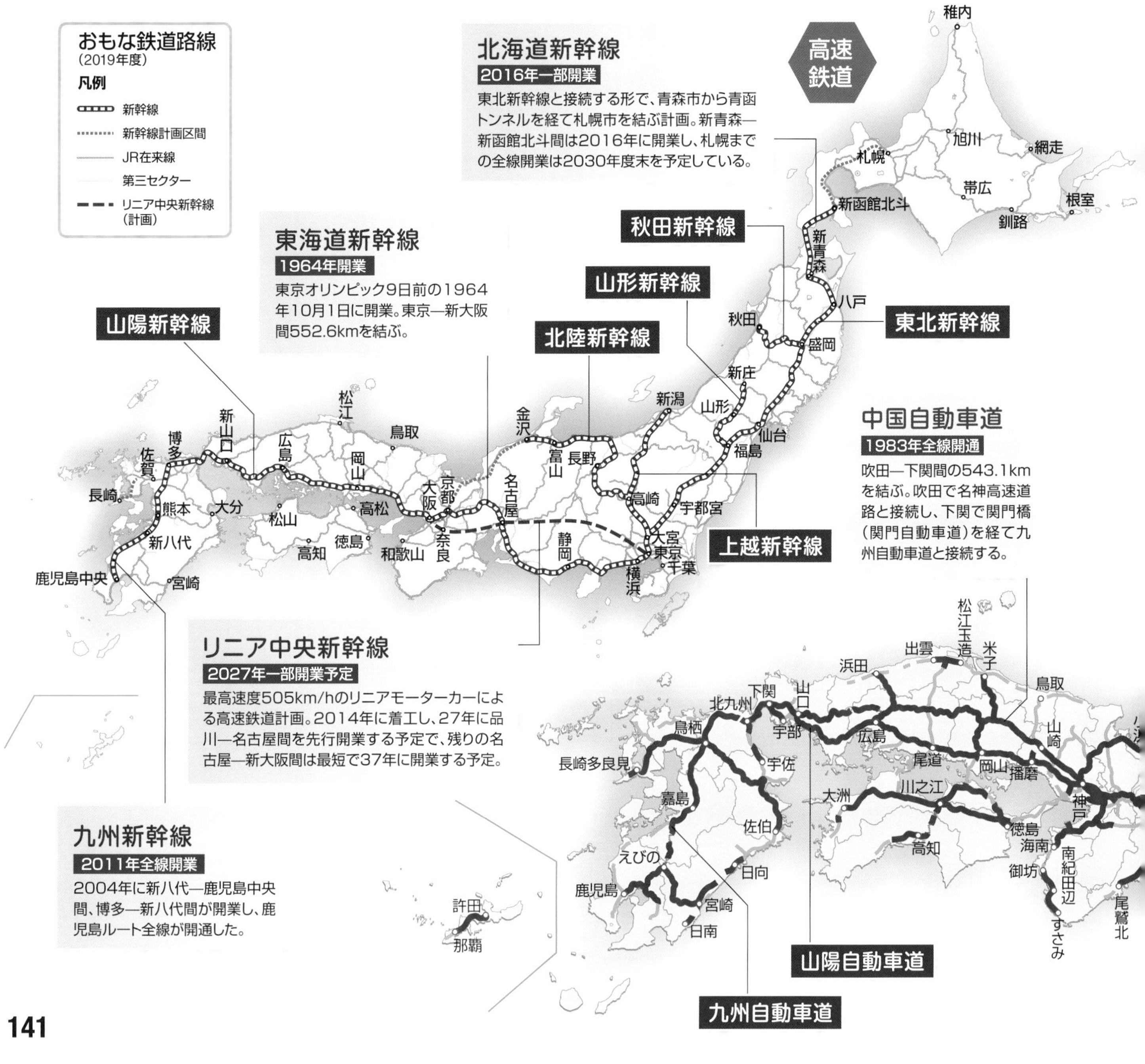

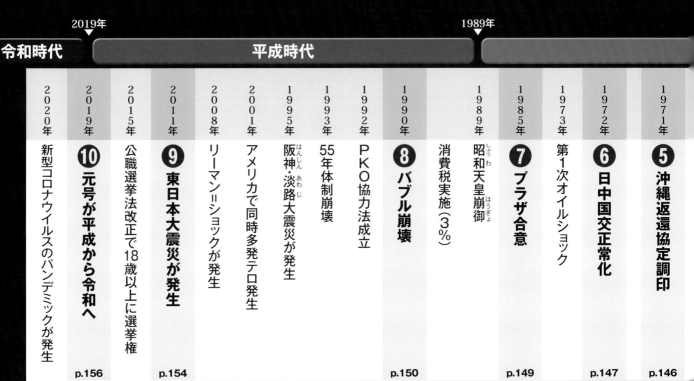

99 占領下の日本

GHQの指示のもとで日本の民主化が実現

ポツダム宣言にもとづき、連合国軍に占領された日本は、各分野での民主化改革や、新憲法制定を実施していった。

戦争に訴えない国へ日本の民主化を開始

1945年8月15日正午、**昭和《しょうわ》天皇**がラジオ放送(玉音《ぎょくおん》放送)で全国民に敗戦を告げた。以後、同月末からは連合国軍の進駐が始まり、日本はアメリカの**マッカーサー**を最高司令官とする**GHQ(連合国軍最高司令官総司令部)**の占領下におかれた。形式的には連合国による共同統治だが、実態はアメリカによる単独占領である。

GHQの支配は、日本政府への指令・勧告を通した**間接統治**方式をとり、日本が二度と戦争に訴えることのないよう、非軍国主義化と民主化を進めた。まずは日本軍を解体するとともに、戦争指導者たちを逮捕し、大政翼賛会《たいせいよくさんかい》の有力者などを**公職追放**処分とした。また、治安維持法廃止などで思想や政治活動の自由を確立する一方、GHQに批判的な言論を「プレス・コード」で禁止した。このほか、**極東《きょくとう》国際軍事裁判(東京裁判)**では「平和に対する罪」などでA級戦犯を裁いたが、事後法による裁判の問題点も指摘されている。

また、婦人参政権付与や教育改革などの**五大改革**も進められ、特に経済民主化では、財閥《ざいばつ》や多数の小作農を抱えた寄生地主《きせいじぬし》制が軍国主義の温床とみられ、**財閥解体**や**農地改革**が進められた。

五大改革と同時に指示された憲法改正では、幣原喜重郎《しではらきじゅうろう》内閣が提示した改正案が天皇の統治権を認めるなど保守的なものであったため、マッカーサー自らが改正草案を提示。1946年4月の総選挙で復活した政党政治のもとで修正可決され、同年11月に公布された。

敗戦と連合国による占領

1945年

8月15日 ポツダム宣言受諾のラジオ放送(玉音放送)。

17日 東久邇宮稔彦王《ひがしくにのみやなるひこおう》内閣が発足。

28日 連合国軍、日本本土へ進駐開始。

30日 マッカーサー、厚木に到着。

9月 2日 米艦ミズーリ号上で降伏文書に調印。

27日 昭和天皇、マッカーサーを訪問。

10月 2日 東京にGHQが設置される。

4日 GHQが東久邇宮内閣に「人権指令」を指示。

9日 幣原喜重郎《しではらきじゅうろう》内閣が発足。

11日 マッカーサーが幣原内閣に憲法改正と五大改革を指示。

11月 日本社会党、日本自由党(旧立憲政友会系)、日本進歩党(旧立憲民政党系)結党。
➡政党政治が復活

12月 神道指令発布。
➡国教分離により軍国主義・天皇崇拝思想の基盤を解体

衆議院議員選挙法改正。
➡満20歳以上の成人男女に選挙権を付与

1946年

1月 1日 昭和天皇が人間宣言。
➡「現御神(あきつみかみ)」とされた天皇が自ら神格を否定

1月 公職追放開始。
➡各界指導者約21万人が追放処分

2月 マッカーサーが憲法草案を日本政府に提示。

4月 対日理事会が発足。

改正選挙法下初の総選挙実施。

5月 3日 極東国際軍事裁判(東京裁判)開廷。
➡A級戦犯として25人に有罪判決(東条英機ら7人が絞首刑、他は禁固刑)

5月 吉田茂《よしだしげる》内閣が発足。

11月 3日 日本国憲法公布(施行は1947年5月3日から)。
➡主権在民・平和主義・基本的人権の尊重の三原則を明示

玉音放送を聴き、涙を流す人びと。

人権指令
- 治安維持法の廃止
- 共産党員ら政治犯の釈放

など

五大改革
- 女性参政権の付与
  ➡衆議院議員選挙法改正(1945年12月)
- 圧政的諸制度の撤廃
  ➡秘密警察(特別高等警察)などの廃止(1945年10月)
- 労働組合の奨励
  ➡労働組合法・労働関係調整法・労働基準法(労働三法)の制定(1945年12月～47年4月)
- 自由主義教育
  ➡教育基本法の制定(1947年3月)
- 経済の民主化
  ➡財閥解体(1945年12月)
  ➡過度経済力集中排除法制定(1947年12月)
  ➡農地改革(1945年11月～50年ごろ)

日本占領の体制

極東委員会(FEC)
本部 ワシントン
議長 アメリカ
構成国 米、英、仏、ソ、中をはじめとする11カ国(のち13カ国)

↓ 基本方針

アメリカ政府

↓ 指令

連合国軍最高司令官総司令部(GHQ)
本部 東京
最高司令官(SCAP) マッカーサー

→ 諮問 / ← 助言

対日理事会(ACJ)
本部 東京
議長 アメリカ
構成国 米、英、ソ、中

↓ 指令・勧告

日本政府

↓ 実施(ポツダム勅令など)

日本国民

人物 ダグラス・マッカーサー [1880−1964年]
アメリカの軍人。第二次世界大戦では極東軍司令官として対日作戦を指揮した。終戦後は連合国軍最高司令官として日本の占領政策を主導。朝鮮戦争が勃発すると国連軍最高司令官となるが、核兵器の使用を含めた中国への全面攻撃を主張してトルーマン大統領と対立し、1951年に解任された。

1951年
平成　昭和　大正　明治　江戸　安土桃山　室町　鎌倉　平安　奈良　古墳・飛鳥　弥生　縄文

100 国際社会への復帰

冷戦が後押しした日本の主権回復

日本の非軍事化・民主化を達成したGHQは、冷戦激化とともに対日占領政策を変更。日本を西側陣営の主要国として、早期に復帰させることにした。

東西冷戦の構図

アメリカ
西
大西洋
太平洋
ポルトガル
イギリス
ノルウェー
フランス
西ドイツ
東ドイツ
ポーランド
イタリア
ルーマニア
ソヴィエト連邦
東
トルコ
モンゴル
日本
北朝鮮
韓国
台湾
(中華民国)
中国
フィリピン
イラク
イラン
サウジ
アラビア
アフガニスタン
パキスタン
インド
北ベトナム
南ベトナム
タイ
ビルマ

ソヴィエト連邦

1947年	コミンフォルム(共産党情報局)結成
1948年	ベルリン封鎖
1949年	COMECON(経済相互援助会議)設立
	ドイツ民主共和国(東ドイツ)成立

日本

1950年	レッドパージ
	共産党員やその支持者の公職追放へ
	警察予備隊を設置
	西側陣営として再軍備を求められる
1951年	サンフランシスコ平和条約調印
	日米安全保障条約調印

朝鮮半島

1948年	朝鮮民主主義人民共和国成立
1950年	朝鮮戦争勃発

ヨーロッパ

1946年	チャーチルが「鉄のカーテン」演説
1947年	マーシャル=プラン(ヨーロッパ経済復興援助計画)発表
1949年	ドイツ連邦共和国(西ドイツ)成立

中国

1946年	国共内戦(第2次)本格化
1949年	中華人民共和国成立

非軍事化・民主化から復興・安定・自立化へ

戦後、世界はアメリカを中心とする資本主義・自由主義陣営(西側)と、ソ連を盟主とする社会主義・共産主義陣営(東側)に分かれて対立した。この**冷戦**(冷たい戦争)の激化を背景に、アメリカ(GHQ)の対日占領政策は転換する。ロイヤル米陸軍長官が1948年の演説で「日本を共産主義の防壁とする」と語ったように、日本を東アジアにおける西側陣営の主要国とするべく、「非軍事化・民主化」政策から「復興・安定・自立化」政策へと舵《かじ》を切ったのだ。

経済面では、日本の工業生産力を抑制する政策から工業国としての復興へと方針転換し、企業分割を大幅に緩和した。また、銀行家の**ドッジ**を派遣(49年)して経済安定化策を実施。1ドル=360円の単一為替レートも設定して日本経済を国際経済と結びつけた。

その一方で、労働運動に対しては抑圧に転じ、日本共産党主導のゼネラルストライキなどを中止に追い込んでいる。左翼勢力の伸張に対する警戒も強まり、保守層の公職追放が段階的に解除されていく反面、共産主義者を追放する「**レッドパージ**」が始まった。

朝鮮戦争勃発で急がれた日本の国際社会復帰

1949年に中華人民共和国が成立すると、日本の戦略的価値はより高まった。そして、翌50年に**朝鮮戦争**が始まると、アメリカは日本に再軍備を要求して**警察予備隊**を創設させるとともに、対日講和を急いだ。米外交顧問のダレスらはソ連などを除いた単独講和で関係各国と調整を進め、51年9月8日に**サンフランシスコ平和条約**が調印された。こうして日本は約7年ぶりに主権を回復したのである。

なお、同じ日には**日米安全保障条約**も調印されている。独立後も米軍駐留を継続するための条約だ。日本側の**吉《よし》田《だ》茂《しげる》**首相にも、安全保障をアメリカに任せ、再軍備の負担を抑えて経済復興に全力を注ぐというねらいがあり、日米双方の思惑が一致したものとなった。

アメリカの要求で創設された自衛隊

朝鮮戦争勃発《ぼっぱつ》以後、アメリカは日本の再軍備を要求し、開戦直後の1950年8月には警察予備隊を組織させる。

一方、「軽軍備・経済成長優先(吉田ドクトリン)」を志向する吉田茂首相は再軍備に難色を示し、憲法9条の「戦争放棄」規定や国内世論を理由に抵抗した。しかし、冷戦激化で防衛負担が増したアメリカからの自衛力増強要求は強まり、52年4月には海上警備隊が新設され、警察予備隊を保安隊に改組《かいそ》。そして、54年7月には保安隊・警備隊を統合して陸・海・空の自衛隊を発足させたのである。

人物
吉《よし》田《だ》茂《しげる》
[1878－1967年]

昭和の政治家。外交官時代から親英米派で、太平洋戦争末期には和平工作を企てた。戦後はGHQとの交渉窓口となり外相、首相を歴任。1951年に全面講和論を退けて単独講和であるサンフランシスコ平和条約を結ぶ。軽軍備・経済成長重視の「吉田ドクトリン」は、外交の自主性を失わせたと批判される一方、高度経済成長を準備したとの評価もある。

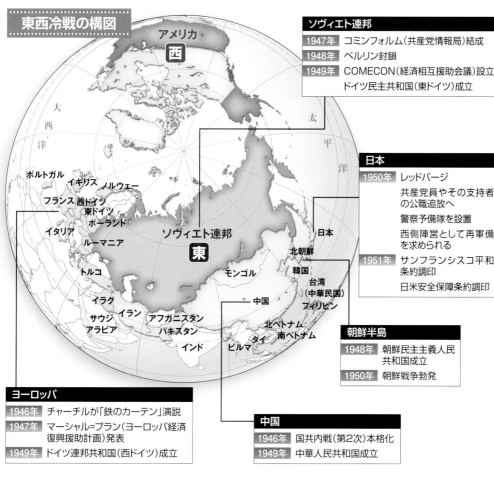

戦後の経済復興から西側第2位の経済大国へ

朝鮮戦争による特需景気で戦後不況を脱した日本は、企業の設備投資を中心に、高度経済成長を遂げた。

日本国内では狂乱物価に加え、洗剤やトイレットペーパーの買い占め騒動が起きるなど、社会が混乱した。

第1次石油危機（オイル=ショック）

第4次中東戦争でアラブ石油輸出国機構がイスラエル寄りの欧米や日本への石油輸出を制限する「石油戦略」を発動。原油価格を4倍に引き上げた。

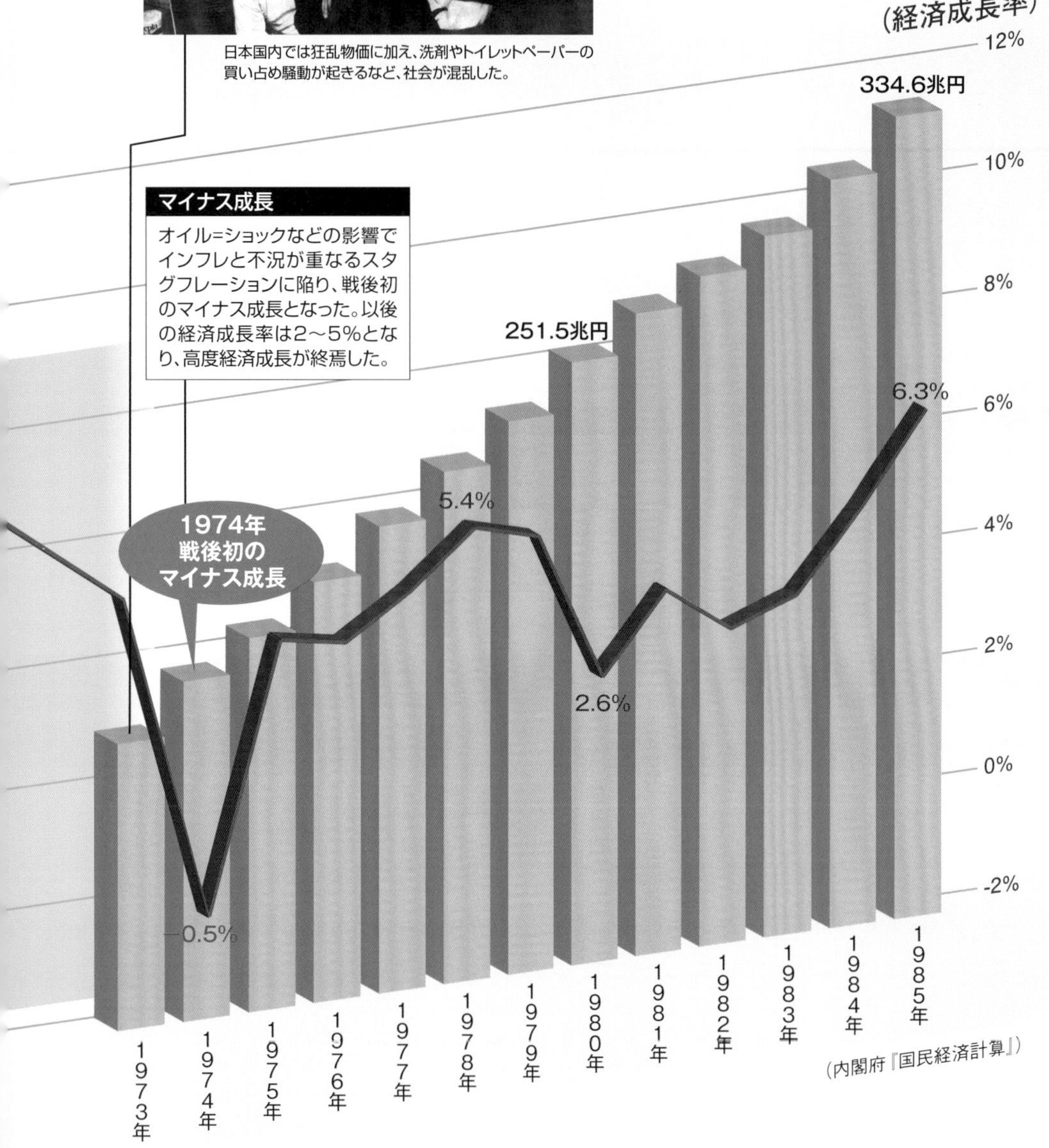

(経済成長率)
12%
10%
8%
6%
4%
2%
0%
-2%
334.6兆円
251.5兆円
6.3%
5.4%
2.6%
−0.5%
1974年
戦後初の
マイナス成長
マイナス成長
オイル=ショックなどの影響でインフレと不況が重なるスタグフレーションに陥り、戦後初のマイナス成長となった。以後の経済成長率は2～5%となり、高度経済成長が終焉した。
1973年
1974年
1975年
1976年
1977年
1978年
1979年
1980年
1981年
1982年
1983年
1984年
1985年

（内閣府『国民経済計算』）

「もはや戦後ではない」技術革新による経済成長へ

終戦直後の日本経済は、極度の物資不足と将兵らの復員による人口急増で猛烈なインフレーションが発生するなど、混乱を極めた。ＧＨＱ財政顧問**ドッジ**の要求により超均衡《きんこう》予算（黒字予算）を編成したことなどでインフレは収まったが、大幅な支出削減により１９４９年後半からは不況が深刻化した。

しかし、翌50年に**朝鮮戦争**が始まると、米軍による特需が発生。この特需景気の追い風を受けた日本政府は、企業合理化促進法の制定など産業振興策を推し進め、55～57年にかけては**神武景気**とよばれる大型景気を迎えた。56年度の『経済白書』に「もはや戦後ではない」と記されたように、日本経済は戦後復興から技術革新による経済成長へと転換したのである。

所得倍増計画と高度経済成長の終焉

また、60年に就任した**池田勇人**《いけだはやと》首相は、10年間で国民所得を倍にするという「**所得倍増計画**」を打ち出し、積極財

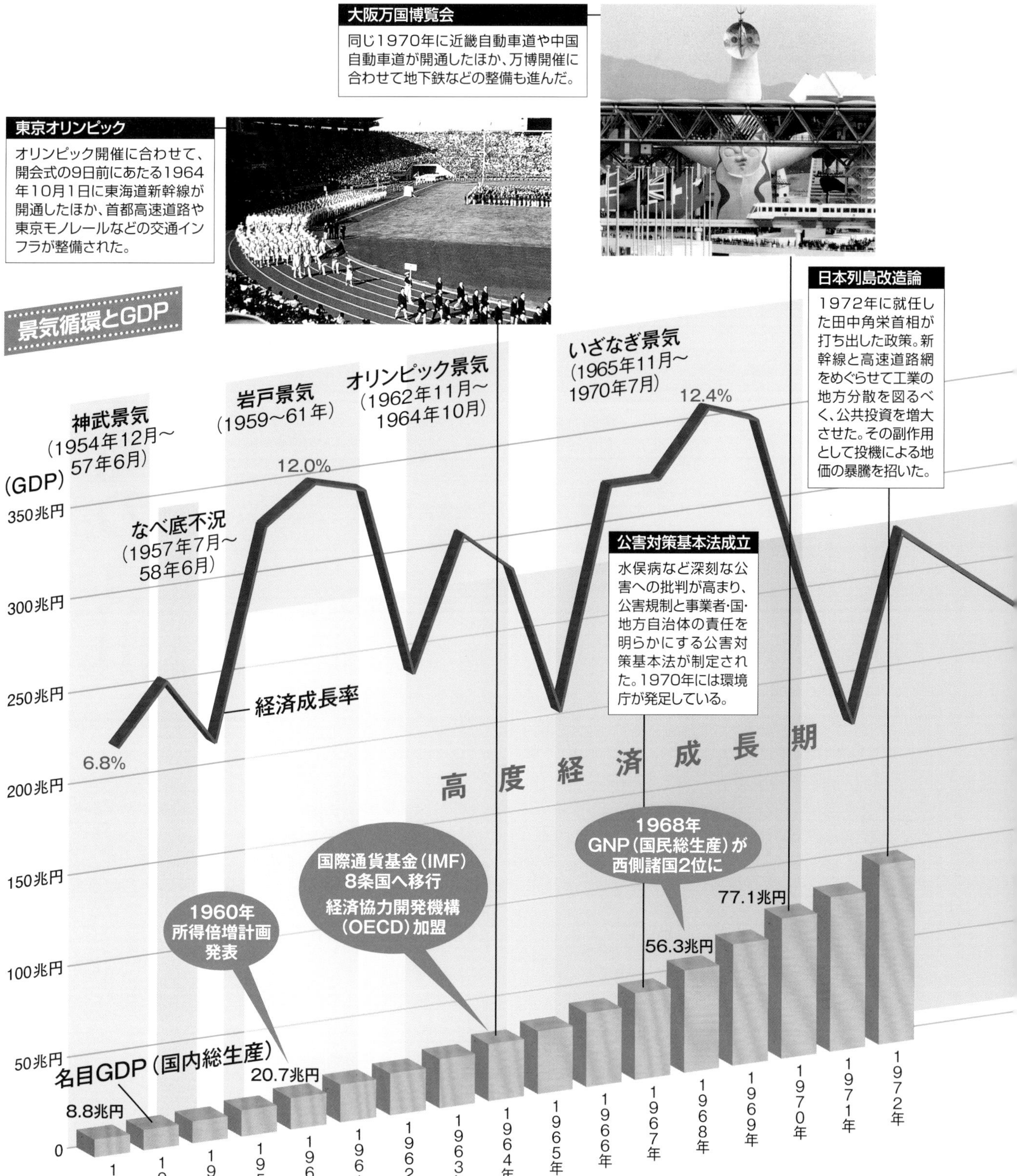
大阪万国博覧会
同じ1970年に近畿自動車道や中国自動車道が開通したほか、万博開催に合わせて地下鉄などの整備も進んだ。
東京オリンピック
オリンピック開催に合わせて、開会式の9日前にあたる1964年10月1日に東海道新幹線が開通したほか、首都高速道路や東京モノレールなどの交通インフラが整備された。
景気循環とGDP
日本列島改造論
1972年に就任した田中角栄首相が打ち出した政策。新幹線と高速道路網をめぐらせて工業の地方分散を図るべく、公共投資を増大させた。その副作用として投機による地価の暴騰を招いた。
神武景気
（1954年12月〜57年6月）
岩戸景気
（1959〜61年）
オリンピック景気
（1962年11月〜1964年10月）
いざなぎ景気
（1965年11月〜1970年7月）
なべ底不況
（1957年7月〜58年6月）
(GDP)
350兆円
300兆円
250兆円
200兆円
150兆円
100兆円
50兆円
0
12.0%
12.4%
6.8%
経済成長率
公害対策基本法成立
水俣病など深刻な公害への批判が高まり、公害規制と事業者・国・地方自治体の責任を明らかにする公害対策基本法が制定された。1970年には環境庁が発足している。
高度経済成長期
1968年
GNP（国民総生産）が
西側諸国2位に
国際通貨基金（IMF）
8条国へ移行
経済協力開発機構
（OECD）加盟
1960年
所得倍増計画
発表
名目GDP（国内総生産）
8.8兆円
20.7兆円
56.3兆円
77.1兆円
1956年
1957年
1958年
1959年
1960年
1961年
1962年
1963年
1964年
1965年
1966年
1967年
1968年
1969年
1970年
1971年
1972年

政によるインフラの拡充や人材育成強化などの経済政策を推進した。

この間、企業の旺盛《おうせい》な設備投資や、固定為替相場制《こていかわせそうばせい》による実質的な円安の昂進《こうしん》と貿易黒字、テレビなど「三種の神器」とよばれた耐久消費財の急速な普及といった個人消費増もあり、年平均10％前後の経済成長を続けた。その結果、所得倍増の目標は予定より3年早い67年に達成され、翌68年にはGNP（国民総生産）で西ドイツを抜き、西側陣営でアメリカに次ぐ第2位の経済大国となった。

しかし、この高度経済成長にも終わりが訪れる。ベトナム戦争などで国際収支が悪化したアメリカが、71年に金とドルの交換停止や為替レートの大幅な切り上げを要求（**ドル＝ショック**）し、以降、円高が急速に進行した。また、73年の第4次中東戦争をきっかけに起きた原油価格の高騰（**第1次石油危機**）は日本経済を直撃。翌74年には戦後初のマイナス成長となり、55年から続いた高度経済成長は終息したのである。

また、急速な経済発展の裏で、農漁村の過疎化や水俣病《みなまたびょう》に代表される公害などの社会問題も深刻化した。

102 55年体制と沖縄返還

念願の本土復帰後も残り続ける沖縄の負担

日本が主権を回復した後も、アメリカの施政権下に残された沖縄は、多大な負担を強いられたすえ、27年ぶりに本土復帰を果たした。

戦後政党政治の復活と55年体制の成立

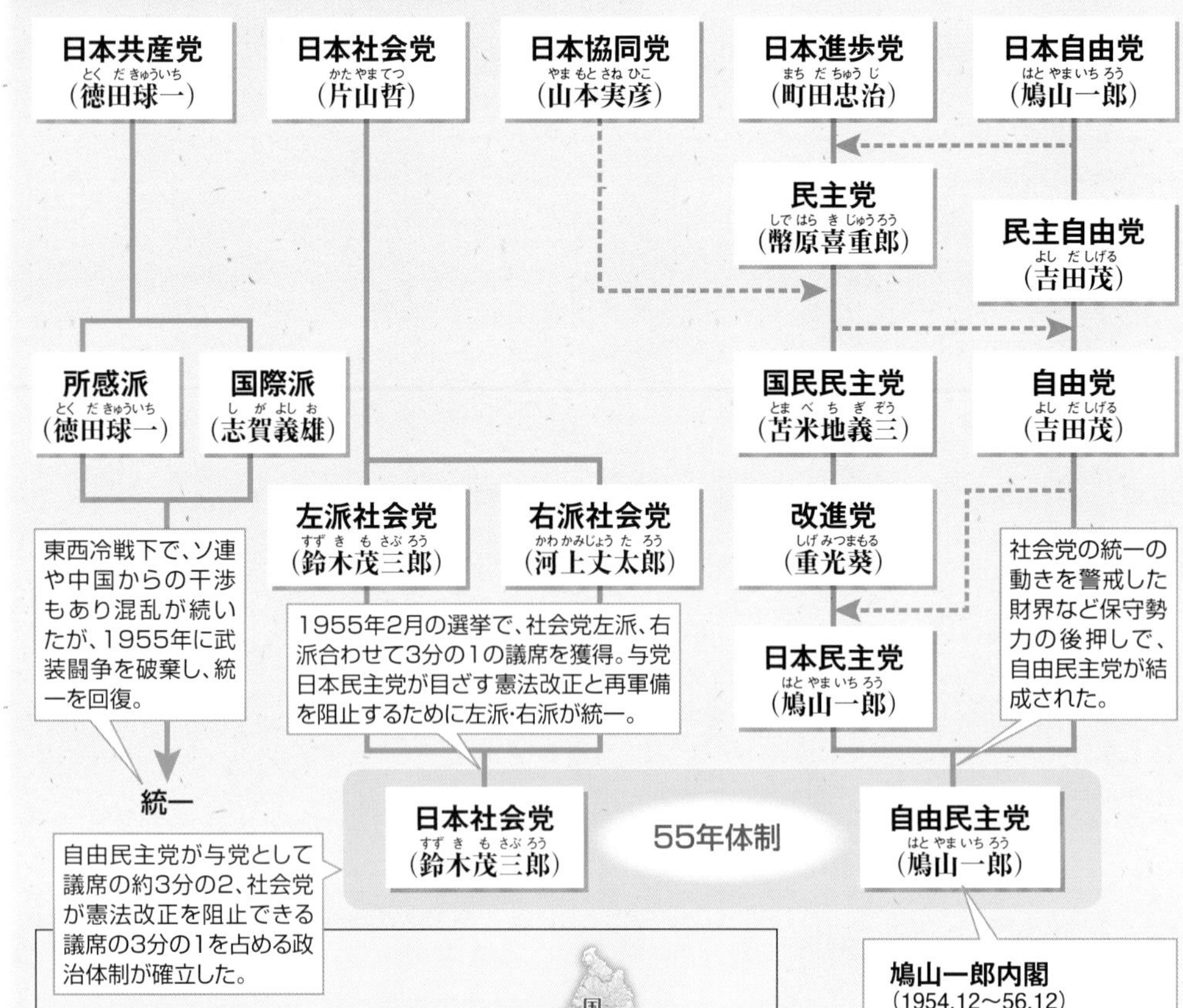
(　)内は党代表者
日本共産党
(徳田球一《とくだきゅういち》)
日本社会党
(片山哲《かたやまてつ》)
日本協同党
(山本実彦《やまもとさねひこ》)
日本進歩党
(町田忠治《まちだちゅうじ》)
日本自由党
(鳩山一郎《はとやまいちろう》)
民主党
(幣原喜重郎《しではらきじゅうろう》)
民主自由党
(吉田茂《よしだしげる》)
所感派
(徳田球一《とくだきゅういち》)
国際派
(志賀義雄《しがよしお》)
国民民主党
(苫米地義三《とまべちぎぞう》)
自由党
(吉田茂《よしだしげる》)
左派社会党
(鈴木茂三郎《すずきもさぶろう》)
右派社会党
(河上丈太郎《かわかみじょうたろう》)
改進党
(重光葵《しげみつまもる》)
日本民主党
(鳩山一郎《はとやまいちろう》)
東西冷戦下で、ソ連や中国からの干渉もあり混乱が続いたが、1955年に武装闘争を破棄し、統一を回復。
1955年2月の選挙で、社会党左派、右派合わせて3分の1の議席を獲得。与党日本民主党が目ざす憲法改正と再軍備を阻止するために左派・右派が統一。
社会党の統一の動きを警戒した財界など保守勢力の後押しで、自由民主党が結成された。
統一
日本社会党
(鈴木茂三郎《すずきもさぶろう》)
55年体制
自由民主党
(鳩山一郎《はとやまいちろう》)
自由民主党が与党として議席の約3分の2、社会党が憲法改正を阻止できる議席の3分の1を占める政治体制が確立した。

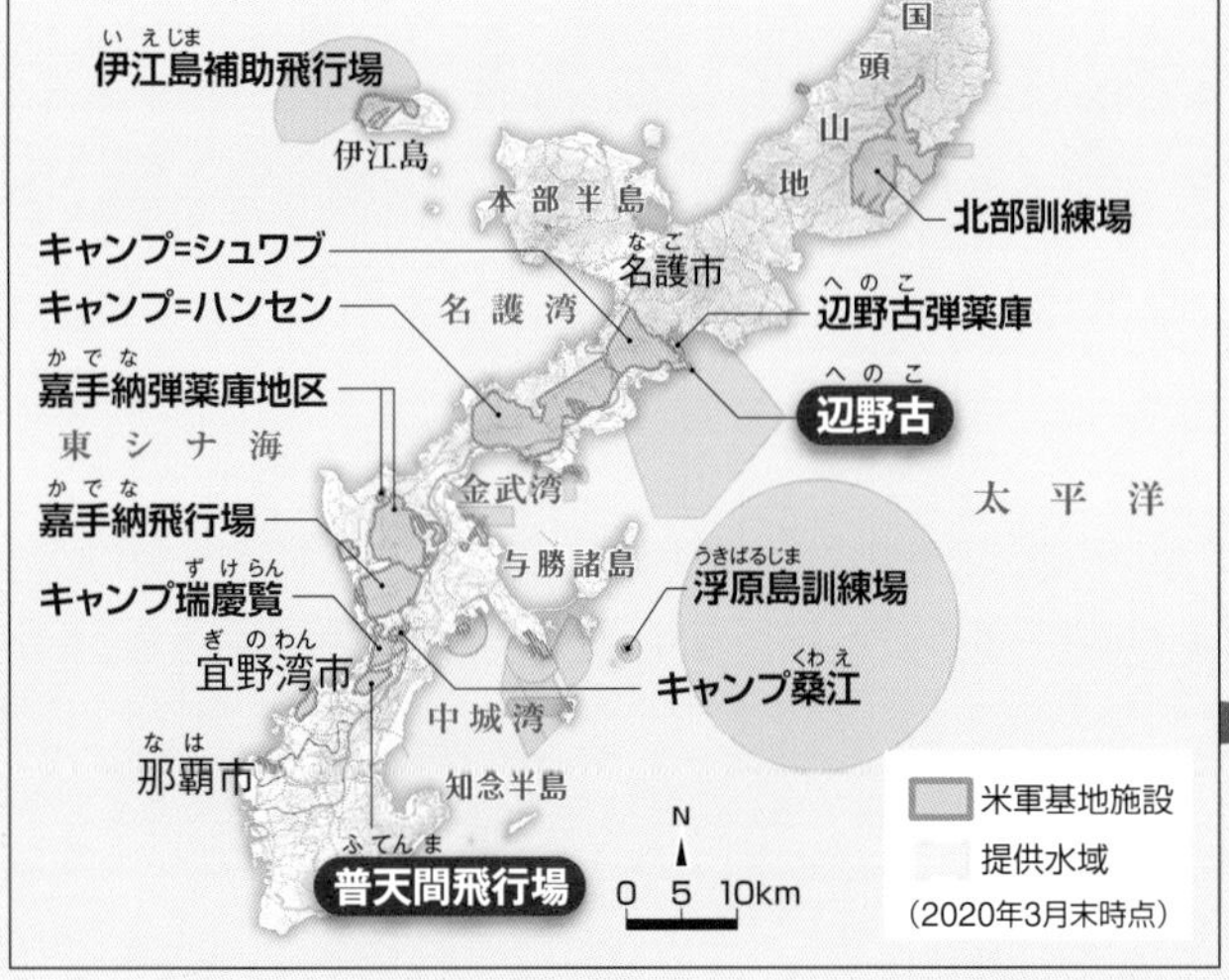
伊江島《いえじま》補助飛行場
伊江島
本部半島
国頭山地
北部訓練場
キャンプ=シュワブ
キャンプ=ハンセン
名護《なご》市
名護湾
辺野古《へのこ》弾薬庫
辺野古《へのこ》
嘉手納《かでな》弾薬庫地区
東シナ海
嘉手納《かでな》飛行場
金武湾
与勝諸島
浮原島《うきばるじま》訓練場
太平洋
キャンプ瑞慶覧《ずけらん》
宜野湾《ぎのわん》市
キャンプ桑江《くわえ》
中城湾
那覇《なは》市
知念半島
普天間《ふてんま》飛行場
N
0 5 10km
米軍基地施設
提供水域
(2020年3月末時点)

鳩山一郎内閣
(1954.12～56.12)
- 日ソ共同宣言調印

石橋湛山《いしばしたんざん》内閣
(1956.12～57.2)

岸信介《きしのぶすけ》内閣
(1957.2～60.7)
- 日米安保条約改定

池田勇人《いけだはやと》内閣
(1960.7～64.11)
- 「所得倍増計画」

佐藤栄作《さとうえいさく》内閣
(1964.11～72.7)
- 日韓基本条約調印
- 非核三原則
- 沖縄返還

田中角栄《たなかかくえい》内閣
(1972.7～74.12)
- 「日本列島改造論」
- 「日中共同声明」発表

保守安定政権下で実現した沖縄県の本土復帰

主権回復後の日本では、引き続き自由党の**吉田茂**《よしだしげる》が内閣を率いたが、党内では**鳩山一郎**《はとやまいちろう》が「憲法改正・再軍備」を唱えて吉田に反発。１９５４年には日本民主党を立ち上げ首相に就任した。

一方、左右両派に分裂していた**社会党**は、改憲阻止を掲げて55年10月に再統一を果たす。対する保守勢力も11月に自由党と民主党が合流して**自由民主党**(自民党)が成立した。こうして、自民党が政権を担い、社会党中心の野党が改憲阻止に必要な３分の１の議席を維持する「**55年体制**」が確立した。

この保守安定政権下の64年に成立した**佐藤栄作**《さとうえいさく》内閣は、順調な経済成長を背景に７年半に及ぶ長期政権を実現する。この佐藤内閣の最大の功績の一つが**沖縄返還**の実現だ。

日本の主権回復後も、東アジアの戦略的要地である沖縄はアメリカの施政権下におかれ、基地拡張のための強制立ち退きなどで多大な負担を強いられた。これに対し、60年には沖縄県祖国復帰協議会(復帰協)が結成され、本土復帰や反基地運動を展開していく。佐藤首相も65年に訪米して沖縄返還を打診。ねばり強く交渉を続けた結果、69年の佐藤・ニクソン会談で沖縄返還が決定し、72年5月15日に沖縄の本土復帰が実現したのである。

ただし、日本の国土面積の0・6%にすぎない沖縄県に、在日米軍基地の約75%が集中するという偏在状態は残され、米兵による事件や事故が後を絶たず、県民の負担は続いている。

人物 **佐藤栄作**《さとうえいさく》 [1901～1975年]
昭和の政治家。岸信介(きしのぶすけ)元首相の実弟。運輸次官などを経て第2次吉田茂内閣の官房長官を務める。吉田の薫陶(くんとう)を受けた、いわゆる「吉田学校」の一員で、親米路線の官僚派政治家。1964年に首相に就任し、在職7年8カ月の間に日韓基本条約締結や沖縄返還を実現。「非核三原則」を提唱するなどして74年にノーベル平和賞を受賞した。

103 日中国交正常化

アメリカの方針転換で対中関係を改善

単独(片面)講和によって取り残された国交回復案件が、日中国交正常化によりようやく解決された。

電撃的なニクソン訪中で日中国交正常化が一気に解決

1951年の**サンフランシスコ講和会議**の結果、日本は平和条約を調印した48カ国との間で国交回復の道筋をつけた。以後、日本の外交課題はソ連をはじめとする平和条約を結べなかった国ぐに、及び講和会議に招待されなかった中華人民共和国(中国)、中華民国(台湾)、韓国との国交回復となった。

このうちインド、ユーゴスラビア、台湾とは52年、ビルマ(現ミャンマー)とは54年に個別の平和条約を結ぶ。また、**スターリン**の死後、平和共存路線に転じたソ連とは56年の**日ソ共同宣言**で国交を回復。翌57年にはポーランド、チェコスロバキアも続いた。51年から続いていた韓国との国交正常化交渉は、韓国による一方的な李承晩《イスンマン》ラインの設置などもあって紛糾したが、経済発展を優先する朴正熙《パクチョンヒ》政権が誕生すると、65年には日本からの多大な経済協力と引き換えに**日韓基本条約**が結ばれた。

残る日中関係は、時の内閣の対米姿勢によって緊張と緩和を繰り返した。自主外交路線の鳩山一郎《はとやまいちろう》内閣や、「政経分離」を掲げて日中貿易拡大を模索した池田勇人《いけだはやと》内閣時代は、中国政府も民間貿易を活発化させた。一方、親米路線の岸信介《きしのぶすけ》・佐藤栄作《さとうえいさく》内閣時代には対日批判を強めている。

ところが、71年に状況を一変させる事態が起きた。一貫して中国の脅威を訴えていたアメリカの**ニクソン**大統領が中国訪問を宣言したのだ。泥沼化していた**ベトナム戦争**からの撤退を模索していたアメリカは、ベトナムの後ろ盾だった中国との関係改善で事態の打開を図ったのである。これで日本の田中角栄《たなかかくえい》内閣も対中姿勢を一変させ、72年9月には**日中共同声明**を発して中国との国交を正常化させたのであった。

冷戦の緊張緩和と日中国交回復

1951年 サンフランシスコ平和条約

東西冷戦の緊張が高まるなか、西側陣営国として自立を求められた日本は、サンフランシスコ平和条約で西側陣営のうち48カ国と国交を回復。その後、戦後賠償の交渉などを経てアジア諸国とも国交回復を進めていくことになった。

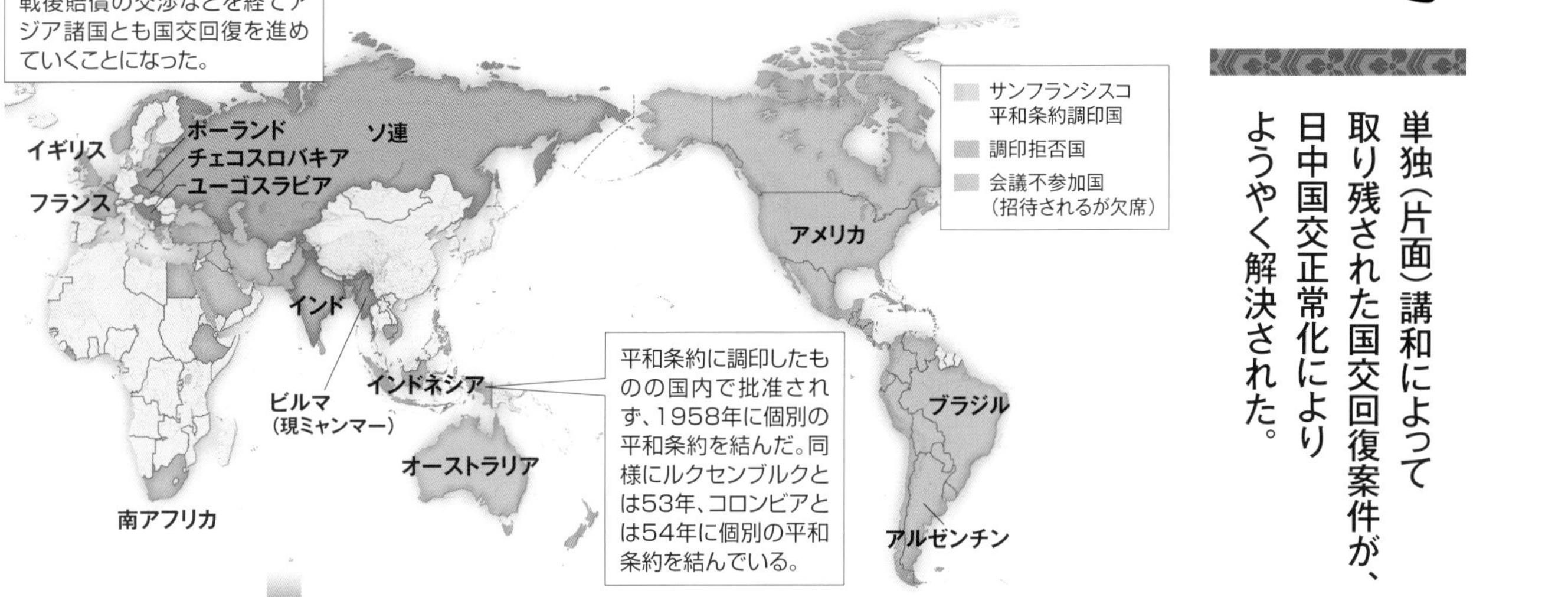
サンフランシスコ平和条約調印国
調印拒否国
会議不参加国(招待されるが欠席)
イギリス
フランス
ポーランド
チェコスロバキア
ユーゴスラビア
ソ連
インド
ビルマ
(現ミャンマー)
インドネシア
オーストラリア
南アフリカ
アメリカ
ブラジル
アルゼンチン
平和条約に調印したものの国内で批准されず、1958年に個別の平和条約を結んだ。同様にルクセンブルクとは53年、コロンビアとは54年に個別の平和条約を結んでいる。

1950年代	**インドや台湾、ビルマ(現ミャンマー)など個別に国交回復**
1956年	**日ソ共同宣言** 日本の国際連合加盟に反対していたソ連が賛成に転じ、国交回復に至った。その後、ポーランド、チェコスロバキアとも国交回復へ。
1965年	**アメリカがベトナム戦争に介入** **日韓基本条約締結** ベトナム戦争の本格化で西側勢力の安定を求めるアメリカの後押しもあり、韓国との国交が回復。
1972年	**日中共同声明**

1970年代の東アジア情勢

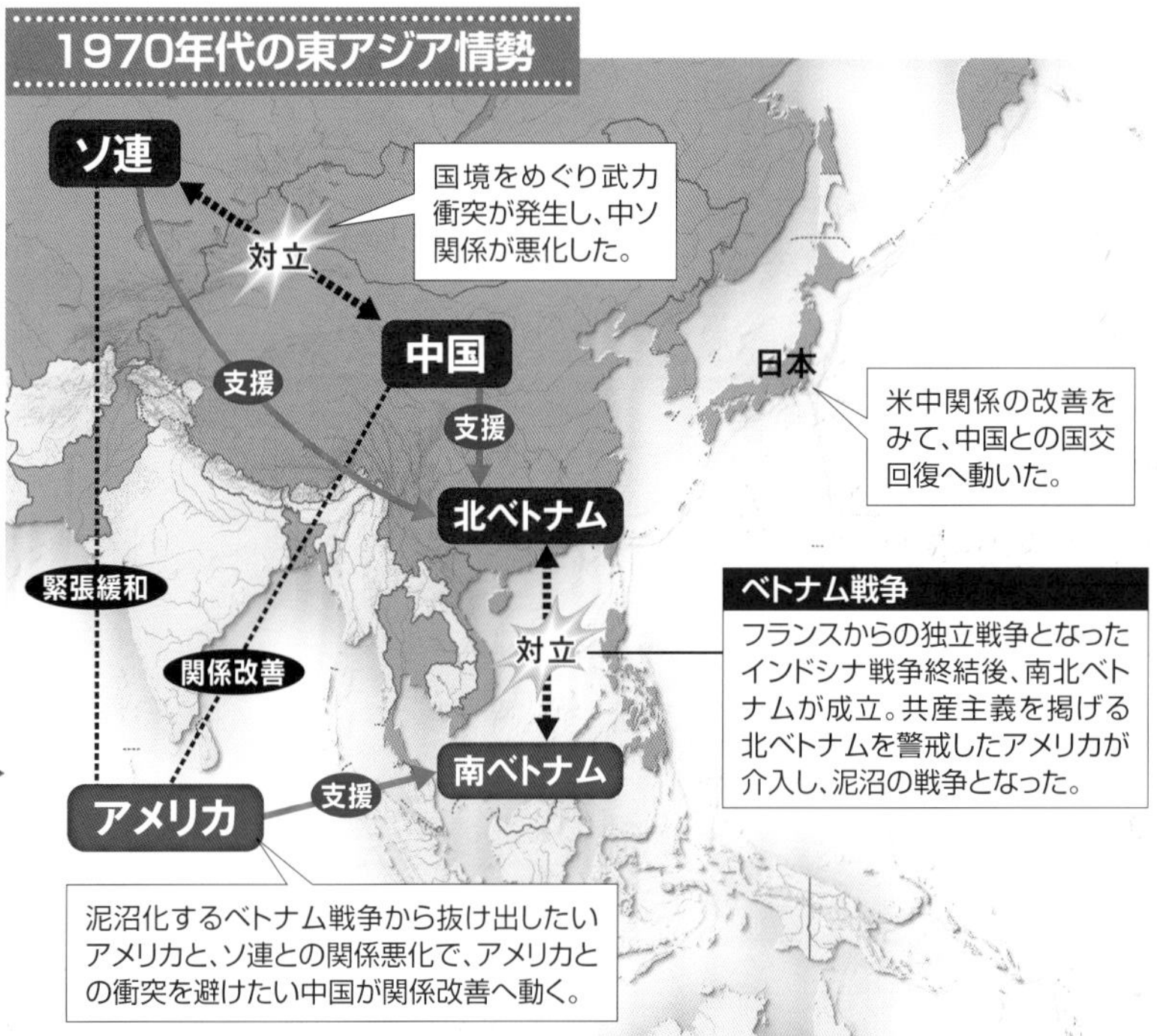
ソ連
国境をめぐり武力衝突が発生し、中ソ関係が悪化した。
対立
中国
支援
支援
北ベトナム
日本
米中関係の改善をみて、中国との国交回復へ動いた。
緊張緩和
関係改善
対立
南ベトナム
アメリカ
支援
ベトナム戦争
フランスからの独立戦争となったインドシナ戦争終結後、南北ベトナムが成立。共産主義を掲げる北ベトナムを警戒したアメリカが介入し、泥沼の戦争となった。
泥沼化するベトナム戦争から抜け出したいアメリカと、ソ連との関係悪化で、アメリカとの衝突を避けたい中国が関係改善へ動く。

102 55年体制と沖縄返還
103 日中国交正常化

104 日米貿易摩擦

貿易不均衡から生じたジャパン＝バッシング

１９５０年代から始まっていた日米間の貿易摩擦が、80年代に入ると、ジャパン＝バッシングに発展した。

さまざまな品目に派生した日米の貿易不均衡問題

１９７３年の第１次石油危機で高度経済成長が終わった日本だが、その後は省エネ型の経済を模索した。その結果、79年のイラン革命をきっかけとした第２次石油危機をのり切っている。産業構造では、資源多消費型の鉄鋼や石油化学、造船といった重厚長大型産業から、省エネ型自動車や電気製品、半導体、コンピュータなどの知識集約型産業が中心となり、これらの製品の輸出により貿易黒字が大幅に拡大した。これによって欧米諸国との間に貿易摩擦が生じたが、なかでも日本製自動車の輸入が急増した80年代のアメリカでは、「**ジャパン＝バッシング**」とよばれる日本非難が吹き荒れた。

こうした**日米貿易摩擦**は80年代に始まったわけではない。すでに50年代には、「ワンダラーブラウス」とよばれた日本製衣料品がアメリカの繊維業界を圧迫していると問題視され、日本側が綿製品の輸出自主規制をした経緯がある。その後、アメリカの貿易収支が悪化した60年代後半以降、摩擦は本格化。繊維製品や鉄鋼、カラーテレビ、自動

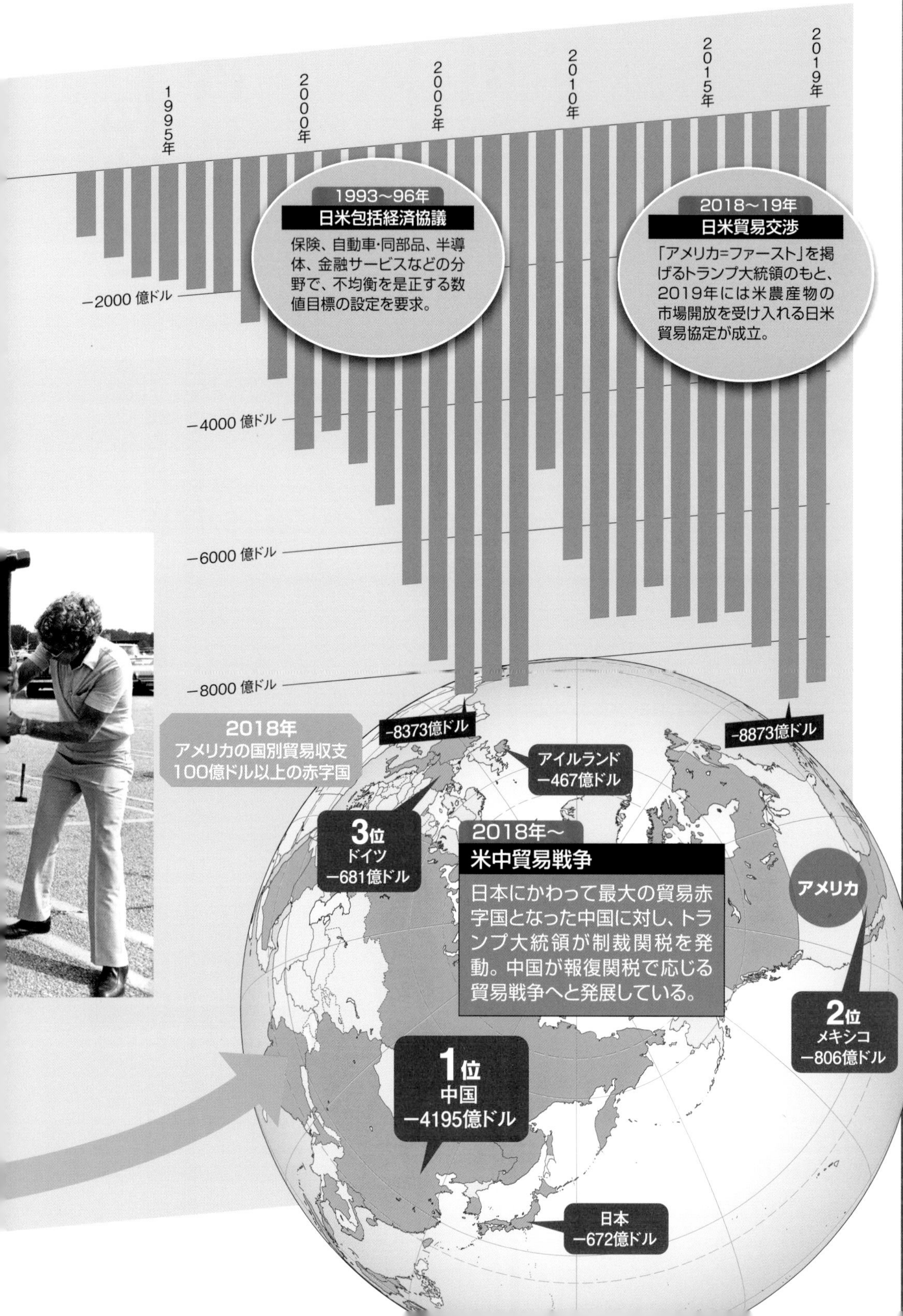

1995年
2000年
2005年
2010年
2015年
2019年
−2000億ドル
−4000億ドル
−6000億ドル
−8000億ドル
1993〜96年
日米包括経済協議
保険、自動車・同部品、半導体、金融サービスなどの分野で、不均衡を是正する数値目標の設定を要求。
2018〜19年
日米貿易交渉
「アメリカ＝ファースト」を掲げるトランプ大統領のもと、2019年には米農産物の市場開放を受け入れる日米貿易協定が成立。
-8373億ドル
-8873億ドル
2018年
アメリカの国別貿易収支
100億ドル以上の赤字国
アイルランド
−467億ドル
3位
ドイツ
−681億ドル
2018年〜
米中貿易戦争
日本にかわって最大の貿易赤字国となった中国に対し、トランプ大統領が制裁関税を発動。中国が報復関税で応じる貿易戦争へと発展している。
アメリカ
2位
メキシコ
−806億ドル
1位
中国
−4195億ドル
日本
−672億ドル

車、半導体などをめぐって、アメリカが日本に輸出自主規制や数量規制を要求するようになったのだ。また、70年代後半以降はアメリカの対日輸出の少なさも問題視され、米や牛肉、オレンジなど、おもに農産物の輸入自由化を日本に求めている。

プラザ合意後も続いたアメリカの対日貿易赤字

為替相場の面では、「強いドル」を掲げた**レーガン大統領**の経済政策でドル高が急激に進んだ。そこで、85年には日米など主要5カ国（G5）がドル高是正に協力する**プラザ合意**が結ばれ、円相場は1ドル=240円から1ドル=120円へと急騰した。

しかし、問題の核心は米企業の高賃金体質や、問題解決に際して技術革新よりロビー活動に重点をおいたことによる競争力低下にあったため、以後も貿易不均衡は続いた。そこで、**ブッシュ**（父）政権時代の89年からは**日米構造協議**を開始。貿易不均衡は、排他的な取引慣行など日本市場の閉鎖性にあるとして、日本は金融や流通分野での規制緩和を行った。さらに、**クリントン**政権時代の93年からは日米包括経済協議に受け継がれ、アメリカは経済制裁をちらつかせながら、日本市場におけるアメリカ製品のシェア拡大を露骨に求めてきたのだ。

その後、2000年代に入るとアメリカの最大貿易赤字国が日本から中国にシフト。**トランプ**政権の制裁関税に中国が報復関税で応じる貿易戦争に発展している。

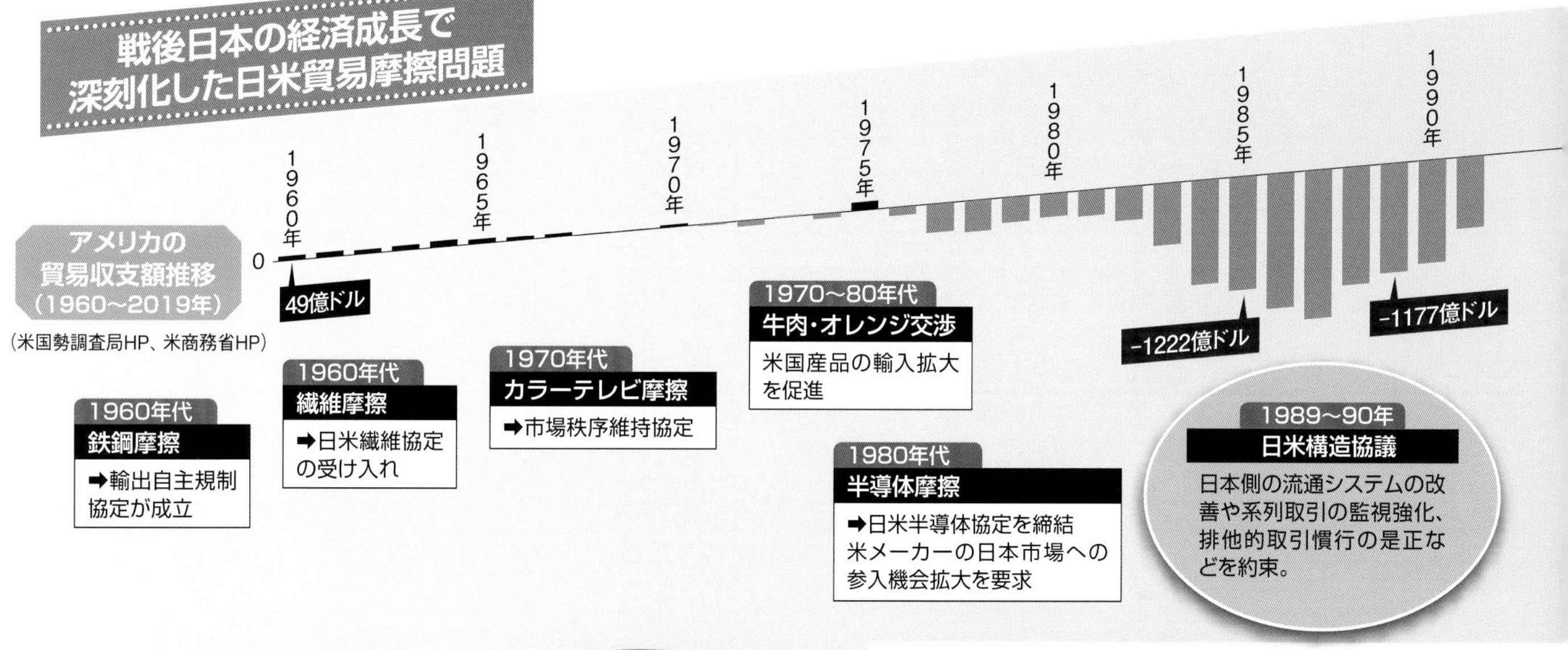

戦後日本の経済成長で深刻化した日米貿易摩擦問題
アメリカの貿易収支額推移（1960～2019年）
（米国勢調査局HP、米商務省HP）
0
1960年
1965年
1970年
1975年
1980年
1985年
1990年
49億ドル
−1222億ドル
−1177億ドル
1960年代 鉄鋼摩擦
➡輸出自主規制協定が成立
1960年代 繊維摩擦
➡日米繊維協定の受け入れ
1970年代 カラーテレビ摩擦
➡市場秩序維持協定
1970～80年代 牛肉・オレンジ交渉
米国産品の輸入拡大を促進
1980年代 半導体摩擦
➡日米半導体協定を締結
米メーカーの日本市場への参入機会拡大を要求
1989～90年 日米構造協議
日本側の流通システムの改善や系列取引の監視強化、排他的取引慣行の是正などを約束。

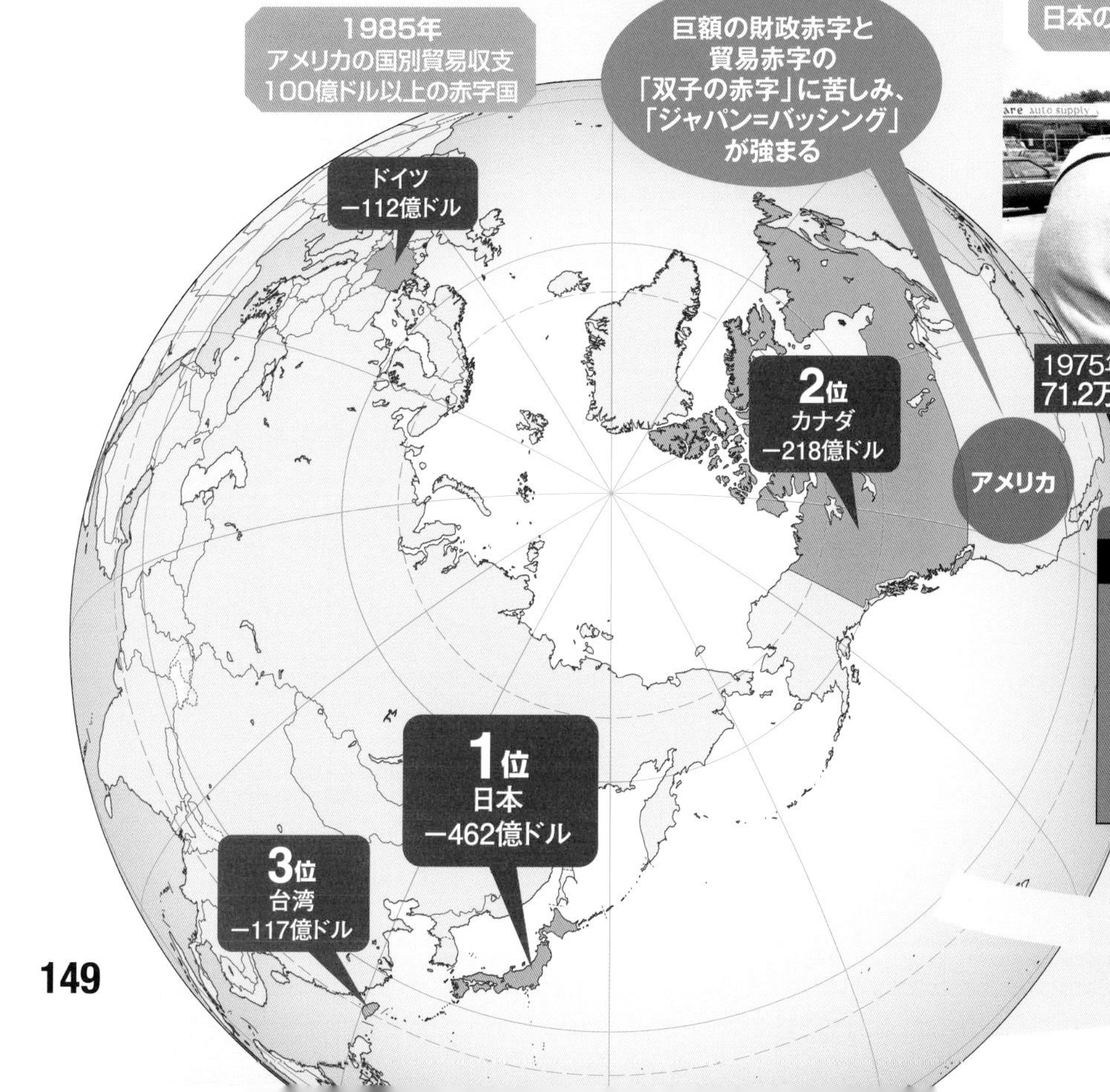

1985年
アメリカの国別貿易収支
100億ドル以上の赤字国
巨額の財政赤字と
貿易赤字の
「双子の赤字」に苦しみ、
「ジャパン=バッシング」
が強まる
ドイツ
−112億ドル
2位
カナダ
−218億ドル
アメリカ
1位
日本
−462億ドル
3位
台湾
−117億ドル

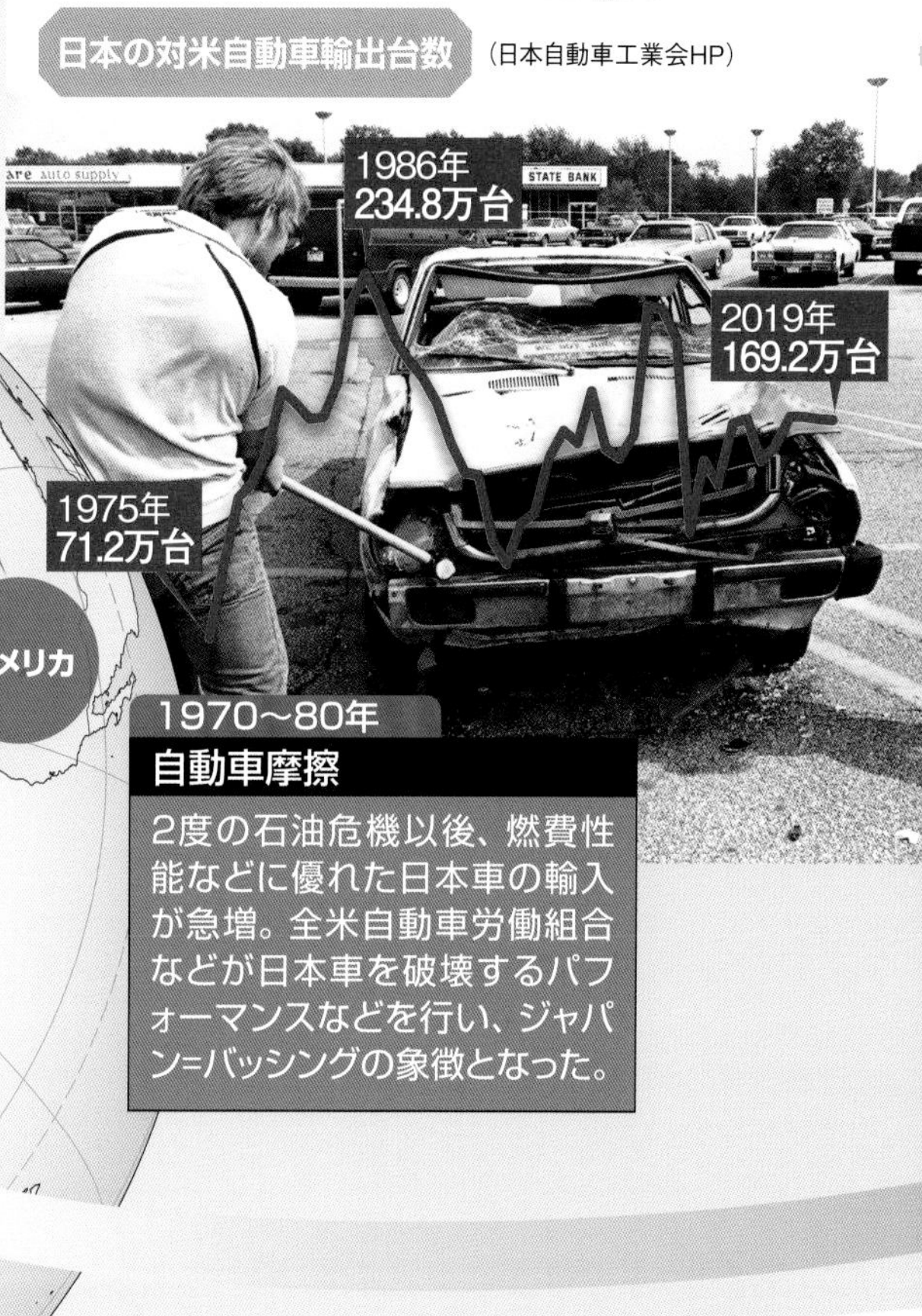

日本の対米自動車輸出台数（日本自動車工業会HP）
1986年
234.8万台
2019年
169.2万台
1975年
71.2万台
1970～80年
自動車摩擦
2度の石油危機以後、燃費性能などに優れた日本車の輸入が急増。全米自動車労働組合などが日本車を破壊するパフォーマンスなどを行い、ジャパン=バッシングの象徴となった。

105 平成不況

バブル崩壊で始まった「失われた20年」

バブル経済崩壊への対処を見誤った政策により日本経済の不振が長期化することになった。

不況回避の金融緩和でバブル経済が発生

1985年9月の**プラザ合意**以降、円高不況に陥った日本では公定歩合（日銀が市中銀行に貸し出す際の基準金利）を引き下げる金融緩和を実施した。これにより、86年12月から日本経済は景気拡大局面に入る。

しかし、金融緩和でカネあまりの状況が生まれると、企業などは本業に関係ない不動産や株に投資する「財テク」を始めた。その結果、地価が上昇し、土地は必ず値上がりするという「土地神話」が生まれたほか、個人にも株式投資ブームが広がり、やがて土地や株は実勢を上回る価格に急騰した。「**バブル経済**」である。

バブルのツケを放置して日本経済が長期低迷に突入

89年末、3万8915円87銭の史上最高値をつけた日経平均株価だったが、翌年明けから急落した。経済の過熱を危惧《きぐ》した日本銀行が短期間のうちに公定歩合を引き上げたことが原因とされる。一方、地価の高騰に対しては、90年3月に大蔵省（現・財務省）が金融機関に対して土地関連融資の抑制（総量規制）を通達。これによって91年からは地価も急落を始めた。**バブル崩壊**である。株価や地価が暴落する資産デフレにより、巨額の不良債権を抱えた金融機関は経営が悪化。一般企業への「貸し渋り」が横行したことで実体経済にも不況が波及した。

政府や日本銀行は、これを通常の景気循環的な不況ととらえ、伝統的な金利政策などで乗り越えようとした。しかし、不良債権は金融機関の経営を蝕《むしば》み続け、95年には住宅金融専門会社（住専）の破《は》綻《たん》が相次ぎ、97年には北海道拓《たく》殖《しょく》銀行や山一證券《やまいちしょうけん》が、98年には日本債権信用銀行と日本長期信用銀行が破綻する金融危機に発展。一般企業の倒産やリストラも急増した。

この事態に対し、政府は大手金融機関に公的資金を投入して不良債権処理をさせたが、遅きに失した。また、ゼロ金利政策のような大胆な経済政策をとらなかったことや、97年4月に消費税率を3%から5%に引き上げて景気を冷やしたことなどが経済の低迷を長引かせたともいわれている。

その間に、グローバル化や新興国の台頭、IT革命、少子高齢化など内外の課題への対応が遅れた日本は、「**失われた20年**」といわれる長期低迷に突入したのである。

経済成長率

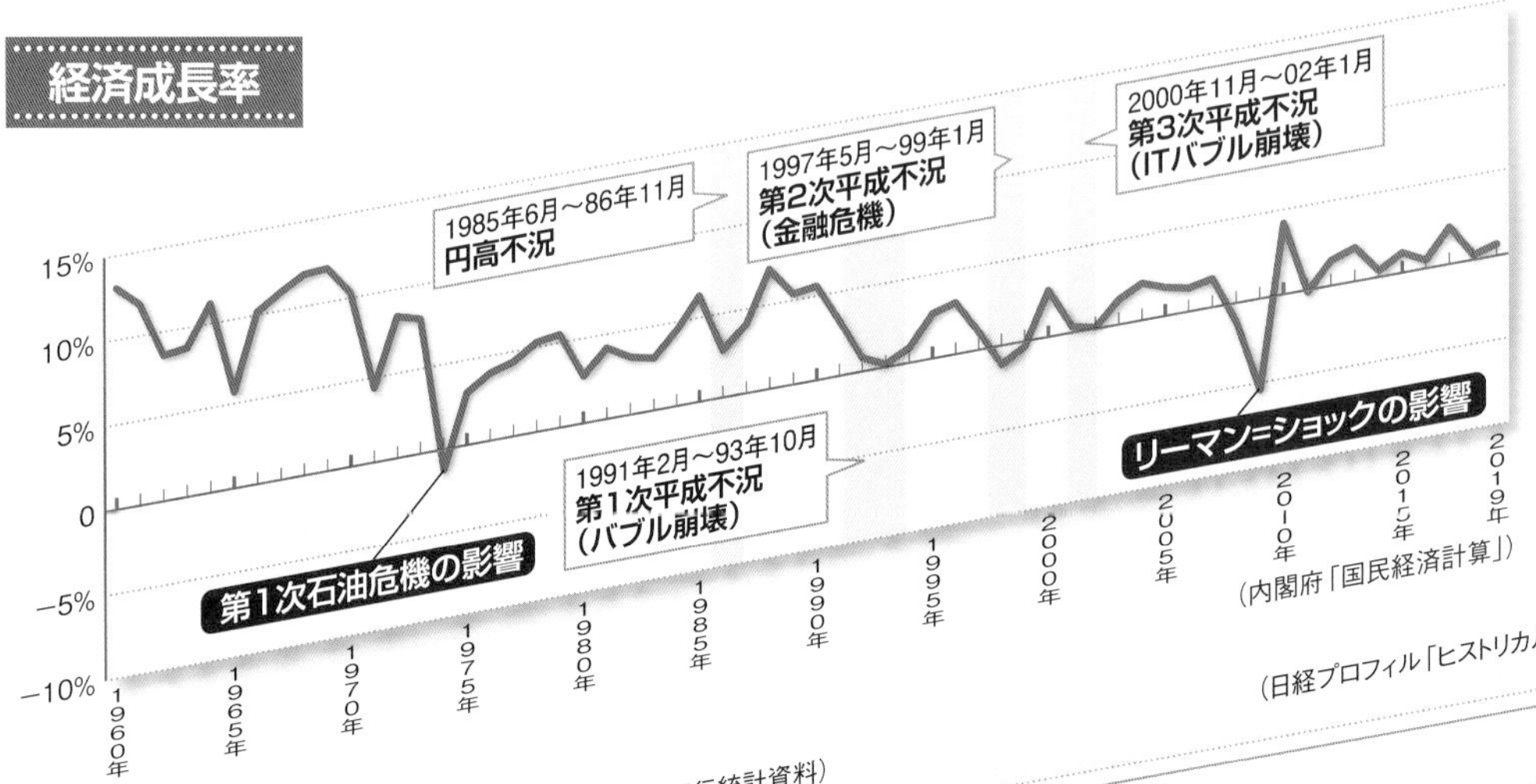
15%
10%
5%
0
−5%
−10%
1985年6月〜86年11月
円高不況
1997年5月〜99年1月
第2次平成不況
（金融危機）
2000年11月〜02年1月
第3次平成不況
（ITバブル崩壊）
1991年2月〜93年10月
第1次平成不況
（バブル崩壊）
第1次石油危機の影響
リーマン＝ショックの影響
1960年
1965年
1970年
1975年
1980年
1985年
1990年
1995年
2000年
2005年
2010年
2015年
2019年
（内閣府「国民経済計算」）

株価と金利

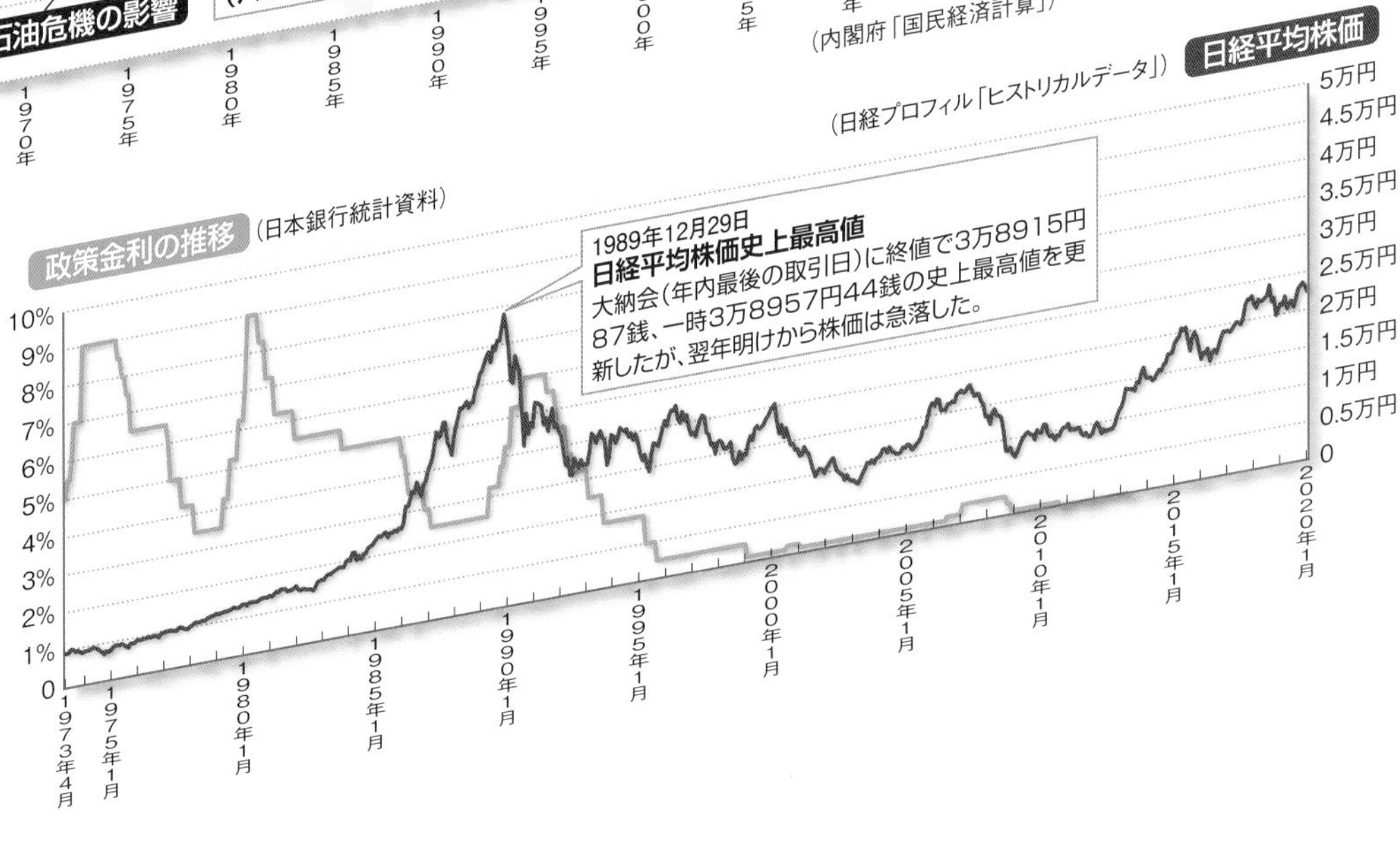
日経平均株価
（日経プロフィル「ヒストリカルデータ」）
政策金利の推移
（日本銀行統計資料）
1989年12月29日
日経平均株価史上最高値
大納会（年内最後の取引日）に終値で3万8915円87銭、一時3万8957円44銭の史上最高値を更新したが、翌年明けから株価は急落した。
10%
9%
8%
7%
6%
5%
4%
3%
2%
1%
0
5万円
4.5万円
4万円
3.5万円
3万円
2.5万円
2万円
1.5万円
1万円
0.5万円
0
1973年4月
1975年1月
1980年1月
1985年1月
1990年1月
1995年1月
2000年1月
2005年1月
2010年1月
2015年1月
2020年1月

人物 中曽根康弘《なかそねやすひろ》［1918〜2019年］
昭和・平成の政治家。元海軍少佐。改憲・軍拡論者で、反吉田茂の急先鋒として活躍。1982年に首相に就任すると、世界的な新自由主義の流れに沿った行財政改革を推進。各種規制緩和や電電公社（NTT）、専売公社（JT）、国鉄（JR）の民営化を実施した。外交では日米関係の緊密化を進め、防衛費GNP比1%枠の慣例を破った。

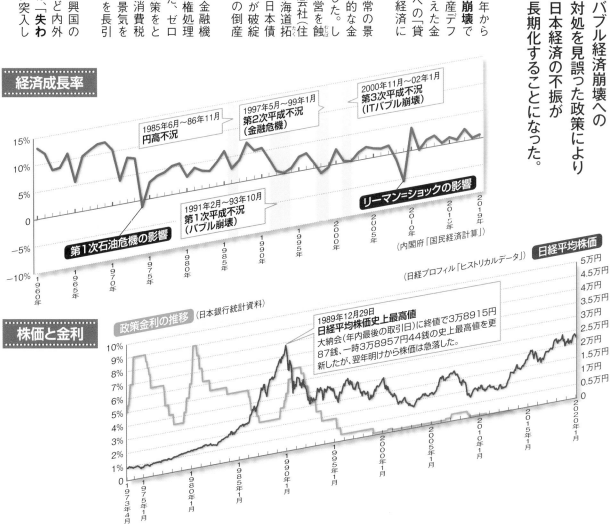

106 安全保障の転換

日本を取り巻く安保状況が1990年代から激変した

冷戦終結後、世界の安全保障環境は激変。日本の自衛隊にも新たな役割が求められている。

自衛隊の海外派遣実績

PKO参加五原則

① 紛争当事者間で停戦合意が成立していること
② 紛争当事者のPKO派遣の同意
③ 中立的立場の厳守
④ 1～3の条件が満たされない場合に日本単独での撤収が可能
⑤ 武器使用は要員防護のための必要最小限に限る

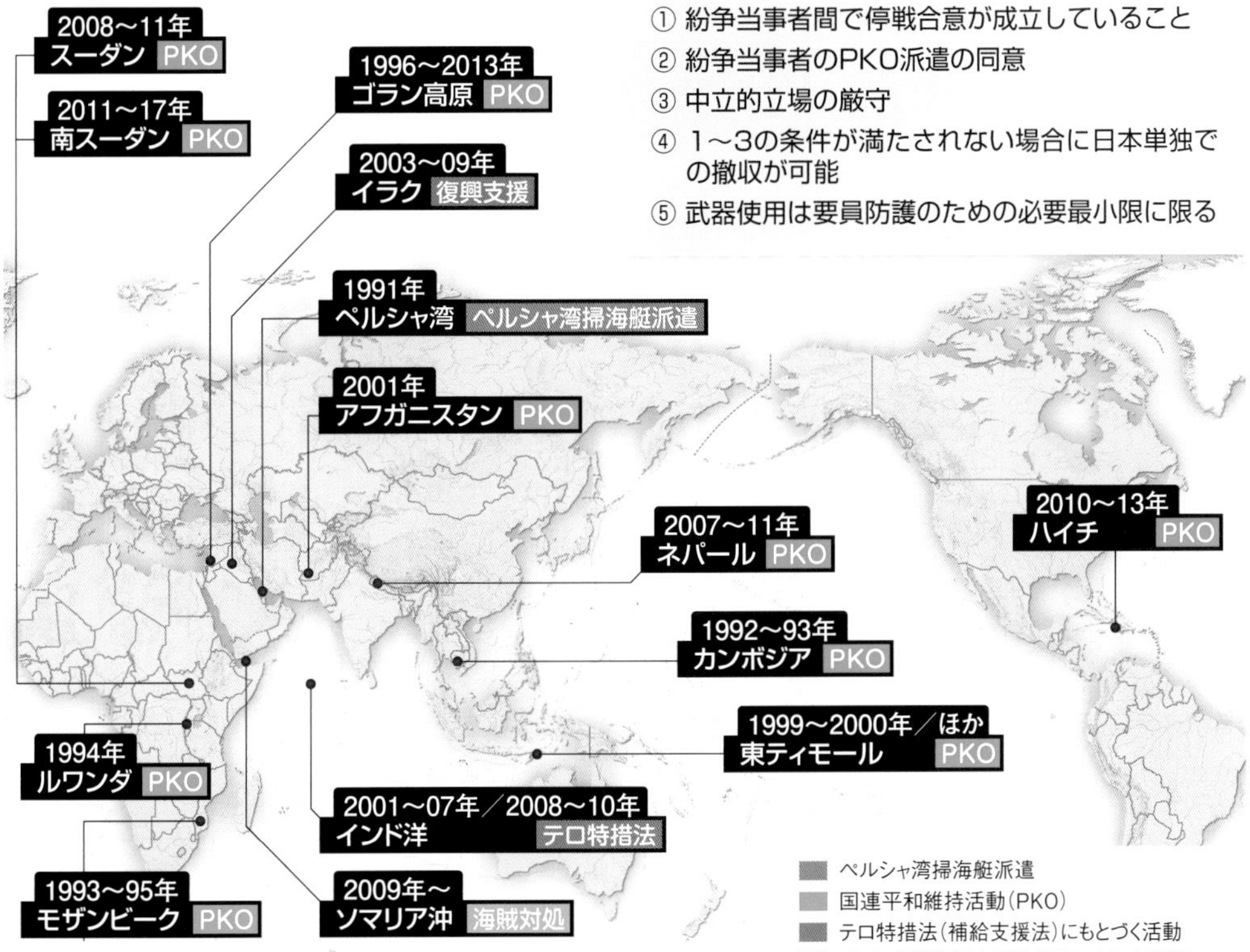
2008～11年 スーダン PKO
2011～17年 南スーダン PKO
1996～2013年 ゴラン高原 PKO
2003～09年 イラク 復興支援
1991年 ペルシャ湾 ペルシャ湾掃海艇派遣
2001年 アフガニスタン PKO
2007～11年 ネパール PKO
2010～13年 ハイチ PKO
1992～93年 カンボジア PKO
1999～2000年／ほか 東ティモール PKO
1994年 ルワンダ PKO
2001～07年／2008～10年 インド洋 テロ特措法
1993～95年 モザンビーク PKO
2009年～ ソマリア沖 海賊対処
ペルシャ湾掃海艇派遣
国連平和維持活動(PKO)
テロ特措法(補給支援法)にもとづく活動
イラク人道復興支援特措法にもとづく活動
ソマリア沖・アデン湾海賊対処
(防衛省HP)

自衛隊初の海外派遣を湾岸戦争後に実施

1980年代に入り、深刻な経済危機に見舞われたソ連では、85年に書記長に就任した**ゴルバチョフ**が対米関係の改善にのり出し、89年の米ソ首脳会談で**冷戦終結**の共同声明を発した。こうした動きに刺激された東欧諸国では次つぎと社会主義体制が崩れ、90年には東西ドイツが統一。翌91年にはソ連が崩壊して、冷戦は本格的に終結した。

米ソ両大国の対立という均衡が崩れたことで地域紛争が続発。アメリカは、同盟国に安全保障面での貢献を迫った。イラク軍のクウェート侵攻に端を発した91年の**湾岸戦争**はその端的な例だ。

湾岸戦争では、アメリカの要請に応じた約30カ国が多国籍軍に参加したが、憲法9条で戦争放棄を謳《うた》う日本は不参加を決めた。そのかわりに130億ドルに及ぶ資金援助を行ったものの、国際社会ではほとんど評価されなかった。これに衝撃を受けた日本政府は、停戦後の91年4月、自衛隊法99条(当時)の「機《き》雷《らい》等の除去」を根拠として自衛隊をペルシャ湾の機雷掃《そう》海《かい》任務に派遣する。これを皮切りに、**国連平和維持活動(PKO)**への参加や人道支援など自衛隊の海外派遣が増え、人的貢献への評価は内外で高まっていった。

吉田ドクトリンのまま憲法改正を先送りしたツケ

21世紀に入ると、東アジアでは、北朝鮮の核・ミサイル問題や中国の海洋進出問題が浮上する。この変化に対し、日本は日米同盟の強化を安全保障政策の基本としてきた。

その一環として、2014年には安《あ》倍《べ》晋《しん》三《ぞう》内閣がそれまでの政府見解を覆して集団的自衛権の行使容認を閣議決定し、15年には一連の「**平和安全法制**」を成立させた。従来のままでは、同盟国であるアメリカが攻撃されても日本は助けることができない。この片務性を解消して同盟の強化を図ったのだ。

ただし、この一連の動きは解釈の変更だけで憲法改正に等しい効果を生み出すため、危険性を指摘する意見もあり、憲法改正にもかかわる問題として議論をよんでいる。「軽軍備・経済優先」の**吉田ドクトリン**(P143参照)を維持したまま、憲法改正による正式な再軍備を先送りしたツケだといえる。

1992年 **PKO協力法成立**
1991年の湾岸戦争後に、日本の国際貢献について議論が高まり自衛隊派遣による人的支援が始まった。

2001年 **テロ対策特別措置法成立**
アメリカ同時多発テロを機に、対テロ作戦への後方支援を目的に成立した。

2015年 **平和安全法制(安保法制)成立**
集団的自衛権の行使などを可能にする平和安全法制整備法と、PKOでは規制されていた他国軍のための後方支援を可能とする国際平和支援法が成立した。

人物 緒《お》方《がた》貞《さだ》子《こ》 [1927～2019年]
国際政治学者。犬養毅(いぬかいつよし)の曽孫。国際基督教大学准教授などを経て1976年に日本人女性初の国連公使となったほか、国連特命全権公使などを歴任。91年からは第8代国連難民高等弁務官に就任し、湾岸戦争で発生したクルド人難民問題を皮切りに、旧ユーゴスラビア紛争、アフガン紛争などで発生した難民の支援・救済に尽力した。

107

55年体制崩壊後の政治

新党乱立で到来した不安定な連立政権時代

冷戦終結後、38年にわたった55年体制が崩壊した。以後、新党乱立で、不安定な連立政権時代が訪れた。

55年体制崩壊後のおもな政党の合従連衡

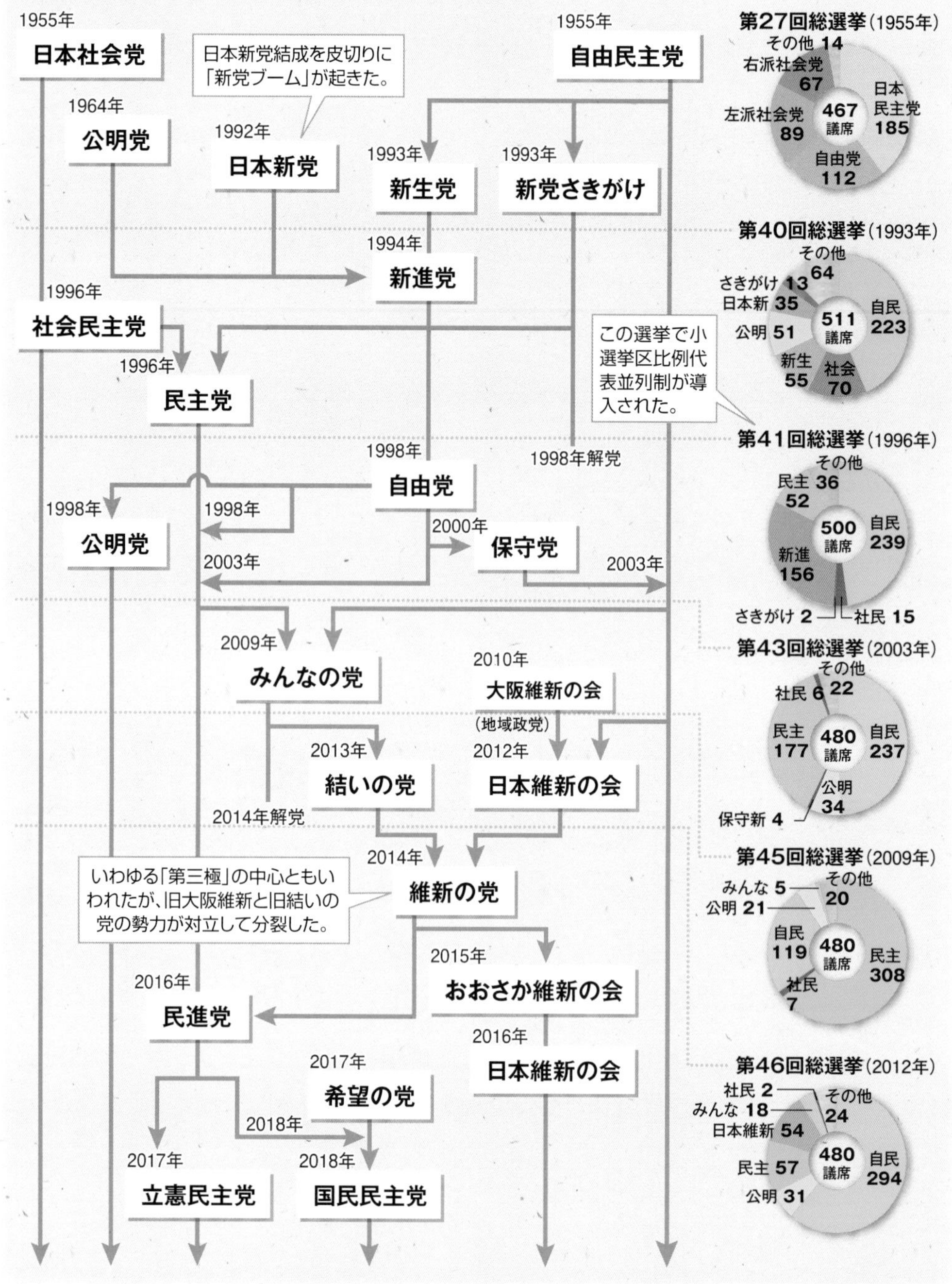
1955年 日本社会党
1955年 自由民主党
日本新党結成を皮切りに「新党ブーム」が起きた。
1964年 公明党
1992年 日本新党
1993年 新生党
1993年 新党さきがけ
1994年 新進党
1996年 社会民主党
1996年 民主党
この選挙で小選挙区比例代表並列制が導入された。
1998年 自由党
1998年解党
1998年 公明党
1998年
2000年 保守党
2003年
2003年
2009年 みんなの党
2010年 大阪維新の会（地域政党）
2013年 結いの党
2012年 日本維新の会
2014年解党
2014年 維新の党
いわゆる「第三極」の中心ともいわれたが、旧大阪維新と旧結いの党の勢力が対立して分裂した。
2015年 おおさか維新の会
2016年 民進党
2016年 日本維新の会
2017年 希望の党
2018年
2017年 立憲民主党
2018年 国民民主党
第27回総選挙（1955年）
その他 14
右派社会党 67
日本民主党 185
左派社会党 89
467 議席
自由党 112
第40回総選挙（1993年）
その他 64
さきがけ 13
日本新 35
自民 223
公明 51
511 議席
新生 55
社会 70
第41回総選挙（1996年）
その他 36
民主 52
500 議席
自民 239
新進 156
さきがけ 2
社民 15
第43回総選挙（2003年）
その他 22
社民 6
民主 177
480 議席
自民 237
公明 34
保守新 4
第45回総選挙（2009年）
みんな 5
その他 20
公明 21
自民 119
480 議席
民主 308
社民 7
第46回総選挙（2012年）
社民 2
その他 24
みんな 18
日本維新 54
480 議席
自民 294
民主 57
公明 31

短命政権が続き重要課題への対策が後手に

１９９１年のソ連崩壊で冷戦が本格的に終わると、国内政治にも影響が及んだ。保守勢力をまとめてきた反共産主義の旗印がなくなったことで自民党の求心力が低下。加えて、**リクルート事件**や東京佐川急便事件などの汚職で政治不信が高まると、92年からは日本新党や新党さきがけ、新生党などが結成される**新党ブーム**が起きたのだ。

こうした状況下の93年に行われた衆議院議員総選挙の結果、過半数を割った自民党が下野し、38年間続いた**55年体制**が崩壊する。かわって政権に就いたのは、共産党を除く非自民8党派連立の**細川護熙**《ほそかわもりひろ》内閣だ。政治改革を掲げた細川内閣は、総選挙に**小選挙区比例代表並立制**を導入。大政党に有利な小選挙区制の導入により、政権交代をともなう二大政党制で政治に緊張感をもたせようとした。しかし、連立政権に内部対立が起きると、自民党は55年体制下で対峙《たいじ》してきた社会党と連携。新党さきがけを加え、**村山富市**《むらやまとみいち》を首相とする連立政権が成立する。以後、政党の合従連衡《がっしょうれんこう》が繰り返されながら不安定な連立による短命政権が続いたことで、少子化など重要課題への対策が遅れた。例外的に長期政権となった小泉純《じゅん》一郎《いちろう》内閣は、構造改革を掲げて郵政民営化や各種規制緩和を進めたが、格差拡大という後遺症を残した。

本格的な政権交代は２００９年に実現したが、迷走を続けた与党・民主党が分裂。二大政党制が定着しないまま自民党中心の連立政権に戻っている。

人物 竹下登《たけしたのぼる》［1924～2000年］ 昭和・平成の政治家。自民党田中派所属だったが、1985年に田中角栄と袂（たもと）を分かち、自身の派閥を創設。87年に組閣したが、消費税導入の不評に続き、リクルート事件に関する疑惑で89年に辞任した。以後も党内最大派閥の領袖として宇野内閣や海部（かいふ）内閣を成立させたが、92年に竹下派が小渕（おぶち）派と羽田（はた）派に分裂して影響力が低下した。

108 人口減少社会

先進国共通の人口問題で後手に回った日本

日本は近代化のなかで人口増を続けたが、２０１０年を境に減少へと転じ、この人口構造の変化への対応を迫られている。

すでに人口の減少局面に入った日本

都市化の進展や晩婚化が原因といわれる**少子化**、さらには医療技術の進歩による**高齢化**は、先進国に共通した社会現象だ。少子高齢化は、人口減による経済活動の縮小や、現役世代の社会保障負担増などにより、長期的に経済社会の活力、ひいては国力を削《そ》ぐ。

そのため、各国が対策に注力しており、たとえば、ＥＵでは移民の受け入れで労働力を確保してきた。一方、移民を受け入れてこなかった日本は、２０１１年ごろから人口が継続的に減少する局面に入り、このままいけば、２０６５年には人口が約８８００万人になると推計されている。とはいえ、近年のＥＵは、移民の急増による社会の分断やテロの増加などに苦悩しており、イギリスのＥＵ離脱の引き金にもなった。そのため、安易な移民受け入れには異論も多く、根本的な少子化対策が望まれている。

間に合わなかった日本の少子化対策

少子高齢化の指標をみると、日本は合計特殊出生率《ごうけいとくしゅしゅっしょうりつ》（１人の女性が生涯に産む子どもの数）が１・36（２０１９年）で、人口維持に必要とされる２・08を大きく下回っている。また、高齢化率（総人口に占める65歳以上の割合）は28・４％（２０１９年）で世界最高だ。

少子化対策としては、合計特殊出生率が改善したフランスやスウェーデンの例から、出産・育児手当のような経済的支援だけではなく、保育の充実や出産・育児と就労の両立支援が有効と考えられる。しかし、20世紀末以降の日本は、55年体制崩壊後の政治の混乱や、バブル崩壊にともなう「失われた20年」などへの対処に追われ、有効な対策をとることができなかった。

特に、２０１３年には「**団塊**の世代」に次ぐ人口の厚みをもつ「**団塊ジュニア**（１９７１～74年生まれ）」が、生殖適齢期の上限とされる39歳を過ぎた。これにより、次の人口の厚みをつくることは期待できなくなり、このままでは人口減少は加速していくとみられている。

人口減少社会となった日本

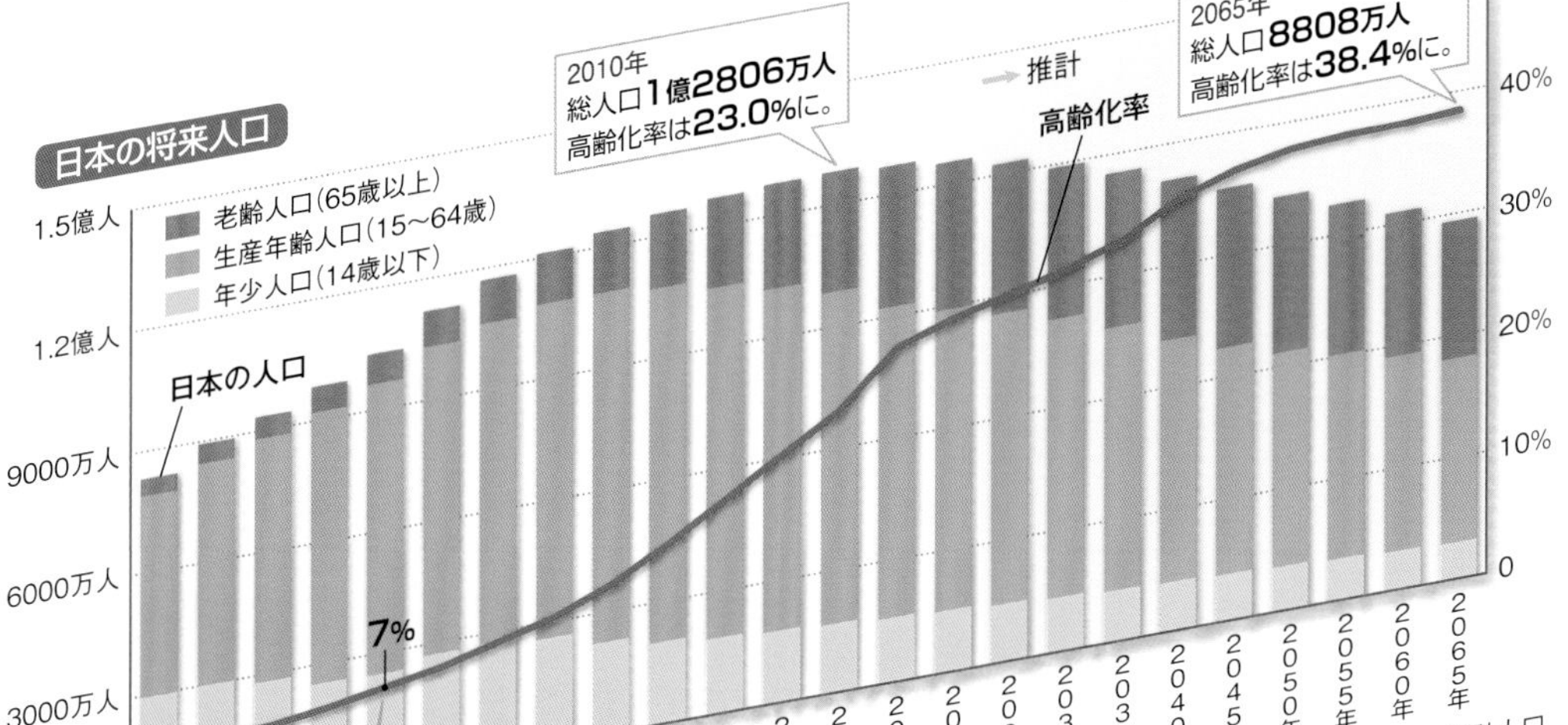
日本の将来人口
高齢化率（65歳以上人口比率）
老齢人口（65歳以上）
生産年齢人口（15～64歳）
年少人口（14歳以下）
1.5億人
1.2億人
9000万人
6000万人
3000万人
0
50%
40%
30%
20%
10%
0
日本の人口
高齢化率
推計
7%
2010年
総人口1億2806万人
高齢化率は23.0%に。
2065年
総人口8808万人
高齢化率は38.4%に。
1950年 1955年 1960年 1965年 1970年 1975年 1980年 1985年 1990年 1995年 2000年 2005年 2010年 2015年 2020年 2025年 2030年 2035年 2040年 2045年 2050年 2055年 2060年 2065年

（総務省統計局『国勢調査』、国立社会保障・人口問題研究所『日本の将来推計人口（平成29年推計）出生中位・死亡中位推計』）

1970年に高齢化率7%に達した日本では、24年後の94年には倍の14%になった。7%から2倍の14%に増加するペースは、フランス（115年）、スウェーデン（85年）、アメリカ（72年）、イギリス（46年）、ドイツ（40年）などと比べても、例のない速度で高齢化率が進んでいることがわかる。

日本の人口ピラミッド

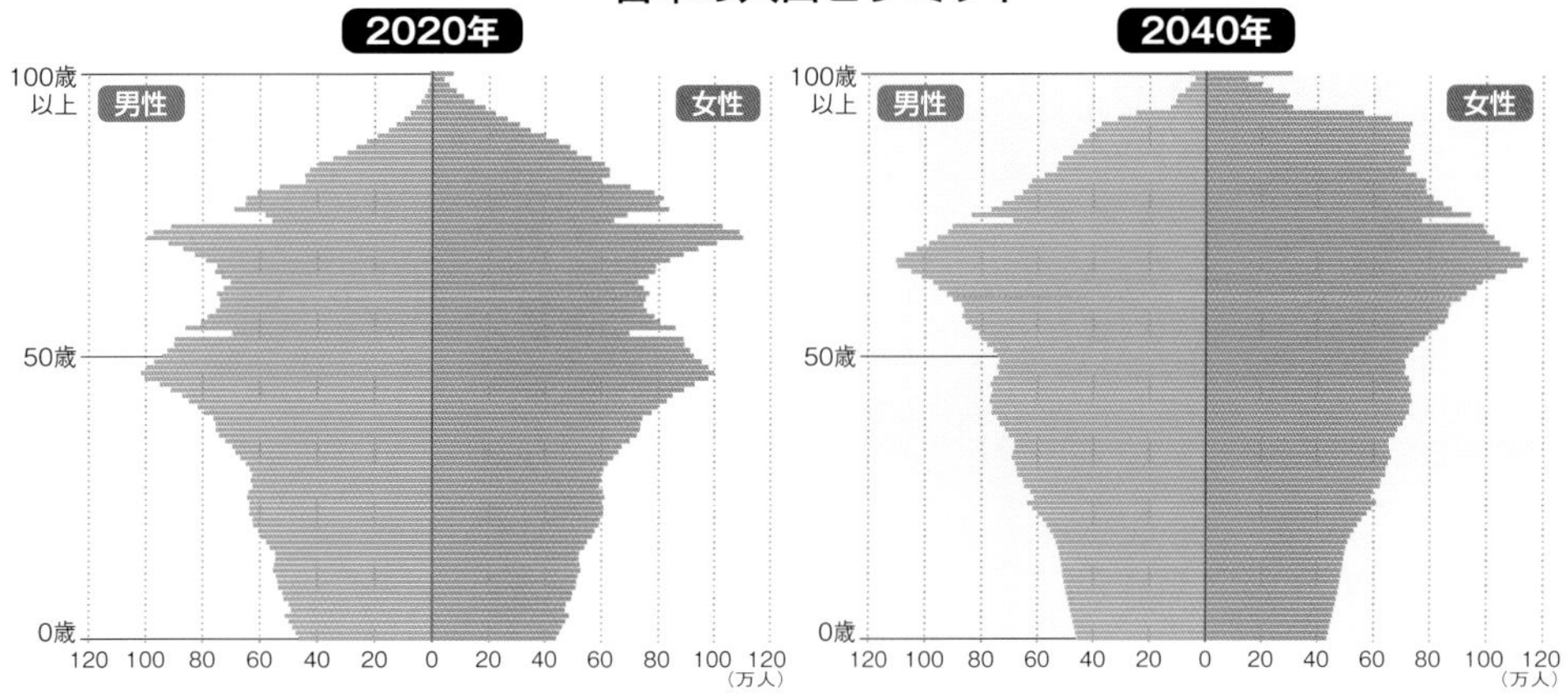
2020年
2040年
男性
女性
100歳以上
50歳
0歳
120 100 80 60 40 20 0 20 40 60 80 100 120
（万人）

（総務省統計局『国勢調査』及び『日本の将来推計人口（平成29年推計）』出生中位・死亡中位仮定による）

109 東日本大震災

自然災害が突きつける日本社会の今後のあり方

平成の30年間でおきた想定外の災害・事故によって諸政策を含めた社会のあり方が問われている。

二戸市
洋野町
滝沢市
久慈市
盛岡市
野田村
花巻市
岩手
岩泉町
田野畑村
宮古市
大槌町
山田町
陸前高田市
釜石市
大船渡市

日本人の意識をかえた未曾有の大災害

平成の30年間は、日本が想定していなかった規模の自然災害や事件・事故に見舞《みま》われ、国民の意識や社会構造の変革を迫られた時代でもあった。

１９９５年１月の**阪神《はんしん》・淡路《あわじ》大震災《だいしんさい》**は、国内では１９５９年の伊勢湾《いせわん》台風（死者・行方不明者５０９８人）以来となる６０００人以上の犠牲者を出す自然災害となった。これで直下型地震や活《かつ》断層《だんそう》に注目が集まったほか、住宅や橋《きょう》脚《きゃく》などの耐震《たいしん》基準が見直され、木造住宅密集地域の解消などが新たな課題として浮上した。一方、震災後の１年間でのべ１３７万人のボランティアが集まっており、95年は「ボランティア元年」ともよばれている。

同様に、日本人の意識と社会を大きくかえたのが、２０１１年の**東日本大震災《ひがしにほんだいしんさい》**だ。マグニチュード９・０の巨大地震とそれにともなう津波によって、２万人近い死者・行方不明者が発生。さらに、被災した**福島第一原子力発電所**では、炉心溶融《ろしんようゆう》と水素爆発で大量の放射性物質を放出する事故が起きた。これにより、「原子力安全神話」は完全に崩壊し、日本はエネルギー政策そのものを見直さざるを得なくなっている。

また、同年9月に起きた台風12号による紀伊半島豪雨《ごうう》では、土砂災害などで90人以上の死者・行方不明者が発生。このほかにも、**地球温暖化**の影響といわれる異常気象が相次いだこともあり、気象庁は２０１３年から、重大な気象災害、地震・津波災害の恐れが大きい場合に発する「特別警報」を新設している。

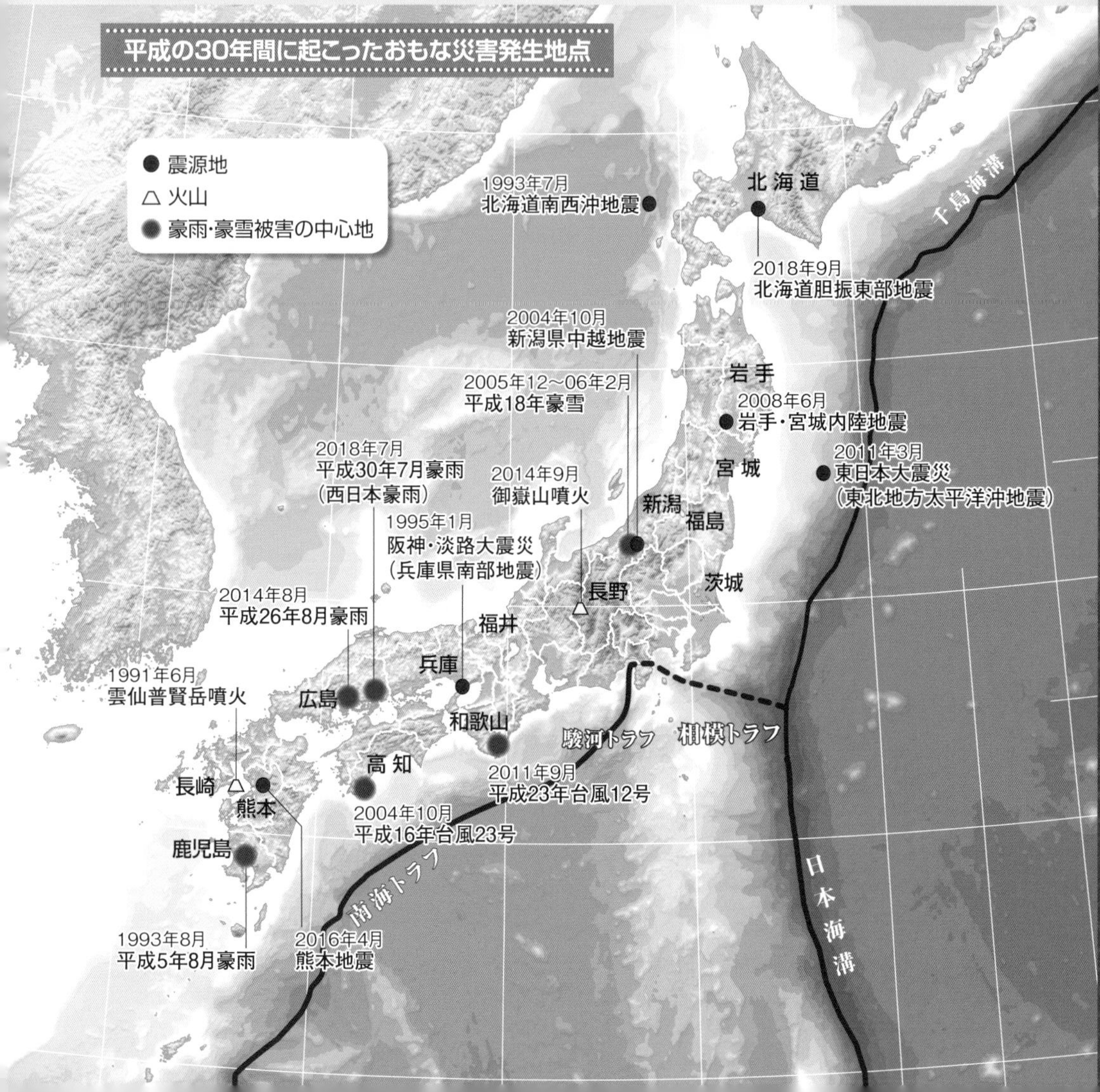

平成の30年間に起こったおもな災害発生地点
震源地
火山
豪雨・豪雪被害の中心地
1993年7月
北海道南西沖地震
北海道
2018年9月
北海道胆振東部地震
千島海溝
2004年10月
新潟県中越地震
2005年12～06年2月
平成18年豪雪
岩手
2008年6月
岩手・宮城内陸地震
2018年7月
平成30年7月豪雨
(西日本豪雨)
2014年9月
御嶽山噴火
宮城
2011年3月
東日本大震災
(東北地方太平洋沖地震)
新潟
福島
1995年1月
阪神・淡路大震災
(兵庫県南部地震)
長野
茨城
2014年8月
平成26年8月豪雨
福井
兵庫
1991年6月
雲仙普賢岳噴火
広島
和歌山
駿河トラフ
相模トラフ
高知
長崎
熊本
2011年9月
平成23年台風12号
2004年10月
平成16年台風23号
鹿児島
南海トラフ
日本海溝
1993年8月
平成5年8月豪雨
2016年4月
熊本地震

観測史上最大の地震となった東日本大震災

宮城県沖の海底深部を震源として発生した東日本大震災では、日本の観測史上最大となるマグニチュード9.0、最大震度７を記録した。この地震では北海道から関東沿岸の広い範囲で津波が発生し、特に東北３県の被害は甚大なものとなった。また、福島第一原子力発電所の事故後、放射線量の高い地域は立ち入りも制限され、2020年時点でも全面解除には至っていない。そして原子炉の廃炉作業についてもいまだ多くの難題に直面している。

東北3県(岩手、宮城、福島)と茨城の全壊建物数
1万棟以上
1000～1万棟未満
100～1000棟未満
1～100棟未満
資料なし
※調査中、データを算出していない地域、半壊・一部崩壊の建物は含まない。
※滝沢市は2014年に、富谷市は2016年に市政に移行。
＊藤沢町は、2011年9月26日に一関市に編入。
(防災科学技術研究所)
北上市
奥州市
栗原市
加美町
宮城
一関市
藤沢町＊
大和町
大崎市
登米市
富谷市
涌谷町
気仙沼市
仙台市
大郷町
美里町
南三陸町
利府町
松島町
東松島市
石巻市
蔵王町
村田町
白石市
大河原町
名取市
七ヶ浜町
塩竈市
多賀城市
女川町
柴田町
岩沼市
角田市
亘理町
山元町
丸森町
会津坂下町
会津若松市
猪苗代町
福島市
桑折町
国見町
伊達市
大玉村
二本松市
川俣町
飯舘村
相馬市
新地町
天栄村
郡山市
本宮市
須賀川市
三春町
福島
西郷村
鏡石町
泉崎村
矢吹町
白河市
中島村
田村市
葛尾村
南相馬市
石川町
平田村
小野町
浪江町
棚倉町
川内村
双葉町
大熊町
福島第1原子力発電所
楢葉町
福島第2原子力発電所
いわき市
大子町
古河市
結城市
筑西市
桜川市
常陸大宮市
常陸太田市
高萩市
北茨城市
城里町
茨城
坂東市
下妻市
笠間市
日立市
つくば市
石岡市
水戸市
那珂市
東海村
土浦市
かすみがうら市
小美玉市
茨城町
ひたちなか市
つくばみらい市
取手市
牛久市
大洗町
龍ケ崎市
美浦村
鉾田市
利根町
行方市
河内町
稲敷市
潮来市
鹿嶋市
神栖市

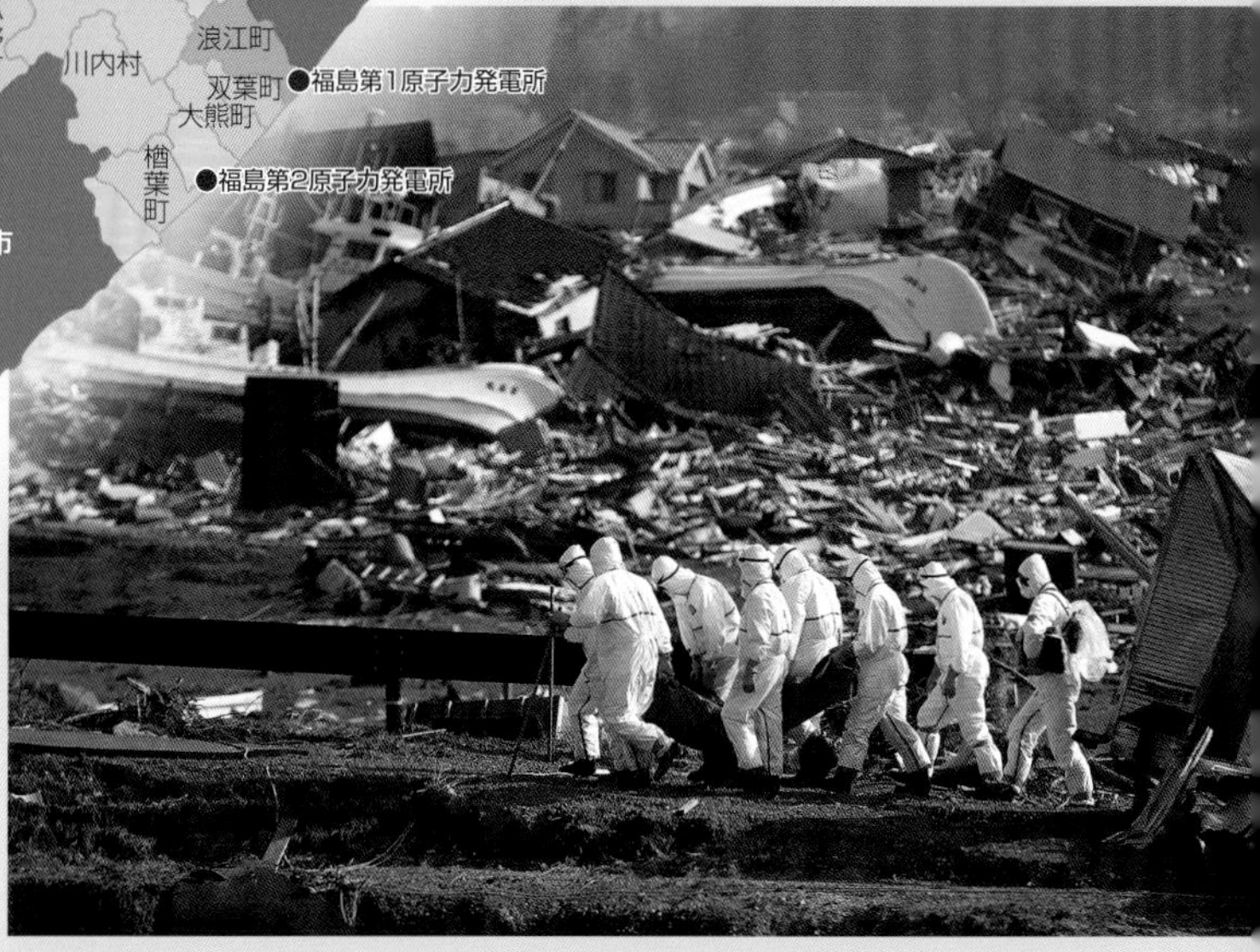

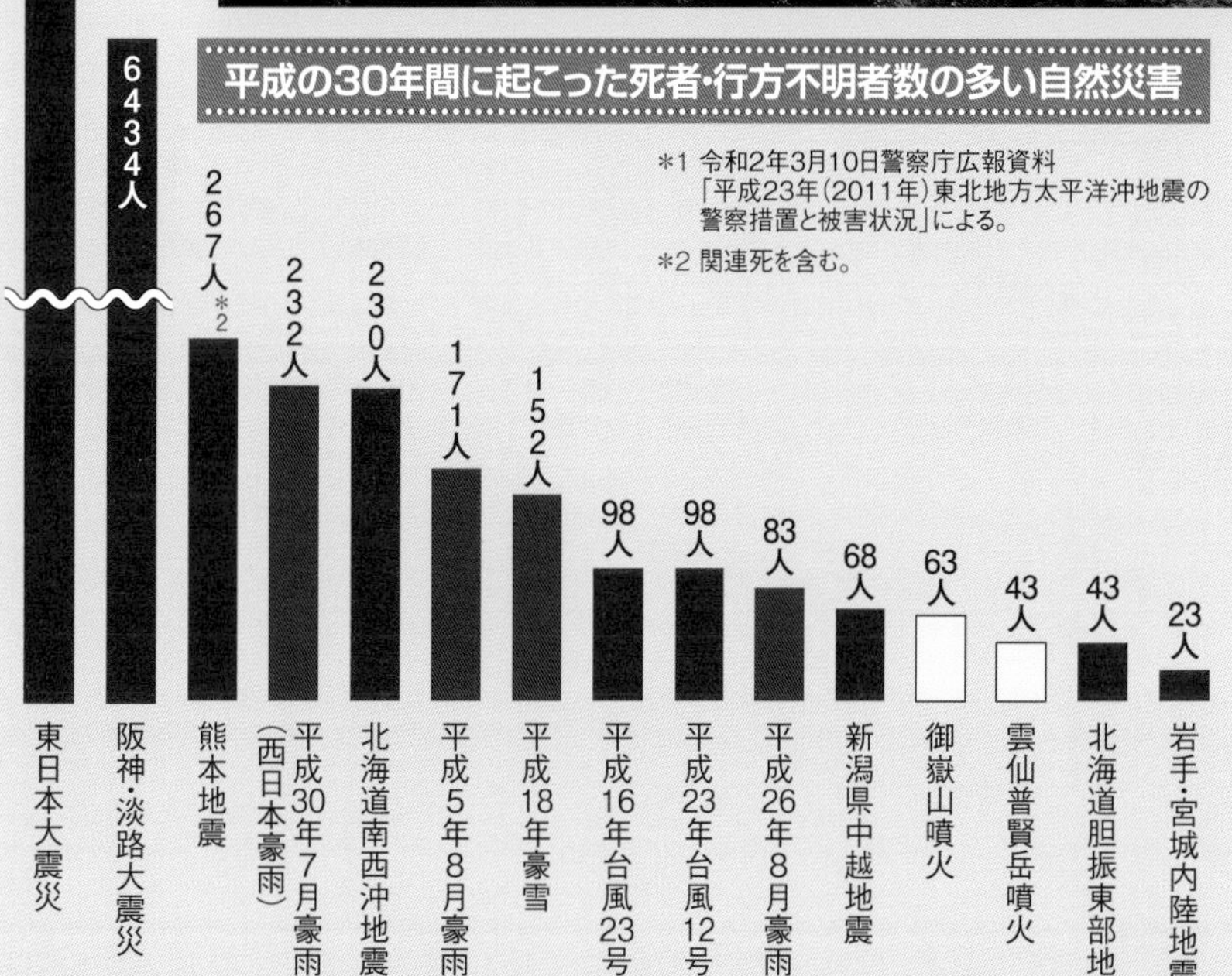
東日本大震災 1万8428人＊1
阪神・淡路大震災 6434人
熊本地震 267人＊2
平成30年7月豪雨(西日本豪雨) 232人
北海道南西沖地震 230人
平成5年8月豪雨 171人
平成18年豪雪 152人
平成16年台風23号 98人
平成23年台風12号 98人
平成26年8月豪雨 83人
新潟県中越地震 68人
御嶽山噴火 63人
雲仙普賢岳噴火 43人
北海道胆振東部地震 43人
岩手・宮城内陸地震 23人

平成の30年間に起こった死者・行方不明者数の多い自然災害

＊1 令和2年3月10日警察庁広報資料「平成23年(2011年)東北地方太平洋沖地震の警察措置と被害状況」による。

＊2 関連死を含む。

津波被害で拡大した死者・行方不明者数

地震への対策を重ねてきたはずの日本で発生した東日本大震災や阪神・淡路大震災の甚大な被害は、改めて自然災害の脅威をこの国に暮らす人びとへ突きつけることとなった。近年では、温暖化の影響を受けた地球規模の異常気象も警戒が強まっている。

110 平成から令和へ

新たな時代の到来で膨らむ期待と課題

日本憲政史上初となる天皇陛下の生前退位で、約30年間の平成が終わり、令和時代が始まった。

科学技術の進歩による社会・経済の発展

2019年5月1日、皇太子徳仁《なるひと》親王が第126代天皇として即位し、元号が**令和**《れいわ》と改められた。

1989年1月8日から約30年にわたった**平成**は、日本経済の長期低迷や東日本大震災に代表される災害の頻発、冷戦の終結や中国の台頭など、国内外で多くの変化が起きた時代だった。また、インターネットやモバイル機器の普及でライフスタイルは大きくかわり、遺伝子工学などバイオテクノロジーの進歩は医学や薬学、農学などの発展を後押しした。今後も次世代通信規格5Gの普及やAI(人工知能)の進化、再生医療の実用化などで、社会の変革が加速していくことは間違いない。

その一方で、地球温暖化など世界規模で対応しなければならない環境問題も浮上。社会・経済のグローバル化はビジネスを一新させたものの、2008年の**リーマン＝ショック**のように一国の経済危機を瞬時に世界的な恐慌へと広げたほか、20年には新型コロナウイルスの**パンデミック**も引き起こした。

こうしたさまざまな問題を解決するためにも、基礎研究を含めた科学技術の発展は欠かせない。その点では、平成以降、相次いで自然科学分野のノーベル賞受賞者を輩出するなど、多くの日本人が人類の発展に貢献してきたといえる。ただし、今後も日本が科学技術立国であり続けるためには、研究開発費の増加や研究環境の拡充などを促す政策が欠かせない。

平成以降の日本人ノーベル賞(自然科学分野)受賞者一覧

2000年	**白川《しらかわ》英樹《ひでき》** 化学 導電性高分子の発見。
2001年	**野依《のより》良治《りょうじ》** 化学 不斉触媒による水素化反応の研究。
2002年	**小柴《こしば》昌俊《まさとし》** 物理学 ニュートリノの検出。
	田中《たなか》耕一《こういち》 化学 生体高分子の同定および構造解析のための手法の開発。
2008年	**南部《なんぶ》陽一郎《よういちろう》*、小林《こばやし》誠《まこと》、益川《ますかわ》敏英《としひで》** 物理学 CP 対称性の破れの起源の発見。
	下村《しもむら》脩《おさむ》 化学 緑色蛍光タンパク質 (GFP) の発見。
2010年	**鈴木《すずき》章《あきら》、根岸《ねぎし》英一《えいいち》** 化学 有機合成におけるパラジウム触媒クロスカップリング。
2012年	**山中《やまなか》伸弥《しんや》** 生理学医学 iPS 細胞の作製。
2014年	**赤﨑《あかさき》勇《いさむ》、天野《あまの》浩《ひろし》、中村《なかむら》修二《しゅうじ》*** 物理学 青色発光ダイオードの発明。
2015年	**大村《おおむら》智《さとし》** 生理学医学 新種の放線菌の発見と、それによる線虫感染症の治療法に関する研究。
	梶田《かじた》隆章《たかあき》 物理学 ニュートリノ振動の発見。
2016年	**大隅《おおすみ》良典《よしのり》** 生理学医学 オートファジーの仕組みの解明。
2018年	**本庶《ほんじょ》佑《たすく》** 生理学医学 免疫抑制の阻害による新たながん治療法の発見。
2019年	**吉野《よしの》彰《あきら》** 化学 リチウムイオン二次電池の開発。

*日本出身の米国籍者。

研究開発費推移

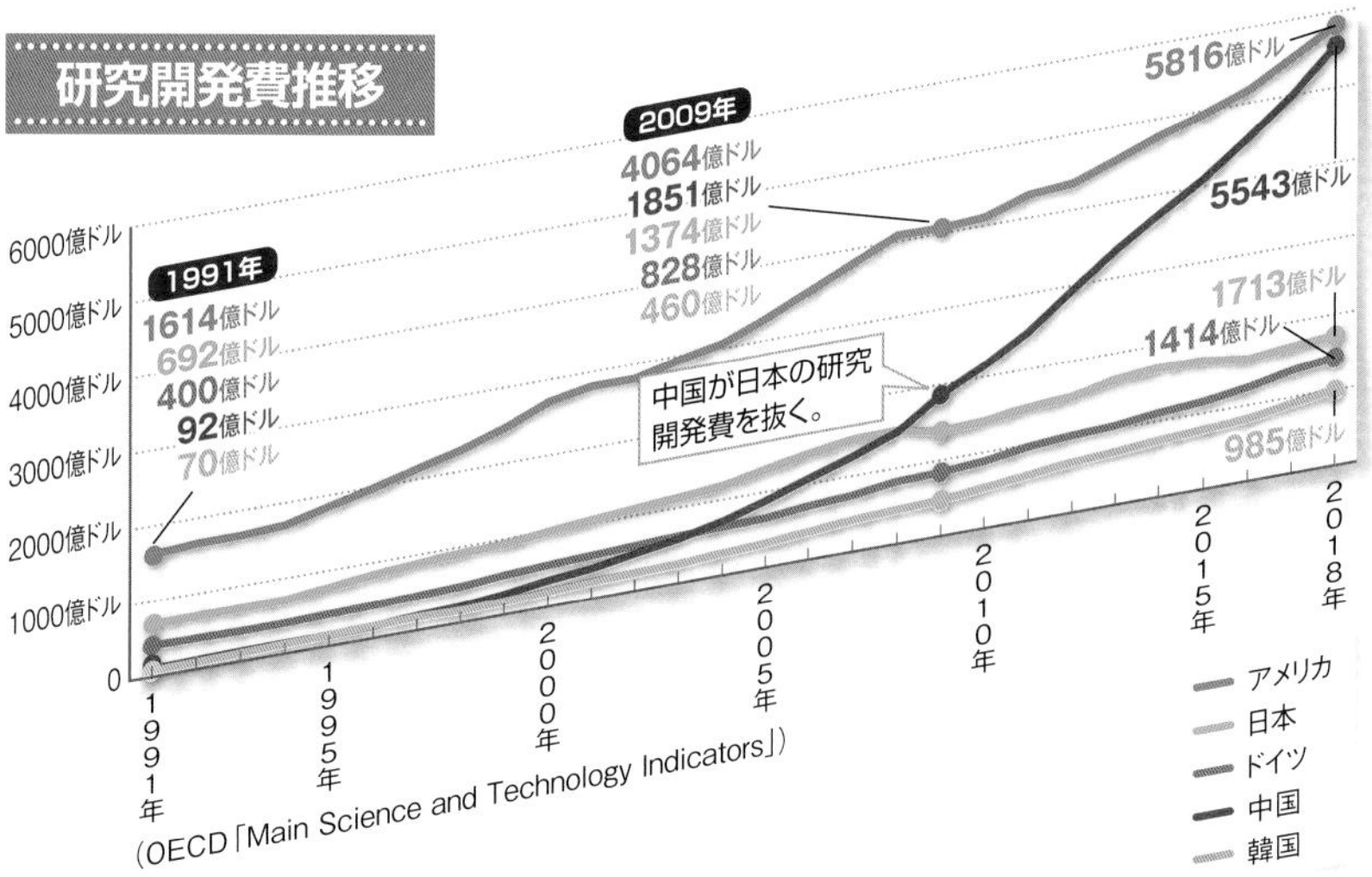
6000億ドル
5000億ドル
4000億ドル
3000億ドル
2000億ドル
1000億ドル
0
1991年
1614億ドル
692億ドル
400億ドル
92億ドル
70億ドル
2009年
4064億ドル
1851億ドル
1374億ドル
828億ドル
460億ドル
5816億ドル
5543億ドル
1713億ドル
1414億ドル
985億ドル
中国が日本の研究開発費を抜く。
1991年
1995年
2000年
2005年
2010年
2015年
2018年
アメリカ
日本
ドイツ
中国
韓国

(OECD「Main Science and Technology Indicators」)

自然科学分野の研究者数(2017年)

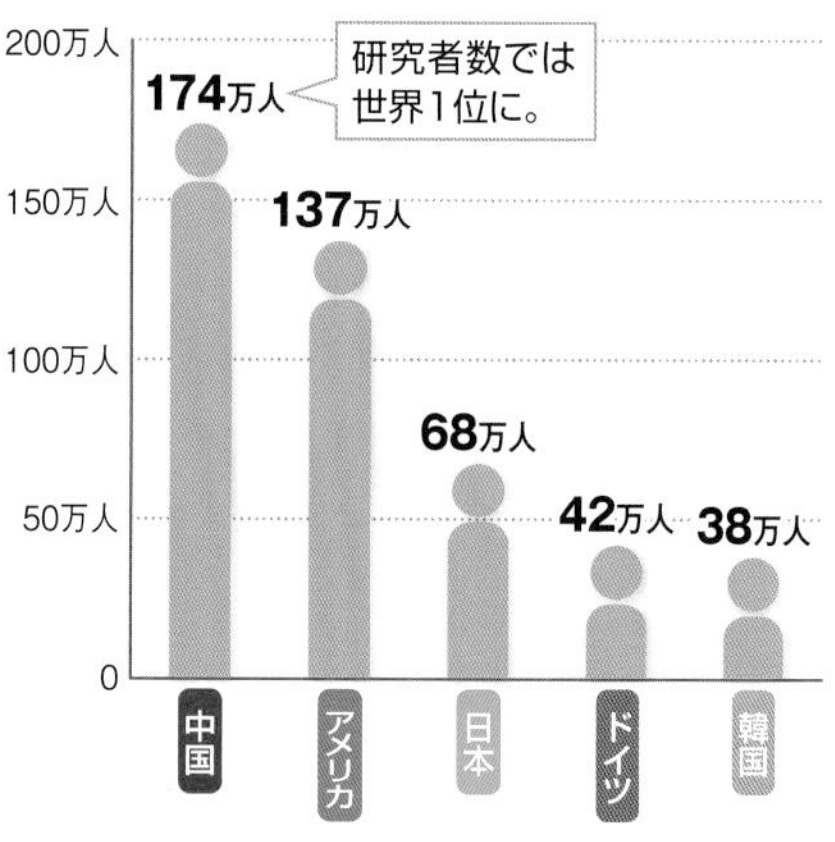
200万人
150万人
100万人
50万人
0
174万人
研究者数では世界1位に。
137万人
68万人
42万人
38万人
中国
アメリカ
日本
ドイツ
韓国

人物 明仁上皇《あきひとじょうこう》 [1933年〜]

平成の天皇。1952年に立太子。59年に正田美智子と結婚。慣習を破り、夫婦で子育てを行うなど皇室に新風をもたらした。89年即位。震災などの被災地訪問や、戦後慰霊の旅も積極的に行った。2016年に「象徴としてのお務めについての天皇陛下のおことば」で退位の意向を示し、19年に退位、上皇となった。魚類の研究者でもある。

用語索引

用語索引

タ

用語索引

本書に登場するおもな事項や人名、地名などを50音順に配列しました。
なお、複数箇所に登場する項目については、おもな説明があるページをあげています。

■写真協力

泉佐野市立歴史館いずみさの、伊藤公資料館、茨城県立図書館、大阪府立弥生文化博物館、GAS MUSEUM　ガス資料館、京都大学付属図書館、高知県立坂本龍馬記念館、豪徳寺、国立国会図書館、国立歴史民俗博物館、佐賀県立名護屋城博物館、佐世保市教育委員会、三内丸山遺跡センター、太宰府市教育委員会、談山神社、東京大学史料編纂所、東京都江戸東京博物館、十日町市博物館、鍋島報效会、ハユマ、白虎隊記念館、兵庫県立歴史博物館 、福井市郷土歴史博物館、福岡市博物館、ふくやま草戸千軒ミュージアム(広島県立歴史博物館)、北海道大学附属図書館北方資料室、向日市文化資料館、明治神宮聖徳記念絵画館、山口県文書館、横浜開港資料館

毎日新聞社

アフロ

エムオーフォトス/アフロ、玉置じん/アフロ、東阪航空サービス/アフロ、代表撮影/ロイター/アフロ、AP/アフロ

PIXTA/ Hiroko、alps、Anesthesia、atsu、daddy310、skipinof、SORA、y.uemura、アートワークス、内蔵助

NASA

P12、30、34、48、68、74、86、104の鳥観図は、3D地図ソフト「カシミール3D」を使用して作成しました。

本書の内容についてのお問合せは、小学館クリエイティブ(03-3288-1344)までご連絡ください。

■参考資料

『朝日百科日本の歴史』(朝日新聞社)
『集英社版　日本の歴史』(集英社)
『図表で見る江戸・東京の世界』(江戸東京博物館)
『体系日本の歴史』(小学館)
『日本史年表・地図』(吉川弘文館)
『日本大百科全書』(小学館)
『日本 20 世紀館』(小学館)
『日本歴史地図　原始・古代篇』(柏書房)
『復元・江戸情報地図』(朝日新聞社)
『詳説　日本史研究』(山川出版社)

■監修　東京都歴史教育研究会
太田尾智之
豊田基裕
細川貴之

■編集制作
イラスト　倉本ヒデキ
本文デザイン
イグシナッツ
地図図版制作・DTP
竹内直美
高橋雅子　井原宏臣
校正　高梨恵一
編集・執筆
小学館クリエイティブ
田邊忠彦
ハユマ
戸松大洋　近藤哲生

本書は、SEIBIDO MOOK『一冊でわかるイラストでわかる図解日本史』(2006年初版発行)の内容を2020年6月時点の情報にもとづき修正・再構成し、表紙を変更したものです。

新版 一冊でわかるイラストでわかる図解日本史

編　者　成美堂出版編集部
発行者　深見公子
発行所　成美堂出版
〒162-8445　東京都新宿区新小川町1-7
電話(03)5206-8151 FAX(03)5206-8159
印　刷　大日本印刷株式会社

ISBN978-4-415-32837-9
落丁·乱丁などの不良本はお取り替えします
定価はカバーに表示してあります